The Universal Constant in Living [A)]

Die Konstante im Fluss des Lebens.

Über das Lesen

„Jedes Lesen sei schwer." Das schreibt H. G. Ingenkamp im Nachwort zu Arthur Schopenhauers „Die Welt als Wille und Vorstellung." Und weiter heißt es, *nur wer sich dessen bewusst sei, könne etwas lernen. Leichtes Lesen könne zwar anregend sein, aber das sei etwas anderes.* (Seite 848)

A. Schopenhauer selbst fordert von seinem Leser, ein Werk wie seines zweimal zu lesen. Auch die Bücher F. M. Alexanders haben ohne Zweifel den gleichen Rang, denn beide Autoren legen einen grundlegenden Gedanken in ihrem Werk dar, *was einen systematischen Aufbau verbiete. Wenn man nun jedoch einen einheitlichen Gedanken in seine Teile zerlege, um ihn darzustellen, dürfe der Zusammenhang kein systematischer, es müsse vielmehr ein organischer sein. Da aber ein Gedanke nicht als organische Einheit dargestellt werden könne, müsse der Leser die organische Einheit des Gedankens durch die Art seiner Lektüre rekonstruieren. Das Werk müsse also zweimal gelesen werden: das erste Mal mit viel Geduld. Diese Geduld nähre sich aus dem Glauben, dass der Anfang das Ende beinahe so sehr voraussetze, wie das Ende den Anfang, und aus der Zuversicht, dass beim zweiten Lesen vieles, wenn nicht gar alles in einem anderen Licht erscheint.* (A. Schopenhauer in: ebenda, Seite 850*)*

F. M. ALEXANDER

The Universal Constant in Living

Die Konstante im Fluss des Lebens

FSC
www.fsc.org
MIX
Papier aus verantwortungsvollen Quellen
Paper from responsible sources
FSC® C105338

Bibliografische Information der Deutschen Nationalbibliothek:
Die Deutsche Nationalbibliothek verzeichnet diese Publikation in der Deutschen Nationalbibliografie; detaillierte bibliografische Daten sind im Internet über http://dnb.dnb.de abrufbar.

F. M. Alexander
Originaltitel: The Universal Constant in Living
Erstausgabe: 1941
Neuauflage: 1969
*Übersetzung: **Hendrik Körner***
2. Ausgabe 2021
*Digitale Assistenz: **Melanie Habbel***
*Lexikalische Korrektur der Übersetzung: **Helga Schönenberg, Klaus Mewes***
*Coverfoto: **Laura-Sophie Habbel*** © 2019
Herstellung und Verlag: BoD – Books on Demand, Norderstedt ISBN: 978-3-750430785

Gewidmet den Völkern des Britischen Empire, deren Verständnis der Prinzipien von Freiheit und Loyalität, deren Glauben an sie und deren Vertrauen in ihre eigenen Stärke als Verteidiger ihres Glaubens sie in die Lage versetzt haben, allein und ohne fremde Hilfe, den verrückten Ansturm mechanischer Zerstörungsmittel aufzuhalten. Würde dieser Ansturm nicht aufgehalten, würde es Mächten des Bösen möglich gemacht, die ganze Welt zu überrennen und die Völker dieser Welt zu versklaven.

Anmerkungen zum Übersetzen

„Es ist relativ einfach, eine Idee oder eine Erfahrung in einem oder in mehreren kurzen Sätzen auszudrücken, wenn die ausgedrückte Idee oder Erfahrung etwas Spezifisches darstellt, das mit der *direkten Methode* getan oder erlangt werden kann, denn damit ist dann auch ein Konzept von Aufspaltung und von Zusammenhanglosigkeit verbunden. Ideen und Erfahrungen jedoch, die Phänomene behandeln, die miteinander zusammenhängen, und die, um allgemein und nicht spezifisch angewendet zu werden, die *indirekte Methode* verlangen, können nur durch einen Satz vollständig ausgedrückt werden, der die Bedeutung dieser Ideen und Erfahrungen so übermittelt, dass kein Zweifel daran bestehen kann, dass das Konzept, auf denen diese Ideen und Erfahrungen beruhen, ein koordiniertes, unteilbares Ganzes ist." Dies schreibt F. M. Alexander in seinem Vorwort zu diesem Buch.

Es mag durchaus wünschenswert sein, dass Form und Inhalt eine Symbiose eingehen und so zu einem Gesamtkunstwerk werden. Ich sehe darin aber die große Gefahr, dass die Menschen des 21. Jahrhunderts auf breiter Front von solchen Kolossen des Satzbaus heillos überfordert sind. Ich will mit der Übersetzung auf jeden Fall vermeiden, dass der Leser das Buch vorschnell wieder ablegt, weil es ihm nur sehr schwer möglich ist, den Satzkonstruktionen rational zu folgen. Der Text soll für eine breite Leserschaft logisch nachvollziehbar sein. F. M. Alexander benutzt viele Substantivierungen. Ich ziehe jedoch eher eine Verbalisierung bei der Übersetzung vor. Der Autor kann in einem einzigen Satz wahre „Gedankengebirge" entwickeln. Er will auf diese Weise darstellen, dass alles mit allem zusammenhängt. Der Verständlichkeit halber versuche ich, diese Satzungetüme in kürzere Sätze aufzubrechen. Und um den Zusammenhang der Gedanken nicht zu verlieren, nenne ich das Subjekt anstelle des Pronomens lieber einmal mehr beim Namen als einmal zu wenig.

Hendrik Körner

DANKSAGUNG

Gerne nehme ich die Gelegenheit wahr, den Ärzten meinen Dank auszusprechen, deren Namen unter dem Leserbrief an das *British Medical Journal* standen. (Er kann in diesem Buch auf Seite 17 nachgelesen werden.) Ganz besonders danke ich Dr. Peter McDonald, Dr. Andrew Murdoch und Dr. Mungo Douglas für ihre Briefe, die in unregelmäßigen Abständen in der Zeitschrift *British Medical Journal* erschienen sind; Dr. J. R. Caldwell, Dr. Adam Moss, Dr. C. A. Ensor, Dr. J. E. R. McDonagh, Prof. John Dewey, Prof. G. E. Coghill, dem Schriftsteller Aldous Huxley, Dr. Trigant Burrow und den Herren T. G. N. Haldane und Eynon Smith für ihre couragierten und wertvollen Einlassungen auf diesen Seiten. Ich danke A. Rugg-Gunn, F.R.C.S. für seinen Artikel: „F. Matthias Alexander und das Problem des Verhaltens der Tiere“ im *Medical Press and Circular* vom 3. April, 1940. Ich danke dem Präsidenten des Chemischen Instituts von Südafrika, Thomas B. Hall, für seine wertschätzende Erwähnung meiner Arbeit in seinem Vortrag „Einige Errungenschaften der Chemie“; Michael March für eine Artikelserie im *Brooklyn Citizen*, von denen ein Artikel von Prof. G. E. Coghill in einer Lobrede verwendet worden ist; Prof John Hilton für seine Radiosendungen und für seinen Vortrag „Die neue Generation von Arbeitern“; Lucy Silox für die Auszüge aus ihrer Schrift „Schwedischer Gymnastikunterricht“ in dem *Journal of School Hygiene and Physical Education“,* vom März 1927; Alma Frank für ihren Beitrag auf Seite 183; Dr. Peter McDonald, Arthur J. Bush und Mary Olcott für ihre Vorschläge, nachdem sie die Vorlage gelesen hatten; Mary Olcott und Edith Lawson für ihre Hilfe bei der Korrektur; Anthony M. Ludovico, Irene Tasker, Ethel Webb und Walter Carrington für ihre Hilfe bei der Aufarbeitung des Themas für die Publikation. Meinen speziellen Dank muss ich Ethel Webb ausdrücken, die mit der vorliegenden Arbeit seit 1911 aufs engste verbunden war und die beständig all jenen äußerst wertvolle Hilfen und Ermutigungen zu Teil werden lassen hat, die an der Arbeit in 16 Ashley Place beteiligt waren, ob nun als Schüler oder als Student, der sich in der Technik ausbilden lassen wollte. Besonders stehe ich in ihrer Schuld für ihre Geduld und Beharrlichkeit, die ihre wertvolle Hilfe ausgezeichnet hat, wenn sie die Thematik so klar wie möglich machen wollte. Ich bin wirklich der Meinung, dass diese Seiten ohne ihre Hilfe heute nicht druckreif wären. Ich bin Prof. John Dewey dafür dankbar, dass ich ihn aus seinen *Educational Essays* zitieren durfte, und ich danke Harper & Brothers, Macmillan & Co und *The Cambridge University Press* für die Erlaubnis, aus *Ends and Means* von Aldous Huxley, aus *Man the Unknown* von Dr. Alexis Carrel, aus *Man on His Nature* und aus *The Brain and it's Mechanism* von Sir Walter Sherrington zitieren zu dürfen.

Ich danke auch jener Dame mit Weitsicht, die nicht genannt sein will und deren Stiftung zu Gunsten der Schule in Penhill, Kent, England, es ermöglicht hat, sie weiterzuführen. (Dank der Freundlichkeit der American Unitarian Association ist sie derzeit nach The Whitney Homestead, Stow, Mass. ausgelagert, wo sie wegen des Krieges in diesem Land weitergeführt wird.) Mein Dank geht auch an Margaret Goldie, Leiter dieser Schule, für ihre geduldige Hingabe an die mühsame Aufgabe, mit den Problemen fertig zu werden, die sich in der Erziehung ergeben, wenn eine neue Technik zur Anwendung kommt, und für ihre Loyalität gegenüber den dieser Technik zugrundeliegenden Prinzipien bei der Lösung der Probleme. Dank meinen Assistenten Irene Stewart, Marjory Barlow, Erica Duncan Whitaker, Gurney McInnes, Richard Walker, Walter Carrington und Patrick MacDonald, die mir in der Schule geholfen haben und mir auf der praktischen Seite der Arbeit die wertvolle Unterstützung gegeben haben, die ich mir gewünscht habe. Ich danke Lulie Westfeldt für ihre Arbeit in New York und im Süden und Marjorie L. Barstow für ihre Arbeit in Boston und im Westen. Irene Tasker hat einige Jahre in Johannisburg, Südafrika gearbeitet und dort ein großes Netzwerk aufgebaut. Mein Bruder Albert Redden Alexander hat viel dazu beigetragen, dass das Interesse an der Arbeit in New York und Boston in den letzten sechs Jahren gewachsen ist, und er wird den Trainingskurs und die Schule in diesem Land weiterführen, wenn ich nach dem Krieg nach England zurückgekehrt bin. Auch ihnen danke ich.

Hotel Braemore, Commomwealth Avenue, Boston Mass.

WÜRDIGUNG

Die pädagogischen Methoden des F. M. Alexander
von
G. E. COGHILL

Meiner Ansicht nach gründet sich die Praxis F. M. Alexanders, den menschlichen Körper zu behandeln, auf drei allgemein anerkannten biologischen Prinzipien: Erstens ist der gesamte Organismus an der Ausführung einer bestimmten Funktion beteiligt. Zweitens ist die Eigenwahrnehmung der Faktor, der die Haltung determiniert. Drittens ist die Haltung von überragender Bedeutung für die Muskelaktionen. Vierzig Jahre lang habe ich Amblystoma im embryonalen Stadium und im Larvenzustand studiert. Genau diese Prinzipien sind das Ergebnis meiner Studien, das augenscheinlich auch für die anderen Wirbeltiere Gültigkeit hat.

Um Klarheit in die Diskussion zu bringen, ist es notwendig, bestimmte Begriffe zu definieren. Im Hinblick auf die (allgemein körperliche) Bewegungsfunktion des Leibes existiert der Organismus normalerweise in zwei Zuständen: Im Zustand der Beweglichkeit und im Zustand der Bewegungslosigkeit – entweder ist er mobilisiert oder er ist nicht mobilisiert. Der Zustand der Bewegungslosigkeit kann am Beispiel des Schlafes veranschaulicht werden. Im Tiefschlaf ist das Individuum in Bezug auf die Funktionen seiner Eingeweide, seines Kreislaufs, seiner Atmung etc. mobilisiert. Bezüglich der Körperbewegungen ist er jedoch nicht mobilisiert. Sicherlich, es kommt auf lokale Stimuli zu Reflexen, aber als eigenständige Einheit tut der Körper als Ganzes aus eigenem Antrieb nichts. Und auch Schlafwandeln kommt als eine allgemeine Aktivität in Perioden schlechten Schlafes oder der Halbwachheit durchaus vor. Generell kann man sich aber das Individuum im Zustand der Immobilität in einer Art Ruhezustand vorstellen. Auf der anderen Seite ist der Einzelne im Zustand der Mobilität insgesamt mobilisiert oder er ist mobilisiert für eine Aktion, die eine Einheit entsprechend eines definierten Musters darstellt. Unter diesen Umständen ist der Organismus jeweils in einer von den beiden Phasen: Haltung oder Bewegung. Haltung ist relativ statisch, soweit der Einzelne als eine Einheit betroffen ist. Die Bewegungsphase stellt für den Organismus oder seine Teile einen Ortswechsel dar. In der Phase der Haltung ist der Einzelne für eine definierte Bewegung mobilisiert, in der Energie, die in der Haltung mobilisiert ist, in einem bestimmten Aktivitätsmuster abgegeben wird. Natürlich sind diese Unterschiede nur relativ und eine Phase geht unmerklich in die andere über. In ihrer typischen Manifestation sind sie jedoch klar definiert. Genauso ist die Unterscheidung zwischen Mobilität und Immobilität nur relativ und zwischen den beiden kann keine absolute Unterscheidung gemacht werden. Eine solche Unterscheidung ist aber für ein klares Verständnis der psychologischen Prinzipien nützlich, wenn nicht sogar notwendig. Deshalb erscheint mir folgende These sehr plausibel: In der Haltung ist das Individuum entsprechend eines definierten Musters für (aufeinander abgestimmte) Bewegung mobilisiert und in der Bewegung wird dieses Muster ausgeführt. In der Haltung ist der Einzelne in Wahrheit ebenso aktiv wie in der Bewegung.

„Propiozeptiv“ ist vermutlich ein weiterer Begriff, der erläutert werden sollte. Er wird für Sinnesnerven verwendet, die die Muskeln, die Sehnen und Gelenke und das Mittelohr mit seinen Nerven (Vestibularapparat) versorgen. Das propiozeptive System hat nichts mit örtlichen Empfindungen oder mit dem Hautgefühl zu tun.

Nun hat F. M. Alexander dieselben Wirkprinzipien auch beim Menschen gefunden. Seine Arbeit betrifft die Natur des Einflusses, den die geistig-körperlichen Mechanismen auf die allgemeine Funktionsweise des menschlichen Organismus (Haltung) ausüben. Seine Technik hat sich zudem als eine echte Hilfe herausgebildet, um die für die Arbeitsweise der Mechanismen am besten geeigneten allgemeinen Bedingungen bei den Menschen aufrechtzuerhalten, bei denen diese Bedingungen bereits vorhanden sind. Und wenn sich erweist, dass die Arbeitsweise der Mechanismen schädlich ist, ist seine Technik ein geeignetes Mittel, um ihre Arbeitsweise zu verändern und zu verbessern. Weiterhin hat F. M. Alexander das überaus wichtige psychologische Prinzip nachgewiesen, wonach das propriozeptive System unter eine bewusste Kontrolle gebracht und darin geschult werden kann, den Stimulus zu den motorischen Zentren zu transportieren, der die Arbeitsweise (Gebrauch) des Haltungsmechanismus anstößt. Die Schulungszeit dafür kann natürlich mit der Unterstützung eines Lehrers stark verkürzt werden.

Um das zuerst erwähnte biologische Prinzip – das Verhältnis der Teile zum Ganzen – wirklich zu verstehen, ist es notwendig, dieses Verhältnis bei der Verhaltensentwicklung zu kennen. Ich habe es viele Jahre lang untersucht. Meine Studien waren gleichermaßen anatomisch und psychologisch. Die Studien mit den Methoden der Anatomie haben die Studien mit den Methoden der Psychologie bekräftigt, ergänzt und ausgeweitet und umgekehrt. Für meine Forschungen habe ich eine Spezies der Querzahnmolche (Amblystoma) verwendet. Dieser Wirbeltiertyp ist dafür bekannt, dass er in Struktur und Funktion keinerlei Spezialisierung aufweist. So kann Bewegung unter kontrollierten Bedingungen ohne Umwege analysiert werden. Wie die anderen Amphibien auch bewegt sich der Querzahnmolch im Wasser und auch an Land, so dass die Entwicklung der Fortbewegung beim Schwimmen als auch beim Gehen studiert werden kann.

In dem Moment, da bei diesen Tieren eine Muskelkontrakti on einsetzt, organisiert sich das gesamte funktionale Muskelsystem so, dass sich die einzelnen Segmente, die Myotome, der Reihe nach in der Länge zu beiden Seiten anordnen. Zu dieser Zeit gibt es keine anderen Anhängsel als relativ homogene Knospen, zusammengesetzt aus einheitlichem Gewebe, das mit Haut ummantelt ist. Diese Knospen sind keine funktionellen Organe und werden es auch für eine relativ lange Zeit nicht werden, nachdem die Mobilität der Rumpfmuskulatur eingesetzt hat. Wenn die Axialmuskeln zu kontrahieren beginnen, setzt sich die Kontraktion vom Kopf schwanzwärts (zephalokaudal) fort. Bei einem entsprechenden Stimulus ist eine Totalreaktion die Antwort des Tieres. Niemals gibt es eine Teilreaktion in dem Sinne, dass nur örtlich eine Reaktion erfolgt, mit einer Ausnahme: Am vorderen Ende können vielleicht einige Muskelsegmente kontrahieren, wenn der Stimulus nicht ausreicht, um das gesamte System zu stimulieren. Der Ablauf ist so organisiert, dass ein Stimulus, der irgendwo im Rumpf oder im Schwanz auftritt, zunächst durch den rückwärtigen Teil des Rückenmarks zum Kopf aufwärts wandern muss, um zu den motorischen Zentren zu gelangen. Zudem integrieren die motorischen Nervenzellen auch Neuronen der Axialmuskeln. Oder anders ausgedrückt: Im Rückenmark sind sie gleichzeitig Überträger in der Längsrichtung und Bewegungsnerven, die die Muskeln ganz einfach durch Nervenzellenfortsätze erregen. Diese Nervenzellenfortsätze wachsen in die Extremitäten hinein und stellen eine solche funktionale Verbindung zu den Muskeln der Gliedmaßen her, dass die allerfrühesten Bewegungen der Extremitäten nur durchgeführt werden, wenn sich der Rumpf bewegt. Die Gliedmaßen sind deshalb im Wesentlichen in den Rumpf integriert und lokale Reflexe kommen nicht vor. Lokale Reflexe werden allerdings durch einen anderen Typ Neuronen möglich gemacht, der aus einer anderen Quelle des Rückenmarks stammt: Von den sich eingliedernden Neuronen, die die ersten motorischen Fasern aktivieren. Deshalb gibt es zwei mögliche Funktionsweisen der Gliedmaßen, eine primäre, die vollständig und immer in den Rumpf integriert ist, und eine sekundäre als Antwort auf lokale Stimuli. Erstere bewirkt Totalreaktionen, letztere erzeugt Reflexe, wobei die Reflexe als Teilmuster normalerweise immer von dem Gesamtmuster abhängig sind.

Im Verlauf der Verhaltensentwicklung der Amblystoma sind Stell- und Lagereaktionen die frühesten Teilreaktionen. Wenn es z. B. gelingt, das Tier von den Füßen auf den Rücken umzudrehen, ohne dass es dabei zu einer anderen Aktion verleitet wird, wird bei dem Umdrehprozess das eine Bein gehoben und das gegenüberliegende Bein eingefahren. Die Bewegung sieht wie eine lokale Reaktion, ein Teilmuster, aus, ist jedoch keine Antwort auf einen lokalen Stimulus auf der Haut. Sie kommt zustande als eine Reaktion auf einen Stimulus, der im propriozeptiven System entsteht. Es gibt zwei Quellen für eine propriozeptive Stimulation. Im frühesten Stadium der Reaktion sind es an erster Stelle die sensorischen Endstücke in den Axialmuskeln. Eine erzwungene Torsion der Axialmuskeln würde die propriozeptiven Nerven stimulieren und diese wiederum könnten die Gliedmaßen zum Heben und Einfahren anregen. Die zweite Möglichkeit für eine propriozeptive Simulation besteht im Folgenden: Das vestibuläre System des Ohres ist ausreichend ausgebildet, um in diesem Entwicklungsstadium funktionstüchtig zu sein. Lange Fasern führen von den vestibulären Zentren des Gehirns das Rückenmark tief hinunter bis zu den motorischen Zentren, die die Gliedmaßen innervieren. Unabhängig davon, ob nun das eine oder das andere sensorische System für diese Stell- und Lagereaktion verantwortlich ist, es ist auf jeden Fall das Tier in seiner Gesamtheit, das die Reaktion stimuliert. Die früheste Stell- und Lagereaktion ist deshalb eine Totalreaktion und der auslösende Faktor ist im propriozeptiven System zu finden.

Und auch dies habe ich in der Entwicklung der Amblystoma beobachtet: Bevor das spezielle Muster auf eine Aktion ausgerichtet wird, wird für eine wahrnehmbare Zeitspanne in Intervallen eine geeignete Positur eingenommen. Dies geschieht in der Vorbereitung zum Schwimmen, zum Laufen und zur Nahrungsaufnahme. Diese Positur ist der Wegbereiter für eine Aktion und muss als ihre Grundlage betrachtet werden.

Dies sind in der Tat genau die einfachen Bewegungsgrundlagen, die F. M. Alexander mit seiner Methode ins Spiel bringt. In erster Linie ist er Erzieher. Er sucht die Körperfunktionen dadurch wiederherzustellen, dass sie auf ihre natürliche Art und Weise gebraucht werden. Seine Methoden sind bahnbrechend und einzigartig und basieren auf jahrelanger Erfahrung und auf ausgiebigen Studien. Und doch ist es kaum möglich, diese Methoden angemessen zu beschreiben. Ihre Resultate sind jedoch großartig.

Normalerweise wird es als ein einfacher Vorgang angesehen, sich aus einem Stuhl zu erheben und sich hinzustellen. Man geht einfach davon aus, dass jeder Erwachsene dazu perfekt in der Lage ist. Aber das so verstandene Verhaltensmuster ist nicht das natürliche. Es wurde in unserer menschlichen Entwicklung unserem Verhaltensrepertoire mit der Erfindung des Stuhles, dem grässlichsten aller Hygieneartikel zivilisierten Lebens, erst sehr spät hinzugefügt. Der primitive Mensch saß auf dem Boden oder war in der Hocke, wenn er nicht stand. Der Primitive sitzt so heute noch und die Leichtigkeit und offensichtliche Bequemlichkeit der Hockposition kann man unter den weniger privilegierten Schichten wahrnehmen, die in dieser Position lange Zeit verharren. Die tiefe Hocke verlangt es, dass die Streckmuskeln der Beine extrem gedehnt und die Oberschenkel weit herausgeschoben werden. So wie der Stuhl aber in aller Regel verwendet wird, verhindert er diese Dehnung der Streckmuskeln und führt tendenziell dazu, dass die Oberschenkel herangezogen werden. (Ganz extrem zeigt sich dies, wenn die Beine übereinander geschlagen werden.) Eine solch unnatürliche Haltung stimuliert in der Tendenz Reflexreaktionen, die dem normalen Gesamtmuster zuwiderlaufen, das dem Sich-Hinstellen zugrunde liegt.

Dass dies nicht nur reine Theorie ist, hat mir F. M. Alexander in den zahlreichen Unterrichtsstunden demonstriert, die er mir freundlicherweise erteilt hat. Er hat mich in die Lage versetzt, Fehlausrichtungen meiner Hals- und Rückenmuskeln zu unterbinden und wieder einen solchen Gebrauch von diesen Muskeln zu machen, dass sie die relative Position des Kopfes und des Halses zu meinem Körper und weiter bis zu meinen Gliedmaßen bestimmen und meine Oberschenkel in die herausgeschobene Position bringen. Dies hat in meinem Körper und bei meinen Gliedmaßen zu veränderten muskulären und anderen Bedingungen geführt, die im Zusammenhang mit dem natürlicheren Verhaltensmuster (in Übereinstimmung mit dem Gesamtmuster) stehen, um mich auf meine Füße zu stellen. Die gesamte Vorgehensweise war so angelegt, dass mein Gehirn damit beschäftigt war, Steuerungsbefehle auszusenden, die mich in die Lage versetzten, eine bewusste Kontrolle über die propriozeptiven Komponenten der beteiligten Reflexmechanismen zu erlangen. In dem Konzept F. M. Alexanders stimulieren die projizierten Steuerungsbefehle jene nervlichen und motorischen Aktivitäten, die mit den verbesserten Bedingungen verbunden sind. Dies hat mich zu der Überzeugung geführt, dass die motorischen Bahnen der Wirbelsäule und die Nervenbahnen durch das Gehirn, die mit dem Gesamtmuster verbunden sind, beständig wieder benutzt werden.

Bei meinen Forschungen zur Entwicklung der Fortbewegung habe ich herausgefunden, dass bei den Wirbeltieren zwei Arten von Mustern an der Funktion der Fortbewegung beteiligt sind: Ein Gesamtmuster, das die Gangart bereitstellt, und Teilmuster (Reflexe), die je nach der Oberfläche zum Tragen kommen, auf der die Fortbewegung geschieht. Das Faultier hat beispielsweise das gleiche Gesamtmuster beim Gehen wie der Hund, verwendet aber ein vollkommen anderes Teilmuster (Reflexe), wenn es sich beim Hängen mit seinen Beugemuskeln trägt.

Nun sollten die Reflexe in Harmonie mit dem Gesamtmuster sein, was sie im Normalfall auch sind. Wenn dies der Fall ist, machen sie es dem Mechanismus des Gesamtmusters (der Gangart) leichter. Wenn dies erzwungenermaßen oder aus Gewohnheit nicht der Fall ist, werden sie mehr oder weniger zu einem Gegenspieler des Gesamtmusters und die Fortbewegung wird ineffektiv. Als ich selbst z. B. meine Aufmerksamkeit auf die Details des Gehens gerichtet habe, habe ich feststellen müssen, dass ich meine Zehen gebeugt habe, als ob sie die Sohlen meiner Schuhe festhalten wollten. Meiner Einschätzung nach war dies ein Reflex, der durch eine gewohnheitsmäßige falsche Haltung ausgelöst wurde. Dieser Reflex blockierte das natürliche Gehen, das meine Zehen eigentlich verstärken wollten.

Mein Standpunkt ist folgender: Der gewohnheitsmäßige Gebrauch eines ungeeigneten Reflexmechanismus beim Sitzen, Stehen oder Gehen bringt das Nervensystem in Konflikte. Und diese Konflikte sind die Ursache für Ermüdung und nervöse Anspannung, die den Weg für viele Krankheiten bereiten. F. M. Alexander hat diesen Konflikt zwischen dem Gesamtmuster, das ererbt und angeboren ist, und den Reflexmechanismen, die sich individuell entwickeln, aufgelöst, so dass die Energien des Nervensystems erhalten bleiben. Durch die Auflösung des Konflikts kann er nicht nur Haltungsprobleme sondern auch viele andere pathologische Verhältnisse, die man normalerweise nicht mit der Körperhaltung in Verbindung bringt, korrigieren. Das erzieherische Prinzip lernt der Einzelne für sich selbst und das Selbst arbeitet als eine Einheit. Es ist keineswegs ein System zur Körperertüchtigung. Bei einem solchen System ist nämlich nur ein

Organsystem an der Verbesserung oder Verschlechterung der Ökonomie des Gesamtorganismus beteiligt. F. M. Alexanders Methode hat als ein sich selbst belebendes Element Zugriff auf das Individuum in seiner Gesamtheit. F. M. Alexander konditioniert die Reflexmechanismen neu und schult sie um. Er bringt ihre Angewohnheiten in ein normales Verhältnis zur Funktionsweise des Organismus insgesamt. Seine Methoden sind durch und durch wissenschaftlich und pädagogisch stimmig. Davon bin ich überzeugt!

INHALTSVERZEICHNIS

TEIL 3: DER GRUNDLEGENDE ANSATZ

Beispiele, die den Zusammenhang zwischen Gebrauch und Reaktion belegen / Unterschiedliche Manifestationen, aber dieselben Prozesse sind am Werk / Haltungseigenarten, „mentaler" Ausdruck und Gesichtsausdruck usw. / Rekapitulation von Punkten, die in meinen vorherigen Büchern behandelt worden sind / Warum die neuen Reformmethoden das Problem der Kontrolle der menschlichen Reaktion ungelöst gelassen haben / Fehlerhafte Ausrichtung und die „automatische" Arbeitsweise der Steuerung und Kontrolle / Welche Entscheidungen von uns verlangt werden, bevor eine fundamentale Veränderung in die Wege geleitet werden kann / Schwierigkeit bei der Umsetzung von Entscheidungen, an denen die Steuerung und Kontrolle des Selbst bei der Verwendung von Verfahren, die nicht auf einer Linie mit den bisherigen Erfahrungen im Handeln und im Denken stehen, beteiligt sind / Geglaubtes intellektuell akzeptieren und Vertrauen in die Sinneseindrücke / Mittel, die ungewöhnlich sind, und Risikobereitschaft / Eine einzigartige Situation, in der sich der Mensch befindet, wenn er Erziehungs- und Schulungsmethoden oder Methoden zur Lebensplanung umsetzt / Woraus bestehen die Vorkehrungen für Veränderung / Was bedeutet es, wenn man eine neue Idee akzeptiert / „Wünschen" und „Wollen" und wie das „Tun" zu tun ist / Natur und Wert von Beurteilung und die Einstellung des Menschen zur Abhängigkeit von Hilfe in „körperlicher", „geistiger" und „spiritueller" Hinsicht / Verdrängung und ihre schädlichen Nebenwirkungen / Gewohnheit und Gebrauchsweise / Der indirekte Weg, um eine Gewohnheit zu verändern / Neue und nicht vertraute Erfahrungen und ungewohnte Verfahren / Die praktische Verwendung von Konzepten und was damit zusammenhängt / Ein Vorschlag an alle, die an Plänen zu individuellen und sozialen Reformen interessiert sind / Spezifische Veränderungen und ihre schädlichen Nebenwirkungen / Die Notwendigkeit, die Voraussetzungen dafür zu schaffen, dass solche Nebenwirkungen verhindert werden / Die Ergebnisse des „Wünschens" und „Wollens" des Menschen und die Methode Versuch und Irrtum / Die Unzuverlässigkeit der sinnlichen Wahrnehmung und der Beurteilung des Wahrgenommenen in Bezug auf diese Ergebnisse / Selbstbeschränkung und Gebrauchsgewohnheit / Al-

FOTOGRAFIENACHWEIS

Vorwort

Die Leser dieser Seiten und meiner anderen Bücher werden wissen, dass ich mich beständig mit der Natur der menschlichen Reaktion und ihrer Bedeutung für die individuellen Aktivitäten und für die Aktivitäten der Gesellschaft insgesamt auseinandergesetzt habe. Meine diesbezüglichen Erfahrungen rechtfertigen die Aussage, dass die Natur des individuellen Reaktionsmusters zu einem bestimmten Zeitpunkt die Natur menschlichen Verhaltens insgesamt bestimmt.

Ist es nicht natürlich, dass ich in dem Moment, da ich ein neues Buch herausgebe, an die mögliche Reaktion meiner Leser in Bezug auf das, was ich ihnen mitzuteilen habe, denke? Es ist unvermeidlich, dass ich bei der behandelten Thematik auch Kritik übe. Zu meiner Rechtfertigung möchte ich aber sagen, dass dies in meinem Fall nur geschieht, damit der konstruktive Plan, den ich anzubieten habe, vielleicht besser verstanden werden kann.

Einer meiner Freunde hat sich einmal darüber beklagt, dass ein Verwandter bei einer bestimmten Gelegenheit über die Natur seines Verhaltens negative Bemerkungen gemacht und diese Bemerkungen mit einem verächtlichen Schnauben eingeleitet hatte. Die Einstellung meines Freundes interessierte mich, weil ersichtlich war, dass seine Reaktion der Verbitterung die Antwort auf den Stimulus war, der von dem verächtlichen Schnauben ausging. Es war nicht so sehr die Antwort auf den Stimulus, der von der ablehnenden Bemerkung ausging. Ja, ich habe den Wunsch, ein Vorwort zu dem Thema meiner Abhandlung zu schreiben, aber es ist ein noch viel größerer Wunsch meinerseits, dass die Art, wie ich das Vorwort gestalte, nicht ansatzweise zu einem verächtlichen Schnauben oder gar zu Begleitumständen führt, die die Vorläufer dazu wären, dass es zu einer störenden Reaktion seitens meiner Leser kommt, wenn sie sich mit den Inhalten dieses Buches auseinandersetzen. Die Thematik hat sich aus einzigartigen Erfahrungen in den letzten acht Jahren auf dem Feld des menschlichen Verhaltens entwickelt. So ist das Buch eher wild gewachsen. Sollte es Leser geben, die sich darüber ärgern, dass es nicht auf einem genauen Plan aufgebaut ist, will ich daran erinnern, dass so die Grenzen umgangen werden konnten, die einem konstruierten Buch angesichts der Natur der besonderen Thematik und angesichts der Quelle ihres Ursprungs zu eigen sind.

Unter der Mithilfe von Freunden habe ich viel Zeit darauf verwendet, das, was ich geschrieben habe, zu vereinfachen und „klarer" auszudrücken. Wie schwierig die Aufgabe war, beleuchten Bemerkungen, die zwei Männer gemacht haben, nachdem sie meine früheren Bücher gelesen hatten. Der eine war Schriftsteller und der andere Wissenschaftler. Der eine hatte gesagt, er fände meine Sätze überladen. Nach reiflicher Überlegung sei ihm aber klar geworden, dass dies der Natur der Thematik geschuldet sei. Der andere hatte darauf verwiesen, dass ein bestimmter Satz zu lang war. Später hatte er aber eingestanden, dass er stundenlang daran gesessen habe, den Satz zu kürzen oder in ein oder zwei Sätze aufzuspalten. Als ihm dies endlich geglückt zu sein schien, musste er aber feststellen, dass seine Version nicht die volle Bedeutung des Satzes ausgedrückt hat, die seine ursprüngliche Form vermittelt hatte.

Ich möchte auch gerne einige Worte zu der Problematik langer und kurzer Sätze sagen. Es ist relativ einfach, eine Idee oder eine Erfahrung in einem oder in mehreren kurzen Sätzen auszudrücken, wenn die ausgedrückte Idee oder Erfahrung etwas Spezifisches darstellt, oder wenn sie etwas ist, das mit der *direk-*

ten Methode getan oder erlangt werden kann, weil damit auch ein Konzept von Aufspaltung und von Zusammenhanglosigkeit verbunden ist. Ideen und Erfahrungen aber, die Phänomene behandeln, die miteinander zusammenhängen, und die zur allgemeinen Anwendung, nicht zur spezifischen, die *indirekte Methode* verlangen, können nur durch einen Satz vollständig ausgedrückt werden, der die Bedeutung dieser Ideen und Erfahrungen so übermittelt, dass kein Zweifel daran bestehen kann, dass das Konzept, auf denen diese Ideen und Erfahrungen basieren, ein koordiniertes, unteilbares Ganzes ist.

Notwendigkeit ist die Mutter allen Erfindungsreichtums, so sagt man im Englischen. In diesem Zusammenhang könnte eine Erfahrung für meine Leser von Interesse sein, die ich gemacht habe, als ich mich genötigt sah, das angesprochene Reaktionsproblem zu lösen. Ich hatte eine offizielle Einladung an die beiden wichtigsten Ausbildungsschulen für Körperkultur in England. Ich sollte dort vor den Studenten und Lehrern einen Vortrag halten. In meiner Antwort auf die Einladungen habe ich deutlich gemacht, dass mich meine früheren Erfahrungen mit solchen Vorträgen auf jeden Fall von einem überzeugt hatten: Vorträge sind reine Zeitvergeudung, wenn der Vortragende gezwungen ist, Verfahren zu vertreten, denen die Zuhörer von vornherein nicht zustimmen können, weil diese Erfahrungen auf einem Prinzip basieren, das es von den Zuhörern verlangt, ihre angenommenen Glaubensinhalte aufzugeben, wenn sie das Prinzip akzeptieren. Einige meiner Freunde drängten mich aber dazu, die Vorträge zu halten. So habe ich sie nicht sofort abgesagt, sondern zugesichert, mir die Sache noch einmal zu überlegen und später meine endgültige Entscheidung mitzuteilen.

Bei diesen Überlegungen kam es mir in den Sinn, dass ich einen Weg finden müsste, die Tendenz meiner Zuhörer einzuschränken, allzu schnell auf einen Stimulus zu reagieren, den eine Aussage liefert, die zufälligerweise nicht in Übereinstimmung mit ihren liebgewonnenen Glaubensinhalten und ihrer gewohnten Praxis steht, wenn ich überhaupt eine Chance haben wollte, Erfolg zu haben. (Dieses Verhalten der vorschnellen Reaktion ist leider weit verbreitet.) Und ich glaubte tatsächlich, einen Weg gefunden zu haben, der einen Versuch wert war. So habe ich dann doch beide Einladungen angenommen.

An jenem ereignisreichen Abend wurde ich meinen Zuhörern in der üblichen Weise vorgestellt. Nun sagte ich ihnen aber, dass mein Erscheinen vor ihnen auf einer „Vorspiegelung falscher Tatsachen“ beruhe. Die Gründe, warum ich gezögert hätte, ihre Einladung für die Vorträge anzunehmen, hätte ich ihnen ja bereits zur Kenntnis gebracht. Aber ich hätte mir einen Weg einfallen lassen, wie ich meinen Vortrag halten könnte, ohne dass er zu Reaktionen ihrerseits oder meinerseits führte, die es verhindern würden, dass unser Austausch nützlich für alle Beteiligten wäre. Ich sei der Meinung, dass dieser Weg mein Erscheinen rechtfertige.

Es sei nämlich wahrlich nicht mein Wunsch, ihre Glaubensinhalte oder ihre Methoden zu kritisieren, wie ich ihnen versicherte. Und ich hätte wirklich die Hoffnung, dass sich der Vortrag so für alle als nützlich erweisen könnte. Auch ginge ich davon aus, dass ihre Einstellung zu meiner Arbeit und zu dem, was ich glaube, ganz genau dieselbe sei. Deshalb hätte ich einen Vorschlag zu machen: Wir sollten bei dem Vortrag von dem Wunsch geeint sein, den Prinzipientest auf die Glaubensinhalte und Methoden der Körperkultur in der Vergangenheit und in der Gegenwart anzuwenden, um so zu einer tragfähigen Einschätzung über ihren Wert zu gelangen. Die darauf folgende Stille war hörbar. Meine Zuhörer blickten einander an, richteten ihren Blick wieder auf mich und schließlich war ein einvernehmliches „Ja“ als Antwort zu hören.

Ich war nun zuversichtlich, dass der eingeschlagene Weg erfolgreich sein könnte, und begann meinen Vortrag. Natürlich war darin auch Kritik enthalten, die so manches in Frage stellte, aber das Konstruktive des Vortrags, das für sie von großem Wert war, überwog bei Weitem das Destruktive. Viele meiner Zuhörer haben mir dies auch bestätigt. Im Folgevortrag bin ich dann genauso vorgegangen und das Ergebnis war nicht weniger erfreulich.

Ich bitte jetzt meine Leser nur um eines: Wenden Sie den obigen Prinzipientest auf jeden Beweis an, der sich aus meiner Praxis ergibt und der möglicherweise im Konflikt mit Ihren Glaubensinhalten in der Theorie oder in der Praxis steht, oder der Ihren individuellen Interessen entgegenläuft. Wenn sich dann zeigen sollte, dass dieser Beweis auf demselben Prinzip basiert, wie das Prinzip, das der zu überwindenden Praxis zugrunde liegt, sollte die Praxis als negativ beurteilt und der Beweis verworfen werden. Wenn sich aber herausstellen sollte, dass das Gegenteil der Fall ist, sollte der Beweis einem praktischen Test unterworfen werden: Dabei sollte die Natur der Arbeitsweise der Mechanismen des geistig-körperlichen Organismus beobachtet werden, während die Verfahren meiner Praxis fortlaufend zur Anwendung gelangen. Wenn diese Arbeitsweise dazu führt, dass das allgemeine Funktionsniveau des Organismus angehoben wird, muss die dahinterstehende Praxis als positiv bewertet werden.

16 Ashley Place,
Westminster, London,
April 1941.

Zur Einleitung

Als ich mein letztes Buch "Über den Gebrauch des Selbst" beendet hatte, war ich fest davon überzeugt, dass ich nun nicht noch ein weiteres über das Thema meiner Theorie und Praxis schreiben müsse, weil jetzt eine detaillierte Beschreibung in den Büchern darüber vorlag, wie ich meine Technik entwickelt habe und wie sie auf den verschiedenen Aktivitätsfeldern einzusetzen sei. Offensichtlich war die Beschreibung aber doch nicht so vollständig, wie ich es mir gewünscht hätte. Ich habe nicht ausreichend berücksichtigt, dass jede Veränderung in der Art und Weise, wie das Selbst gebraucht wird, ganz gleich wie diese Veränderung hervorgebracht worden ist, mit ungewohnten sinnlichen Erfahrungen verknüpft ist. Wie aber allgemein bekannt ist, kann Wissen, das sinnliche Erfahrungen betrifft, nicht durch das gesprochene oder geschriebene Wort in einer Weise vermittelt werden, dass dem Leser die volle Bedeutung dieses Wissens vermittelt werden könnte.

Dies könnte eine Erklärung dafür sein, dass einige Leser weiterhin an dem Konzept der *Aufspaltung* festhalten, wenn sie das, was ich geschrieben habe, interpretieren, obwohl ich in meinen vorherigen Büchern wieder und wieder betont habe, dass der menschliche Organismus eine unteilbare *Einheit* ist. Das Konzept der Aufspaltung lässt aber die Verfahren meiner Technik und ihre praktischen Ergebnisse irrigerweise als isoliert „körperlich" oder als isoliert „geistig" einordnen. Eine objektive Beweisführung der gegenseitigen Abhängigkeit von Denken und Handeln findet sich im ersten Kapitel von „Über den Gebrauch des Selbst" (The Use of the Self). Ich mache dort deutlich, dass die „körperlichen" und die „geistigen" Mechanismen zusammen und in gegenseitiger Wechselwirkung arbeiten. Meine Erfahrung hat mich zudem davon überzeugt, dass dies Manifestationen einheitlicher menschlicher Aktivität sind, die auf bestimmten Stufen ein Übergewicht für das zeigen, was man gemeinhin das „Körperliche“ nennt, und auf anderen Stufen zeigen sie ein Übergewicht für das sogenannte „Geistige“.[1)]

Meine Wortwahl, für die ich sehr oft kritisiert worden bin, ist noch eine weitere Quelle für Missverständnisse. Ich bin allerdings der Meinung, dass ich mir unter diesem Gesichtspunkt nichts vorzuwerfen habe. Ich habe es nämlich grundsätzlich vermieden, Worte zu verwenden, die ein bloßes Etikett für Vorstellungen und „Systeme“ waren, von denen ich überzeugt war, dass sie vom Prinzip her nicht stimmig sein konnten. Wenn die Kritiker mir die Gründe für ihre Kritik offenbart haben, konnte ich eines immer feststellen: Es gab bei ihnen eine Tendenz, in die Worte andere Bedeutungen hineinzulegen, die in besonderer Weise zu dem passten, wie sie selbst gewohnheitsmäßig diese Worte interpretierten. Ich habe die starke Vermutung, dass diese Gewohnheit und das jeweilige Missverständnis sehr eng miteinander verknüpft sind. Wenn der Leser sich in Erinnerung ruft, dass das Thema meiner Studien der lebende, geistig-körperliche Organismus ist, der die Summe eines Komplexes zusammenhängender Prozesse ist, wird er verstehen, warum ich soweit wie möglich auf solche Begriffe wie „Haltung“, „geistiger Zustand“, „psychologischer Komplex“, „Körpermechanismen“ „unbewusst“ oder irgendeinen anderen der unendlich vielen Etikettierungen verzichtet habe. Diese Etikettierungen ranken sich um die verkomplizierenden Vorstellungen, die wir von uns selbst haben, und sind aus der Art der Erziehung erwachsen, die wir über uns ergehen lassen mussten. Anstatt also solche Ausdrücke zu verwenden, ziehe ich es vielmehr vor, den geistig-körperlichen Organismus als etwas zu beschreiben, das „in Gebrauch“ ist, das „funktioniert“ oder das „reagiert“. Meine Vorstellung des menschlichen Organismus (oder des Selbst) ist im Grunde genommen sehr einfach. Sie kann aber durch die überflüssigen Komplikationen schwer gemacht werden, die sich aus den von den Lesern hinzugefügten, vorgefassten Vorstellungen und Vorurteilen ergeben.

Seit *The Use of the Self* (Über den Gebrauch des Selbst) veröffentlicht worden ist, ist viel Wasser den Rhein heruntergeflossen. Die Nützlichkeit meiner Praxis in der Vergangenheit und in der Zukunft wird inzwischen positiv beurteilt und auch das Einheitsprinzips, das dieser Praxis zugrunde liegt und das auf Methoden und Lebensplanungen weitreichende Auswirkungen hat, wird allgemein anerkannt. Biologische und physiologische Forschungsergebnisse stützen dieses Prinzip und meine Praxis. In zahlreichen Büchern, Artikeln, in medizinischen, chemischen und philosophischen Berichten und in Berichten zu Erziehungsfragen sind Prinzip und Praxis positiv erwähnt worden.

Wenn ich sehe, dass das Prinzip, für das ich einstehe und das ich so lange schon beständig in die Praxis umgesetzt habe, von den Autoritäten in unterschiedlichen Aktivitätsfeldern des Menschen befürwortet wird, erfüllt mich dies mit Genugtuung und Freude. Leider ist es nur so, dass einige, die in ihren Schriften und Reden das Konzept des *ungeteilten Organismus* (The Whole Man) unterstützt haben, ganz offensichtlich nicht verstanden haben, welche logischen Konsequenzen ein solcher *ungeteilter Organismus* für die Praxis hat. Und trotzdem versuchen sie, anderen dabei zu helfen, ein Problem zu lösen, das für seine Lösung Kenntnisse auf einem Feld verlangt, auf dem sie wenig oder gar keine Erfahrung haben. Wenn ich in meinen Büchern eine Aussage zu meiner Technik gemacht habe, habe ich immer eine Beschreibung der Verfahren hinzugefügt, die notwendig sind, um die theoretische Konzeption in die Praxis umzusetzen. Diese Verfahren sind nämlich der Gegenpart der theoretischen Konzeption. Es ist jedoch äußerst bedauerlich, dass einige von denen, die die Konzepte neu formuliert haben und jetzt verfechten, zu denen ich experimentell gelangt bin, mit keinem Wort erwähnen, mit welchen Techniken und Methoden diese Konzepte in die Praxis umgesetzt werden sollen.

Ich bin deshalb zu der Meinung gelangt, dass ein weiteres Buch eine große Hilfe sein könnte, wenn es darum geht, falsche Vorstellungen richtig zu stellen. In diesem Buch will ich herausstreichen, wie einzigartig Kontrolle und Steuerung in Gebrauch und Reaktion wirken. Ich will darin untermauern, dass es äußerst wichtig ist, Kenntnisse und Erfahrung zu erlangen, die notwendig sind, um das Konzept des *Menschen als Einheit* ohne Unterbrechung in die Praxis umzusetzen. Ein solches Wissen und derartige Erfahrung sind unumgänglich, wenn die Akzeptanz dieses Konzepts nicht bloß ein intellektueller Glaube bleiben soll. Ein Großteil der Verwirrung und des Durcheinanders in unserer heutigen Welt hat seine Ursache darin, dass theoretische Konzepte akzeptiert werden, die nicht auf persönlicher Erfahrung derjenigen beruhen, die diese Konzepte vertreten.

Gerade in der Welt der Erziehung und der Medizin hat das Konzept des Menschen als Einheit (The Whole Man) Einzug gehalten. Auf diesem Konzept allein sollten in allen Aktivitätsfeldern stimmige Methoden entwickelt werden. Aber nur wenige von denen, die dieses Konzept vertreten, können inhaltlich etwas dazu sagen, auf welche Weise dieses Konzept in die Praxis umgesetzt werden kann, oder bieten eine Technik an, mit der es in der Praxis angewendet werden soll. Wie Professor G. E. Coghill in Bezug auf das Konzept des *unteilbaren Organismus* schreibt, gilt es aber, unbedingt dies zu beachten: „Es sind zwei völlig verschiedene Dinge, auf der einen Seite eine Theorie zu formulieren und auf der anderen Seite zu demonstrieren, dass diese Theorie eine Tatsache ist. Erst die Demonstration stellt das Konzept auf eine wissenschaftliche Grundlage.“ Und er fährt dann fort: „In meinem Fall hat sich das Konzept aus der Demonstration entwickelt. Erst nachdem es sich in der Demonstration erwiesen hatte, konnte ich hinter dem Konzept stehen. [2)]

Dr. Coghills Aussage liegt vollkommen auf einer Linie mit meinen eigenen Erfahrungen. Erst die Demonstration befreit ein wissenschaftliches Konzept tatsächlich vom Status eines intellektuellen Glaubensansatzes. Als ich mit meinen Beobachtungen anfing, die zur Entwicklung meiner Technik[3)] geführt haben, hatte ich keine schnelle, festgezurrte Theorie zur Arbeitsweise des Organismus im Hinterkopf. Ich gebe aber zu, dass ich damals, wie die meisten Menschen auch, „Körper" und „Geist" als getrennte Teile desselben Organismus betrachtete. Mit der Zeit habe ich aber erkannt, dass meine jeweiligen fehlerhaften Reaktionen, die ich und meine Ratgeber durch *direkte* Methoden und *direkte* Behandlung verändern wollten, ihre Ursache nicht primär in Defekten hatten, die mit dem anscheinend unmittelbarsten Gebrauch und den damit verbundenen unmittelbarsten Funktionen des Organismus zusammenhingen. (In meinem Fall waren dies meine Stimmorgane.) Meinen fehlerhaften Reaktionen waren vielmehr *indirekte* Ergebnisse von Defekten meines allgemeinen Gebrauchs und diese Defekte führten dazu, dass sich mein allgemeines Funktionsniveau beständig weiter absenkte und das Arbeiten der Muskulatur des gesamten Organismus negativ beeinflusste. Ich stellte fest, dass zwischen den Prozessen des Gebrauchs und meinem Funktionsniveau [4)] eine enge Beziehung bestand, die, wie ich erkannte, vom Ganzen hin zu den Teilen wirkte. Diese enge Beziehung war für mich Beweis dafür, dass der Organismus tatsächlich als eine Einheit arbeitet. Bei weiteren Forschungen zu diesem Prinzip entdeckte ich, dass es einen Kontrollmechanismus bei dieser Arbeitsweise des Organismus als Einheit gab, der je nachdem, ob er benutzt wurde oder nicht, meine allgemeinen Funktionen zum Guten oder zum Schlechten beeinflusste. Zum einen wurde mir klar, dass ich auf den primären Kontrollmechanismus der integrierten Funktionsweise des geistig-körperlichen Organismus' gestoßen war, der notwendig war, um eine Veränderung meiner Reaktion herbeizuführen. Und zum anderen erkannte ich, dass das Konzept des ungeteilten Organismus' jetzt auf eine Grundlage gestellt worden war, die wissenschaftlich auch gesichert war. Die objektiven Beweise, die meine Beobachtungen und meine verwendeten Verfahren zu Tage förderten, ließen daran wirklich keinen Zweifel.

Die volle Bedeutung des soeben Gesagten hat sich bisher nur wenigen erschlossen, auch nicht jenen, die sich in Texten über die Praxis und die Theorie meiner Arbeit auseinandergesetzt haben. Tatsächlich hat sich mir die Primärkontrolle beim Gebrauch des Selbst bei der Anwendung meiner Technik eröffnet. Es ist aber für das Verständnis der weitreichenden Auswirkungen und dafür, was es heißt, wenn die Primärkontrolle auf die Reaktionen bei den Vorgängen des täglichen Lebens zur Anwendung kommt, von fundamentaler Bedeutung, dies vollständig zu begreifen. Bis jetzt hat man nämlich noch nicht realisiert, dass der Einfluss der Gebrauchsweise auf die allgemeine Funktionsweise des Organismus bei jeder Reaktion und in jedem Augenblick permanent vorhanden ist. Auch ist noch nicht ins Bewusstsein gelangt, dass dieser Einfluss nur entweder schädlich oder positiv sein kann, je nachdem welcher Natur die Art und Weise des Gebrauchs bei jeder einzelnen Lebensäußerung ist. Dem kann niemand entkommen! Von daher kann man von diesem Einfluss sagen, dass er *eine allumfassende Konstante in einer Technik für das Leben* ist.

Seit fünfzig Jahren habe ich Tag für Tag Schülern und anderen im Unterricht den Einfluss dieser Konstante zum Guten oder zum Schlechten auf ihre allgemeinen Funktionen demonstriert. Die Tatsache allein schon, dass es möglich ist, die Demonstration zu wiederholen, liefert den Beweis dafür, dass das Konzept und das Prinzip stimmig sind. Genauso ist die auf diesem Konzept beruhende Technik (oder die Methode) stimmig. Eine solche Beweisführung würde auch ein Ingenieur akzeptieren, der an einem Konzept oder einem Prinzip arbeitet und der dann erkennt, dass er mit diesem Konzept eine Maschine bauen kann, die den Ansprüchen genügt, für den er den Mechanismus konstruiert hat.

Meine Erfahrung und der Lauf der Dinge haben eine Überzeugung in mir nur noch verstärkt: Wir können nicht eher hoffen zu verstehen, was wesentlich für die Aufgabe ist, eine Verbesserung der menschlichen Reaktionsweise herbeizuführen, bevor wir nicht jene Kenntnisse über die Arbeitsweise des Selbst erworben haben, die uns in die Lage versetzen, seine Arbeitsweise entweder ungestört ablaufen zu lassen oder sie wiederherzustellen, wenn es bereits zu einem Eingriff darin gekommen ist. Es ist in der Tat das große Versagen des Menschen, dass er diese Notwendigkeit nicht erkennt. Dieses Versagen hat auch zu den tragischen Geschehnissen geführt, die die von ihm errichtete Zivilisation entstellt und tendenziell aushöhlt.

Ich habe die Hoffnung, dass ich dies in den folgenden Ausführungen voll und ganz belegen kann. Jeder Versuch seitens des Menschen, Veränderungen seiner eigenen Reaktion oder der anderer hervorzubringen, muss damit beginnen, dass die Vorstellungen und Glaubensinhalte über Bord geworfen werden, die mit jenen Gefühlen verknüpft sind, auf denen sich der Mensch bisher bei der Steuerung und Kontrolle seines Gebrauchs verlassen hat, wenn er seine jeweiligen Aktivitäten ausgeführt hat. Wenn der Mensch jemals verstehen will, was notwendig ist, um eine fundamentale Veränderung der Reaktion zu erreichen, wird er seine veralteten Vorstellungen und Glaubensinhalte durch eine neue Konzeption ersetzen müssen, die dazu führt, dass er neuen Verfahren sein Vertrauen schenkt. Und bei der Ausführung der neuen Verfahren, die ich für ihren jeweiligen Zweck mit sehr viel Bedacht und reiflicher Überlegung ersonnen habe, ist eine veränderte Steuerung und Kontrolle erforderlich. Weil diese Verfahren aber zu Veränderungen im Gebrauch des Organismus führen, die manchmal auf beunruhigende und irritierende Weise mit ungewohnten motorischen und sensorischen Erfahrungen verbunden sind, ist viel mehr vonnöten als ein Glaube, der sich nur aus intellektuellen Betrachtungen speist, wenn der Mensch sich **während** Anwendung dieser Verfahren an diesen Glauben halten soll.

Ich bin der Ansicht, dass das Material des vorliegenden Buch eines ganz klar macht: Meine Technik ist das praktische Gegenstück zu dem Konzept des „Menschen als Einheit“ (The Whole Man), das in einigen Schriften der Autoritäten, die ich in diesem Buch zitieren werde, favorisiert wird. Ich habe in diesem Buch aus dem Schatz meiner Erfahrungen unterschiedliches Material zusammengetragen, das für das Thema von Bedeutung ist. Diesem Material habe ich Vorstellungen, Argumentationen und Schlussfolgerungen von anderen gegenübergestellt, die in unterschiedlichen Bereichen tätig sind. Auf den ersten Blick mag es als eigenständig erscheinen. Es gibt aber ein Bindeglied. Ich habe das Material unter dem Gesichtspunkt gesichtet und ausgesucht, ob es Aussagen zu dem Prinzip macht, dass der menschliche Organismus als eine geistig-körperliche Einheit funktioniert. Wenn man seit der Veröffentlichung von *The Use of the Self* die Meinungen der Autoritäten in vielen Bereichen beurteilt, werden meine Erfahrungen eines Tages der Leuchtturm sein, der dem Entdecker den Weg in ein Land weist, das bisher „unentdeckt“ ist. Für einen Pionier, der geduldig und aufmerksam ist, bietet dieses Land wahrlich unbegrenzte Möglichkeiten.

Ich habe fast mein ganzes Leben lang auf diesem neuen Feld gearbeitet und mir ist bewusst geworden, dass die Kenntnisse, die ich erworben habe, erst der Anfang sind. Eines kann ich aber voller Vertrauen vorhersagen: Diejenigen, die an dem, was ich herausgefunden habe, ein ausreichendes Interesse zeigen und die davon bei ihrer weiteren Suche geleitet werden, werden erleben, dass sich ihre Perspektive und ihr Verständnis hinsichtlich der Kontrolle der menschlichen Reaktion (des Verhaltens) vollständig geändert hat. Das wird in ihnen die Erkenntnis reifen lassen, dass die Kenntnis des Selbst grundlegend für alle anderen Wissensbereiche ist, insbesondere für jene Kenntnisse, die es ermöglichen, dass das menschliche Verständnis- und Reaktionsniveau angehoben werden kann. Die Anhebung dieses Niveaus ist aber von entscheidender Bedeutung, wenn der Zivilisationsplan wieder auf eine gesunde Basis gestellt werden soll. Ich setze voll und ganz darauf, dass der Leser verstehen wird, dass das, was ich in diesem Buch zu sagen habe, diese Vorhersage durchaus rechtfertigt. Und wenn er sich auf das Abenteuer einlässt, wird er auch sehen, wie sie sich erfüllt.

DIE KONSTANTE IM FLUSS DES LEBENS

Kapitel 1

Zum Guten oder zum Schlechten: Der konstante Einfluss der Art und Weise des Gebrauchs

„Die klassischen Experimente von Dr. George E. Coghill zum Wachstum des Nervensystems und zur frühen Verhaltensentwicklung des Embryos belegen, dass sich Verhalten zuerst als eine Gesamtreaktion des Organismus zeigt, die von Anfang an ganzheitlich ist. Seine Untersuchungen zeigen auch, dass die kleineren Verhaltensmuster oder die spezifischen Reflexe sich durch den Individualisierungsprozess aus dem Gesamtmuster entwickeln.“ (Auszug aus dem 6-Jahres-Rückblick 1930/1936 von Josuah Macy)

Nur wenige von uns haben sich bis jetzt jemals über die Frage Gedanken gemacht, in welchem Ausmaß jeder Einzelne für seine Krankheiten verantwortlich ist, die unser Fleisch zu ertragen hat. Dies liegt auch daran, dass wir noch gar nicht realisiert haben, wie falsch und wie schädlich die Art und Weise ist, in der wir uns bei unseren täglichen Aktivitäten und auch im Schlaf [4)] gebrauchen. Zudem nehmen wir die falsche Ausrichtung, die Anspannung und die Energievergeudung nicht wahr, die auf diesem Fehlgebrauch beruhen. Wir gehen einfach davon aus, dass wir grundsätzlich in der Lage sind, bei unserer Arbeit und bei allem, was wir sonst tun, den besten Gebrauch von uns selbst zu machen.

In den letzten Jahren sind jedoch, neben den Arbeitsbedingungen in der Fabrik, der Arbeitszeit, den Luftverhältnissen usw., bestimmte andere schädliche Auswirkungen der Fabrikarbeit in den Blickpunkt der Öffentlichkeit geraten. Man hat also sehr wohl erkannt, dass etwas falsch läuft. Diese Erkenntnis hat dazu geführt, dass einige Anstrengungen unternommen wurden, sich den Problemen dieser Arbeiter zu stellen. [5)]

Bis jetzt haben die Maßnahmen, die von den entsprechenden Institutionen und Personen ergriffen worden sind, die Probleme allerdings nur gelindert. Leider haben sie nämlich bei ihren Überlegungen nicht mit in Betracht gezogen, welche Rolle die geistig-körperlichen Mechanismen des menschlichen Organismus dabei spielen, immer wenn diese Mechanismen bei allen Aktivitäten eingesetzt werden, sowohl bei jenen, die als körperlich oder als Handarbeit gelten, als auch bei denen, die man als geistig und intellektuell einstuft. Unabhängig von der Art der Aktivität,

- ob sie nun den Einsatz von Armen und Beinen bei der Fortbewegung oder bei normalen Tätigkeiten erfordert oder den Gebrauch der Hände, wenn Instrumente oder Werkzeuge zum Einsatz kommen,
- oder es eine Aktivität ist, durch die Wahrnehmungs-, Denk- und Verstehensprozesse in Gang gesetzt und durch die die Ergebnisse dieser Prozesse schriftlich oder mündlich ausgedrückt werden, wie es in Erziehung, Religion, Politik, Wissenschaft usw. geschieht,

die Rolle, die der Organismus in diesen beiden geistig-körperlichen Aktivitätsfeldern spielt, ist jedem Fall die gleiche.

Was den Gebrauch des Begriffs *geistig-körperlich* angeht, möchte ich auf das Bezug nehmen, was ich in meinem Buch „Bewusste Kontrolle beim Auf- und Umbau des Menschen" (Constructive Conscious Control of the Individual) geschrieben habe: „Der Ausdruck *geistig-körperlich* wird hier und in meinem gesamten Werk benutzt, um herauszustellen, dass es in meiner Konzeption von der Arbeitsweise des menschlichen Organismus unmöglich ist, das „Geistige" und das „Körperliche" voneinander zu trennen." Und in „Ein Vermächtnis der Evolution an die Menschheit von unschätzbarem Wert" (Man's Supreme Inheritance) habe ich geschrieben: „Meiner Meinung nach müssen die beiden Begriffe als vollkommen voneinander abhängig betrachtet werden. Sie sind sogar noch enger miteinander verwoben, als es das Doppelwort tatsächlich auszudrücken vermag." Ich benutze also den Ausdruck *geistig-körperliche Aktivität* für alle menschlichen Manifestationen und *geistig-körperlicher Mechanismus* bezeichnet das Instrument, mit dem diese Manifestationen ermöglicht werden. Allerdings darf geistig-körperliche Aktivität nicht so betrachtet werden, dass sie ein immer gleiches Aktions- und Reaktionsmuster der jeweiligen Prozesse beinhaltet. Ich hoffe, zeigen zu können, dass es nämlich in der Geschichte der menschlichen Entwicklung Stadien gegeben hat, in denen sich Manifestationen der menschlichen Aktivität offenbarten, die ein Übergewicht auf der sogenannten „körperlichen" Seite hatten, und dass es Stadien mit einem Übergewicht auf der sogenannten „geistigen" Seite gegeben hat. Es bleibt mir nichts anderes übrig, als hier und in meiner gesamten Argumentation die Worte „geistig" und „körperlich" zu verwenden, weil es gegenwärtig keine anderen Worte gibt, mit denen die Manifestationen der geistig-körperlichen Aktivität angemessen ausgedrückt werden könnten. Keinesfalls benutze ich sie in dem Sinn, dass das „Geistige" und das „Körperliche" als solche voneinander getrennt werden könnten. Dies möchte ich auf jeden Fall klargestellt wissen: Jedes Mal, wenn ich das Wort „geistig" verwende, steht es für alle Prozesse und Manifestationen, die man im Allgemeinen als nicht vollständig „körperlich" ansieht. Umgekehrt gilt: Wenn ich das Wort „körperlich" verwende, steht es für alle Prozesse und Manifestationen, die man im Allgemeinen als nicht vollständig „geistig" ansehen kann. Natürlich gilt dies auch für dieses Buch.

Jeder lebende Mensch ist eine geistig-körperliche Einheit. Er ist ausgestattet mit wunderbaren Mechanismen, durch die sich alle Reaktionen manifestieren, wenn die Mechanismen durch den Stimulus eines Wunsches oder eines Bedürfnisses aktiviert worden sind. Deshalb geht auch jede Reaktion einher mit einer bestimmten Art und Weise des Gebrauchs dieser Mechanismen. Diese enge Verzahnung zwischen der Art und Weise des Gebrauchs und der Reaktionsweise ist der Grund, warum alle Manifestationen menschlicher Aktivität, seien sie nun mit dem Etikett manuell oder mental versehen, ohne Unterlass von der Art und Weise des Gebrauchs beeinflusst werden.

Kommen wir zunächst zu den Menschen, die geschickt mit ihren Händen arbeiten. Die Art und Weise ihres Gebrauchs hat nicht nur auf alle ihre allgemeinen Funktionen einen Einfluss zum Guten oder zum Schlechten, sondern auch auf die Art und Weise, wie sie die Instrumente oder Werkzeuge ihres Gewerbes verwenden. Jede ihrer Aktivitäten ist ihre spezielle Reaktion auf einen Stimulus. Schon der bloße Stimulus aktiviert ihre individuelle Gebrauchsweise ihres Selbst. Dieser Sachverhalt bestimmt die Art und Weise, wie sie reagieren. Zudem wird ihre Reaktionsweise auch davon bestimmt, wenn auch in einem geringeren Maße, wie relativ stark oder schwach der Stimulus auf ihre Gebrauchsweise einwirkt. Im Falle unseres Handarbeiters ist der Wunsch oder das Bedürfnis, die Werkzeuge oder die Instrumente so zu verwenden, dass er mit ihnen das Gewünschte erreichen kann, der alles überragende Stimulus.

Im Falle der Menschen, die in intellektuellen Bereichen wie der Erziehung, der Religion, der Wissenschaft, der Politik usw. tätig sind, liegen die Dinge nicht ganz so einfach. Als Instrumente oder Mittel werden hier Theorien oder Pläne eingesetzt, die so ausgestaltet sind, dass damit andere unterwiesen oder für die jeweiligen Ideen und Vorstellungen begeistert werden können. Ganz gleich wie die *Mittel-und-Wege* [A)] auch aussehen mögen, immer wird der Erfolg der Überzeugungsarbeit nicht nur von der Reaktionsweise des Erziehers, Politikers oder Wissenschaftlers auf einen einzigen Stimulus abhängen, sondern von ihrer Reaktion auf mehrere Stimuli verschiedenster Intensität.

Nehmen wir dieses Beispiel: Da ist der Stimulus, dass der Intellektuelle seine Ideen und Vorstellungen verbreiten will; da ist auch der Stimulus, andere Menschen bekehren zu wollen; zudem gibt es ggf. den Stimulus, den die Gegenwart eines Publikums aussendet und andere mehr. Auf alle diese Stimuli wird der jeweilige Mensch in Übereinstimmung mit seiner gewohnten Art und Weise seines Gebrauchs reagieren. Dazu kommt noch, dass sein Erfolg in letzter Instanz von der Reaktionsweise der Menschen abhängt, die er überzeugen oder unterweisen will. Die zu überzeugenden oder zu unterweisenden Menschen wiederum werden in Übereinstimmung mit der Art und Weise ihres Gebrauchs reagieren. Und ihr Gebrauch wird vom Stimulus der neuen Idee oder Vorstellung wie auch von dem Stimulus aktiviert, den die Persönlichkeit und die Gebrauchsweise derjenigen ausstrahlen, die die neuen Ideen präsentieren.

Es ist schon sehr verwunderlich, wie wenige Menschen realisieren, dass die Reaktionen, nicht anders als die Funktionen, von der Art und Weise des Gebrauchs beeinflusst werden. Und noch weit weniger sind sich darüber im Klaren, wie umfassend bis ins letzte Detail der individuelle Gebrauch des Selbst die Funktionsweise und die Reaktion des ganzen Menschen modifiziert.

Wir alle wissen aus Erfahrung, dass sich das Offensichtliche sehr oft unserer Beachtung entzieht. Beständig versagen wir, wenn es darum geht, Dinge von großer Wichtigkeit zu sehen, obwohl sie sich direkt vor unseren Augen befinden. Wenn wir mit einer neuen und ungewohnten Tatsache oder Erfahrung in Kontakt kommen, wenden wir unser bereits erworbenes Wissen und unsere erworbenen Erfahrungen nicht auf das Neue an. So gelingt es uns oft nicht, einen Zusammenhang zwischen dem Gewohnten und dem Ungewohnten herzustellen. Deshalb entgehen uns die neuen Erkenntnisse, die wir möglicherweise erworben hätten, wenn wir die neue und ungewohnte Erfahrung mit dem, was wir bereits wussten, verknüpft hätten. Dies ist wohl auch eine Erklärung für das folgende Phänomen: Von all den Menschen, die mit meiner Arbeit vertraut sind, erfassen nur sehr wenige von ihnen vollständig die Wahrheit von dem, was ich darüber geschrieben habe, wie die Natur des Gebrauchs Funktion und Reaktion beeinflusst. Es bereitet ihnen große Schwierigkeiten nachzuvollziehen, dass die Art und Weise des Gebrauchs auf der einen Seite und die Reaktionsweise und die Funktionsbedingungen auf der anderen Seite aufs Engste miteinander verknüpft sind: Die Kontrolle des einen ist von der Kontrolle des anderen abhängig. Dabei ist diese Verzahnung die Tatsache, die sich vor allem anderen aus der Kenntnis meiner Arbeit und aus dem Studium meiner Bücher ergeben müsste. Dass diese Verzahnung sehr oft übersehen wird, zeigt sich allein schon daran, wie über einen langen Zeitraum in verschiedenen Zeitungsartikeln, kritischen Kommentaren und sonstigen Stellungnahmen meine Arbeit beurteilt worden ist. Koryphäen ihres Fachbereichs haben auf diese Weise ihre Meinung ausgedrückt und den Wert und die Schlüssigkeit meiner Praxis und Theorie hervorgehoben. Aber in dem, was sie geschrieben haben, findet sich kein Hinweis darauf, was es wirklich bedeutet, wenn man die Wahrheit akzeptiert, die fundamental für diese Praxis und Theorie ist. Genau diese Bedeutung will ich im Folgenden herausarbeiten.

Die Natur des Gebrauchs in ihrem Verhältnis zur Funktion und zur Reaktion stellt bei unseren täglichen Aktivitäten ein Problem dar, das wahrlich unter den Nägeln brennt. Mit nur sehr wenigen Ausnahmen haben die meisten Menschen zu diesem Problem eine Haltung, die sich mit der Aussage zusammenfassen lässt, dass unter diesem Gesichtspunkt von der NATUR ja alles bestens eingerichtet worden sei. So oft sind mir diese oder ähnliche Fragen gestellt worden: „Warum sollte sich der Gebrauch unseres Selbst falsch entwickeln?" „Welchen Grund sollte es dafür geben?"

Ich habe diese Fragen in meinen Büchern sehr ausführlich beantwortet: Zwar hat uns die NATUR alle mit dem Vermögen ausgestattet, über die Mittel nachzudenken, die verhindern können, dass wir unser Selbst falsch gebrauchen. Weil wir aber fälschlicherweise davon ausgegangen sind, dass die Art und Weise unseres Gebrauchs sich gar nicht falsch entwickeln und uns im Stich lassen könnte, haben wir keine Vorsichtsmaßnahmen für diesen Fall ergriffen.

Jetzt kann aber durch Demonstration belegt werden, dass der Einfluss der Art und Weise, wie wir uns benutzen, in jeder Sekunde unseres Lebens ohne Unterlass zu unserem Nutzen oder zu unserem Schaden wirksam ist. Deshalb ist es völlig irrational, weiterhin daran festzuhalten, dass sich der Gebrauch des Selbst nicht falsch entwickeln könnte. Eine „gute“ Art und Weise des Selbstgebrauchs übt einen „guten“ Einfluss auf die allgemeine Funktionsweise aus. Dieser Einfluss ist nicht nur ohne Unterbrechung wirksam, er verstärkt sich sogar noch mit der Zeit und wird zu einer *Konstanten,* die das Funktionsniveau mehr und mehr anhebt und die Reaktionsweise weiter verbessert. Auf der anderen Seite übt eine „schlechte“ Gebrauchsweise einen ununterbrochenen negativen Einfluss aus, wodurch das allgemeine Funktionsniveau nach und nach absinkt. Er wird zu einer *Konstante,* die in jede Aktivität des Funktionsapparats eingreift, als Antwort auf einen äußeren Stimulus oder auf einen Stimulus aus unserem Inneren. Jede einzelne Reaktionsweise wird so schädlich beeinflusst. In diesem Zusammenhang müssen wir aber einen Punkt genauer untersuchen: Das Ausmaß dieses Gebrauchseinflusses auf die Funktionen und die Reaktionen hängt ganz entscheidend davon ab, ob dieser Einfluss konstant oder nur sporadisch ist. Wenn er ausnahmsweise einmal nur sporadisch ist, ist seine Wirkung auf die Funktionsnatur vergleichsweise gering. Wenn er aber konstant ist, was normalerweise der Fall ist, wird seine Wirkung mit der Zeit mit hoher Wahrscheinlichkeit stärker und stärker.

Dies alles ist für uns ja auch wahrlich nichts Neues:

- Eine gleichbleibende Aufmerksamkeit ist für den Erfolg von dem, was wir in unserer täglichen Lebensroutine tun, äußerst zuträglich.
- Der effektivste Weg, um ein gewünschtes Ergebnis zu erzielen, ist es, die vorhandenen Energien konstant in diese Richtung zu lenken.
- Mit konstanter Hingabe für eine bestimmte Aufgabe kann jemand ausgezeichnete Ergebnisse erzielen, obwohl seine geistigen Möglichkeiten eher beschränkt sind.
- Umgekehrt kann jemand, der zwar brillant in seinem Denken, aber sprunghaft in seiner Aufmerksamkeit ist, sehr wohl an dieser Aufgabe scheitern.
- „Steter Tropfen höhlt den Stein.“

- Konstanter Druck auf diesen oder jenen Teil des menschlichen Körpers führt zu Entzündung und Schmerz.
- Ein konstanter Ton, ein konstantes Geräusch in einem feststehenden Zeitintervall kann einen Menschen verrückt machen. (In der Tat wurde dieses Verfahren zu Folterzwecken durchaus eingesetzt.)
- Wenn man beständig nachgiebig gegenüber einer schlechten Gewohnheit ist, führt dies früher oder später zu Überreizung und Entzündung, zu übermäßiger Erregung, Demoralisierung, Depression und sogar zu Geisteskrankheit.

Deshalb ist auch die Art des Einflusses, den unsere individuelle Art und Weise des Gebrauchs auf die Funktionen ausübt, so überaus wichtig, wenn es ein *konstanter Einfluss* ist. Wenn dieser Einfluss das allgemeine Funktionsniveau eher anhebt, wird es ein konstanter Einfluss zum Guten sein. Wenn er aber dieses Funktionsniveau eher herabsenkt, wird es ein konstanter Einfluss zum Schlechten sein. *In der Tat könnte man Gewohnheit unter diesem Gesichtspunkt als eine Manifestation einer Konstanten definieren.*

Das ist der Grund, warum wir die Mittel nicht nur kennen sollten, mit denen wir eine gute Art und Weise [6)] des Gebrauchs als eine Konstante installieren können. Wir sollten auch in der Lage sein, sie einzusetzen. Diejenigen, die „The Use of the Self" gelesen haben, werden sich daran erinnern, dass ich in dem Bemühen, die Funktion meiner Stimmorgane zu verbessern, eine Reihe von Experimenten durchgeführt habe. Dabei habe ich schließlich dieses herausgefunden: Ein bestimmter Gebrauch des Kopfes im Verhältnis zum Torso und zu den anderen Teilen des Organismus gewährleistet, wenn ein solcher Gebrauch bewusst und beständig ist, dass sich eine Gebrauchsweise des Selbst *im Ganzen* einstellt, die die besten Voraussetzungen für eine Verbesserung des Funktionsniveaus der verschiedenen Mechanismen, Organe und Systeme im Menschen schafft. Es hat sich dabei auch herausgestellt, dass ein solcher Gebrauch der Teile, beginnend mit dem Kopf im Verhältnis zum Hals, in der Praxis eine primäre Kontrolle (Primärkontrolle) des *gesamten* Organismus herstellt, einschließlich einer Kontrolle der Prozesse, die den Organismus dabei durchlaufen. Und auch dieses hat sich dabei gezeigt: Wenn ich in den Einsatz der Primärkontrolle meiner Art und Weise des Gebrauchs eingegriffen habe, war dies immer damit verbunden, dass mein allgemeines Funktionsniveau abgesenkt worden ist. Mir ist so klar geworden, dass ich einen Weg gefunden hatte, wie ich beurteilen konnte, ob der Einfluss unserer Art und Weise des Gebrauchs unser Funktionsniveau ungünstig beeinflusst oder eben nicht. Das Kriterium für die Beurteilung ist es, ob die Art und Weise des Gebrauchs in die richtige Verwendung [6)] der primären Kontrolle eingreift oder nicht.

Die große Mehrzahl der Zivilisationsmenschen hat sich nun leider problematisch entwickelt: Die Menschen gebrauchen sich in einer Weise, dass sie sie bei allem, was sie tun, beständig in die richtige Verwendung der primären Kontrolle ihres Gebrauchs eingreifen, die einen mehr und die anderen weniger. Dieser Eingriff ist ein Einfluss, der ohne Unterbrechung gegen sie arbeitet, mit der Tendenz ihr inneres Funktionsniveau abzusenken und ihre Unternehmungen in der äußeren Welt ungünstig zu beeinflussen.

Dieser ungünstige Einfluss ist sogar in den Fällen weiterhin wirksam, in denen Patienten medizinisch, chirurgisch oder in einer anderen Form behandelt werden, um irgendein Problem zu kurieren oder zu beseitigen. Ihr allgemeines Funktionsniveau wird nämlich nicht nur *während* der Behandlung, sondern auch *nach* ihrer Beendigung beständig weiter abgesenkt, ganz gleich wie erfolgreich die „spezifischen Behandlungsmaßnahmen" gewesen sind. Von der Absenkung des allgemeinen Funktionsniveaus sind alle Aktivitätsbereiche des Menschen betroffen und dies gilt, unabhängig von den jeweiligen Erziehungsmethoden, auch für unsere Kinder. Ob sie in einem Unterrichtsfach wie Mathematik, Deutsch, Geschichte oder Physik und Chemie unterrichtet werden, ob sie in Sportspielen oder der Leichtathletik trainiert werden oder ob sie in den Fächern Kunst oder Werken mit speziellen Techniken vertraut gemacht werden, immer wird der ungünstige Einfluss, den jede Störung des richtigen Einsatzes der primären Kontrolle auf ihren Gebrauch bewirkt, in der Tendenz dazu führen, dass sich das Funktionsniveau der Kinder beständig absenkt und sich negative Auswirkungen auf die Qualität ihres Outputs zeigen.

Wenn auf der anderen Seite die Art und Weise des Gebrauchs einer Person aber so ist, dass es keine Störung des richtigen Einsatzes der primären Kontrolle gibt, bedeutet dies einen beständigen Einfluss zu Gunsten dieser Person. Das Funktionsniveau innerhalb ihres Selbst wird tendenziell immer angehoben, sowohl während ihrer äußeren Aktivitäten als auch im Schlaf.

Die volle Bedeutung dieses Sachverhalts wird sich einem Menschen erst eröffnen, wenn er die Erfahrung gemacht hat, meine Technik anzuwenden, mit der auf indirekte Weise verhindert werden kann, dass die Verwendungsweise der primären Kontrolle durch seinen individuellen Gebrauch gestört wird. Wenn er die Technik beständig anwendet, um seinen Gebrauch zu verändern, wird ihm nämlich auch demonstriert werden, dass *unsere individuelle Art und Weise des Gebrauchs einen beständigen Einfluss auf alle unsere Funktionen entweder zu unserem Besten oder zu unserem Schaden hat.*

Wenn wir erst einmal akzeptiert haben, was dies beinhaltet, werden wir die Rolle erst richtig verstehen, die eine falsche Gebrauchsweise für den schlechten Gesundheitszustand und die geistig-körperliche Ineffizienz spielt. Und wir werden auch die Rolle verstehen, die eine sich verbessernde Gebrauchsweise bei der Wiederherstellung und Erhaltung der geistig-körperlichen Effizienz und der Bedingungen für ein Wohlergehen spielt. Wir werden dann auch erkennen, wie wichtig es ist, dass jeder Mensch einzuschätzen lernt, in welchem Maße unsere Funktionen in die eine oder andere Richtung von unserer Art und Weise des Gebrauchs beeinflusst werden. Wenn wir gelernt haben, dies einzuschätzen, werden wir nämlich in der Lage sein, jeglichen Einfluss in die falsche Richtung schon im Ansatz zu entdecken, ohne dass wir unsere Beurteilung in Frage stellen müssten. Oder kurz gesagt: Mit der Fähigkeit, den Einfluss der Gebrauchsweise auf die allgemeine Funktionsweise zu beurteilen, steht eine wirklich exzellente Diagnosebasis zur Verfügung.

Mit der Akzeptanz dieser Diagnosebasis verschiebt sich der Blickwinkel all derer, die ihre individuellen Probleme selbst in den Griff bekommen oder ihr Denken oder ihr Handeln verändern wollen. Ganz gleich, welche Mittel sie dabei einsetzen, ob nun orthodoxe oder unorthodoxe Behandlungsmethoden, Selbstdisziplin oder irgendetwas anderes, der beständige Einfluss einer sich verbessernden Art und Weise des Gebrauchs wird die mächtigste Kraft sein, die für sie arbeitet. Dieser Einfluss steigert allmählich ihr Funktionsniveau bei allen ihren Aktivitäten und hat so positive Auswirkungen auf jede ihrer Reaktionen.

Man hat erst in den vergangenen vierzig Jahren angefangen, dieser Tatsache die entsprechende Aufmerksamkeit zu schenken. So kommt es, dass heute nur verhältnismäßig wenige Menschen akzeptieren, dass unsere Art und Weise des Gebrauchs sehr wohl etwas mit der Natur unserer Funktionen oder unserer Reaktionen auf Stimuli zu tun haben. Genauso sehen nur wenige, in welchem Ausmaß unser geistig-körperliches Wohlergehen von der Art und Weise abhängig ist, wie wir uns im Wachzustand und im Schlaf gebrauchen. Es ist nur leider so, dass wir Störungen in unserem Wohlergehen nicht als fehlerhaften Gebrauch wahrnehmen, obwohl der fehlerhafte Gebrauch die Störung ist, die ggf. unser Funktionsniveau absinken lässt. Wir werden uns dieser Störungen vielmehr bewusst in Kategorien wie „Fieber haben", „verspannt sein", Schmerzen haben", „eine innere Funktionsstörung haben" und ähnlichen Umschreibungen. Oder wir sagen: „Ich fühle mich nicht gut", „Ich bin nicht ganz auf der Höhe" oder manchmal auch „Ich fühle mich krank". Zwar wissen wir, dass wir unter diesen Bedingungen sehr wahrscheinlich nicht in derselben Weise auf einen Stimulus reagieren, wie wir reagieren würden, wenn wir uns „gut fühlten" oder wenn wir „gut in Form wären", trotzdem zeigen wir dann immer wieder Symptome von Ärger, Gereiztheit, Wut oder Eigensinnigkeit. Wir wollen auch nicht wahrhaben, dass sich auf diese Weise unser geringes Gesundheitsniveau ausdrückt. Und dieses niedrigere Gesundheitsniveau ist eng verknüpft mit einer Störung unserer Art und Weise des Gebrauchs, was zur Folge hat, dass sich unser Funktionsniveau weiter absenkt. Wenn man erst einmal die Tatsache akzeptiert hat, dass die Mehrzahl der Menschen heutzutage eine Art und Weise des Gebrauchs entwickelt hat, die, auch wenn solche Symptome wie „sich nicht wohl fühlen" gerade einmal nicht vorhanden sind, beständig nicht nur einen schädlichen Einfluss auf die Funktionen der Menschen ausüben, sondern auch auf ihre Reaktionsweise, dann sollten wir auch zu der Erkenntnis fähig sein, dass dieser falsche Gebrauch eine Quelle für individuelles Versagen, negative Eigenheiten, falsche Ideen und Vorstellungen und alle Arten von Krankheit sein kann. Aus diesem falschen Gebrauch kann sich auch die innere Unruhe und das Gefühl des Unglücklich-Seins speisen, das das soziale Leben heute so sehr kennzeichnet. Aus meiner langen Erfahrung kann ich heute mit Bestimmtheit sagen, dass die Ursache unserer persönlichen und gesellschaftlichen Schwierigkeiten solange bestehen bleiben wird, bis wir die „Mittel-und-Wege" ergreifen, die verhindern, dass die Kinder unserer Zeit und zukünftige Generationen sich in einer Art und Weise gebrauchen, die bei allem, was die Menschen tun, einen beständigen negativen Einfluss hat. Diese „Mittel-und-Wege" können auch bei den Kindern, bei denen schon schädliche Bedingungen anzutreffen sind, eine solche Art und Weise des Gebrauchs wiederherstellen, die einen beständigen positiven Einfluss hat. Ganz gleich, welche anderen Mittel und Mittelchen Verwendung finden, um die Probleme der Menschen zu lindern, an der Wahrheit dieser Aussage führt kein Weg vorbei.

Eine falsche Gebrauchsweise, ob sie nun angeboren oder im Laufe des Lebens erworben worden ist, wird nämlich mit der Zeit zu einer immer stärkeren Gewohnheit. Und das bedeutet, dass es auch immer schwieriger wird, sie zu verändern. Auf der anderen Seite kann man sich sehr gut die wohltuenden Wirkungen ausmalen, wenn eine Art und Weise des Selbstgebrauchs aufgebaut worden ist und auch eingesetzt wird, die das allgemeine geistig-körperliche Funktionsniveau allmählich anhebt und die ein konstanter positiver Einfluss in der Entwicklung der Menschen darstellt.

Zielstreben und Mittel-und-Wege

Diese beiden Begriffe stehen für zwei völlig unterschiedliche Konzepte und zwei verschiedene Vorgehensweisen, wie sie gegensätzlicher nicht sein können. Wenn das Konzept des Zielstrebens zum Zuge kommt, reicht es, um die Bewegungen auszuführen, die für die Erreichung eines Zieles erforderlich sind, vollkommen aus, dass wir die Teile des Organismus in einer Weise verwenden, die uns unser Gefühl als notwendig diktiert, ungeachtet der schädlichen Auswirkungen, die sich möglicherweise aus dem falschen Gebrauch des Selbst bei diesem Prozess ergeben. Wenn die Aktivitäten ausgeführt werden, die für die Erreichung des Zieles als notwendig erachtet werden, bleibt das denkende und rationale Selbst den Launen einer instinktiven Steuerung und Kontrolle unterworfen.

Wir müssen auch sehen, dass Zielstreben mit der Vorstellung und dem Verfahren einhergeht, *direkt auf ein Ziel* zuzugehen, ohne zu überlegen, ob die für den Zweck eingesetzten Mittel-und-Wege wirklich die besten sind, und ohne sich darüber Gedanken zu machen, ob es nicht klüger wäre, sie durch die Mittel-und-Wege zu ersetzen, die, wenn sie zum Zuge kommen, zwangsläufig eine Veränderung in der Art und Weise des Gebrauchs nach sich ziehen. Zielstreben ist ein Verfahren nach der Methode „Versuch und Irrtum“. Diese Methode hat sich durchaus als relativ erfolgreich erwiesen, solange die Gebrauchsweise des Menschen zufriedenstellend war. Jetzt, da dieser Selbstgebrauch durch die Erfahrungen, die der Mensch im Laufe der Zivilisation gemacht hat, mehr oder weniger schädlich geworden ist, genügt das Verfahren des Zielstrebens nicht länger den individuellen Bedürfnissen.

Wenn wir demgegenüber aber nach dem Konzept der „Mittel-und-Wege“ vorgehen, wird die Tatsache durchaus berücksichtigt, dass die Zivilisationserfahrungen des Menschen seinen Selbstgebrauch geschädigt haben. In der Konsequenz hat dieses Verfahren eine andere konzeptionelle Basis, um an sein gestecktes Ziel zu gelangen: Es geht davon aus, dass die Art und Weise des Selbstgebrauchs nicht länger zufriedenstellend ist, dass die beteiligten Mechanismen fehlgeleitet sind und dass diese fehlgeleiteten Mechanismen für Aktivitäten verantwortlich sind, die ganz und gar nicht mehr den Anforderungen genügen, um das gewünschte Ziel zu erreichen. Aus dieser Analyse ergibt sich die Notwendigkeit, neue und verbesserte Mittel-und-Wege zu ersinnen, die sicherstellen, dass die Art und Weise des Selbstgebrauchs nicht mit den fehlgeleiteten Mechanismen in Verbindung kommt und so zu einem Stolperstein auf dem Weg zur Erreichung des gewünschten Ziels wird.

Das Konzept der Mittel-und-Wege beruht auf einer *indirekten* Vorgehensweise. Eine solche Vorgehensweise verlangt es, den gewohnten Informationsfluss, der für die aus Gewohnheit vertrauten Aktivitäten verantwortlich ist, zu unterbinden oder ihn zu hemmen. Die gewohnten Informationen werden durch ungewohnte Informationen ersetzt, die dann neue und ungewohnte Aktivitäten anleiten sollen.

An dieser Stelle möchte ich auch noch einmal klarstellen, dass ich den Ausdruck „bewusste Steuerung und Kontrolle“ in meinen Schriften verwende, um auf eine zu erreichende Ebene hinzuweisen, und nicht so sehr auf eine Methode, mit der diese Ebene erreicht werden könnte. Dies habe ich auch schon in *Constructive Conscious Control of the Individual* [A)] herausgestrichen.

Kapitel 2

Die Bedeutung eines konstanten Einflusses der Gebrauchsweise auf Diagnose und Krankheit

Von Anfang an, da ich begonnen hatte, Schüler zu unterweisen, haben Ärzte Patienten zu mir geschickt, weil sie davon überzeugt sind, dass die Technik, die ich entwickelt habe, in sich schlüssig ist. Für ihre Ermunterung und ihre Unterstützung bin ich ihnen zu tiefstem Dank verpflichtet. Insbesondere danke ich ihnen dafür, dass sie sich jetzt die Mühe machen, meine Technik denjenigen bekannt zu machen, die für die curricularen Inhalte des Medizinstudiums verantwortlich zeichnen. Sie wollen erreichen, dass meine Technik mit in die medizinische Ausbildung aufgenommen wird. Neunzehn Mediziner [A)] haben den folgenden Brief unterzeichnet, der am 29. Mai 1937 im *British Medical Journal,* Band 1, Seite 1137 erschienen ist:

„Constructive Conscious Control"

An die Herausgeber des British Medical Journal

Sehr geehrte Herren,

in einer Rezension von F. M. Alexanders Constructive Conscious Control of the Individual, *die am 24. Mai in ihrer Kolumne erschienen ist, hat der Kolumnist dieses geschrieben: „Es gäbe sicherlich einiges von Wert, das F. M. Alexander der Medizin mitzuteilen hätte."*

Die Unterzeichner dieses Briefes sind mit dem Rezensenten vollständig einer Meinung. Wir haben mit den Augen eines Mediziners die wohltuenden Veränderungen im Gebrauch und auf die Funktionen registriert, die bei den Patienten, die wir zu F. M. Alexander geschickt haben, durch die Anwendung seiner Technik auch in Fällen sogenannter „chronischer Erkrankung" bewirkt worden sind. Und diejenigen von uns, die das Glück hatten, selbst seine Schüler gewesen zu sein, haben die wohltuenden Ergebnisse dieser Technik am eigenen Leibe erfahren. Wir sind davon überzeugt, dass diese Behauptung F. M. Alexanders vollkommen berechtigt ist: „Ein nicht zufriedenstellender Gebrauch, verursacht durch das Eingreifen in die allgemeinen Funktionsbedingungen, ist der Grund für zukünftige Funktionsstörungen und Krankheiten."

Und wir sind auch davon überzeugt, dass die Diagnose eines Patienten solange unvollständig ist, bis der untersuchende Arzt auch den Einfluss des Gebrauchs auf die Funktionen in die Diagnose mit einbezogen hat.

Leider haben die verantwortlichen Stellen, die für die Auswahl der für ein Medizinstudium relevanten Themenbereiche zuständig sind, das neue Wissensfeld, das sich durch das Wirken von F. M. Alexander eröffnet hat, bisher noch nicht entsprechend gewürdigt. Die Unterzeichner dieses Briefes sind der Überzeugung, dass die Schulung, die für die Erlangung der entsprechenden Kenntnisse notwendig ist, unbedingt in das Curriculum der medizinischen Ausbildung aufgenommen werden sollte. Deshalb bitten wir Sie, darauf zu drängen, dass so schnell wie möglich Schritte unternommen werden, um die Arbeit und die Technik F. M. Alexanders wissenschaftlich zu untersuchen. F. M. Alexander seinerseits hat uns versichert, dass er bereit und willens ist, all seine Erfahrung zur Verfügung zu stellen, um jeden wie auch immer gearteten Plan der verantwortlichen Gremien zu unterstützen, sofern er für die Untersuchung geeignet und seine Hilfe angezeigt ist.

Diese Bestätigung für das, was ich in *The Use of the Self* zur Diagnose geschrieben habe, kommt von Medizinern, die seit vielen Jahren mit meiner Arbeit vertraut sind. Es liegt mir sehr am Herzen, dass meine Leser erfassen, was diese Unterstützung der Mediziner für meine Behauptung bedeutet, die Diagnose des Zustands eines Patienten könne nicht vollständig sein, wenn der Arzt nicht auch den positiven oder negativen Einfluss der Gebrauchsweise des Patienten auf die allgemeine Funktionsweise untersucht hat. Tatsächlich bedeutet dies, dass in der Medizin allmählich ein Verständnis dafür heranreift, dass in der medizinischen Ausbildung und in der Diagnose bisher etwas Fundamentales unberücksichtigt geblieben ist: Der individuelle Gebrauch des Menschen. Seine Nichtberücksichtigung schränkt die Nützlichkeit der Medizin ein und ist zum Schaden der Patienten. Dies sollte insbesondere für den Laien von einigem Interesse sein, denn Vorsorgemaßnahmen und die Verbesserung seines Gesundheitszustandes hängen von einer Behandlung ab, die das Ergebnis einer ärztlichen Diagnose ist. Wenn nun aber die Diagnose nicht vollständig ist, ist davon auszugehen, dass auch jede Behandlung, die aufgrund einer solchen Diagnose erfolgt, nicht weniger unvollständig ist.

Man hat mir in der Vergangenheit oft durch die Blume zu verstehen gegeben, dass das Feld der Diagnose aufgrund der Ausbildung eine Domäne des Arztberufes sei. Mit der Zeit hat meine Erfahrung es mir möglich gemacht, mit ebenso viel Taktgefühl, wie ich hoffe, den Standpunkt zu vertreten, dass diese Einstellung keineswegs gerechtfertigt ist, da ja die medizinische Forschung und Ausbildung nur einen Teil des Diagnosefeldes abdeckt. Meiner Meinung nach hat sie den fruchtbarsten Bereich sogar unerforscht gelassen, insbesondere dort, wo zum Zwecke der Prävention eine vollständige Diagnose vonnöten ist. Meine Argumentation ist bei einer ganzen Anzahl von Ärzten auf einen fruchtbaren Boden gefallen. Sie haben sich dann an mich gewandt, als sie bei einer ganzen Reihe von Fällen nicht in der Lage waren, eine exakte Diagnose zu stellen und haben mich gebeten, mich der Fälle anzunehmen. Wenn eine Diagnose möglich sei, würden sie es begrüßen, wenn ich ihnen in jeder erdenklichen Weise helfen würde, die zum Wohle des Patienten sei.

Ich muss zugeben, dass diese Reaktion mir eine Quelle der Genugtuung gewesen ist. Sie hat mich für all den Gegenwind entschädigt, auf den ich in der Vergangenheit wiederholt getroffen bin, als ich versucht habe, das bekannt zu machen, was jetzt allgemein von vielen Autoritäten medizinischer und auch anderer Berufe als beweisbar akzeptiert wird.

Aus vielerlei Gründen habe ich bis zum heutigen Tag davon Abstand genommen, Einzelheiten von bestimmten Fällen zu veröffentlichen. Jetzt bin ich aber geneigt, aus einigen der mir vorliegenden medizinischen Aufzeichnungen zu zitieren. Mit diesen Aufzeichnungen kann nämlich eindeutig belegt werden: Eine Störung des richtigen Einsatzes der primären Kontrolle unserer Gebrauchsweise ist ein mächtiger Faktor dafür, dass schädliche Funktionsbedingungen mit den sie begleitenden Krankheitsbildern hergestellt und aufrechterhalten werden. Schon seit vielen Jahren habe ich bei meiner Arbeit mit meinen Schülern demonstriert, dass der falsche Einsatz der primären Gebrauchskontrolle registriert werden kann und das Zeugnis meiner Freunde und Unterstützer aus dem Medizinbereich lässt mich hoffen, dass wir in der Lage sein werden, das Wesen der Gebrauchsweise und des allgemeinen Funktionsniveaus noch vollständiger zu verstehen, wenn wir erst einmal das Wesen der Arbeitsweise der primären Kontrolle und die Natur des Einflusses ihrer Arbeitsweise auf die allgemeine Arbeitsweise des Organismus' besser verstanden haben. Eine Störung der Gebrauchsweise und des allgemeinen Funktionsniveaus wird nämlich mehr und mehr zu entscheidenden Faktoren dafür, dass Defekte und Krankheiten vermehrt auftreten.

An den Einzelheiten der nun folgenden Fälle wird eines deutlich werden: So unterschiedlich die Symptome auch sind, **ein Faktor**, der die grundlegende Ursache für eine Störung der Bedingungen ist, die für das Wohlergehen des Einzelnen unerlässlich sind, ist allen gemeinsam. Alles, was ich zu diesen Fällen schreibe, hat auch Gültigkeit für viele meiner anderen Fälle. Dies zeigt nur, bei wie vielen Krankheiten und Beschwerden meine Technik erfolgreich angewendet worden ist. Unter den Fällen, die Ärzte zu mir geschickt haben, befanden sich u. a. Fälle von Angina pectoris, Nervenschwäche, Senkung der Eingeweide, Epilepsie, Migräne, Bewegungsstörung, schmerzhaftes Muskelzucken, Kurzsichtigkeit, Stottern, Nasen- und Halsbeschwerden, Stimmverlust,

Atem- und Herzprobleme oder schwere Unfallverletzungen. Kinder hat man zu mir geschickt, weil man sie für zurückgeblieben hielt oder weil man glaubte, sie hätten den einen oder anderen Defekt. Einigen hatte man sogar attestiert, dass sie geistesgestört seien.

Aus diesen Fällen habe ich zur Illustration Beispiele ausgewählt, von denen ich glaube, dass sie am besten das anschaulich machen können, was ich zeigen will. Ihre Ärzte hatten sie zu mir geschickt, weil die medizinische Behandlung oder auch andere verschriebene Heilmaßnahmen nicht den erhofften Erfolg gebracht hatten. Die auffälligen Charakteristika, die ich bei diesen Fällen als Gemeinsamkeit festgestellt habe, waren nun diese: Körperteile waren falsch ausgerichtet und wurden falsch gebraucht. Diese falsche Anordnung der Teile und ihr fehlerhafter Gebrauch waren begleitet von einem **extremen Eingriff beim Einsatz der Primärkontrolle des Gebrauchs** durch den Kranken. Dies hatte zur Folge, dass sich eine Reihe von schädlichen Verhältnissen bildeten, wie die Bildung eines Hohlkreuzes, Verspannungen des Halses, der Arme und der Beine und eine Überbeanspruchung bestimmter Muskelgruppen des Organismus. Ich konnte erkennen, dass diese Bedingungen das eine Mal auf die Extensoren (Muskelstrecker) und das andere Mal auf die Flexoren (Muskelbeuger) ungünstig einwirkten, was zu Fehlstellungen, Gewebeverschiebungen, schädlichem Druck auf die Gelenke, die Rippen und die Bandscheiben führte. Die Muskeln, die gegen die Schwerkraft arbeiten und die eine besondere Bedeutung haben, wenn es für den Menschen darum geht, das Gleichgewicht zu halten, wurden in einer Weise gebraucht, dass sie ihre Aufgabe eher nur bedingt erfüllten, wenn sie zum Einsatz kamen. Jeder Versuch, den Kopf zu bewegen, wurde von Bewegungen anderer Teile des Organismus begleitet, die eigentlich passiv bleiben sollten. So wurde Energie fehlgeleitet und es kam zu Krämpfen und Überbeanspruchung von Muskelgruppen. Je größer der Impuls war, den Kopf zu drehen, umso mehr Energie wurde fehlgeleitet und umso größer war die Überbeanspruchung der Muskelgruppen.

Bei dem ersten Fall, den ich nun darstellen werde, handelt es sich um Knochen- und Gelenkentzündung. Ich konnte bei B. mehrere auffällige Merkmale seines Selbstgebrauchs feststellen:

- seine Art, wie er seinen Kopf nach hinten neigte und ihn einzog;
- die übermäßige Spannung, die er bei all seinen Aktivitäten einsetzte, so dass sein Kopf und sein Hals praktisch fixiert waren;
- er hatte ein extremes Hohlkreuz ausgebildet;
- beim Gehen und beim Stehen war sein Becken in der Relation zu den anderen Körperteilen zu weit nach vorne verschoben.

Wenn er versuchte, seinen Kopf in die eine oder andere Richtung zu bewegen, war dies nur in Ansätzen möglich und selbst diese eingeschränkte Bewegung verursachte aufgrund der Überbeanspruchung der Muskeln und aus sich daraus ergebenden Verkrampfungen akute Schmerzen.

Es folgt nun eine objektive Beschreibung der Erkrankung und ihrer Diagnose, wie sie sich aus der orthodoxen Sicht der Medizin darstellt: Es wurden bestimmte organische Defekte und Wucherungen (Knötchenbildung) festgestellt. Diese Defekte und Knötchen sollten dafür verantwortlich sein, dass es zu einer Fixierung seines Kopfes gekommen ist, dass sich sein Kopf verformt und dass sich die Achse seines Kopfes verschoben hatte. Zudem zeigten sich noch einige andere Probleme. In der Summe von all diesem schien es angeraten, den Fall einem Orthopäden zu übergeben. Dieser verschrieb eine etwa 10 cm hohe Halskrause. Auf diese Weise sollte es verhindert werden, dass der Patient den Kopf noch weiter in sich hineinzog.

Als B. mich schließlich aufsuchte, hatte er die Halskrause angelegt. Schon zwei oder drei Wochen nach unserer ersten Unterrichtsstunde konnte sie entfernt werden. Und weitere zwei Monate später erhielt B. von seinem Hausarzt, der ihn an den Orthopäden überwiesen hatte, den folgenden Brief:

Lieber Herr B.,

*ich war von Anfang an von der Richtigkeit der Alexandertechnik so überzeugt, dass ich das Buch „*Der Gebrauch des Selbst*" vier Mal gelesen habe. Und wenn es noch eines Beweises bedurfte, dass seine Technik bis ins Detail richtig ist, sind Sie der lebende Beweis.*

Möglicherweise kann man die Krankheit tatsächlich in Zaum halten, wenn man die Halskrause anlegt. Sie kann aber keinesfalls die Verformung und Achsverschiebung des Kopfes korrigieren. So kann man sicher sein, dass ein Rückfall im Laufe der Zeit zu erwarten gewesen wäre, was dann den erneuten Einsatz der Halsmanschette zur Folge gehabt hätte.

In Ihrem Alter geht Arthrose im Halswirbelbereich auf einen „Haltungsschaden" zurück. (.....) Wenn eine Entzündung der Wirbelsäule oder eine arthritische Entzündung an anderer Stelle vorliegt, kommt es zu reflexartigen Krämpfen oder zu Überbeanspruchung von Muskelgruppen und es entsteht ein Teufelskreis: Der Krampf verstärkt die Deformation und die Schmerzen nehmen zu.

F. M. Alexander lehrt, wie der reflexartige Krampf unterdrückt werden kann. Das ist das Geheimnis, nach dem ich so lange schon gesucht habe.

Mit freundlichen Grüßen

Auch B.'s Orthopäde hat einen Brief an ihn geschrieben, den B. mir zur Verfügung gestellt hat:

Lieber Herr B.,

Ich danke Ihnen für Ihren überaus interessanten Brief und bin wirklich erfreut zu hören, dass Mr. Alexander etwas für Sie tun konnte. Ohne Zweifel hat es Ihnen nicht nur körperlich, sondern auch mental gut getan. Sie haben jetzt ein Ziel und einen Wert, was Ihnen eine Operation nicht hätte geben können. Zumindest unter diesem Gesichtspunkt war Mr. Alexanders Wirken für Sie eine Wohltat.

Was nun die Übungen angeht, bin ich allerdings eher skeptisch. Wenn Muskeln nämlich nur für eine gewisse Zeit durch ein beliebiges Übungssystem trainiert werden, wird man sich nur solange wohler fühlen, bis wieder die gewohnten Zeiten ohne die Muskelübungen anbrechen. Dann werden die Muskeln in den Zustand zurückkehren, in dem sie sich von Natur aus mit den Bedingungen ihrer Halswirbelsäule arrangieren. Ich bin sehr gespannt darauf, was Sie in zwei oder drei Monaten zu Ihrem Zustand zu sagen haben werden. Zögern Sie keinen Augenblick, mit darüber zu berichten.*

Es gibt ja das Vorurteil, dass Mediziner oftmals reaktionär seien. Dies ist aber wirklich nicht der Fall. Es für uns immer eine große Freude, wenn wir etwas Neues lernen können, das dem Patienten von Nutzen sein kann, denn so können wir unser Ansehen steigern und auch sonst gereicht es uns zum Vorteil. Aber hin und wieder werden wir auch mit Behandlungssystemen konfrontiert, die nur zeitlich begrenzt eine Linderung verschaffen. Zumindest in einigen Fällen ist die Linderung dann nicht nachhaltig. Ich hoffe wirklich sehr, dass bei Ihnen die Linderung von Dauer* ist und dass Ihre Situation sich wirklich nachhaltig verbessert, denn Sie haben sich so sehr darum bemüht.*

Mit freundlichen Grüßen

(Die unterstrichenen Briefstellen hat F. M. Alexander so markiert, weil er im Folgenden auf diese Stellen Bezug nehmen wird.)*

Schon zu diesem Zeitpunkt ist klar, dass sich der Zustand von B. kontinuierlich verbessert. Dies belegt der folgende Brief, den B. mir geschrieben hat:

Lieber Mr. Alexander,

ich war gestern bei meinem Hausarzt. Er hat sich außerordentlich interessiert gezeigt und war über meine Entwicklung hocherfreut.

Dies hat er noch einmal unterstrichen: Er sei ja sofort davon überzeugt gewesen, dass in Ihrem Buch das Richtige stehe. Natürlich seien die Knochen der Wirbelsäule verkantet und auch die Bandscheibe sei wahrscheinlich an der Seite, an der Druck ausgeübt wird, abgenutzt. Er glaube aber, dass sie sich unter den erleichterten Bedingungen, die jetzt bei mir vorhanden seien, wieder aufbauen wird. Allerdings geht er davon aus, dass es ungefähr zwei Jahre dauern wird, bis sie wieder vollständig hergestellt ist. Und auch die arthritischen Knötchen, die sich gebildet haben, werden verschwinden. Da ist er sich sicher.

Sind das nicht wunderbare Ergebnisse?

Mit den besten Wünschen und mit freundlichen Grüßen

Diese Briefe haben für mich eine besondere Bedeutung. Aus den Briefen von B.'s Hausarzt und von B. geht hervor, dass der Arzt seine medizinischen Kenntnisse mit dem verlinkt hat, was er in „The Use of the Self" über meine Arbeit gelesen hat. Er hat dann beides mit den Veränderungen des Allgemeinzustands des Patienten, der sich durch die Anwendung meiner Technik stark verbessert hatte, in einen Zusammenhang gebracht. Genau dies sollte mit meinem Buch erreicht werden: Das Feld, auf dem ich schon länger arbeite, muss auch von all jenen bearbeitet werden, die im therapeutischen Bereich tätig sind. Dies ist notwendig, damit sie die Kenntnisse und die Erfahrung erwerben, die sie für eine vollständige Diagnose brauchen. Von einer solchen Diagnose hängen nämlich alle fundierten Methoden zur Prävention, Erhaltung und Wiederherstellung des Gesundheitszustandes ab. Abgesehen davon, bin ich zuversichtlich, dass auch Menschen in anderen Aktivitätsfeldern dem Beispiel von B.'s Hausarzt folgen und das Wissen, das sie in ihren Bereichen besitzen, mit den jetzt vorliegenden neuen Erkenntnissen zum Gebrauch des Selbst verknüpfen.

In seinem Brief drückt der Hausarzt unmissverständlich aus, dass meine Technik zweifelsohne auf einem fundierten Prinzip beruht. Für einen Patienten, der an den Folgen eines Haltungsschadens leidet, der

Knochenentzündung der Halswirbel genannt wird, haben sich die Mittel, die ich eingesetzt habe, um strukturelle und andere Veränderungen herbeizuführen, als die richtigen erwiesen. Nicht zuletzt sah er sich in seinem Urteil durch das, was mit fortschreitender Arbeit bei seinem Patienten an Veränderungen zu sehen war, bestätigt. Nicht nur, dass sich die Deformation des Kopfes zurückentwickelte und die falsche Achsstellung des Kopfes verhindert wurde, das Auffälligste war vor allem dieses: Die reflexartigen Krämpfe, von denen die Medizin ausgeht, dass sie bei einer Entzündung der Wirbelsäule zwangsläufig auftreten, konnten beständig unterdrückt werden. Und auch die mit der Entzündung verbundenen Schmerzen wurden mit der Zeit immer weniger, bis sie schließlich ganz verschwunden waren.

Beim Blick auf den Brief von Mr. B.'s Orthopäden fällt zunächst eines auf: Er bezweifelt, dass die hervorgebrachten Veränderungen eine Linderung ermöglichen, die von Dauer wäre. Aus völliger Unkenntnis meiner Arbeit geht er nämlich davon aus, dass meine Technik ein Übungssystem sei. Wenn er aber meine Bücher gelesen hätte, hätte er gewusst, dass seine Behauptung, Übungssysteme böten in den meisten Fällen nur für eine gewisse Zeit Linderung, genau das bestätigt, was ich wieder und wieder zu dem Thema geschrieben habe. Und er hätte auch gewusst, dass mit dem Einsatz meiner Technik keineswegs ein Versuch unternommen wird, auf *direktem* Wege spezifische Resultate zu erzielen. Das ist nämlich genau der Punkt, an dem sich meine Technik von allen anderen Systemen, die mit Übungen arbeiten, unterscheidet. Die Veränderungen in Mr. B.'s Zustand wurden eben nicht direkt in die Wege geleitet, sondern *indirekt* dadurch, dass die Art und Weise seines Gebrauchs verbessert wurde. Und der Einfluss seines verbesserten Gebrauchs auf seine allgemeine Funktionsweise war auch für all die anderen Veränderungen verantwortlich, die der Hausarzt von Mr. B. aufgezählt hat. Die Abnormitäten [7)], die an seinem Fall auffällig waren, hätten sich niemals entwickeln können, wenn Mr. B.'s Selbstgebrauch nicht schädigend gewesen wäre. Dass er das Wirken seiner primären Kontrolle bei allen seinen Lebensäußerungen gewohnheitsmäßig gestört hat, war der Haupteinfluss, der beständig die

Entwicklung dieser Abnormitäten begünstigt hat. Was diese Abnormitäten betraf, konnte deshalb auch nur eine beständige Verbesserung erwartet werden, wenn es gelang, seine gewohnte Art und Weise des Gebrauchs in Bezug auf die Primärkontrolle seines Selbstgebrauchs zu verändern. Mit der Verbesserung bei seinen Abnormitäten, zu der es im Laufe der Anwendung meiner Technik kam, wurden allmählich auch die Veränderungen der strukturellen Verhältnisse in die Wege geleitet, von denen Mr. B.'s Hausarzt gesprochen hat.

Nach und nach verschwanden z. B. die arthritischen Knötchen, die abgenutzten Wirbel regenerierten sich allmählich bis zum Normalzustand und die Deformation der Wirbelsäule wurde korrigiert. Daraus ergaben sich deutlich erkennbare Veränderungen in der knöchernen Struktur des Brustkorbs und der gesamten Wirbelsäule, die vor allem auch permanent waren. Diese Veränderungen wiederum hatten Auswirkungen auf das Bauchgewebe, was dazu führte, dass die Beweglichkeit und die Kapazität des Brustkorbs weiter zunahmen.

Diese strukturellen Veränderungen sind ja durch eine veränderte Gebrauchsweise bewirkt worden. Daraus folgt, dass die Muskelgruppen im gesamten Organismus ihren Teil dazu beigetragen haben mussten, sowohl die Veränderungen zu realisieren, als auch sich sofort und fortlaufend an die jeweiligen Veränderungen anzupassen, die sie selbst erzeugten. *Solange sich der Verbesserungsprozess der Gebrauchsweise weiter fortsetzte,* war es für die Muskeln auch keine Option zu den vorherigen Verhältnissen zurückzukehren, an die sich noch vor kurzem angepasst hatten. Sie konnten es auch gar nicht, weil diese Verhältnisse ja nicht mehr existierten. Dies ist nicht so, wenn Übungen, Physiotherapie, Krankengymnastik oder ähnliches eingesetzt werden. Darauf hat auch der Orthopäde in seinem Brief hingewiesen.

Ich komme jetzt noch einmal auf den Brief von Mr. B.'s Hausarzt zurück. Darin macht er das Verfahren, strukturelle Veränderungen durch Aktivierung von Muskelgruppen vorzunehmen, zum Thema. Er schreibt: „Bei einer Entzündung der Wirbelsäule, eigentlich bei jeder arthritischen Entzündung, kommt es zu reflexartigen Krämpfen oder zu Überbeanspruchung von Muskelgruppen. Daraus entsteht ein Teufelskreis: Der akute Krampf verstärkt die Deformation und die Schmerzen nehmen zu." In den Fällen aber, in denen die primäre Kontrolle richtig verwendet wird, werden die Muskelgruppen nicht über die Maßen beansprucht. Leider wird dieser Tatbestand bei der Diagnose von Haltungsschäden nicht mit in Betracht gezogen. Der jeweilige Arzt hat kein Auge für den Einfluss des Gebrauchs auf die allgemeine Funktionsweise und verschreibt dann bestimmte praktische Übungen, Physiotherapie oder Krankengymnastik, was auch immer. Er erkennt gar nicht, dass eine Überbeanspruchung von Muskelgruppen in Verbindung mit einer falschen Anwendung der primären Kontrolle beständig einen Einfluss ausübt, der die Bildung schlechter Haltungsgewohnheiten und anderer schlechter Gewohnheiten fördert. Und er erkennt auch nicht, dass mit der Ausführung der Übungen dieser schlechte Einfluss nur noch verstärkt wird.

Mit seiner Aussage, meine Technik lehre, den reflexartigen Krampf zu hemmen und dass dies das Geheimnis sei, nach dem er schon solange gesucht habe, zeigt der Hausarzt vor allem, dass er verstanden hat, **warum** die jeweiligen Mittel-und-Wege zum Tragen kamen, die im Falle von Mr. B. in meiner Technik Verwendung gefunden haben: Sie konnten wirksam werden, weil der Schüler, in diesem Fall Mr. B., gelernt hat, die falsche Anwendung der primären Kontrolle seines Gebrauchs zu hemmen. Als Mr. B. sich dann auch daran gewöhnt hatte, die falsche Ausrichtung zu hemmen, die zu der falschen Verwendung der primären Kontrolle geführt hatte, konnte *er die daraus resultierende neue Gebrauchsweise aufrechterhalten, wenn er auf einen beliebigen Stimulus zu den Handlungen des täglichen Lebens reagierte.* Seine Reaktion führte nicht länger zu einer Überbeanspruchung einer Muskelgruppe oder zu Verkrampfung der Muskulatur.

Eine solche Veränderung wäre gar nicht möglich gewesen, wenn er seine gewohnte Gebrauchsweise nicht hätte hemmen können. Und diese alte, gewohnte Gebrauchsweise hing nämlich mit seiner fehlerhaften Ausrichtung und dem hohen Maß an Muskelspannung [8)] in seinem gesamten Organismus zusammen. *Indirekt* war sie für einen beträchtlichen Teil der Überbeanspruchung der Muskelgruppen oder der Krämpfe verantwortlich. Als sich Mr. B.'s Gebrauch veränderte, weil es ihm gelang, seine fehlerhafte Ausrichtung zu hemmen, ergaben sich viele Veränderungen der Verhältnisse in seinem Organismus. Dazu gehörten, dass das Niveau der Muskelspannung im gesamten Organismus allgemein sank und dass speziell die übermäßige Spannung, die zu den Krämpfen geführt hatte, reduziert wurde.

Die wohlmeinende Bemerkung des Hausarztes, er habe jetzt das Geheimnis entdeckt, nach dem er so lange gesucht habe, ermutigt mich zu glauben, dass auch andere den Wunsch haben werden, dem Prinzip, auf dem meine Technik basiert, auf den Grund zu gehen. Obwohl es sich aus Erfahrungen in Feldern entwickelt hat, die für die meisten vollkommen neu sind, hat das Prinzip erhebliche Auswirkungen auf den gesamten Fragenkomplex, der mit der Diagnose und der Vorsorge auf allen menschlichen Aktivitätsfeldern des Lebens zu tun hat. Ich gebe zu, dass meine Technik im Vergleich zu der medizinischen Praxis auf einem neuen und unorthodoxen Prinzip beruht. Und auch im Vergleich zu Chiropraktik, Krankengymnastik und Physiotherapie, zum Fitnesstraining und zu den herkömmlichen Lehrmethoden ist meine Technik nicht weniger unorthodox.

In *The Use of the Self* habe ich beschrieben, warum ich mich auf die Suche gemacht habe und wie ich auf das neue Prinzip gestoßen bin. Keinesfalls ist es eine bloße Idee, Vision oder nur eine theoretische Konzeption, denen der praktische Gegenpol fehlen würde. Nein, das Prinzip ist das Ergebnis einer sehr praktischen Erfahrung, die zunächst mehr als verstörend war: Ich hatte entdeckt, dass die Ursache für meine Halsprobleme, die sich allen herkömmlichen Behandlungsverfahren widersetzt hatten, **das war, was ich selbst tat**. Während ich meine Technik entwickelte, die für meine eigenen Probleme eine Lösung sein sollte, habe ich Erfahrungen gemacht, die mich von einem wirklich überzeugt haben: Die orthodoxen Behandlungsmethoden, die ich zur Lösung meiner Halsprobleme herangezogen hatte und die alle versagt hatten, basieren auf einem falschen Prinzip.

Ich hatte wirklich geduldig mit den Atem- und Stimmübungen und auch mit den anderen Übungen, die mir meine Lehrer empfohlen hatten, gearbeitet. Und ich hatte auch buchstabengetreu alle Maßnahmen ausgeführt, die mir meine Ärzte verschrieben hatten. Eine wie die andere blieb ohne Erfolg. Schließlich gelangte ich zu der Erkenntnis, dass das, was ich tat, wenn ich die Instruktionen in die Tat umsetzte, mich zu dem falschen Gebrauch meines Selbst veranlasste, der die Ursache für meine Halsprobleme war. Dies ließ mich einige Dinge klarer sehen:

- Ich durfte mich nicht länger selbst bemitleiden, sondern musste für mein Tun selbst die Verantwortung übernehmen.
- Es gab niemand anderen als mich selbst, dem der Vorwurf zu machen war, meinen Kehlkopf über die Maßen herunterzudrücken, meinen Brustkorb zusammenzuziehen oder meinen Kopf aus der richtigen Achse zu verrücken, was in der Tat einige der schwerwiegendsten Symptome meiner Halsprobleme waren. Es gab nur einen, der für dieses Tun verantwortlich war: Ich selbst.
- Ich hätte zunächst jemanden gebraucht, der mir hätte erklären können, was ich zum einen falsch machte, wenn ich mich selbst gebrauchte, und der mir dann auch zeigen konnte, wie das, was ich falsch machte, in einem primären Verfahren verhindert werden konnte. Das war mir nämlich vollkommen klar: Wenn ein Lehrer mich anweist, etwas Neues zu *tun*, um meine Probleme zu beseitigen, wäre das nichts anders, als wenn er mir aufgetragen hätte, mich auf die alte, falsche Art und Weise zu gebrauchen, um das Neuvorgeschlagene zu tun.

So stand es für mich außer Frage, dass ich einen Lehrer aufsuchte, der nach den alten Methoden arbeitete. Und weil auch meine Ärzte, wie sie es selbst eingestanden hatten, hier auch nicht mehr helfen konnten, war dies die logische Konsequenz: Ich musste selbst herausfinden, *welches Tun* zu meinem falschen Selbstgebrauch führte und wie ich es dann verhindern konnte, dass ich weiterhin das tat, was den falschen Selbstgebrauch initiierte.

Zu dieser Zeit dachte ich noch, dass dies doch nicht so schwierig sein dürfte, und oberflächlich hatte es auch den Anschein, dass es eine einfache Angelegenheit ist, zumindest in der Theorie. Als es aber an die praktische Umsetzung des Problems ging, musste ich einsehen, dass ich mich getäuscht hatte. Erst später ging mir auf, warum ich den Schwierigkeitsgrad meines Problems falsch eingeschätzt hatte: Durch Erfahrung hatte ich zunächst lernen müssen, welchen schädlichen Einfluss eine falsche Verwendung der Primärkontrolle des Gebrauchs, die immer auch mit einer verdrehten sinnlichen Wahrnehmung (Gefühl) verknüpft ist, auf die Funktionen ausüben kann.

Offensichtlich steht hinter jedem *Tun* eine Vorstellung von dem Tun und davon, wie es getan werden muss. Die Natur unserer Reaktion wird nun aber immer von unserer gewohnten Gebrauchsweise bestimmt, bei der wir von unseren Gefühlen abhängig sind, ganz gleich ob wir auf dieses Handlungskonzept reagieren, indem wir unser Einverständnis geben, die Handlung auszuführen, oder ob wir dieses Einverständnis verweigern.

Wir wissen alle, dass verschiedene Menschen mit demselben geschriebenen oder gesprochenen Wort und mit derselben Geste ganz Unterschiedliches assoziieren können. So wird eines sehr deutlich: Die Vorstellung des Einzelnen ist von der Natur der Eindrücke abhängig, die von den sensorischen Mechanismen verarbeitet werden, die die Hör-, Seh-, Geschmacks-und Riechzellen (Rezeptoren und Konduktoren) kontrollieren. Genauso sind die Vorstellungen von dem, was in unserem Inneren passiert, abhängig von den Eindrücken, die uns unsere sinnliche Wahrnehmung (unser Gefühlssinn) vermittelt, auf die wir uns ja meistenteils bei der Steuerung unserer täglichen Aktivitäten verlassen. Wenn nun unsere sinnlichen Wahrnehmungen Täuschungen sind, wie das in der heutigen Zeit bei jedem mehr oder weniger der Fall ist, sind natürlich die Eindrücke, die wir auf diesem Weg erhalten, ebenfalls eine Täuschung. Und das Ausmaß der Täuschung ist weitgehend von zwei Kriterien abhängig:

- vom Ausmaß, in dem unsere Gebrauchsweise geschädigt ist
- und von Natur und Ausmaß der fehlerhaften Steuerung durch unsere trügerischen Empfindungen.

Wenn ein bestimmtes Maß des Fehlgebrauchs vorliegt, können diese Eindrücke in der Tat einen Täuschungsgrad erlangen, der uns an den Punkt bringt zu glauben, *dass wir mit irgendeinem Körperteil etwas tun, obwohl es nicht von der Hand zu weisen ist, dass wir tatsächlich etwas völlig anderes tun.* Dies gilt in gleicher Weise für Sachen, die wir zu denken glauben, die aber sehr oft Sachen sind, die wir fühlen.

So entsteht in der Tat ein Teufelskreis: In dem Moment, da wir die Idee haben, etwas zu tun, reagieren wir in einer Weise, die im Einklang mit unserem gewohnten Fehlgebrauch steht, und dieser oder jener Teil des Organismus wird in seiner Funktionsweise gestört. Da der Organismus aber als eine Ganzheit funktioniert, bedeutet dies nichts anderes, als dass alle Teile davon mehr oder weniger in Mitleidenschaft gezogen werden.

Als ich mich mit meinem eigenen Problem intensiv auseinandergesetzt habe, war ich augenblicklich in diesem Teufelskreis gefangen: Meine gewohnte Reaktion auf jegliche Vorstellung eines „Tuns“ fügte sich ein in meine Eigenarten des Fehlgebrauchs, in meine speziellen fehlerhaften Funktionsweisen und in meine trügerische Wahrnehmung, die zwangsläufig mit dem Fehlgebrauch und den fehlerhaften Funktionsweisen einherging. Sobald ich auch nur den Versuch unternahm, meine Reaktion *direkt* zu verändern, musste ich erkennen, dass diese störenden Einflüsse mir im Wege standen. Aus diesem Teufelskreis gab es kein Entrinnen. Wieder und wieder hatte ich diese Erfahrung gemacht und schließlich wurde mir eines klar: Wenn ich mein Problem wirklich lösen wollte, musste ich eine Technik entwickeln, die mich in die Lage versetzte, die störenden Einflüsse zu eliminieren, die meine Bemühungen so beständig boykottierten. Es musste deshalb eine Technik sein, die *indirekt* eine geistig-körperliche Veränderung meiner gewohnten Reaktionsweise bewirkt. Denn das ist ja wohl offensichtlich: Wenn wir akzeptieren, dass eine Veränderung, welcher Art auch immer, notwendig ist, um eine verbesserte Reaktion zu bewirken, ist eine Veränderung des Gebrauchs für den Erfolg wirklich unumgänglich.

Solange wir aber weiterhin bei dem, was wir „tun", entsprechend unserer gewohnten Gebrauchsweise reagieren, machen wir eine Veränderung unseres Gebrauchs und unserer Reaktion *durch unser eigenes Tun* unmöglich. Meine Erfahrungen hatten mich davon überzeugt, dass es eines völlig neuen Prinzips bedurfte, wollte man den Versuch unternehmen, die Kontrolle über eine gewohnte Reaktion zu erlangen: Unser gewohntes Bestreben, direkt auf unser Ziel loszustürmen, und dabei zur Steuerung unserem Gefühl zu vertrauen, musste zunächst bewusst gehemmt werden, um dann nur die Mittel-und-Wege anzuwenden, die auf indirekte Weise die gewünschte Veränderung unserer gewohnten Reaktion bewirkten – unser ursprüngliches Ziel.

Es war tatsächlich keine einfache Aufgabe, die Mittel-und-Wege zu analysieren und herauszufiltern, die effektiv in der Lage waren, die dem neuen Prinzip entsprechenden geistig-körperlichen Veränderungen in die Wege zu leiten. Dies war jedoch nur der Anfang. Die eigentliche Aufgabe stellte sich erst, als es darum ging, die Verfahren in die Praxis umzusetzen, zu denen ich mich entschlossen hatte, denn dies setzte eine „Revolution im Denken und im Handeln" voraus, wie es John Dewey [A)] ausgedrückt hat. Es bedeutet nämlich,

- dass, sobald ein beliebiger Stimulus auftaucht, eine Handlung auszuführen, die wir für die Veränderung unserer gewohnten Reaktion als notwendig erachten, die Zustimmung verweigert werden muss,

- dass die Zustimmung nicht erteilt werden darf, damit unsere gewohnte Reaktion hoffentlich in Schach gehalten werden kann
- und dass die normalen Informationen an die motorischen Nerven und die Muskelmechanismen nicht übermittelt werden dürfen, die unsere Art und Weise bestimmen, wie wir die primäre Kontrolle unseres Gebrauchs bei unseren gewohnten Reaktionen einsetzen.

Dies macht erst den Weg dafür frei, neue Informationen zu übermitteln, die sich zu gegebener Zeit mit einem neuen und ungewohnten Gebrauch der Mechanismen verbinden, wenn diese Mechanismen zum Einsatz kommen. Dies führt zu einer veränderten Anwendung der Primärkontrolle und dabei indirekt auch zu einer Veränderung unserer gewohnten Reaktionsweise.

Hierin zeigen sich zwei Vorgänge, die fundamental für die neue Technik sind. Wenn sie oft genug wiederholt wird, bewirkt sie,

- dass die gewohnten Mittel-und-Wege, auf denen wir unsere alten Reaktionen aktiviert haben, keine Verwendung mehr finden
- und dass neue Mittel-und-Wege entwickelt werden, auf denen wir eine neue und wünschenswerte Reaktion aktivieren.

Diese neue Reaktion wird dann mit der Zeit den Platz der vorherigen gewohnten Reaktion einnehmen und genauso wie die vorherige, aber schädliche Reaktion nun Teil unseres Selbst werden. Und sie wird sich dann auch genauso „richtig anfühlen".

Die Veränderung, die durch jene Mittel in die Wege geleitet wird, die die Art und Weise bestimmen, wie die Primärkontrolle zur Anwendung kommt, wirkt sich auf den gesamten Organismus aus und verbessert zudem den Selbstgebrauch im Allgemeinen. Und nicht anders war es in meinem speziellen Fall: Ich konnte erst die vorprogrammierte Übermittlung der Informationen, die für meine Gewohnheit verantwortlich waren, hemmen, als ich, in dem Moment, da ich meine Stimme gebrauchen wollte, mit diesem Prinzip arbeitete. (Tatsächlich gebrauchte ich meine Stimmorgane falsch, weil ich Muskelgruppen über die Maßen beanspruchte und weil ich generell einen falschen Gebrauch hatte.)

Es gibt in diesem Prozess eine Parallele zwischen dem, was in meinem Fall geschehen ist, und dem, was sich in dem Fall der oben besprochenen Knochenentzündung zugetragen hat: In beiden Fällen konnte eine Überbeanspruchung von Muskelgruppen durch falschen Gebrauch nachgewiesen werden. Und dieser falsche Gebrauch arbeitete beständig gegen jede nur denkbare Art der Behandlung. Erst als ich die falsche Ausrichtung meines Gebrauchs hemmen konnte, war ich in der Lage, die volle Funktionstüchtigkeit meiner Stimme wiederzuerlangen. Derselbe Vorgang der Hemmung war es auch, der mit der Zeit im Fall der Knochenentzündung dazu geführt hat, dass die reflexartigen Krämpfe verhindert wurden, wie es der Hausarzt ausgedrückt hat.

Im weiteren Verlauf des Kapitels werden noch ein spastischer Schiefhals (*Torticollis spasticus*) und einige andere Krankenfälle zur Sprache kommen, die von Ärzten an mich überwiesen worden waren. Auch in diesen Fällen gab es jeweils eindeutige Hinweise für einen falschen Gebrauch und für Überbeanspruchung von Muskelgruppen. Mehr noch: Überall dort, wo Krankheitssymptome, Auffälligkeiten oder Verhältnisse vorliegen, von denen man meint, dass sie einer medizinischen Behandlung bedürfen, oder dass Krankengymnastik oder Physiotherapie notwendig sind, kann dieser falsche Gebrauch und die Überbeanspruchung festgestellt werden. Wenn eine Deformation des Kopfes, Kopfschmerzen, eine falsche Ausrichtung des Kopfes oder alle diese Bedingungen zusammen vorliegen, kann man sicher sein, dass auch eine schädliche geistig-körperliche Spannung vorhanden ist, die das Maß der Überbeanspruchung der Muskelgruppen, die bereits über die Maßen beansprucht sind, generell weiter steigen lässt und auch zusätzliche Beanspruchung hinzufügt.

Ich will auf diesen Punkt etwas genauer eingehen. Dabei beziehe ich mich noch einmal auf den Fall der Knochenentzündung unter dem einen Gesichtspunkt: *Was hat der Kranke beständig selbst dafür getan*, dass solch krank machende Verhältnisse, wie ich sie feststellen musste, entstehen konnten? Sie führten mir vor allem eines deutlich vor Augen: Bei allen seinen Tätigkeiten hatte er einen Selbstgebrauch, wie er schädlicher nicht sein konnte. Dies zeigte sich besonders an seiner Atmung und es zeigte sich, wenn er sich in einem Sessel oder auf einem Sofa ausruhen wollte, wenn er die Arme und Beine bewegte oder wenn er an einer ganz normalen Unterhaltung teilnahm. Aus Gewohnheit wurden dabei jedes Mal und beständig die Position des Kopfes in Relation zum Hals und die Position von Kopf, Hals und Torso in Relation zu den Armen und Beinen gestört. Dies war der eindeutige Beweis dafür, dass Informationen ausgesandt wurden, die die Richtung seiner Primärkontrolle störten, sobald der Kranke einer beliebigen Handlung seine Zustimmung erteilt hatte. Dies führte wiederum zu Überbeanspruchung und allmählich zunehmender Spannung nicht nur bei den direkt beteiligten Muskelgruppen, sondern auch bei anderen Muskelgruppen, die auf diese Weise einen viel zu großen Anteil an der Ausführung der jeweiligen Handlung übernahmen. Schon in dem Moment, da er eine Bemühung auch nur akzeptierte, die ihm helfen sollte, kamen augenblicklich diese störenden Einflüsse ins Spiel. So wie sie in seinem normalen „Tun“ gegen ihn arbeiteten, arbeiteten sie auch gegen ihn, wenn er bei Krankengymnastik, bei Physiotherapie oder bei jeder anderen Methode tätig wurde. Die Deformation seines Kopfes, die Fixierung seiner Halswirbelsäule und seines Kopfes, sein gerundeter Buckel, die ungleichmäßige Position seiner Schultern, seine übermäßige Lordose und sein leichtes Hohlkreuz, seine Stellung des Beckens, das beim Stehen extrem vorstand, sein stark vorgeschobener Bauch, sein zusammengezogener Brustkorb, die übermäßige Spannung in Armen und Beinen, auch wenn er sich hingesetzt hatte, seine Gewohnheit, im Sitzen in sich zusammenzusinken – all dies war Ausdruck eines Teufelskreises, der auch die reflexartigen Krämpfe miteinschloss, die, wie der Orthopäde des Kranken in seinem Brief ja geschrieben hatte, „die Deformation sich weiter ausprägen ließ und die Schmerzen noch verstärkte:“ Um es auf den Punkt zu bringen: Ein Mensch, bei dem sich derartige Verhältnisse eingestellt haben, wird mehr und mehr nach unten gezogen und nach vorne gebeugt werden. Und die Beugung wird vor allem vom Becken aus erfolgen, in derselben Weise wie ein Mensch, dessen Füße fest am Boden verankert sind, durch den beständigen Zug eines Seils, das um seinen Hals gelegt ist, Stunde um Stunde, Tag für Tag mehr und mehr nach unten gezogen werden wird.

Es ist leider nicht möglich, im Detail alle Stufen aufzuzeigen, die ein solcher Mensch als mein Schüler durchläuft, bis es ihm endlich gelingt, seine Gewohnheit wirklich zu hemmen, direkt auf ein Ziel loszugehen und bis er gelernt hat, die übermäßige und schädliche Spannung zu verringern, die er auf seinen gesamten Organismus ausübt.

Es war auch diese schädliche Spannung, die zunächst meine Versuche torpediert haben, diesem Schüler mit meinen Händen die notwendigen Erfahrungen zu vermitteln, um die Anwendung seiner Primärkontrolle zu verbessern. Die Zeit war erst reif dafür, als die Veränderungen Wirkung zeigten, die in der Relation des Kopfes zum Hals und in der Relation des Kopfes und des Halses zum Torso vorgenommen worden waren und die tendenziell den Druck reduziert hatten, der durch seinen vorherigen Gebrauch auf seine Halswirbelsäule ausgeübt worden war. Diese veränderten Relationen führten indirekt dazu,

- dass die falsche Achsstellung des Kopfes korrigiert wurde;
- dass die Muskelgruppen weniger überbeansprucht wurden;
- dass die reflexartigen Krämpfe abnahmen;
- dass die Fixierung des Halses und die damit einhergehende Deformation vermindert wurden

Mit zunehmender Verbesserung seines Gebrauchs erweiterte sich auch der Bewegungsradius des Kopfes, wenn er ihn von der einen Seite zur anderen drehte, nahmen die allgemeinen Schmerzen ab und die

Kopfschmerzen verschwanden ganz. Zudem verringerte sich die Spannung in den Armen und Beinen beständig und der Schüler sackte in der Regel im Sitzen nicht länger in sich zusammen.

Wenn ich diesen Fall so ausführlich dargestellt habe, will ich damit vor allem auf eines hinweisen: Das Erfahrungsfeld, auf dem ich arbeite, ist ein Bereich, der von den üblichen Beobachtungsfeldern der Experten und von den Patienten weit entfernt ist, wenn ein solcher Fall mit den orthodoxen Methoden behandelt wird. Das Geflecht aus solchen Verhältnissen, wie es eine Deformation und eine falsche Achsstellung des Kopfes oder reflexartige Krämpfe sind, die der Hausarzt oben als Symptome eines „Haltungsschadens" diagnostiziert hat und die Knochenarthrose genannt wird, waren Verhältnisse, die nach orthodoxer Ansicht eine medizinische oder orthopädische Behandlung oder Krankengymnastik erfordert hätten. In vielen Fällen hätte man wahrscheinlich auch auf die Methoden des Chiropraktikers [A)] zurückgegriffen. Es gibt noch einen Punkt, den ich an dem gegeben Fall herausstreichen möchte: Die medizinische Behandlung ist ja, wie wir wissen, nicht erfolgreich gewesen. Trotzdem bescheinigt der Hausarzt seinem Patienten, dass er „ein lebender Beweis dafür ist, dass die in meinem Unterricht eingesetzten Mittel-und-Wege fundamental richtig waren." Man möge mir aber an dieser Stelle verzeihen, wenn ich Wert auf die Aussage lege, dass diese Mittel-und-Wege keinesfalls eine neue Behandlungsmethode für den Zustand waren, den der Hausarzt als „Haltungsschaden" beschrieben hatte. Sie waren vielmehr das Resultat einer neuen Sichtweise in Bezug auf die Ursachen derartiger Verhältnisse. Für solche Fälle kann man Hilfe in einem neuartigen Feld finden: Nicht durch orthodoxe oder unorthodoxe Behandlungsverfahren, sondern durch Erziehung in ihrem weitesten Sinne: Durch eine Erziehung, die sich mit der Kontrolle der menschlichen Reaktion befasst. Dies hat auch der Hausarzt herausgestrichen.

****

So viel zu dem Fall, den ich ausführlich dargestellt habe. Es folgen nun in einer Kurzfassung besondere Charakteristika, die ich bei anderen Fällen beobachtet habe, bei denen meine Technik erfolgreich angewendet werden konnte.

A. TORTICOLLIS SPASTICUS (Spastischer Schiefhals)

In diesem Fall war die Überbeanspruchung der Halsmuskeln so extrem, dass auch ein ungeschulter Beobachter sie sehr leicht erkennen konnte. Sie ging einher mit einer beständigen spastischen Bewegung des Kopfes, mit einer übermäßigen und schädlichen Lordose und einem Hohlkreuz, mit einem extrem vorgeschobenen Bauch, mit einer Beckenposition, bei der das Becken beim Gehen und Stehen extrem nach vorne gelagert war und die zusätzlichen Stress und Anstrengung erzeugte, um das Gleichgewicht zu halten. Aufgrund des Druckes, der Lordose und des Hohlkreuzes, des auf schädliche Weise verschobenen Gewebes und im Zusammenhang mit der Verkrampfung der Halsmuskulatur, waren die Wirbel auf jeden Fall sehr stark in Mitleidenschaft gezogen. Sein Zustand war so dramatisch, dass ich nicht zusichern konnte, etwas für den Patienten tun zu können, ehe ich ihm nicht zwei Wochen lang Unterricht erteilt hätte. Man hatte bereits bei den verschiedensten Ärzten, Chirurgen und Psychologen um Hilfe ersucht, aber alle hatten den Fall als mehr oder weniger hoffnungslos bewertet. [9)]

B. Stottern

Die Tendenz, den Kopf und den Hals zu fixieren, die sehr deutlich bei den Fällen der Knochenarthrose und dem Schiefhals zu erkennen war, war auch charakteristisch für den Fall des Stotterers. Jedes Mal, wenn er seinen Kopf bewegen wollte, führte dies auch zu einer Verkrampfung, die von einer Überbeanspruchung der Halsmuskeln herrührte, ähnlich wie in dem Fall des spasmatischen Schiefhalses. Als eine Besonderheit kam in diesem Fall hinzu, dass jedes Mal die Angstreflexe über die Maßen erregt wurden, sobald auch nur der geringste

Stimulus zu sprechen oder sich zu bewegen auftauchte. Die orthodoxe Sichtweise würde es in diesem Fall geraten sein lassen, den Gebrauch der Sprechorgane auf spezifische Weise durch Behandlung und Unterrichtung zu verbessern. Die Unterweisung durch die Lehrer würde auf dem orthodoxen Prinzip basieren, dem Schüler verbal und visuell zu vermitteln, *was* er mit seiner Zunge und seinen Lippen *zu tun* habe, wie er am besten „einatmen" solle und anderes mehr. Es gäbe keinerlei Versuche, seine allgemeine Gebrauchsweise des Selbst zu verändern. Das Resultat wäre unausweichlich: Das Stottern würde durch die Behandlung nicht nur nicht „geheilt", die Behandlung wäre auch dafür verantwortlich, dass sich neue schlechte Gewohnheiten herausbilden und die vorhandenen noch verstärkt würden. Dagegen basiert mein Unterricht auf dem Grundsatz, dass die jeweilige Gebrauchsweise des Schülers für seine Probleme verantwortlich ist. Da dieser Grundsatz auf Tatsachen beruht, musste in einem solchen Fall als erstes verhindert werden, dass weiterhin die Informationen projiziert wurden, die diese falsche Gebrauchsweise aktivierten. Auf diese Weise war es dann möglich, eine Veränderung der gewohnten Schülerreaktion bei jeder Form des „Tuns" zu bewirken, auch beim Akt des Sprechens. Wir sehen also, dass die Veränderung, die in der Gebrauchsweise der Sprechorgane in die Wege geleitet worden ist, das *indirekte* Ergebnis der Veränderung der allgemeinen Gebrauchsweise des Schülers selbst gewesen ist.

C. Asthma

Ich beschreibe jetzt einen typischen Fall von Asthma mit einer ganz besonders schädlichen Gebrauchsweise. Diese schädliche Gebrauchsweise hatte zur Folge, dass die Muskulatur der Brust und des Halses falsch eingesetzt wurde, so dass eine normale Atmung, insbesondere eine normale Ausatmung, mehr oder weniger verhindert wurde. Und während eines Asthmaanfalls nahm diese schädliche Wirkung des falschen Muskeleinsatzes noch beträchtlich zu. Ein solch falscher Muskeleinsatz, ganz gleich bei welchem Krankheitsbild, hat seine Ursache immer darin, dass in die Funktion der Primärkontrolle eingegriffen wird. In diesem besonderen Fall zeigte sich dieses Eingreifen darin, dass der Kopf unangemessen und auf schädliche Weise zurück und nach unten gezogen wurde, dass die knöcherne Struktur des Halses in der Region der Hinterhauptmuskeln fixiert und der untere Teil des Hinterkopfes bis auf normale Kragenhöhe heruntergezogen wurde. Zudem hatte sich eine extreme Lordose ausgebildet, die Brust wurde unangemessen zu einer sogenannten „Hühnerbrust" hochgezogen und das Becken war viel zu weit nach vorne verlagert. In der Summe führten diese Verhältnisse dazu, dass der Patient seine Statur verkürzte und dass die Vorderseite der Brust zu sehr geweitet wurde, was eine schädliche Spannung erzeugte und minimale Beweglichkeit zur Folge hatte. Schon der geringste Asthmaanfall führte mit jeder Ein- und Ausatmung zu einer Verstärkung der schädlichen Gebrauchsweise und zu zusätzlicher Spannung. Die Folge war, dass der Anfall an Heftigkeit zunahm. Wenn man bedenkt, dass Muskelspannung generell eine gewisse Atemlosigkeit und Versteifung des Brustkorbs nach sich zieht, kann man sich leicht die Wirkung einer solch übermäßigen Verspannung ausmalen.

D. Eine schwere Halsverletzung durch einen Reitunfall

Dieser Schüler war von seinem Pferd abgeworfen worden und seine Wirbelsäule war dabei in der Halsregion schwer beschädigt worden. Er war bereits acht Monate in ärztlicher Behandlung, konnte aber immer noch nicht wieder gehen. Schließlich erhoffte er sich von mir und meiner Technik Hilfe. Eine Krankenschwester brachte ihn in einem Rollstuhl zu mir und es bedurfte der Unterstützung von mehreren Assistenzlehrern, ihn aus dem Rollstuhl zu hieven. Er trug eine Kopfstütze, die verhindern sollte, dass sein Kopf zu weit zurückglitt, weil er ansonsten die Kontrolle über den Kopf vollständig verloren hätte. Mit ein wenig Hilfe konnte er bereits schon nach wenigen Tagen seinen Rollstuhl wieder verlassen und ins Haus gehen. Kurz darauf fand er heraus, dass er die Kopfstütze nicht länger brauchte und dass er ganz ohne Unterstützung gehen konnte. Die Verbesserungen entwickelten sich

Stückchen für Stückchen, aber kontinuierlich. Vor kurzem konnte er sogar wieder ausreiten.

E. Nervöses Muskelzucken (*Tic Douloureux*)

In diesem Fall waren Fehlkoordination und falsche Anordnung der Körperteile wirklich extrem. Begleitet wurden sie von einem völlig unangemessenen und schädlichen Eingriff in die Verwendung der primären Kontrolle, die die Gebrauchsweise der verschiedenen Teile des Organismus regelt. Das rechte Auge hatte sich fast vollständig geschlossen. Die Patientin hatte dunkle Ringe unter den Augen und die Haut auf der Stirn war rot und entzündet. Das Bauchgewebe hatte sich schädlich gesenkt. Sie hatte ein starkes Hohlkreuz ausgebildet. Der Kopf war zu weit zurückgezogen. Ihr allgemeiner Gebrauch verursachte Schmerzen, wenn die Patientin auch nur einen Versuch unternahm zu sprechen. Nicht anders war es, wenn sie ihr Gesicht waschen oder sich die Haare kämmen wollte.

Sie hatte bereits fünf verschiedene Ärzte aufgesucht. Sie hatten zu einer Operation geraten oder die Injektion von Alkohol empfohlen. Schon drei Wochen nachdem sie zu mir gekommen war, konnte man eine eindeutige Verbesserung ihrer allgemeinen Gebrauchsweise und eine damit zusammenhängende Verringerung der Symptome beobachten. Und auch die Schmerzen wurden weniger. Einen weiteren Monat später waren sie praktisch verschwunden, das Auge war wieder normal und ihr Allgemeinzustand zeigte sich stark verbessert. [10)]

Es folgen Auszüge aus Briefen, die Mediziner an mich geschrieben haben und in denen sie sich auf Patienten beziehen, die sie zu mir geschickt hatten.

F. Ischias

Die Verbesserungen, die sich schon gleich am Anfang Ihrer Behandlung eingestellt hatten, haben ihre Wirkung ununterbrochen bis zur völligen Genesung meiner Tochter getan. Die Schmerzen an ihrem vorderen Steißbein hatten bereits so lange angedauert und jegliche Behandlung hatte bis dahin so wenig auswirken können, dass ich schon die Befürchtung hatte, der Zustand könnte chronisch werden. Wir sind Ihnen beide sehr dankbar für das, was Sie für meine Tochter getan haben.

Mehr als zwei Jahre später erhielt ich die folgende Nachricht: „Ich habe meine Tochter gestern untersucht. Ihr geht es wirklich sehr gut und ihre Ischiasschmerzen sind niemals wieder aufgetreten.“

G. Eine schwere Verletzung der Beine

Der Patient beschreibt 1940 in einem Brief seine Verletzungen, die er 1914 bei einem Flugunfall erlitten hatte:

- Er hatte sich Brüche beider Beine zugezogen.
- Beim rechten Bein waren das Schienbein, das Wadenbein und der Oberschenkel gebrochen.
- Er hatte 7cm (2 inches) seiner Größe eingebüßt.
- Seine linke Kniescheibe war zertrümmert und dann verdrahtet worden.
- Sein rechtes Bein war stark verschoben, so dass die Zehen nach innen zeigten.

Und er beschreibt das, was mit meiner Technik an Positivem bewirkt worden ist:

- Das linke Bein ist fast völlig wiederhergestellt.
- Es gibt nur einen geringen Muskelschwund.
- Mein Lahmen ist von Ihnen vollständig beseitigt worden.

1937 hatte ein Arzt, der diesen Patienten untersucht hatte, den Fall in einem Brief an mich so beschrieben:

Ich habe den Patienten untersucht und ich muss Ihnen wirklich zu Ihrer geleisteten Arbeit gratulieren. Ich halte es für ein ausgezeichnetes Beispiel für das, was Ihre Technik vollbringen kann.

H. Ein Brief von dem Arzt Adam Moss

Lieber Mr. Alexander,
ich habe das aufrichtige Bedürfnis, von den bemerkenswerten Ergebnissen zu berichten, die Ihre Arbeit für eine ganze Reihe meiner Patienten gehabt hat, von denen man gesagt hatte, sie seien hoffnungslose Fälle.

Vor zehn Jahren habe ich den Fall eines spastischen Schiefhalses an Sie überwiesen. Ein Londoner Nervenspezialist hatte dazu gesagt, dass er keinen vergleichbaren Fall kenne, bei dem es zu einer Verbesserung gekommen wäre.

Nun ist sein Aufenthalt in London, bei dem er in Ihrer Obhut war, zwar unterbrochen worden, aber die Verbesserungen in diesem kurzen Behandlungszeitraum waren schon außerordentlich.

Bei einem anderen Fall eines spastischen Schiefhalses war die Patientin in der bedauernswerten Lage, dass sie gefüttert werden musste. Sie war bereits von verschiedenen Ärzten, Chirurgen und Orthopäden untersucht worden. Kurz bevor ich sie behandelt hatte, hatte man sie für zehn Wochen in eine psychiatrische Klinik eingewiesen. Ich habe sie schließlich an Sie, Mr. Alexander, überwiesen. Jetzt erfreut sie sich perfekter Gesundheit, genießt das Leben und hat den Führerschein gemacht.

Bei einem dritten Fall gab es den Befund Skoliose. Der Kopf befand sich nahezu auf Achselhöhe. Zusätzlich war ein Schiefhals vor-

handen. Sie hatte sich einer osteologischen Behandlung unterzogen und trug eine Halskrause, die ihr ein berühmter Orthopäde verschrieben hatte. Zeitweise war sie ans Bett gefesselt. Schließlich ist sie zu Ihnen nach London gekommen und als ich selbst in London war, durfte ich Sie beobachten, wie Sie ihr Unterricht erteilt haben. Zu dem Zeitpunkt war sie schon ziemlich aufrecht, die laterale Verformung der Wirbelsäule war verschwunden. Vor ein paar Tagen habe ich nun den Bruder dieser Patientin getroffen und er erzählte mir davon, wie sehr es ihr besser gehe und dass sie demnächst für weitere zwei Wochen zu Ihnen in Behandlung kommen werde.

Den nächsten Fall könnte man als den hoffnungslosen Fall einer Neurasthenikerin nahe am Melancholischen beschreiben. In den letzten vier Jahren hatte man sie wiederholt in eine psychiatrische Klinik eingewiesen. Sie ist von sehr vielen Ärzten untersucht worden und der letzte in der langen Reihe hatte ihr gesagt, dass man leider nichts mehr für sie tun könne. Ihr geht es jetzt gut und sie ist rundum glücklich.

In der Tat gibt es noch so viel mehr, was ich gerne sagen möchte. Ihre Bücher sind äußerst lehrreich, obwohl sie für manche eine Provokation darstellen. Mit Ihrer Persönlichkeit, ihrer strikten Ehrlichkeit und Offenheit, die allein dem Zweck dient, und dadurch, dass Sie so freimütig Ihre Methoden und Ihre Technik erklären, haben Sie sich die Wertschätzung und den Respekt Ihrer vielen Freunde aus dem Bereich der Medizin, die Ihre großartige Arbeit kennen, erobert.

Mit freundlichen Grüßen

MEINE TECHNIK IM HOHEN ALTER

Der folgende Brief war an meinen Bruder adressiert, der meine Technik in Boston, USA, unterrichtet.

Lieber Mr. Alexander,

Ihr Schüler und mein Patient Mr. A ist im Alter von 81 Jahren plötzlich an einem Hirnschlag verschieden. Dies ändert aber nichts an meiner Wertschätzung für das, was Sie ihm zu seiner Rehabilitation haben geben können. 1931, kurz bevor er Ihr Schüler geworden war, hatte ich ihn das erste Mal untersucht. Zu der Zeit zeigte sich bei ihm eine hypertrophe Arthritis der Wirbelsäule in einem Maße, die ihn stark behinderte. Nun vertrete ich normalerweise die Auffassung, dass die meisten Gelenke mit einer chronischen Entzündung mobilisiert werden sollten. Nachdem ich auf dem Röntgenbild die beträchtlichen hypertrophen Veränderungen gesehen hatte, waren meine Bedenken in diesem Fall doch erheblich, ob eine Mobilisation wirklich angeraten sei. Bei einem solch hohen Alter von über 70 Jahren ist es in einer solchen Situation der normale Verlauf, dass eine Zunahme der Behinderung nicht ausbleiben kann. Eine gewisse Erleichterung ist bestenfalls durch den Einsatz orthopädischer Anwendungen zu erwarten, die aber zu weiterer Fixierung führen. Es steht wirklich außer Frage, dass es einen Wendepunkt für die körperlichen Lebensaktivitäten des Patienten darstellte, als Sie anfingen, mit ihm zu arbeiten. Ich bin davon überzeugt, dass es kein bekanntes medizinisches Verfahren gibt, das eine solch bemerkenswerte Rehabilitation zum Ergebnis gehabt hätte, wie es sich bei Mr. A in den letzten sieben oder acht Jahren in zunehmendem Maße tatsächlich gezeigt hat. Sein Wohlbefinden hat sich beständig gesteigert und er hat zunehmendes Interesse an den Dingen des Lebens gezeigt, insbesondere in den letzten beiden Jahren, als die Bürden, die er zu tragen hatte, wohl so schwer waren, wie niemals zuvor in seinem Leben. Vom medizinischen Standpunkt aus betrachtet hat sich der Alterungsprozess tatsächlich umgekehrt. Seine Erscheinung und sein Auftreten waren das ganze Gegenteil von dem, was man vor neun Jahren hätte voraussagen wollen. Sein hoher Blutdruck hatte sich gesenkt. Die Symptome einer Angina waren verschwunden. Die Röntgenbilder der Wirbelsäule, die in periodischen Abständen gemacht worden waren, zeigten, dass die hypertrophischen Prozesse leicht abgenommen hatten und nicht zugenommen, wie man es hätte erwarten müssen. In den letzten zwei Jahren hatte er sogar mit Eifer Gesangsunterricht genommen. Regelmäßig hat er eine Runde Golf mit 18 Löchern gespielt und noch in diesem Winter ist er zwei oder drei Mal in der Woche Schlittschuh gelaufen. Ich weiß aus berufenem Munde, dass er sehr schwierige Figuren auf dem Eis stehen konnte und dass es darin nur wenige Amateure gab, die ihn überragt haben. So hat ihn auch der Tod ereilt, als er gerade eine schwierige Figur beendet hatte. Mir erscheint seine Art des Todes als ein deutlicher Hinweis darauf, dass seine Arbeit mit Ihnen es ihm möglich gemacht hat, noch ein überaus aktives, normales und glückliches Leben zu führen, im Vergleich zu dem, was man ihm vorausgesagt hatte, bevor er Ihr Schüler geworden war: Man hatte ihm nämlich prophezeit, dass seine Behinderungen beträchtlich zunehmen würden.

Mit freundlichen Grüßen

Nicht wenige meiner Unterstützer aus dem Medizinbereich haben mich dazu gedrängt, den Einfluss des Gebrauchs auf die funktionellen Abläufe während der Schwangerschaft und der Geburt näher zu erläutern. Zur Einleitung in die Thematik kann ich wahrlich nichts Besseres tun, als A. M. Ludovici [A)] zu zitieren, der sich eingehend mit der fehlerhaften Körperkoordination und ihren negativen Auswirkungen auf den Geburtsvorgang befasst hat. Nicht zuletzt wird mit diesem Zitat noch einmal die Aufmerksamkeit auf eine Tatsache gelenkt, die gar nicht oft genug betont werden kann: Es ist das geistig-körperliche Selbst, es ist der ganze Organismus des Menschen mit all seinen vielfältigen Funktionen, der (das) aus der richtigen Verwendung der primären Kontrolle des Gebrauchs bei allen Lebensaktivitäten Effizienz und Qualität gewinnt.

In *The Truth of Childbirth* schreibt A. M. Ludovici:

Eine fehlerhafte Körperkoordination hat Auswirkungen auf die Gesundheit und die Effektivität von Männern und Frauen. Nun haben Männer in Friedenszeiten keine wesentlichen Aufgaben zu ver-

richten, die im Rahmen nationaler Anforderungen das Ausmaß ihrer Störung sichtbar machten. Anders verhält es sich bei den Frauen: Ihr Effizienzmangel ist beständig von gesellschaftlicher Relevanz, weil sie es sind, die die Kinder austragen und gebären. Vor 25 Jahren war F. M. Alexander wahrscheinlich der einzige Mensch in der zivilisierten Welt, der nicht müde wurde, das Augenmerk auf das Übel schlechter Körperkoordination zu lenken und uns auch zu zeigen, wie ihm beizukommen ist. Ich selbst habe in zwei Büchern versucht, den amerikanischen und den englischen Leser von der Tatsache zu überzeugen, dass es sich bei dem schändlichen Körpergebrauch, der sich als ein Mechanismus darstellt, für wahr um eine moderne Seuche handelt. Und diese Seuche ist umso alarmierender, als es daraus auf den gewohnten Wegen kein Entrinnen gibt. Es helfen keine Pillen, keine schleimlösenden Mittelchen, keine Entgiftung, keine serologische Behandlung, keine Operation und auch nichts, was in der Regenbogenpresse oder der „Apotheken Umschau" empfohlen wird. Diese Misere zeigt, welch große Bedeutung F. M. Alexanders Arbeit hat.

Legen wir F. M. Alexander an die Seite und werfen einen Blick auf das Werk „Body Mechanics", herausgegeben von viel zu oft übersehenen, orthodoxen Reformern auf diesem Gebiet. [11)]*Darin findet sich diese Stelle:*

„Viele der langen Schwächeperioden und der gynäkologischen Einschränkungen, die sich nach manchen Schwangerschaften ergeben, können auf der Grundlage erklärt werden, dass die Schonhaltungen langer bestehender fehlerhafter Körpermechanik durch die Last der Schwangerschaft und den Geburtsvorgang in sich zusammengebrochen sind. Wenn eine Schonhaltung erst einmal verloren gegangen ist, ist der schlecht koordinierte Körper nicht mehr in der Lage, sie wieder aufzubauen und er kann seine vorherige Stärke auch nicht wiedererlangen."

Wir müssen davon ausgehen,

- *dass durch fehlerhafte Koordination und falschen Selbstgebrauch der Rumpf generell verkürzt wird,*
- *dass sich so die Hohlräume des Rumpfes verformen,*
- *dass die Organe tiefer fallen,*
- *dass die Funktion der Atmung gestört wird*
- *und dass der Bauch hervortritt und durchhängt.*

Daran lässt F. M. Alexander wirklich keinen Zweifel. Wie sollte der Uterus einer Schwangeren in einem solchen Körper unter solch abnormen Bedingungen nicht leiden?

F. M. Alexander weist seit über 30 Jahren darauf hin, dass derartige Bedingungen bei den Menschen der modernen Stadt nahezu allgegenwärtig sind, und er wird nicht müde, dies weiterhin zu betonen. Angesichts solcher Bedingungen ist die Vorstellung, dass der Organismus ganz normal funktionieren kann, oder dass die Funktionsweise sich wenigstens dem Leichten und Angenehmen annähert, nur ein Produkt der Phantasie.

Inzwischen haben auch orthodoxe Orthopäden überall in der Welt erkannt, dass eine schlechte Körperkoordination eine nicht zu unterschätzende Gefahr für den modernen Menschen darstellt, obwohl sie nicht unbedingt die besten Mittel und Wege empfehlen, um der Gefahr zu begegnen. Aufschlussreiche Bücher wie „Body Mechanics" und Veröffentlichungen wie die von Mr. P. Whiles in der Zeitschrift Lancet belegen, dass sich das wissenschaftliche Interesse der Medizin mehr und mehr auf dieses fundamentale Problem richtet. Auffällig und eigentlich unglaublich dabei ist nur, dass die Arbeit F. M. Alexanders nicht die gebührende Erwähnung findet.

Jetzt wird alles, was F. M. Alexander wieder und wieder betont hat - er war tatsächlich der Einzige, der die Dinge beim Namen genannt hat –, mit Nachdruck von den modernen orthodoxen Ortho-

päden in der Chirurgie neu formuliert. Niemand wird die neuesten wissenschaftlichen Beiträge zu diesem Thema lesen können, ohne anzuerkennen, dass Alexanders ursprüngliche Kritik am modernen Menschen überaus stichhaltig ist.

Nehmen wir z. B. den folgenden Satz: „Man kann durchaus feststellen, dass jemand bei schlechter Gesundheit ist, ohne dass eine Organerkrankung vorliegt. In einem solchen Zustand ist aber immer ein falscher Körperaufbau vorhanden."

Man könnte wirklich meinen, diese Passage sei einem Buch F. M. Alexanders entnommen. Tatsächlich stammt sie aber aus dem oben erwähnten Buch „Body Mechanics", das vier orthopädische Chirurgen 1934 veröffentlicht haben.

In der Tat gibt es keine Körperfunktion, von der Atmung bis zur Verdauung, die nicht in erheblichem Maße durch eine falsche Körperkoordination gestört würde. Angesichts der weitreichenden schädlichen Auswirkungen einer Fehlkoordination des Körpers kann dieses Problem gar nicht ernst genug genommen werden. Es ist auch nicht notwendig, auf die detaillierten Auswirkungen dieses Übels hinzuweisen, so wie es F. M. Alexander in seinen Schriften tut. Ich will aber noch einmal auf das zurückkommen, was die vier bereits erwähnten Chirurgen der Orthopädie geschrieben haben:

Ist es nicht möglich, dass chronische Erkrankungen viel mehr mit einer fehlerhaften Funktion von Organen zu tun haben, die zu tief liegen oder verschoben sind? Ist es nicht möglich, dass in Folge solcher Verlagerungen schlechte Sekrete oder Mixturen abgesondert werden, die zunächst sehr wohl eine funktionale Aufgabe haben, die aber, wenn sie allzu lange abgesondert werden, zu akuten pathologischen Befunden führen?

DIE AUSWIRKUNGEN EINES FALSCHEN SELBSTGEBRAUCHS AUF SCHWANGERSCHAFT UND GEBURT

Hier ist nicht der Rahmen und es besteht auch nicht die Notwendigkeit, sich mit den allgemeinen Aspekten dieses Problems auseinanderzusetzen. Es ist nämlich nur allzu offensichtlich, dass der Selbstgebrauch eine immense Bedeutung in der Gynäkologie und bei der Geburtshilfe hat. Wenn wir akzeptieren, dass durch Fehlkoordination die normalen und natürlichen Verhältnisse der Organe zueinander, ihr Zustand und ihr Tonus schädlich verändert werden, wenn wir einsehen, dass die Bauchwand durch falschen Selbstgebrauch in die Tiefe sackt, das Gewebe der Bauchwand verschoben und der Thorax sich dermaßen unangemessen verformen kann, dass die Funktion der Atmung reduziert ist, dann ist allein schon damit so viel Unbill verbunden, die sich nicht nur auf den Verlauf der Schwangerschaft, sondern auch auf die Geburt negativ auswirkt.

Soweit Auszüge aus A. M. Ludovicis Buch *The Truth of Childbirth*. Es ist mir jetzt eine große Freude, die folgenden Auszüge aus einem Brief wiedergeben zu dürfen, den der Verfasser Gaston M. Martineau nach der Geburt seines zweiten Kindes geschrieben hat:

Heute, am frühen Morgen, wurde uns ein Sohn geboren. Er ist überwältigend. Und meiner Frau geht es überaus gut. Ich schreibe Ihnen, weil sie wissen sollen, dass meine Frau und ich Ihnen ewig dankbar sein werden für das, was Sie für sie getan haben. Wir wissen nämlich sehr genau, dass ihre extrem robuste Gesundheit gerade während der Schwangerschaft und jetzt, da alles vorüber ist, allein das Ergebnis Ihrer Arbeit ist.

Wir sind der Meinung, wir sollten Ihnen jetzt gestehen, dass wir die Geburt als einen extremen Test für den Wert Ihrer Arbeit angesehen haben. Nun, Ihre Arbeit war so erfolgreich, dass meine Frau das Kind ausgetragen hat, ohne dass sie irgendeine Unterstützung für ihren Bauch in dieser ganzen Zeit gebraucht hat.

Wenn wir uns an die akuten Probleme erinnern, die die erste Schwangerschaft verursacht hat, bei der der Bauch in ihrer letzten Phase sehr tief gelegen hat, sind wir Ihnen beide zu tiefstem Dank verpflichtet.

Ich will auch daran erinnern, dass gute fünf Jahre vergangen sind, seit Sie meine Frau in Ihre Technik eingewiesen haben. Seitdem erfreut sie sich einer perfekten Gesundheit, die widerstandsfähig ist, weit entfernt von dem, was ihr zuvor widerfahren war. Sie konnte und kann vollständig auf ein Korsett verzichten. Man kann deshalb wahrlich nicht sagen, dass ihr guter Gesundheitszustand nur ein „Strohfeuer" ist.

Diese kurze Beschreibung ihres Wohlergehens soll ein kleines Zeichen unseres großen Dankes an Sie sein. Sie, Mr. Alexander, haben einen großen Anteil daran, dass wir überhaupt dankbar sein können. Obwohl wir Sie niemals wiedergesehen haben, werden Sie für den Rest unseres Lebens immer bei uns sein, aufgrund des Instrumentariums, das Sie uns an die Hand gegeben haben, und weil Ihre Ausbildung weiterhin Tag für Tag neue Früchte tragen wird, wohl ein ganzes Leben lang.

Wenn diese Zeilen Ihnen in irgendeiner Weise von Nutzen sein können, um Ihre Arbeit bekannt zu machen oder als ein Beleg dafür, dass Ihre Arbeit Resultate hervorbringt, die nachhaltig sind, bitte benutzen Sie den Brief so, wie Sie es für richtig halten.

Mit den besten Wünschen

Ich habe Mr. B. und die anderen Schüler, von denen hier die Rede war, für meinen Unterricht aus Gründen ausgewählt, die ich mir sehr gut überlegt habe.

Die Erfahrung hatte mich eines gelehrt: Wenn die oben umrissenen Verfahren meiner Technik zur Anwendung kommen, kann man einem Menschen, der mit Osteoarthritis, spastischem Schiefhals oder irgendeinem anderen Problem zu kämpfen hat, helfen, allmählich seine Gewohnheit abzulegen, in die Verwendung der primären Kontrolle seines Selbstgebrauchs einzugreifen. So ist es möglich, indirekt eine Verbesserung der Art und Weise seines allgemeinen Gebrauchs herbeizuführen, die von Bestand ist. Der jeweilige Schüler, der mit Hilfe seines Lehrers lernt, diese Verfahren einzusetzen, - sie sind die Mittel, mit denen er sein eigentliches Ziel erreichen wird - lässt sich auf einen Veränderungsprozess ein. An seinem Anfang steht die Hemmung der falschen Ausrichtung seines gewohnten Einsatzes der Primärkontrolle. Dieser gewohnte Einsatz der primären Kontrolle ist nämlich mit seinen schadhaften Funktionen eng verzahnt. Durch die Hemmung der falschen Ausrichtung seiner Primärkontrolle beeinflusst der Schüler seine Gebrauchsweise positiv und hebt so indirekt auch sein Funktionsniveau. Im Verlaufe dieses Prozesses verändert er zudem die Deformierungen, seine falschen Achsen des Kopfes und die Überbeanspruchung der Muskelgruppen (Verkrampfungen). Damit verschwinden auch Reizung und Druck, Kopf- und sonstige Schmerzen, die Ausdruck der vorherigen Verhältnisse waren. In einem bestimmten Stadium seiner Arbeit erreicht der Schüler dann den Punkt, an dem er in der Lage ist, die neuen Informationen [A)], die für einen sich mehr und mehr verbessernden Einsatz der primären Kontrolle notwendig sind, voller Selbstvertrauen zu übermitteln. Und er wird diesen Prozess der Neukonditionierung [A)] zu seinem beständigen Begleiter in seinem täglichen Leben machen. Dies bedeutet einen beständigen Einfluss in die richtige Richtung und führt zu einer Veränderung, die sich als permanent erweisen wird. Diese Veränderung ist damit verknüpft, dass der jeweilige Defekt oder die jeweilige Krankheit sich tendenziell verringert. Und wenn dann ein bestimmter Punkt der Veränderung erreicht ist, wird das unerwünschte Symptom schließlich gänzlich verschwinden. Durch den Rekonditionierungsprozesss kommt es zudem dazu, dass der Schüler sich mehr und mehr und kontinuierlich auf seinen Gefühlssinn verlassen kann. Mit der Zeit wird er es fast genauso schwierig finden, zu seiner alten, gewohnten Gebrauchsweise zurückzukehren, die er ehedem als *richtig* empfunden *hatte,* wie es am Anfang seines Unterrichts für ihn schwierig war, die neue und bessere Gebrauchsweise zu verwenden, die sich zu dieser Zeit – trotz all der Hilfe, die ihm sein Lehrer zu Teil werden ließ – immer noch *falsch angefühlt hatte.*

Ich muss meine Leser um etwas Nachsicht bitten, wenn ich an dieser Stelle noch einmal hervorhebe, dass es mir bei den hier abgehandelten Fällen keinesfalls darum ging, Osteoarthritis, einen spastischen Schiefhals, Deformierungen, eine falsche Kopfachse, Kopfschmerzen oder andere Schmerzen zu beseitigen. Wann immer ein Arzt einen Fall, ganz gleich mit welchen Problemen, an mich überweist, ist es meine tatsächliche Herangehensweise, mit den Verfahren meiner Technik die Gewohnheit des Schülers zu brechen, in die Verwendung der Primärkontrolle seines Selbstgebrauchs einzugreifen. Und immer handele ich in Übereinstimmung mit den Fakten, die sich aus den gesammelten, unterschiedlichen Erfahrungen ergeben haben und zu denen ich mir zahllose Notizen gemacht habe. Bei jedem einzelnen Fall ist es mein Anliegen, eine solche Verwendung der primären Kontrolle des Gebrauchs und des damit verbundenen Funktionsniveaus als eine *Konstante* wiederherzustellen, wie sie bei den Menschen zu finden ist, die keiner „Heilmaßnahmen“ bedürfen, die sich stattdessen bester Gesundheit erfreuen, wie dieser Zustand landläufig beschrieben wird.

Und doch halte ich beständig Ausschau nach einem Menschen, der unter solchen Bedingungen leidet, die der Heilmaßnahmen bedürfen und die bei solchen Fällen, wie den soeben diskutierten, zwangsläufig auftreten, dessen Verwendung der Primärkontrolle aber nicht *konstant* eine schädliche Wirkung auf sein allgemeines Funktionsniveau hat. Wenn ich jemals einen solchen Fall finden sollte, müsste ich auf der Stelle eingestehen, dass die von mir fast mein ganzes Leben lang gemachten Behauptungen falsch sind, und ich müsste mir ein anderes Betätigungsfeld suchen, auf dem ich meine Energien einsetzen kann.

Kapitel 3

Ein Rückblick auf den Bericht des Komitees für Körperertüchtigung, herausgegeben von der British Medical Association

Teil 1

Denkfehler und Grenzen der Körperertüchtigung

Im November 1937 hat ein Kommission unter der Leitung von Sir E. Kaye Le Fleming einen Bericht zu den Methoden der Körperertüchtigung zusammengestellt mit dem Ziel, Verbesserungsvorschläge zu machen. Dies war eine Gelegenheit, wie sie sich nur sehr selten bietet. Finanziert wurde der Bericht von der British Medical Association. Aus leicht nachvollziehbaren Gründen wurde es damals als notwendig erachtet, eine nationale Bewegung ins Leben zu rufen, die die körperliche Entwicklung des Menschen verbessern sollte. Auch sollte gewährleistet sein, dass nur die allerbesten der möglichen Mittel Verwendung finden sollten, um diese Idee in die Praxis umzusetzen. Die Mitglieder der Kommission wurden mit der Aufgabe betraut, die gängigen Methoden zur Körperertüchtigung, sowohl die aktuellen als auch die der Vergangenheit, auf ihre Tauglichkeit zu untersuchen. Sie waren angehalten, das gesamte zur Verfügung stehende Wissen zu diesem Thema bis zum Zeitpunkt der Untersuchung zu berücksichtigen. Wenn sie zu dem Schluss kommen sollten, dass eine dieser Methoden nicht den Anforderungen genügte, waren sie aufgefordert, indem sie von den neuesten Erkenntnisfortschritten Gebrauch machten, etwas Besseres anzubieten. So lautete in der Tat ihr Auftrag.

Nach der Veröffentlichung des Berichts sind mir in kürzester Zeit mehrere Kopien dieses Reports zugespielt worden. Ich wurde von Ärzten, die keinen Augenblick zögerten, ihn zu zerreißen, und von Laien gedrängt, in der Presse oder in meinem nächsten Buch dazu Stellung zu nehmen.

Meine Stellungnahme soll mit einem Zitat aus dem Report beginnen:

Jede dieser Übungen ist so angelegt, dass sie ganz spezifische Wirkungen hervorbringt, die zusammengenommen die gewünschte körperliche Entwicklung gewährleisten.

Einfach so! Aber diese Fragen müssen doch erlaubt sein:

- Welches Bild hatten die Mitglieder der Kommission vor Augen, als sie von einer „gewünschten körperlichen Entwicklung" sprachen?
- Worin unterschied sich ihr Bild von der Konzeption derjenigen, deren Methoden sie unter die Lupe nehmen wollten?
- Von welchen wissenschaftlichen Erkenntnissen wurden sie geleitet, als sie zu dem Schluss gelangten, dass die Ausführung von Übungen, die zu dem Zweck erstellt worden sind, eine bestimmte Anzahl spezifischer Wirkungen zu erzielen, zusammengenommen „die gewünschte körperliche Entwicklung" gewährleistet?

Jeder, der diesen Bericht liest, wird sofort feststellen, dass die Konzeption der Mitglieder der Kommission sich keinen Deut von der der traditionellen Experten der Körperkultur und der Sportlehrer unterscheidet, nicht von der der aktuellen und nicht von der der früheren Vertreter. Es gibt in dem Bericht wahrlich nichts Neues oder Originelles – nur die gleiche alte Vorstellung, auf direktem Wege die Muskeln spezieller Bereiche zu entwickeln. Es gibt nichts in ihren Vorschlägen, das vermuten lässt, sie hätten verstanden, dass jegliche körperliche Anstrengung tendenziell dazu führt, den Thorax zusätzlich zu versteifen und Atemlosigkeit zu verursachen; dass durch die Versteifung des Brustkorbs die Ausführung von Übungen zur Entwicklung von Muskelspannung spezieller Regionen dazu tendiert, übermäßige Kontraktion und einen deformierten Brustkorb zu entwickeln. Und eine bereits vorhandene Lordose des Rückens wird auf diese Weise noch verstärkt.

Zudem werden dem Übenden zu den auszuführenden Übungen keinerlei Mittel und Wege an die Hand gegeben, um den oben beschriebenen Tendenzen entgegenzuwirken oder sie zu minimieren. Auf jeden Fall sollten solche Mittel und Wege aber all jenen zur Verfügung stehen, die sich in einem Zustand befinden, der eine Hilfe erforderlich macht. Ich gestehe durchaus ein, dass die Ausführung von speziellen Übungen Muskeln an der Außenseite des Brustkorbs aufbauen kann und tatsächlich auch aufbaut. Nur wird die zunehmende Versteifung des Brustkorbs mit diesen Übungen nicht verringert, vielmehr werden die vorhandenen, strukturellen Defekte weiter verstärkt. Es gibt ein gutes Fallbeispiel, das diesen Tatbestand untermauert: Ein berühmter Athlet hatte damit geprahlt, dass sein Brustkorb um zehn Inches expandiert sei. Die Ärzte, die ihn vermessen hatten, bestätigten dies voll und ganz. Es gab jedoch einen Arzt, der mit den bei den Messungen angewandten Methoden vollkommen unzufrieden war. Er untersuchte den Fall auf das Genaueste und konnte nachweisen, dass die Expansion des Thorax tatsächlich nur zwei Inches betrug. Die übrigen acht Inches waren Ergebnis von Muskelzuwachs an der Außenseite der knöchernen Struktur des Brustkorbs.

Und jeder, der die Praxis analysiert, die von der Kommission für gut geheißen wird, wird eines bestätigen müssen: Die Mittel, die sie vorschlägt, um ihre Theorien in die Praxis umzusetzen, unterscheiden sich *im Prinzip* nicht im Geringsten von den Mitteln, die man verwendet hat, seit dem Menschen erstmals Körperübungen empfohlen worden sind. Der Vorschlag des Kommission lässt sich auf eine kurze Formel bringen: Ihre Mitglieder stellen fest, dass die körperliche Entwicklung bei vielen Menschen unserer Zivilisation nicht so ist, wie sie sein sollte, und empfehlen deshalb Körperübungen, die von den betroffenen Menschen auszuführen sind.

Ein solcher Vorschlag macht deutlich, dass die Mitglieder des Komitees vollkommen missverstanden haben, was Ursache und was Wirkung ist. Schon in meinen vorherigen Büchern habe ich mich ausführlich mit dem Diagnosefehler beschäftigt, der zu diesem Missverständnis geführt hat, wodurch letztlich ein falsches Prinzip bei allen Methoden der Körperkultur zur Anwendung kommt. Gern will ich meine Argumentation an dieser Stelle wiederholen.

Wenn in der körperlichen Entwicklung des Menschen etwas nicht in Ordnung ist, kann durch Demonstration belegt werden, dass diese Störung der Ordnung im Wesentlichen von seiner falschen Gebrauchsweise verursacht wird und dass sich diese falsche Gebrauchsweise in dem offenbart, *was der jeweilige Mensch selbst tut.* Sie beruht darauf, dass der Mensch sich bei seinen tagtäglichen Aktivitäten auf eine sinnliche Wahrnehmung verlässt, die mehr oder weniger unzuverlässig ist, und das natürlich auch bei den jeweiligen Fitnessübungen, die er vielleicht ausführt. Der Zustand der sinnlichen Wahrnehmung hat unmittelbare Auswirkungen und ist von unmittelbarer Bedeutung für die Umsetzung jeglicher Anweisungen, die zur Ausführung der Fitnessübungen erteilt werden. Menschen aber, die einer Körperschulung bedürfen, haben immer eine Gebrauchsweise, die dazu führt, dass auch ihr allgemeines Funktionsniveau abgesenkt wird. Diese Absenkung des allgemeinen Funktionsniveaus hat wiederum zur Folge, dass aufgrund der unzuverlässigen und trügerischen sinnlichen Wahrnehmung (Gefühle) energetische Impulse an die Muskulatur fehlgeleitet werden.

Die Unzuverlässigkeit unserer Mechanismen zur sinnlichen Wahrnehmung [A)] wird in der heutigen Zeit in aller Regel nicht bestritten. Sie zeigt sich z. B. darin, dass wir nicht mehr genau beobachten und nicht mehr über einen längeren Zeitraum aufmerksam sein können. So soll bei einem Kongress der British Medical Association (BMA) in Bath ein Medizinprofessor dem Wunsch Ausdruck gegeben haben, mit einem Fitnessprogramm etwas für die Hebung des Beobachtungs- und Aufmerksamkeitsniveaus der Medizinstudenten tun zu wollen. Nur nimmt der Bericht der BMA die Zuverlässigkeit der sinnlichen Steuerung derer, denen so geholfen werden soll, wie selbstverständlich als gegeben an. Die Kommission ignoriert vollkommen eine wichtige Tatsache: Diejenigen, die die von ihnen empfohlenen Übungen ausführen, werden bei der Ausführung der Übungen von demselben unzuverlässigen Gefühlssinn geleitet, der sie schon bis zu diesem Zeitpunkt bei allen ihren Aktivitäten geleitet und an den Scheidepunkt gebracht hat, an dem sie die Hilfe benötigen, die sie sich von den Fitnessübungen erhoffen. Was daraus folgt, kann man durchaus als tragisch bezeichnen: Das unglückselige Opfer einer falschen sinnlichen Steuerung und einer Störung seiner Wahrnehmung von dem, was er tut, wird in demselben Moment, da er sein Übungsprogramm beginnt, das tun, *was sich für ihn richtig anfühlt*. Dabei wird er sich auf dieselbe sinnliche Steuerung und Wahrnehmung verlassen, die ihn bereits zu dem Falschen animiert hat, und sein „Richtig“ wird solange ein „Falsch“ sein, wie er davon gesteuert wird. Dies ist aber noch das geringste Problem. Seine unzuverlässige Steuerung über die Sinne wird ihn dazu anstiften, die primäre Kontrolle seines Selbstgebrauchs falsch einzusetzen. Dies wiederum führt dazu, dass die falsch eingesetzte Primärkontrolle zu einem Einfluss wird, der konstant gegen ihn arbeitet, wenn er seine Fitnessübungen ausführt. In den meisten Fällen wird die schädliche Wirkung dieses Einflusses auf seine allgemeinen Funktionen noch verstärkt, wenn er sich bemüht, die Übungen unbedingt „richtig“ auszuführen, auf welche Art und Weise auch immer. Was seinen Selbstgebrauch angeht, ist nämlich sein „Richtig“ tatsächlich ein „Falsch“, wie ich es bereits erläutert habe.

Ich bestreite nicht, dass es für einen solchen Menschen möglich ist, eine Übung als solche „richtig“ hinzubekommen. Es ist für ihn aber nahezu unmöglich, dabei seinen Selbstgebrauch so zu gestalten, dass er richtig ist. Dies würde nämlich von ihm verlangen, das zu tun, *was sich für ihn falsch anfühlt.* Etwas zu tun, das sich falsch anfühlt, ist aber ungefähr so unwahrscheinlich, wie zu erwarten, dass jemand absichtlich die seiner Meinung nach falsche Straße wählt, um an einen bestimmten Ort zu gelangen, in der Hoffnung tatsächlich dort anzukommen. Man kann aber mit absoluter Sicherheit sagen, dass jemand, der der Hilfe bedarf, bei der Ausführung der Übungen nicht das tun wird, was *in Bezug auf seinen Selbstgebrauch richtig* ist, ganz gleich wer die jeweiligen Übungen entwickelt hat. *Alle Übungen sind nämlich grund-*

sätzlich in dem Sinne gleich, dass die Aktivität, die bei ihrer Ausführung zum Einsatz kommt, untrennbar mit der gewohnten Art und Weise des allgemeinen Gebrauchs des Übenden verbunden ist.

Daraus ergeben sich Schlussfolgerungen, die nicht von der Hand zu weisen sind. Wir haben es mit Menschen zu tun, deren körperliche Entwicklung sehr zu wünschen übrig lässt. Ihre schlechte körperliche Verfassung geht Hand in Hand mit einer falschen sinnlichen Ausrichtung ihres gewohnten Selbstgebrauchs. Bevor wir in einer derartigen Situation überhaupt daran denken können, einen solchen Menschen irgendetwas in der Form von Übungen TUN zu lassen, müssen wir ihm deutlich machen, worin seine falsche Ausrichtung besteht, und ihm die Mittel-und-Wege an die Hand geben, um die falsche Ausrichtung zu unterbinden.

Von Zeit zu Zeit komme ich in Kontakt zu Lesern, die Zweifel an dem haben, was ich dazu geschrieben habe. Dann bitte ich sie, einmal genau zu beobachten, wie derartige Übungen, wie ich sie ablehne, tatsächlich ausgeführt werden. Wenn sie sich wirklich die notwendige Zeit für eine solche Beobachtung genommen haben, werden sie auf jeden Fall eines festgestellt haben: Bei Menschen, die Hilfestellung für ihre gesunde körperliche Entwicklung brauchen, tendiert die Ausführung jeglicher Übungen nicht nur dazu, die schlechten Gewohnheiten ihres Gebrauchs, wie sie immer bei einer solchen Personengruppe vorzufinden sind, zu verstärken, es entwickeln sich auch zusätzlich neue schlechte Gewohnheiten.

Lange bevor John Dewey bei mir Unterricht genommen hat, hatte er davon gesprochen, dass durch die herkömmlichen Erziehungsmethoden neue Defekte ausgebildet werden, wenn mit ihnen vorhandene Defekte beseitig werden sollen. In seinen *Essays zu Fragen der Erziehung (Educational Essays)* schreibt er:

Es ist die unvollständige und fehlerhafte Psychologie des Lehrers, die ihn daran hindert, in seiner Reaktion auf eine tödliche Rou-

tine, auf eine übermächtige Moral und auf eine intellektuelle Disziplin, für Impulse, die aus dem Moment geboren sind, offen zu sein und ihnen sogar nachzugeben. Und dies geschieht nicht, weil der Lehrer Einsicht in den geistig-körperlichen Mechanismus hätte, sondern weil seine Einsicht in diesen Mechanismus unvollständig ist. Zwar sind ihm bestimmte Empfindungen und Impulse zu Bewusstsein gekommen und er kann vielleicht diese Empfindungen und Impulse auch stimulieren und steuern, er ist aber in völliger Unkenntnis des dahinterstehenden größeren Mechanismus' als solchem. Und ihm ist auch der kausale Zusammenhang nicht bekannt, der zwischen dem ihm unbekannten Teil und den Elementen, auf denen er spielt, besteht. Damit er nun seine Irrtümer korrigieren kann, ist es überhaupt nicht nötig, ihn darüber zu informieren, dass er in die Irre geführt wird, weil er allein den körperlichen Standpunkt einnimmt. Es ist aber sehr wohl notwendig, ihm die Reichweite und das komplexe, feine Zusammenspiel des Mechanismus' als Ganzem vor Augen zu führen. Dann wird er auch das Folgende nachvollziehen können: Noch während er oberflächlich die Effektivität eines Teils des Mechanismus' erhöht, bringt er andere Faktoren des geistig-körperlichen Mechanismus durcheinander, die weitaus fundamentaler für den Gesamtmechanismus sind, reißt sie aus dem Zusammenhang und isoliert sie.

Bisher ist mir jedoch noch niemals zu Ohren gekommen, dass sich ein Physiotherapeut dieser Tatsache im Zusammenhang mit der Ausführung von Übungen zur Beseitigung spezieller Defekte geöffnet hätte. Einmal, vor etlichen Jahren, habe ich einer Studiengruppe der Kindertherapie das Angebot unterbreitet, mit einigen Mitgliedern der Gruppe eine beliebige Ausbildungsklasse zu besuchen. Wenn ich nicht nachweisen könnte, dass die Schüler während der Unterrichtseinheiten, bei der durch Einsatz von Übungen ein spezieller Defekt therapiert werden sollte, neue Defekte entwickelten, die sich früher oder später als noch schädlicher erweisen würden als die Defekte, die es zu beseitigen galt, würde ich auf der Stelle meine Arbeit aufgeben und mir eine neue Beschäftigung suchen. Man ist jedoch nicht auf mein Angebot eingegangen.

Nur kurze Zeit später habe ich einen Vortrag vor Studenten einer Sportfakultät gehalten und ich wurde gebeten, meine Technik an einigen ausgewählten Studenten zu demonstrieren. Sie waren ausgewählt worden, weil man annahm, dass sie bei ihrer Arbeit besonders gut waren. Niemals werde ich ihren Selbstgebrauch bei dieser Lektion vergessen, der, von meinem Standpunkt aus betrachtet, nicht schlechter sein konnte. Nach dem Seminar bat man mich, noch einen Blick auf den Rücken einer ihrer besten Dozenten zu werfen. Sie hatte mit hartnäckigen Rückenproblemen zu kämpfen, die sich bis jetzt jeglicher Behandlung widersetzt hatten. Es war für mich deutlich zu erkennen, dass die Ursache für ihre Probleme in ihrer schlechten allgemeinen Gebrauchsweise ihres Selbst zu suchen war. Diese war auch verantwortlich für andere spezifische Defekte, die ich feststellen musste: So hatte die Dozentin die Angewohnheit, ihre Beinmuskulatur übermäßig zu versteifen und in ihrem Bemühen, das Gleichgewicht zu halten, ihre Knie zu sehr durchzudrücken. Als ich darauf hinwies, sagte ein anderer Dozent: „Wir lehren dies so, um den Zustand der Bauchmuskulatur zu verbessern." Könnte es ein besseres Beispiel für ein schädliches Nebenprodukt geben, das die Anwendung von Übungen zur Folge hat, die „zu dem Zweck entwickelt worden sind, eine spezielle Wirkung" zu erzeugen?

Für die Mitglieder der *British Medical Association* wird es sich als eine unüberwindliche Herausforderung erweisen, mir zu demonstrieren, dass jemand bei der Ausführung jeder einzelnen dieser therapeutischen Übungen, von denen man offensichtlich annimmt, sie seien das richtige Mittel, um die gewünschte körperliche Entwicklung in die Wege zu leiten, nicht auch das hervorbringt, was ich negative Begleiterscheinungen nenne. Auf diese Weise werden neue schlechte Gebrauchsgewohnheiten mit einer schädlichen Wirkung auf die allgemeinen geistig-körperlichen Funktionen etabliert, die eine normale körperliche Entwicklung unmöglich machen. Es ist nämlich ganz offensichtlich so, dass die Möglichkeiten für einen zusätzlichen Fehlgebrauch der Mechanismen und für die Erzeugung schädlicher Begleiterscheinungen mit der Anzahl der speziellen Wirkungen, die man erzielen will, zunehmen.

Und ein Letztes noch: Die Kommission hebt hervor, dass jede einzelne dieser Übungen zu dem Zweck entwickelt worden ist, bestimmte spezielle Wirkungen zu erzielen. Folglich muss sie davon ausgegangen sein, dass diejenigen, die diese Übungen erstellt haben, genau wissen, wie viele dieser speziellen Übungen notwendig sind, um die gewünschte körperliche Entwicklung bei den sie ausführenden Personen zu erzeugen. Wie sonst hätten sie die Anzahl der Übungswiederholungen und der der Übungen für den jeweiligen Zweck kalkuliert haben können? Eine solche Aufgabe würde es verlangen, bei jeder einzelnen Person, für die die Übungen erstellt werden, eine vollständige Analyse der gegebenen Verhältnisse vorzunehmen und mit diesen Übungen auch diesen Bedingungen des jeweiligen Menschen gerecht zu werden. Denn eines ist wahrlich nicht von der Hand zu weisen: Die Defekte in der körperlichen Entwicklung unterscheiden sich bei den Menschen genauso wie sich ihre Handschrift individuell ausprägt. Zudem sind diejenigen, die die Übungen ausführen mit Sicherheit nicht in der Lage, weder ihre eigenen körperlichen Mängel noch die Defekte in ihrer Gebrauchsweise, die für diese Mängel verantwortlich sind, zu analysieren.[12)] Dies bedeutet nichts anderes, als dass sie letztlich gezwungen sind, eine schlecht zusammengestellte Übungsabfolge ohne Überlegung auszuführen. Sie können das Ergebnis eines solchen Übens weder voraussehen, noch können sie es unter Kontrolle halten. Schon allein deswegen werden sie nicht die geringste Chance haben, die schädlichen Auswirkungen abzuwehren, die ihr Üben auf ihren allgemeinen Gebrauch und auf lange Sicht auch auf ihre Funktionsweise haben muss.

Vor mehr als vierzig Jahren habe ich in Australien einen der besten Bewegungstherapeuten kennengelernt, der mir jemals begegnet ist. In seinen Räumen habe ich allererste Erfahrungen darin gesammelt, zu beobachten, welche Ergebnisse therapeutische Übungen hervorbringen, die entwickelt worden sind, um „spezielle Wirkungen“ zu erzielen. Damals wie heute war ich nicht mit dem Prinzip einverstanden, das seinen und allen anderen derartigen Unterweisungen zugrunde liegt. Trotzdem waren ich und auch er von der Tatsache beeindruckt, dass *derselbe Satz an Übungen bei verschiedenen Menschen für relativ verschiedene Wirkungen verantwortlich war.*

Wie hätte es auch anders sein können? Es ist uns ein Leichtes, bei den Menschen Unterschiede in ihrer Art des Sprechens und des Gehens zu registrieren. Dieselben Unterschiede im Gebrauch bringen sie aber auch ein, wenn sie die Übungen ausführen. Deshalb werden der gewünschte, spezifische Effekt, wie auch die Begleiterscheinungen einer oder mehrerer dieser Übungen bei keinen zwei Menschen dieselben sein. Und selbst wenn dies doch einmal der Fall sein sollte, wer wollte entscheiden, welche der Übungen aus dem Übungspool eingesetzt werden sollten, alle oder nur wenige ausgewählte? In welcher Reihenfolge sollten sie eingesetzt werden, um den Abweichungen in der Art der verschiedenen schädlichen Verhältnisse gerecht zu werden, die es bei den meisten Menschen notwendig machen, eine „gewünschte körperliche Entwicklung“ in Gang zu setzen? Wer wollte entscheiden, was „Ursache“ und was „Wirkung“ ist? Welche der unterschiedlichen Teile, die betroffen sind, erfordern eine besondere Aufmerksamkeit? Es ist wahrlich nicht von der Hand zu weisen, dass die Antworten auf diese Fragen ganz unterschiedlich ausfallen müssen, je nach den unterschiedlichen Verhältnissen, die jeweils bei dem betroffenen Menschen vorzufinden sind. Jeder, der sich die entsprechende Fähigkeit zur Beobachtung durch Training oder aus Erfahrung angeeignet hat, wird dies bestätigen können, wenn er oder sie eine Anzahl von Menschen untersucht, die denselben Übungssatz ausführt.

Ich will dies an einem Beispiel erläutern: Zwei Menschen – der eine mit runden Schultern und verkrümmtem Brustkorb, der andere mit aufgeplustertem Brustkorb und einer Lordose – trainieren mit demselben Satz von Übungen, der aus den vom Komitee der B. M. A. empfohlenen Übungen zusammengestellt worden ist. Bei diesen beiden Menschen wird nun die gewohnheitsmäßige Gebrauchsweise so verschieden sein, dass bei dem Prozess, die „gewünschten, spezifischen Wirkungen zu erzielen", die Ausführung jeder einzelnen dieser Übungen bei dem einen eine viel größere Herausforderung darstellt als bei dem anderen. Und nicht anders verhält es sich in Bezug auf die Anforderungen, die bei den beiden an andere Muskeln ihres gesamten Organismus gestellt werden.

Wenn die Kommission verneint, dass die Wirkung von Übungen auf die Muskulatur oder auf die Ausbildung von Muskeln als solche ihr Thema war, wenn sie argumentiert, dass es ihr vielmehr um eine „körperliche Entwicklung" ging, die man im Allgemeinen in Verbindung mit Gesundheit vorfindet, wird der Fall keineswegs besser. Die Vorstellung von Gesundheit kann nämlich nicht von einem optimalen Funktionsniveau getrennt werden. Und niemand kann sich eines optimalen Funktionsniveaus erfreuen, wenn der Einsatz der Primärkontrolle bei allen Aktivitäten dermaßen gestört ist, dass die individuelle Gebrauchsweise beständig das allgemeine Funktionsniveau absenkt. Das steht aber außer Frage: Wenn die vorgeschlagenen Übungen zum Einsatz kommen, wird in der Tendenz jede dieser Störungen der Primärkontrolle des Gebrauchs noch verstärkt, was dazu führt, dass das Funktionsniveau noch weiter absinkt.

Nach all diesen Betrachtungen komme ich noch einmal zu einer meiner Ausgangsfragen zurück: Von welchen wissenschaftlichen Erkenntnissen wurden die Mitglieder des Komitees geleitet, als sie zu dem Schluss gelangten, dass die Ausführung von Übungen, die zu dem Zweck erstellt worden sind, eine bestimmte Anzahl spezifischer Wirkungen zu erzielen, „zusammengenommen die gewünschte körperliche Entwicklung" gewährleistet?

Auf diese Frage gibt es tatsächlich nur eine Antwort: Sie können nicht von wissenschaftlichen Erkenntnissen geleitet worden sein! Das Komitee muss ein ganzes Feld wichtiger Daten ignoriert haben! Nur so ist zu erklären, wie es zu den Schlussfolgerungen gekommen ist, die in dem Bericht formuliert worden sind.

Die Mitglieder der Kommission hätten eigentlich eines sehr deutlich sehen müssen: Wenn den von ihnen empfohlenen Verfahren zur Einleitung „einer gewünschten körperlichen Entwicklung“ nachgewiesen werden kann, dass sie die Entwicklung schädlicher Begleiterscheinungen begünstigen, können sie nicht den Bedingungen genügen, die an die wissenschaftliche Methode gestellt werden. Die wissenschaftliche Methode verlangt nämlich, dass die eingesetzten Mittel in einem Experiment genau die Ergebnisse hervorbringen, die sie produzieren sollen *und keine anderen.* Und sie verlangt auch, dass das Verhältnis der Resultate zu den eingesetzten Mitteln Gegenstand sinnlicher Beobachtung sein soll.

Dies hat mir meine tagtägliche Unterrichtserfahrung mit den Menschen, die der „körperlichen Entwicklung“ bedürfen - von denen einige Symptome chronischer Erkrankung gezeigt haben - eindeutig bewiesen: Wenn es darum geht, spezifische Wirkungen in Übereinstimmung mit der wissenschaftlichen Methode in einer Weise zu erzielen, dass sie von Dauer sind, dürfen sie nicht auf direktem, sondern müssen auf *indirektem* Wege erreicht werden.[13)] Eine derartige indirekte Vorgehensweise schließt auch die Kenntnis vom Gebrauch der Primärkontrolle ein. Jeder, der die in meinen Büchern beschriebene Technik anwendet, wird dies für sich selbst demonstriert sehen. Diese Technik basiert nämlich auf der Unteilbarkeit der individuellen Möglichkeiten des Menschen in der Aktivität. Und der Steuermann dieser Möglichkeiten ist die Primärkontrolle. Nur erwähnt das Komitee eine solche Kontrolle mit keinem einzigen Wort, obwohl *Rudolf Magnus* [A)] in seinem Spätwerk ihre Existenz in Untersuchungen nachgewiesen hat und obwohl es eine detaillierte Beschreibung davon gibt, wie diese Kontrolle von mir entdeckt worden ist und wie sie in einer Technik eingesetzt werden kann. Man kann dies in meinem Buch *The Use of the Self* (Der Gebrauch des Selbst) nachlesen. Ein befreundeter Mediziner, der die Bedeutung der primären Kontrolle für den Bereich der körperlichen

Entwicklung klar erkannt hatte, hat mir bestätigt, dass er einflussreiche Mitglieder der Kommission gedrängt hat, meine Arbeit mit in ihre Untersuchung aufzunehmen, dass sie dies aber abgelehnt haben. Es ist kaum vorstellbar, dass jemand bereit ist, in einer solchen Kommission mitzuarbeiten, wenn er nicht unzufrieden mit den aktuellen Methoden zur körperlichen Entwicklung gewesen ist. Und man muss auch davon ausgehen, dass die Kommission entschlossen war, alle neuen Erkenntnisse, die zu dem Thema verfügbar sind, zu analysieren und sich nutzbar zu machen, wenn sie die aktuellen Methoden verbessern wollte. Und doch gibt es in ihrem Bericht keinen Hinweis auf in den letzten Jahren gemachte Beiträge, in denen gewonnene Erfahrungen auf einem Feld wiedergegeben werden, das von einer überragenden Tragweite für die Wissenschaft der körperlichen Entwicklung ist. Auch kann ich in dem Bericht nichts finden, das nicht schon in meiner Jugend Anwendung gefunden hat. Zudem kann gezeigt werden, dass das Prinzip, das bei der praktischen Umsetzung ihrer Vorschläge beteiligt ist, nicht den Maßstäben der Wissenschaft genügt. Als das Gremium zu seinen Schlussfolgerungen gelangt ist, hat es sich in eine Position manövriert, die heftig zu kritisieren ist, weil es die folgenden Punkte außer Acht gelassen hat:

- Die Existenz einer primären Kontrolle des Gebrauchs ist inzwischen nachgewiesen worden.[14)]
- Bei allen Menschen, die einer körperlichen Entwicklung bedürfen, kann man sich auf ihre Steuerung über die Sinne nicht verlassen.
- Menschen mit einer fehlerhaften sinnlichen Steuerung setzen ihre Primärkontrolle bei allen ihren Aktivitäten falsch ein.
- Der falsche Einsatz der Primärkontrolle ist ein Faktor, der einen *konstanten* Einfluss zum Schlechten bedeutet. Er arbeitet schon gegen den Übenden, bevor er mit den Übungen beginnt und er wirkt weiter nach ihrer Beendigung.
- Es gibt keine andere Hilfsmethode, die in der Lage wäre, den Bedürfnissen des Übenden gerecht zu werden, als ihm beizubringen, die Primärkontrolle so einzusetzen, dass seine Gebrauchsweise zu

einem konstanten positiven Einfluss wird, dessen Bestreben es ist, das Funktionsniveau des Übenden generell anzuheben.

Dies sind wesentliche Punkte, die das Gremium hätten weiterbringen können und es auch sicherlich weitergebracht hätten. Wenn diese Punkte berücksichtigt worden wären, wären nicht nur die Mängel der gegenwärtigen Methoden aufgedeckt worden, auch der breiten Öffentlichkeit, die augenblicklich so sehr an „körperlicher Fitness" interessiert ist, wären neue Erkenntnisse zur Verfügung gestellt worden, die die Menschen veranlasst hätten, in neuen Bahnen zu denken. Mit diesen neuen Erkenntnissen hätte ihnen geholfen werden können, die Fallstricke zu vermeiden, die in der Ausführung von Fitnessübungen lauern. Die Kommission hätte so dazu beigetragen, dass eine Kampagne zur Prävention ins Leben gerufen wird, die in der Praxis umzusetzen ist. Nur wurde in dem Bericht der B. M. A die Möglichkeit, dass Präventivmaßnahmen an die Stelle von Heilmaßnahmen treten könnten, mit keinem Wort erwähnt. Dementsprechend wurden auch keinerlei Mittel und Wege aufgezählt, die dies möglich machen würden.

In der Welt der Mechanik und Technik liegen die Verhältnisse so: Wenn bekannt ist, dass der Kontrollmechanismus oder die Kontrollmechanismen einer Maschine nicht richtig funktionieren, ist es ratsam, sofort Maßnahmen zu ergreifen, sie zu reparieren. Erst dann können wir erwarten, dass die Maschine wieder die mechanische Stabilität und die Nützlichkeit zeigt, zu der sie in der Lage ist. Dieser Standpunkt des gesunden Menschenverstands scheint der Kommission völlig abhanden gekommen zu sein, beinhaltet der von ihr vorgeschlagene Plan doch, dass einzelne Teile der schlecht kontrollierten Maschine nacheinander herausgegriffen werden, um deren Arbeitsleistung weiter zu steigern. Wenn man den Ratschlägen der Kommission folgt, werden die Kontrollmechanismen zusätzlich gestört und der allgemeine Fehlgebrauch der Mechanismen nimmt weiter zu. Das Ergebnis eines solchen Vorgehens kann nicht überraschen: Durch die Ausführung der Übungen, die eigentlich dafür gedacht waren, andere Defekte zu beseitigen, werden sich neue Defekte einstellen.

Mit den Mitteln meiner Technik kann jedoch verhindert werden, dass die Arbeit der Primärkontrolle der geistig-körperlichen Maschine Mensch gestört wird. Und für den Fall, dass bereits in die Arbeit der primären Kontrolle eingegriffen wird, kann diese Störung mit diesen Mitteln auch beseitigt werden. Beides lässt sich durch Demonstration zeigen. Jeder Mensch, der diese Technik erlernt hat, die die Störung der Arbeit der primären Kontrolle korrigiert, wird in der Lage sein, sie im täglichen Leben in jedem Bereich und bei jeder Form von Aktivität praktisch anzuwenden. Und auch Bewegungsspiele und andere Formen von Bewegung an der frischen Luft sind davon nicht ausgeschlossen. Notwendig dafür allein ist es, darauf zu achten, dass dabei nicht in die Arbeit der primären Kontrolle eingegriffen wird.[15)] Auf diese Weise kann jede Ebene der körperlichen Entwicklung erreicht werden, - solange ein vernünftiger Rahmen nicht gesprengt wird - ohne dass man Angst haben müsste, schädliche Nebenprodukte hervorzubringen. Die ganz normalen Tätigkeiten in unserem Leben werden zu einem konstanten Werkzeug, mit denen Veränderungen bewirkt werden, die mehr und mehr hin zu einer wünschenswerten körperlichen Entwicklung führen.

Nach den Plänen der Kommission soll sich eine „wünschenswerte körperliche Entwicklung“ dadurch ergeben, dass die Menschen im Laufe des Tages für eine bestimmte Zeit Fitnessübungen ausführen. Man will uns also tatsächlich glauben machen, muskuläre Anstrengungen während eines relativ kurzen Zeitraums des Tages könnten bei Menschen, deren gewohnheitsmäßiger Gebrauch so fehlerhaft ist, dass sie Hilfestellung benötigen, den allgemeinen falschen Funktionsweisen dieses Personenkreises entgegenwirken, obwohl doch die Ursache für diesen Fehlgebrauch den ganzen Tag lang gegen sie arbeitet. Dies zu glauben, stellt wahrlich sehr hohe Anforderungen an unsere Gutgläubigkeit. Wenn Menschen in die Arbeitsweise ihrer Primärkontrolle in einem Maße eingreifen, dass ihre Funktionsweise in Unordnung gerät und sie Hilfestellung benötigen, muss uns doch unser Verstand wohl dieses sagen: Jede weitere Muskelanstrengung, wie sie bei der Ausführung von Fitnessübungen zwangsläufig zustande kommt, wird diese gewohnheitsmäßige Störung noch weiter verstärken. So werden sich die täglichen Fitnessübungen als eine weitere Gelegenheit erweisen, den schlechten, gewohnheitsmäßigen Selbstgebrauch zu intensivieren und falsche Sinneserfahrungen zu wiederholen, die deshalb nach und nach zu einem festen Bestandteil ihres Erfahrungsschatzes werden.

Beim Einsatz meiner Technik in der Praxis wird die Langeweile [A)] vermieden, die sich so oft einstellt, wenn Fitnessübungen für einen bestimmten Zeitraum Tag für Tag ausgeführt werden. Zudem werden die Situationen auf ein Minimum reduziert, in denen falsche praktische Erfahrungen gesammelt werden. Solange wir bei allem, was wir tun, dem Prinzip treu bleiben, eine Störung der Primärkontrolle bewusst zu hemmen, können sich unsere ganz normalen Aktivitäten des Tages als ein konstantes Medium erweisen, das unsere geistig-körperliche Entwicklung in ihrem weitesten Sinne stetig vorantreibt. Die instinktive falsche Ausrichtung, die dazu geführt hat, dass der Einsatz der Primärkontrolle gestört wird, wird ersetzt durch eine bewusste Steuerung des Selbstgebrauchs. Und im Gleichschritt dazu entwickelt sich eine sinnliche Wahrnehmung, auf die man sich wirklich verlassen kann.

Dies bedeutet, dass es uns vielleicht doch möglich sein wird, ein vollständiges Leben unter den Bedingungen der Zivilisation zu führen; ein Leben, in dem die Aktivitäten des Menschen, die zum Erhalt des Lebens notwendig sind, so effektiv gestaltet werden können und in dem ein solch zufriedenstellendes Niveau der körperlichen Entwicklung erhalten bleibt oder sich entwickelt, wie es vor dem Zivilisationszeitalter der Fall war, als der Mensch noch ein Sammler und Jäger war. Im Zeitraum vor der Zivilisation war die bloße Existenz des Menschen nämlich davon abhängig, dass sein Entwicklungsniveau ein Überleben gewährleistet hat.

* * * * *

Es macht mich durchaus betroffen, dass ich dieses Kapitel über den Sport und die Fitnessbewegung nicht besser beenden kann, als mit zwei Fotographien aus der englischen Presse und den Kommentaren, die dazu gemacht worden sind. Jedes dieser Fotos zeigt auf seine Weise etwas höchst Interessantes, decken sie doch auf, dass in der Öffentlichkeit gegenwärtig falsche Werte in Sachen Sport und Fitness vertreten werden, wie sich in den Beispielen und den vertretenen Prinzipien erkennen lässt.

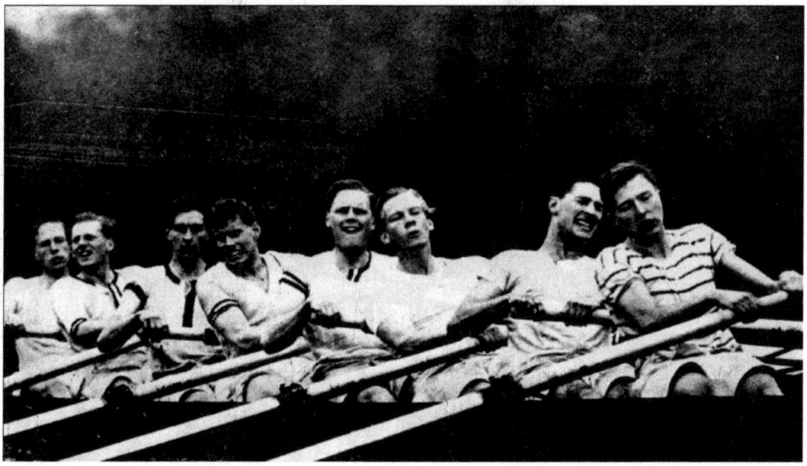

Das erste Foto ist am 1. März im *Evening Standard* unter dem Titel „Die Ruderer“ erschienen. Es wurde mit den folgenden Worten kommentiert:

Diese bemerkenswerte Studie der Crew des Oxford-Achters ist mit einer Weitwinkelkamera aufgenommen worden, als das Team einen scharfen Zwischenspurt eingelegt hat. Wir können in den Gesichtern der Ruderer die Anstrengung erkennen, die sie der Spurt kostet.

Und die Schlagzeile dazu lautete:

ENTSCHLOSSENHEIT UND WILLE IN DEN GESICHTERN UNSERER RUDERER

Ich habe die Gesichtsausdrücke der jungen Männer auf dem Foto sehr genau studiert. Es ist mir jedoch nicht gelungen, irgendetwas zu entdecken, das eine solche Schlagzeile rechtfertigen könnte. Vier von den Ruderern sehen aus, als ob sie auf der Streckbank gefoltert würden, drei, als ob sie sich im Trancezustand befinden, und nur einer, der Dritte von links, sieht aus, als ob er an einem Ruderrennen teilnimmt und als ob er die richtige Einstellung dafür mitbringt. Ein Bootsrennen zweier Universitätsmannschaften sollte doch wohl ein freundschaftlicher Vergleich sein, der vom sportlichen Instinkt geprägt ist. Deshalb sollte es auch der Wunsch aller Beteiligter sein, dass die bessere Crew gewinnen möge. Der sportliche Wettkampf sollte für die Mannschaften der beiden Boote zu einer Erfahrung des Vergnügens, des Glücksempfindens und der gesunden Erholung werden und sollte nicht zu einem unnatürlichen Kampf ausarten, der damit verbunden ist, dass sich die Gesichter dermaßen verzerren, wie es auf dem Foto zu erkennen ist, und man nahe daran ist, das Bewusstsein zu verlieren, weil man mit „Entschlossenheit" auf ein Ende hinarbeitet, das auf Kosten von Erschöpfung und zum Schaden des Einzelnen erreicht wird. Welchen Unterschied macht es denn auf lange Sicht wirklich, wenn in einem bestimmten Jahr nicht das Team der Oxford-Universität, sondern die Crew aus Cambridge das Ruderrennen auf der Themse gewinnt? Keinen, insbesondere wenn man bedenkt, dass über einen Zeitraum von 111 Jahren das eine Team bisher 42 und das andere 48 Rennen gewonnen hat. [A)] Die Menschen, die heute intensiv Sport betreiben, sei es Rudern, Fußball, Kricket, was auch immer, scheinen mehr und mehr den Sinn für die Verhältnismäßigkeit und jede Vorstellung davon zu verlieren, dass Werte nur relativ sind. Im Interesse aller Beteiligten wäre es besser, wenn wir uns allein um des Sportes willen sportlich engagieren, und nicht, weil wir gewinnen wollen. Das Gewinnen-Wollen im Sport ist nämlich, wie das Zielstreben in jedem anderen Bereich auch, auf lange Sicht eine Wahnvorstellung und eine Falle.

Das andere Foto hat den Titel „Der Unteroffizier". Es ist im November 1937 in der Zeitschrift *Sporting and Dramatic News* erschienen. Die Bildunterschrift dazu lautete:

ZUM OBJEKT DEGRADIERT: EIN UNTEROFFIZIER, HALTUNG ZEIGEND

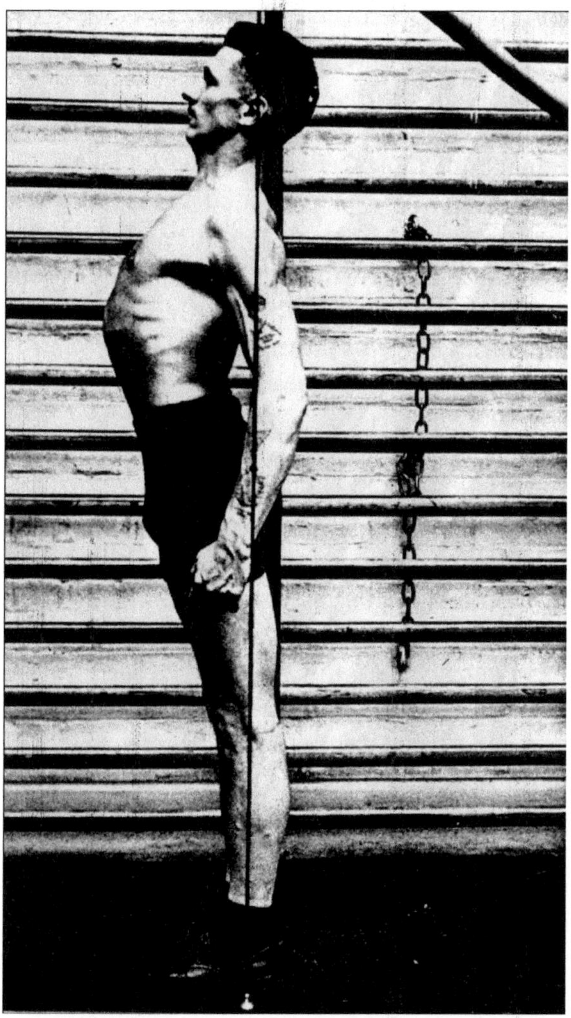

Wir sehen hier ein Beispiel für das schädliche Ergebnis, das sich einstellt, wenn die Haltung nach Theorie und Praxis der Senkblei-Methode aufgebaut wird. Als ich diese Fotografie einem mir bekannten Mediziner vorlegte, konnte er sie nur mit einem Wort kommentieren: „Monströs". Das Foto ist ein weiterer Beweis für die Ignoranz und die Dummheit, die heute in den Bereichen überwiegt, in denen weitestgehend sogenannte Experten das Sagen haben. Schauen Sie sich die Fotografie genau an und benutzen Sie Ihren gesunden Menschenverstand, wenn Sie die verzogene Form des Soldaten auf dem Foto mit dem vergleichen, was Sie in den Handbüchern der Physiologie und der Anatomie dargestellt finden. Sie werden dort nichts entdecken, was der Haltung des Soldaten auch nur annähernd ähnelt. Und es wird dort nichts zu finden sein, das eine solche Haltung, wie sie propagiert wird, irgendwie rechtfertigt. Aber man wird deutlich erkennen, dass physiologische, anatomische und biologische Gesetze mit Füßen getreten werden. Tatsächlich wird diese Erniedrigung des menschlichen Selbst von Leuten propagiert, die vollkommen in die Irre geleitet sind.

Es ist heutzutage eine Modeerscheinung, neue Gesetzmäßigkeiten zu formulieren, die viele Menschen in ihrer Unwissenheit gerne für bare Münze nehmen. So unterliegen sie auch einem schwerwiegenden Irrtum, wenn sie versuchen, die Haltung des unglücklichen Mannes auf dem Foto zu kopieren. Weil heute aber so viel Wert auf Gesundheit und Wohlergehen gelegt wird, habe ich den folgenden Vorschlag zu machen: Wichtiger als alles andere ist es vielleicht im Augenblick, ein Gesetz zu erlassen, das es verhindert, dass die menschliche Form von Personen geschädigt und degradiert wird, die im Fitnessbereich tätig sind und deren Arbeit und Ideale zu einer Körperhaltung führen, wie sie das obige Foto zeigt. Lange Zeit schien es mir undenkbar, dass jemand den Wunsch haben könnte, den Körper eines Menschen auf diese Weise zu malträtieren. Und es schien mir noch undenkbarer, dass jemand bereit sein könnte, sich solchen unwürdigen und dummen Prozeduren zu unterziehen, die ein derartiges Ergebnis zur Folge hat, wie auf dem Bild oben zu sehen ist.

Es wird zurzeit viel Geld in die Hand genommen, um eine Kampagne zur Förderung der körperlichen Fitness und des Wohlergehens zu lancieren. Tausende und Abertausende von Menschen begeben sich in die Hände von Fitnesstrainern, um spezielle Übungen auszuführen, mit denen bestimmte Ziele erreicht werden sollen. Es ist nur im Interesse meiner Leser, dass ich diesen Seiten die Fotografie eines Mannes hinzugefügt habe, der nach solchen Plänen trainiert worden ist. [A)]

Dies hat sich erwiesen: Ein Mensch, der Fitnessübungen zur Verbesserung seines körperlichen Zustands einsetzt, wird Spezialist darin, schädliche Begleiterscheinungen zu produzieren. Durch diese schädlichen Begleiterscheinungen wird nicht nur all das zunichte gemacht, was er an der einen Stelle vielleicht gewinnen konnte. So wird sein Zustand auf lange Sicht eher noch verschlechtert, als dass er verbessert wird.[16)] Bei einer großen Anzahl von Fällen führt die Ausführung dieser Übungen zur Entwicklung schädlicher geistig-körperlicher Gewohnheiten und einem Absinken des allgemeinen Funktionsniveaus. In seinem fundamentalen inneren Aktivitätsbereich macht der Mensch auf diese Weise das unmöglich, was er eigentlich erreichen will. Und diese Gewohnheit ist so tief verwurzelt, dass sie in ihm zu einer beständigen Bedrohung für das Verhältnis zwischen dem Umgang mit seinem Körper und seiner Außenwelt wird.

Dafür lassen sich in allen seinen Aktivitätsfeldern Beweise finden, im Bereich des Geistigen wie auch im manuellen Bereich. Und es ist dabei unerheblich, ob er es als notwendig erachtet, etwas für die Verbesserung seines persönlichen Wohlergehens zu tun oder für das von anderen; ob er einen Defekt oder eine Krankheit „heilen“ [A)] will; ob er Reformen im Sozialbereich, der Politik, des Finanzwesens, der Religion, der Erziehung oder im Geschäftsleben durchsetzen will. Auf lange Sicht wird er sich immer dadurch selbst besiegen, dass er sich aus reiner Gewohnheit auf sein Ziel konzentriert, ohne sich zuerst darüber Gedanken gemacht zu haben, mit welchen Mitteln es gelingen könnte, dass bei dem Prozess zur Erreichung des jeweiligen Ziels keine schädlichen Nebeneffekte erzeugt werden.

Teil 2

Ich bin Aldous Huxley [A)] für den folgenden Artikel wirklich zu großem Dank verpflichtet. Ich habe ihn diesem Kapitel beigefügt, weil darin Wesentliches zum Thema dieses Kapitels gesagt wird und weil ich glaube, dass der Leser an den Geschehnissen durchaus interessiert sein kann, die Aldous Huxley auf eine unvergleichliche Weise darstellt, die so charakteristisch für seinen Schreibstil ist.

EINE NEUE TECHNIK FÜR DEN NEUEN SOLDATEN

Von Aldous Huxley

Gute Nachrichten sind seit jeher schon weniger eine Sensation als schlechte. Deshalb erregen sie auch weniger Aufmerksamkeit, selbst in solchen Zeiten, die noch die besten dafür sind. In einer Welt, die sich im Krieg befindet, gibt es so viele fesselnde schreckliche Geschichten von Zerstörung und plötzlichem Tod, dass weder der Journalist noch der Leser viel Zeit für irgendetwas anderes hat. Aber selbst in Kriegszeiten überleben Anstand und Klugheit des Menschen. Ganz aktuell punkten sie mit kleinen Erfolgen. Gut versteckt, zumindest was die allgemeine Öffentlichkeit angeht, finden wir in den Leserbriefen zu den letzten Ausgaben vom British Medical Journal *den Beleg eines solchen unauffälligen Triumphes. Dort erfahren wir beiläufig, wenn sich Dr. Andrew Murdoch und Colonel Wand-Tetley, Inspekteur der britischen Armee für die körperliche Fitness der Soldaten, in den Leserbriefen austauschen, dass das Fitnessprogramm der englischen Soldaten in den letzten Monaten einer radikalen Veränderung unterzogen worden ist, mit dem Ziel, es zu verbessern. Die Natur dieser Veränderung und all das, was damit zusammenhängt, sind so bedeutend, dass es sich lohnt, einen kurzen Abriss darüber zu geben.*

Das körperliche Training für die Soldaten hat seinen Ursprung im Drill auf dem Exerzierplatz. Nun hatte Drill auf dem Exerzierplatz ursprünglich zweierlei zum Gegenstand: Zum einen war er dafür gedacht, den Gebrauch der Waffen einzuüben und bestimmte Manöver auszu-

führen. Zum anderen sollte es ein beeindruckendes Spektakel sein, um die wichtigen Persönlichkeiten der Führungselite zu beeindrucken. Unter diesen Leuten haben sich die Vorlieben im Verlauf des 18. und 19. Jahrhunderts so entwickelt, dass es sie am meisten beeindruckt hat, wenn bei dem militärischen Spektakel viele Hundertschaften in extremer Anspannung und Steifheit still standen oder sich mit der Präzision von Automaten steif bewegten und schwierige und unnatürliche Kunststückchen vollführten, dressierten Zirkustieren gleich. Von daher die aufgeblasenen Hühnerbrüste, die steif zurückgeworfenen Schultern, die verbogenen Wirbelsäulen, die angespannten Nacken und die erhobenen Kinnpartien. Von daher auch solch schreckliche Abscheulichkeiten wie den Stechschritt oder sein faschistisches Gegenstück, den PASSO ROMANO.

Es ist vielleicht fünfzig oder sechzig Jahre her, dass sich erste Anzeichen für eine Veränderung andeuteten. Sport kam auf, wurde in den Schulen unterrichtet und zu einem Anhängsel der Medizin. Man hatte erkannt, dass die traditionellen militärischen Methoden weit davon entfernt waren, zufriedenstellende Ergebnisse hervorzubringen. Und auch in der Armee begannen progressive Offiziere darüber zu sprechen, dass körperliches Training der Gesundheit und dem allgemeinen Wohlbefinden und nicht nur dem schnieken Auftreten auf dem Exerzierplatz dienen könnte. Nur welche Art des Trainings war geeignet, den Menschen zu Gesundheit und allgemeinem Wohlbefinden zu führen? Das war die große Frage! Die Experten redeten sich die Köpfe heiß, um eine passende Antwort zu finden. Währenddessen wurden die Soldaten und in geringerem Umfang auch die Kinder in den Schulen weiterhin nach den alten Methoden gedrillt: Es wurde weiterhin gelehrt, sich in die Brust zu werfen, die Wirbelsäule zu verbiegen und die Nackenmuskulatur anzuspannen, so wie es schon in den Tagen Friedrich des Großen der Fall gewesen war.

Man hat inzwischen viele neue Systeme zur Körperentwicklung ausprobiert. Die meisten von ihnen waren durchaus besser als der traditionelle Exerzierplatzdrill. Keiner von ihnen hat aber wirklich vollstän-

dig überzeugt. Bei all diesen Systemen wurde der Organismus nämlich nicht als eine Einheit aufgefasst, sondern als eine Ansammlung von verschiedenen Teilen, von denen jedes Teil der Reihe nach trainiert und gestärkt werden sollte. Die Korrekturmaßnahmen zielten darauf, die festgestellten Symptome von Schwäche und Deformation zu verhüllen, und nicht darauf, die Ursachen zu beseitigen, die für die Symptome verantwortlich waren. Das Problem war, dass niemand wusste, worin die Ursachen eigentlich bestanden, die den Schwächen und Deformationen zugrunde lagen. Man konnte sich nur einer Tatsache ziemlich sicher sein: Manche Menschen sind mit einer natürlichen Begabung ausgestattet, die es ihnen ermöglicht, ihren Körper gut zu gebrauchen, während andere ihn nur schlecht gebrauchen können. Dies war ja auch nicht schwer zu erkennen. (In der Tat sind in einer urbanen, industriellen Gesellschaft die letzteren deutlich in der Überzahl.) Warum dies so sein sollte, hatte aber niemand verstanden.

Dann, zu Beginn des 20. Jahrhunderts, hat ein undurchsichtiger junger Australier die Situation vollständig revolutioniert. Lange und geduldige Experimente, zunächst an sich selbst und dann an anderen, hatten F. M. Alexander davon überzeugt, dass die Ursache, die den meisten körperlichen Fehlanpassungen zugrunde liegt, in einer falschen Haltung des Kopfes in seinem Verhältnis zur Wirbelsäule zu finden ist. Seine Schlussfolgerungen können etwa so zusammengefasst werden: Bei Menschen und höheren Tieren besteht zwischen dem Kopf und der Wirbelsäule ein bestimmtes natürliches und richtiges Verhältnis. Dieses Verhältnis garantiert, solange es erhalten bleibt, dass alle Organe in ihrer angestammten Position verbleiben und in Harmonie zusammenarbeiten. Tiere in ihrem natürlichen Umfeld erhalten sich diese richtige Ausrichtung instinktiv. Nur wenn der Mensch sich in die natürlichen Verhaltensweisen der Tiere einmischt, verlieren sie ihre Ausrichtung. Als ein Beispiel für eine solche Einmischung kann der Ausbinder [A)] dienen. Dieser Zügel wurde eingeführt, um die Erscheinung der Kutschpferde dadurch zu verbessern, dass der Kopf des Pferdes im Verhältnis zu seinem Hals zurückgezogen wurde. Der Einsatz des Ausbinders verursachte bei dem armen Tier, dem ein solches Geschirr angelegt wurde, großes Unbehagen. Zudem büßte es die Hälfte seiner Zugkraft ein und war sehr schnell erschöpft. Was die Menschen ihren Pferden mit den Ausbindern angetan haben, haben sie, auf dem Wege über schlechte Haltungsgewohnheiten, die sie unter dem Stress der urbanen und industriellen Zivilisation erworben haben, sich selbst auch angetan. Wie und warum wir uns diese Gewohnheiten zulegen, darüber wissen wir nichts. Wir wissen aber sehr genau, dass wir sie erwerben. Und für jeden, der das Wirken F. M. Alexanders und seiner Schüler verfolgt hat, ist auch dies eine Gewissheit: Eine Korrektur dieser schlechten Gewohnheiten hat weitreichende Auswirkungen, die dem gesamten geistig-körperlichen Organismus von Nutzen sind. Natürlich ist es nicht möglich, F. M. Alexanders Entdeckung in einem kurzen Artikel bis ins letzte Detail zu beschreiben. Tatsächlich besteht auch keine Notwendigkeit dafür, weil er das selbst in den zahlreichen Büchern erledigt hat, die er geschrieben hat. Eines davon, THE USE OF THE SELF, *ist wohl so klar wie keines seiner anderen. Deshalb soll es an dieser Stelle auch genügen, wenn ich nur sage, dass sich das richtige Verhältnis des Kopfes zur Wirbelsäule einstellen kann, wenn der Kopf ohne Unterlass und in zunehmendem Umfang der Aufforderung gehorcht. „Nach vorne und oben!“*

Schon sehr früh hat der Philosoph und Pädagoge John Dewey, der sich sehr deutlich an der Praxis orientiert hat, die Bedeutung der Entdeckung F. M. Alexanders erkannt und zu dessen ersten beiden Büchern das Vorwort verfasst. Trotz dieser Wertschätzung und trotz seines großen Erfolges als Lehrer, in London und in New York, wo er zurzeit unterrichtet, hat F. M. Alexander über viele Jahre hinweg nur wenig oder keine Anerkennung von offizieller Seite aus den Bereichen der Medizin und der Körperschulung erfahren. Erst seit kurzem zeichnet sich eine Veränderung ab. Biologen und Physiologen beginnen mehr und mehr, den Organismus als eine Einheit zu sehen. Zudem haben Bewegungsstudien von Tieren gezeigt, dass Kopf und Hals bei der Koordination des Körpers eine ganz entscheidende Rolle spielen. Eine Konsequenz aus all diesem ist, dass sich die offizielle Medizin und die Fitnessbewegung mehr und mehr den Hypothesen öffnen, die F. M.

Alexander während seiner vierzigjährigen Unterrichtstätigkeit so klar verifiziert hat. Seit einigen Jahren nun, erfährt Alexander jene kuriose Art des Triumphes, der genialen Menschen, obwohl unorthodox und professionell unqualifiziert, hin und wieder zu Teil wird, die lang genug leben, um zu sehen, dass sich die Orthodoxen und die Qualifizierten ihre Ideen mit Respekt aneignen.

Die Ideen F. M. Alexanders erfahren auf auffällige Weise die gebührende Anerkennung, wenn das körperliche Training in der britischen Armee seit neuestem auf der Basis des Prinzips durchgeführt werden soll, das er als erster formuliert hat: Das Geheimnis der richtigen Körperkoordination ist im richtigen Verhältnis des Kopfes zur Wirbelsäule zu suchen. Wenn dieses Prinzip auf angemessene Weise gelehrt wird, wird es positive Auswirkungen für Hunderttausende junger Engländer haben. Ihnen wird gezeigt werden, wie sie die schlechten Gewohnheiten ablegen können, die ihnen das urbane und industrielle Leben aufgezwungen hat, und sie werden einen Zustand erreichen, der für Gesundheit und Wohlergehen unabdingbar ist: eine richtige und natürliche Körperhaltung.

Weil sich dies aber nicht als ein Drama vollzieht und weil dies auf Geschehnissen beruht, deren Ergebnisse sich nur langsam und langfristig einstellen können, kann es durchaus sein, dass meine Botschaft überhört wird. Das ist der Grund, warum ich diese Information ins Scheinwerferlicht gestellt habe. Gute Nachrichten sind in diesen Tagen so selten, dass wir es uns nicht leisten können, auch nur eine einzige von ihnen zu ignorieren

Kapitel 4

Eine Technik zur Prävention

Die Aussage „Vorbeugen ist besser als Heilen" ist ein Gemeinplatz. Soweit ich das beurteilen kann, wird das Wort Prävention normalerweise so interpretiert, wie es die Medizin akzeptiert. Im Verständnis der Medizin ist damit die Einnahme einer Substanz gemeint, die den Patienten eine Zeit lang gegen eine Keiminfektion immun macht, die eine zunehmende Verschlechterung einer bereits vorhandenen Funktionsstörung verlangsamt oder sogar ganz aufhält, so dass diese Störung nicht akut oder organisch werden kann oder die eher nur die für alle offensichtlichen Bedingungen anspricht oder beseitigt, die in einer Krise für eine Fehlfunktion oder schwierige Lage verantwortlich sind. Oder Prävention meint ein Tun genau zu diesen Zwecken.

Man könnte mit einiger Berechtigung argumentieren, dass auf diese Weise die Reichweite der Prävention unangemessen eingeschränkt wird. Wenn man das Wort in seinem vollen Sinne verwendet, müsse es doch mit Sicherheit ihr ursächlicher Gegenstand sein, in dem Einzelnen als einer Einheit solche Bedingungen des Wohlergehens zu unterstützen, die es verhindern, dass sich spezifische organische Probleme oder Funktionsstörungen entwickeln. [17)]

Ich habe im Laufe meiner Erfahrungen dieses herausgefunden: In all den Fällen, in denen sich krankmachende Veränderungen herausgebildet haben, wird der Einsatz der Primärkontrolle bei allen Aktivitäten fortlaufend gestört. Tendenziell bilden sich falsche Verhältnisse aus. Dort, wo auf der anderen Seite diese Kontrolle nicht gestört wird, kehrt sich die Tendenz unzweifelhaft um, so dass die falschen Verhältnisse in gute verwandelt werden. Dies lässt den folgenden Schluss zu: Ein Mensch, bei dem der Einsatz der Primärkontrolle das bestmögliche Funktionsniveau aller Teile und aller Prozesse wie auch die gesündeste chemische Gewebezusammensetzung garantiert, ist ganz ausgezeichnet darauf vorbereitet, das Präventionsprinzip in seinem weitesten Sinne anzuwenden.

Es liegt keinesfalls in der Verantwortung des einzelnen Arztes, dass die medizinische Ausbildung ihn nicht dazu befähigt, gemäß des umfassenden Präventionsprinzips zu arbeiten. In seiner Ausbildung ist er nämlich nicht mit den notwendigen Kenntnissen ausgestattet worden, die es ihm schon bei der Diagnose ermöglichen würden, bei seinem Patienten den Einfluss des Gebrauchs auf dessen allgemeines Funktionsniveau mit in die Betrachtung einzubeziehen. Selbst wenn ihn ein Patient um Rat fragen würde, der nicht in den Einsatz seiner Primärkontrolle eingreift, was aber eher unwahrscheinlich ist, könnte er deshalb auch nicht die Kenntnisse vermitteln, die den Patienten in die Lage versetzten, irgendetwas zu tun, das verhindert, dass er zukünftig in den ungestörten Einsatz seiner Primärkontrolle eingreift. Und erst recht ist ein solcher Arzt nicht in der Lage, einem Patienten, der tatsächlich in den Einsatz seiner Primärkontrolle eingreift, was meistens der Fall ist, die Mittel an die Hand zu geben, mit denen der richtige Einsatz dieser Primärkontrolle wiederhergestellt werden kann. Wenn der Arzt im letzteren Fall Gesundheit und Wohlergehen des Patienten durch Mittel zu erreichen sucht, an denen nicht auch eine begleitende Verbesserung beim Einsatz der Primärkontrolle seines Gebrauchs beteiligt ist, bleibt aber der konstante schädliche Einfluss seines Selbstgebrauchs auf die allgemeinen Funktionen erhalten und wird sich zukünftig als Quelle für weitere Probleme erweisen.

Nicht anders verhält es sich, wenn der Arzt mit Kleinstkindern präventiv im weitesten Sinne der Definition arbeiten will. Er müsste Eltern und Krankenschwestern mit den Kenntnissen für den Umgang mit dem Kleinkind ausstatten, die sie in die Lage versetzen, schlechte Gewohnheiten des Gebrauchs bei dem Baby zu vermeiden. Mit diesen Kenntnissen könnte auch vermieden werden, dass sich im Schlaf und in den Ruhestunden des Babys schlechte Gebrauchsgewohnheiten einschleifen. Ganz besonders wichtig wären diese Kenntnisse in der Phase, wenn das Kind anfängt zu krabbeln, wenn es erste Erfahrungen mit dem Sitzen macht und erste Gehversuche unternimmt. [A)] Wenn aber krankmachende Verhältnisse bereits zugelassen worden sind, wäre es für den Arzt eine ebenso wesentliche Aufgabe, die Mittel bereitzustellen, mit denen die richtigen Verhältnisse wieder hergestellt werden können und mit denen es in der Zukunft verhindert werden kann, dass die Probleme wieder auftreten. Diese Art der Prävention will ich fortan in Ermangelung eines besseren Begriffs „komparative Prävention" nennen. Es hat sich gezeigt, dass die von mir verwendete Technik sowohl den Anforderungen der „komparativen Prävention" genügt, als auch der Prävention im weitesten Sinne der Definition.

Wenn ein Baby mit einer korrekt arbeitenden Primärkontrolle zur Welt kommt, stellt sich die Frage nach Präventionsmaßnahmen per se erst einmal nicht: Mit einer solchen Primärkontrolle sind auch die Mittel bereitgestellt, mit denen dieser Gebrauchs- und Funktionszustand ein Leben lang erhalten werden könnte. Dies würde auch für einen Erwachsenen gelten, bei dem die Verhältnisse von Anfang an in Ordnung waren und sich auch so erhalten haben. Nur ist ein solcher Erwachsener nur noch schwer zu finden. Die Geschichte der Menschheit zeigt nämlich, dass die Anforderungen, die das Leben in der Zivilisation an den Menschen stellen, bestimmte Veränderungen in der Arbeitsweise des menschlichen Organismus hervorgebracht haben, die vollkommen unerwünscht sind. Die schädlichen Auswirkungen dieser Veränderungen im Selbstgebrauch zeigen sich nicht nur in den Wachstunden des Menschen, sondern auch im Schlaf. Man braucht nur Kinder oder Erwachsene dabei zu beobachten, wie sie das erste Mal das Tanzen, ein Bewegungsspiel, das Rollschuh fahren, das Schreiben, das Lesen oder eine sonstige Aufgabe *zu lernen anfangen*: Man wird feststellen, dass es der Beginn von neuen schlechten Weisen ist, sich selbst zu gebrauchen. Wenn diese schlechten Gebrauchsweisen zu oft wiederholt werden, werden sie sich zu neuen schlechten Gewohnheiten entwickeln und sie werden das allgemeine Funktionsniveau des betreffenden Menschen im Laufe der Zeit absenken.

Ein Zitat aus *The Daily Herold* vom 7. Dezember 1937 kann das soeben Gesagte stützen:

Unsere Nation ist sich inzwischen einer Tatsache sehr wohl bewusst geworden: Wir zahlen einen viel zu hohen Preis dafür, dass wir wie verrückt unsere Produktion steigern wollen. Nicht nur, dass wir Unsummen dafür ausgeben, um die bekannten Krankheiten zu heilen, die Industrie schafft auch beständig weitere.

Dies wurde auf dem englischen Gewerkschaftskongress 1937 von dem Kongressvorsitzenden in einer Grußadresse an die Mitglieder des Kongresses verlautbart.

Einer Sache kann sich der Kongressvorsitzende wirklich ganz sicher sein: Die Industrie wird nicht nur weiterhin neue Krankheitsbilder erzeugen, sie wird auch solange auf der Gewinnerseite bleiben, bis der Industriearbeiter so viel über die Prinzipien erfahren hat, auf denen die Technik zum Gebrauch des Selbst beruhen, dass er in der Lage ist, die Entwicklung schlechter Gewohnheiten des Gebrauchs zu vermeiden, wenn die Bewältigung seiner speziellen Aufgaben oder Umwelteinflüsse Anforderungen an ihn stellen, die ihm unbekannt sind.

Und auch das ist gewiss: Jeder Eingriff in die richtige Arbeitsweise der Primärkontrolle bei unseren täglichen Aktivitäten, wenn wir z. B. lernen, neue industrielle Tätigkeiten auszuführen oder wenn wir Fitness- oder sonstige Übungen praktizieren, wird durch diese Aktivitäten noch verstärkt. Wer beobachtet, in welchem Ausmaß die Menschen ihre Energie bei ihren täglichen Aktivitäten vergeuden, kann leicht abschätzen, wie groß die Wahrscheinlichkeit ist, dass eine derartig fehlgeleitete Aktivität zur Bildung neuer schädlicher Gebrauchsgewohnheiten führt. Deshalb ist es ja auch so überaus wichtig, von vornherein zu verhindern, dass sich beim Lernen oder beim Erlernen einer neuen Bewegung diese schlechten Gewohnheiten ausbilden.

Auf die gleiche Weise entwickeln sich schlechte Gewohnheiten bei den Kindern in der Schule, nicht nur in den jeweiligen Postionen des Sitzens und Stehens, die sie einnehmen, wenn sie aus Büchern lernen oder wenn sie ihre sonstigen Pflichten in der Schule erfüllen, sondern auch, wenn sie ihre Spiele spielen, und auch bei allen ihren anderen Aktivitäten, bei denen sie ihre Hände oder Beine - oder Hände und Beine – benutzen.

Schlechte Gewohnheiten werden auch im Krankenhaus und in jedem Krankenzimmer gebildet, insbesondere dann, wenn sich der Patient soweit erholt hat, dass es ihm erlaubt ist, sich aufzusetzen oder er etwas herumlaufen darf. Es schmälert keinesfalls meinen Respekt für die Ärzte, Chirurgen und Krankenschwestern, wenn ich folgendes feststelle: Sie verfügen nicht über die entsprechenden Kenntnisse, um zu erkennen, ob die Art und Weise des Gebrauchs, die ein Patient bei seinen frühen Versuchen, sich aufzusetzen oder herumzulaufen, einsetzt, ihn nicht belastet. Von daher werden die Schwierigkeiten, die ein Patient ohnehin schon hat, größer gemacht, als es eigentlich sein müsste. Und jeder Versuch, den der Patient macht, die ärztlichen Anweisungen zu befolgen, verstärkt nur noch seine Art und Weise des Gebrauchs, die ihn behindert und einschränkt. Früher oder später wird sie dann zur Gewohnheit. Und das ist noch sehr viel schwerwiegender. Was für Krankenschwestern, Chirurgen und Ärzte gilt, gilt tatsächlich in gleichem Maße für all die Menschen, die sich zuhause um das Wohlergehen Pflegebedürftiger bemühen.

Der Brief aus dem *British Medical Journal*, den ich im 2. Kapitel zitiert habe, ist ein Beleg dafür, dass es eine wachsende Anzahl von Medizinern gibt, die das Thema des Selbstgebrauchs in den Lehrplan der medizinischen Ausbildung aufgenommen sehen wollen. Die Unterzeichner des Briefes haben dort geschrieben: „Die Diagnose eines Patienten ist solange unvollständig, bis der untersuchende Arzt auch den Einfluss des Gebrauchs auf die Funktionen in die Diagnose mit einbezogen hat.“ Wenige Monate nach Veröffentlichung dieses Briefes hat Lord Hutler im *Daily Telegraph* dieses über die zukünftige Rolle des Hausarztes geschrieben:

Wenn sich die Dinge bis jetzt noch nicht so entwickelt haben, dass die Ausbildung der Ärzte sie befähigt, auf diese Weise zu arbeiten, muss man eines klar festhalten: Je schneller sie dazu befähigt werden, den Einfluss des Gebrauchs auf die Funktionsweise in die Diagnose mit einzubeziehen, umso besser. Es wird unvermeidlich sein, dass sich die Arbeit des Arztes in Zukunft mehr im erzieherischen Bereich und weniger im Bereich der Heilung abspielt. Mehr und mehr wird seine Arbeit von Psychologie und Physiologie bestimmt werden, der Einfluss der Pathologie wird sich dahingegen immer mehr verringern. Er wird seine Zeit mehr damit verbringen, die Fitten noch fitter und weniger damit, die Kranken wieder fit zu machen. [A)] Wir schulden es unseren Landärzten einfach, dass sie von Zeit zu Zeit die Möglichkeit erhalten, in die stimulierende und spannende Atmosphäre der Krankenstationen und der Laboratorien zurückzukehren. Und nicht weniger hilfreich ist es, wenn sie sich mit ihren Kollegen und ihren Dozenten austauschen können.

Lord Hutler gibt sich in dieser Passage, wie auch in seinen anderen Schriften, als jemand zu erkennen, der auf Prävention setzt. Das Bild, das er sich von einem erfolgreichen und nützlichen Mediziner der Zukunft macht, sieht im Wesentlichen so aus: Er hilft dem Menschen dabei, einen schlechten Allgemeinzustand und Krankheit *zu verhindern*. Was aber die Empfehlung betrifft, die Mediziner von Zeit zu Zeit zurück auf die Krankenstationen, in die Laboratorien und an die medizinischen Fakultäten zu schicken, werden die Ärzte dort leider nicht die Hilfe erfahren, die sie benötigen, um ihre Methoden so zu verändern, dass sie nicht so sehr das bloße „Kurieren" sondern mehr den „erzieherischen Aspekt" in den Vordergrund stellen. Bis zum jetzigen Zeitpunkt war es nämlich weitgehend das Anliegen der medizinischen Forschung und der medizinischen Experimente, Wissen zu erlangen, um Methoden zu finden, mit denen Krankheiten „geheilt" werden könnten. Die Forschung kümmerte sich nicht so sehr darum, Kenntnisse zu erwerben, die den Arzt in die Lage versetzen, die Bedingungen zu diagnostizieren, unter denen Krankheiten *verhindert* werden können, das Wohlergehen erhalten bleiben und sich ein Verständnis für die Natur der Gesundheit voll entwickeln kann. Der Schlüssel dafür ist in genau den Kenntnissen zu suchen, von denen eine Gruppe von Medizinern in ihrem Brief an das *British Medical Journal* gefordert hat, dass die Erlangung dieser Kenntnisse in das Curriculum der medizinischen Ausbildung aufgenommen werden soll: Kenntnisse über den Einfluss des Gebrauchs auf die Funktionsweise. Wenn den Medizinern auf dem Feld der Prävention nicht enge Grenzen gesetzt sein sollen, muss eine solche Kenntnisvermittlung zur medizinischen Ausbildung in der Tat dazugehören.

Schon für einen normalen Mediziner ist es wichtig, Kenntnisse darüber zu erlangen, dass und inwiefern der Gebrauch die Funktionsweise beeinflusst. Und es ist für ihn auch wichtig, die Erfahrungen, die er aus der praktischen Anwendung dieser Kenntnisse erworben hat, einzusetzen. Wie viel entscheidender muss dies dann für einen Arzt sein, der unter dem Gesichtspunkt der Prävention in ihrer vollsten Bedeutung arbeiten will. Ein solcher Arzt sollte auf jeden Fall in der Lage sein, die sich einschleichenden Fehler im Gebrauch aufzudecken, die sich generell bei einem abgesenkten Funktionsniveau finden lassen. Wenn diese Fehler nämlich unentdeckt bleiben, führen sie mit der Zeit zur Entwicklung von Störungen und sind Wegbereiter für Krankheiten.

Mit diesen Kenntnissen, die mit meiner Technik zur Verfügung gestellt werden, wäre es dem Mediziner möglich, schon mit der Diagnose der frühkindlichen Bedingungen von Anfang an jede Störung des Gebrauchs und der Funktionsweise aufzudecken. Mit ihnen wäre er in der Tat bestens für die Präventionsarbeit in ihrem weitesten Sinne gerüstet. Oder anders ausgedrückt: Unter der Mithilfe des Arztes würde von frühesten Kindesbeinen an bis ins hohe Erwachsenenalter ein Funktionsniveau aufrecht erhalten, das das gegenwärtige Niveau bei weitem übertrifft. Die zahllosen Krankheiten, die den Erwachsenen heimsuchen, würden sehr viel weniger und die Auswirkungen dieser Krankheiten würden auf ein Minimum begrenzt. Zudem würde die Vorstellung einer „palliativen Methodik der Heilbehandlung" überwunden, die zu einer Einengung der medizinischen Praxis geführt hat, und es würde Platz gemacht für einen neuen Ansatz. Dieser neue Ansatz würde zu einer Verfahrensplanung führen, in der eine „Präventivmedizin“ in ihrem weitesten Sinne zu einer Möglichkeit würde.

Wie die Dinge aber heute stehen, ist sowohl der Ansatz des Patienten als auch der Ansatz der Mediziner und des Personenkreises, der für den Lehrplan der medizinischen Ausbildung zuständig ist, ein Holzweg. Zwischen den drei Gruppen besteht in ihrer Haltung zur Medizin ein wahrer Teufelskreis. Der Patient konsultiert einen Arzt erst dann, wenn er krank ist. Zumindest trifft dies in aller Regel auf die Mehrzahl der Menschen zu. Vermutlich ist dafür der laienhafte Glaube verantwortlich, dass der Arzt jemand ist, dessen Ausbildung darauf abzielt, Krankheiten zu behandeln. Wie dem auch sei, man sucht seinen Arzt auf, weil man in Sorge ist, dass etwas Gravierendes nicht in Ordnung ist. Wie anders würde sich aber die Situation darstellen, wenn der Arzt als jemand betrachtet würde, der primär die Entwicklung von Störungen und Krankheiten *verhindert*!

Aber Prävention in dem von mir gemeinten Sinne kann solange nicht zu einer praktikablen Möglichkeit werden, bis die Menschen ihre allgemeine Haltung zu Gunsten einer präventiven Methodik verändert haben und bis sich die Mediziner bei der Erstellung ihrer Diagnosen hauptsächlich darum kümmern, welchen Einfluss der individuelle Gebrauch auf die verschiedenen Funktionen hat. Um auf diesem Feld der Prävention Erfolg haben zu können, müssen die Mediziner zunächst aber eine Form der Ausbildung durchlaufen, die für alle, die sich dieser Ausbildung unterziehen, eine Revolution „im Denken und im Handeln“ bedeutet, wie es John Dewey ausgedrückt hat. Die Erfahrungen, die sie dabei machen, sollten sie auch zu der Einsicht führen, dass die Kunst und Wissenschaft, den jeweiligen Einfluss des Gebrauchs auf die Funktionsweise einschätzen zu können, an erster Stelle in Theorie und Praxis einer jeglichen Vorstellung von Präventivmedizin stehen muss und dass alle weiteren Kenntnisse, die für eine medizinische Ausbildung notwendig sind, dann am besten zum Tragen kommen, wenn sie als ergänzende Maßnahmen eingesetzt werden, und nicht generell.

Leben ist die Manifestation des Gebrauchs in Verbindung mit der Funktionsweise des Organismus. Diese Kombination funktioniert als eine Einheit und macht eine Reaktion auf einen Stimulus erst möglich. Gesundheit im Leben könnte demnach definiert werden als die bestmögliche Reaktion des Organismus auf die Stimuli des Lebens, wie sie sich im Gebrauch und in der Funktionsweise des Organismus manifestieren. Um dies zu gewährleisten, bedarf es *konstant* einer bestmöglichen Art und Weise des Gebrauchs und eines bestmöglichen Funktionsniveaus, zu jeder Zeit, ganz gleich unter welchen Umweltbedingungen und unter allen Umständen. Es ist meine feste Überzeugung, dass eine solche *Konstante* das Ideal menschlicher Errungenschaften auf dem Feld darstellt, mit dem wir uns hier beschäftigen.

Der eine oder andere wird vielleicht argumentieren, dass ein solches Ideal unerreichbar sei. Wer jedoch so argumentiert, lässt sich von Erfahrungen des Versagens beeinflussen, die er gemacht hat, als er Veränderungen in die Wege zu leiten suchte, die notwendig wurden, weil neue Erkenntnisse dies verlangten. Etwas Wichtiges übersieht er aber dabei: Hauptsächlich beruht sein Versagen auf der Tatsache, dass er durch seinen Ansatz des Zielstrebens verleitet wurde, diese Veränderungen *auf direktem Wege* vorzunehmen. Derartige Veränderungen dürfen jedoch nicht durch *direktes* Vorgehen gemacht werden. Zudem muss man ihnen die nötige Zeit geben. Der zielorientierte Ansatz, der schon seit geraumer Zeit nahezu weltweit zum Einsatz kommt, muss daher aufgegeben werden. Es muss Platz geschaffen werden für einen neuen Ansatz, bei dem die notwendige Zeit zur Verfügung gestellt wird, die man braucht, um sich Gedanken über die Mittel-und-Wege zu machen, mit denen die jeweilige Veränderung bewirkt werden kann, und der Ansatz lässt auch ausreichend Zeit, um diese Mittel-und-Wege erst einmal auszuarbeiten.

In vielen Fällen stellt dies ein durchaus schwieriges Problem dar. Aber es ist nicht so schwierig, dass es nicht gelöst werden könnte. In einem ersten Schritt müsste die Ausbildung des individuellen Selbstgebrauchs zu einem Gegenstand im Curriculum so vieler medizinischer Fakultäten werden, wie es die Anzahl der dafür zur Verfügung stehenden Lehrer meiner Technik zulässt. Des Weiteren sollten Ärzte Assistenten beschäftigen, die mit durch meine Technik geschultem Auge die Diagnosen von den Bedingungen des Gebrauchs bei ihren eigenen Patienten erstellen. Insbesondere bei den jungen Patienten, die zu einem Kinderarzt überwiesen werden sollen, ist in den Fällen, in denen die Bedingungen ihres Gebrauchs einen schädlichen Einfluss haben, eine solche Diagnose wichtig. Wenn es notwendig ist, könnten die Assistenten auch einen in meiner Technik vollständig ausgebildeten Lehrer zu Rate ziehen, zumal die Anzahl dieser Lehrer beständig zunimmt. Inzwischen sollten sich die Mediziner wirklich die Hilfe zunutze machen, die wir ihnen bei der Diagnose und der Verbesserung des Gebrauchs ihrer kleinen Patienten jetzt schon geben können. Mit den allerbesten Intentionen attestieren Ärzte nämlich den Kindern einen perfekten Gesundheitszustand, obwohl klar gezeigt werden kann, dass ihr Zustand, was den Gebrauch und die Funktionsweise angeht, eher unbefriedigend ist. Das Ergebnis sieht dann in vielen Fällen so aus: Eine schlechte Gebrauchsweise, die man eigentlich schon sehr viel früher hätte diagnostizieren können, wächst sich weiter zum noch Schlechteren aus und lässt das allgemeine Funktionsniveau weiter absinken. Früher oder später erwachsen daraus Funktionsstörungen, die so schwerwiegend sind, dass sie von den Eltern erkannt werden können. Dann wird das Kind erneut zum Arzt gebracht, der aus dem, was er vorfindet, die jeweilige Funktionsstörung diagnostiziert. Die Konsequenz ist ein Behandlungsmarathon, der aber von vornherein hätte *verhindert* werden können.

Ein völlig anderes Szenario hätte sich ergeben, wenn der Arzt bereits am Anfang die vorhandene schlechte Gebrauchsweise diagnostiziert und die richtigen Maßnahmen ergriffen hätte. Dann hätten seine Maßnahmen dazu geführt, dass das allgemeine Funktionsniveau des

Kindes allmählich angehoben und nicht abgesenkt würde. Dies hätte zur Folge gehabt, dass es sich heute in einem Zustand vergleichsweiser guter Gesundheit befinden würde und sich bei ihm nicht Bedingungen eingestellt hätten, die seine Konstitution schwächen und die sein geistig-körperliches Wachstum und seine geistig-körperliche Entwicklung verzögern. Vor kurzem erst war ein zwölfjähriges Mädchen in meinem Unterricht, dessen Körperrahmen und allgemeine Merkmale charakteristisch waren für einen feingliedrigen Menschen. Sein Arzt hatte ihm noch in der Woche zuvor eine perfekte Gesundheit bescheinigt, allerdings hatte er ihm empfohlen, sich die Mandeln herausnehmen zu lassen, was die Eltern aber abgelehnt hatten. Die Mutter des Mädchens war jedoch irgendwie unzufrieden mit dem Zustand, in dem sich sein Rücken befand, und hat mich deshalb mit der Bitte aufgesucht, es zu untersuchen. In meiner langen Laufbahn ist mir selten eine schlimmere Gebrauchsweise in Verbindung mit unbefriedigenden Verhältnissen untergekommen als die, die ich bei diesem Mädchen vorgefunden habe: Die Rückenkurve zeigte eine extreme Lordose, der Bauch trat hervor, die Fußgewölbe waren eingefallen und das Becken wurde zu weit vorne gehalten.

Zudem stellte ich fest, dass sich die Kurve der Halswirbelsäule verändert hatte. Und ich bemerkte eine übermäßige Spannung in den Muskeln auf der linken Seite des Halses, die sich aufgebaut hatte, weil das Mädchen seine Primärkontrolle falsch anwendete, was zur Folge hatte, dass alles, was es tat, eine falsche Ausrichtung hatte. Die in diesem Fall erstellte Diagnose „gute Gesundheit“ ist ein deutliches Beispiel für das Versagen, die Wurzeln für zukünftige Probleme zu erkennen, aus denen mit der Zeit erste Funktionseinschränkungen sprießen, die sich dann zu akuten Funktionsstörungen auswachsen.

Auch das folgende Beispiel zeigt, was passieren kann, wenn bei einer Diagnose der gegebenen Verhältnisse der Einfluss der Gebrauchsweise auf die Funktionsweise nicht mit in die Betrachtungen einbezogen wird. Ein Junge im Schulalter wurde zu mir geschickt, weil er mit dem Sprechen gewisse Schwierigkeiten hatte. Verschiedene Behandlungen, um die Probleme in den Griff zu bekommen, waren bereits ohne Erfolg geblieben. Ich erklärte seinen Eltern, dass die Ursache für das Stottern ihres Kindes in seiner schädlichen Art und Weise des Gebrauchs zu suchen sei, worauf sie mich darauf aufmerksam machten, dass ihr Junge aber ein sehr erfolgreicher Fußballer und der beste Boxer der Schule sei. Dies beeindruckte mich aber nicht so, wie sie es erwartet hatten. Ich machte mit meinen Erklärungen weiter und sagte ihnen, dass sie offensichtlich keine Vorstellung davon hätten, welchen Schaden derartige Anstrengungen dem Jungen zufügen könnten. Sie könnten nicht nur einen negativen Einfluss auf sein allgemeines Wohlbefinden haben, sondern auch seine Schwierigkeiten beim Sprechen verstärken. Ich war deshalb nur unter der Voraussetzung bereit, ihren Sohn als Schüler aufzunehmen, dass er das Boxen aufgibt und aufhört, Fußball zu spielen, zumindest eine Zeit lang. Dies wurde akzeptiert und der Junge machte so gute Fortschritte, dass er bald ein Stadium erreicht hatte, das eine Unterrichtsstunde nur noch von Zeit zu Zeit zur Auffrischung erforderlich machte.

Bei einem unserer nächsten Termine kam er zum Unterricht und sein viel zu schneller Herzschlag versetzte mich sofort in einen Alarmzustand. Als ich dies ansprach, erklärte er mir, dass er jetzt regelmäßig am Sprinttraining seiner Schule teilnehmen würde. Ich erinnerte ihn daran, dass ich ihn doch vor anstrengendem Training gewarnt hätte, und ich arrangierte für ihn einen Arzttermin bei einem mit ihm verwandten Mediziner, der das vollste Vertrauen seiner Familie besaß. Damit war die Sache für mich erst einmal erledigt.

Bis zur nächsten geplanten Unterrichtsstunde war sehr viel mehr Zeit als üblich vergangen. Am vereinbarten Tag ließ mir sein Direktor ausrichten, dass mein Schüler nicht zum Unterricht kommen könnte, weil er sich beim Fußball den Arm gebrochen hatte. Ich schrieb an den Direktor und drückte darin meine große Verwunderung darüber aus, dass es dem Jungen trotz seiner Herzprobleme erlaubt worden war, Fußball zu spielen. In seiner Antwort begründete der Direktor seine Erlaubnis mit der Einschätzung des Schularztes, dass mit dem Herzen seines Schülers *organisch* alles in Ordnung war. Dessen sei ich mir durchaus bewusst, schrieb ich an den Direktor zurück, wies aber darauf hin, dass es schwerwiegende *funktionelle* Probleme gebe, die sich sehr schnell zu organischen Störungen entwickeln würden, wenn der Schüler weiterhin anstrengende Trainingseinheiten absolvierte. Auch der Arzt, den der Junge auf meinen Rat hin aufgesucht hatte, stimmte mit mir in der Beurteilung des Falles völlig überein. Und weil er die Beurteilung des Schularztes für verfehlt hielt, nahm er Kontakt zu ihm auf, um den Fall unter sich als Kollegen auszudiskutieren.

Nur ist der Schularzt in seiner Arbeit besonders eingeschränkt, weil seine Ausbildung ihn nicht so auf seine wichtige Aufgabe vorbereitet hat, wie sie es eigentlich sollte. Er trägt wahrlich eine schwere Verantwortung, wenn er eine Diagnose über den Zustand der Schulkinder erstellt, die darüber entscheiden soll, ob ein Kind am Sportunterricht teilnehmen darf oder nicht. Nicht weniger schwer ist die Verantwortung, wenn der Arzt gehalten ist, Vorschläge zu unterbreiten, mit welchen präventiven Methoden den Kindern geholfen werden kann, denen bereits funktionelle Probleme attestiert worden sind. Wenn diese Probleme weiter wirksam bleiben, können sie sich nämlich durchaus zu schwerwiegenden Störungen ausweiten. Aus meiner Erfahrung legt der Schularzt sein Augenmerk hauptsächlich auf die organischen Probleme und nicht so sehr die funktionellen. Wenn er nicht in der Lage ist, diese anfänglichen Probleme zu diagnostizieren, deren Wegbereiter der falsche Einsatz der Primärkontrolle des Gebrauchs ist, so kann ihm dies nicht als individueller Fehler angerechnet werden. Es ist vielmehr ein Fehler, der in seiner Ausbildung begründet liegt. Und doch ist Schule das Feld, auf dem eine präventive Steuerung am nötigsten ist. Wenn einem Kind eine solche Beratung und Anleitung nicht garantiert ist, hat dies letztendlich zur Folge, dass seine Möglichkeiten in Bezug auf seine Gesundheit und sein Wohlergehen nicht vollständig ausgereizt werden, dass in den meisten Fällen die Weichen für zukünftige Probleme gestellt werden und dass das Kind bei seiner tagtäglichen Arbeit in der Schule mit starken Behinderungen zu kämpfen hat.

Wenn man einen Schuldirektor oder die Eltern darauf hinweist, dass einer ihrer Schüler oder ihr Kind nicht an anstrengenden Sportspielen teilnehmen darf und dass er keine anstrengenden Übungen ausführen soll, ist es oftmals der Schularzt, der sich als Bremsklotz erweist. Das ist in höchstem Maße bedauerlich, weil demonstriert werden kann, dass in solchen Fällen die Gebrauchsweise des Schülers nicht nur zu funktionellen Problemen führt, sondern sich auch noch an diese Probleme andockt. Dies hat zur Folge, dass anstrengende Übungen und Drill die gewohnte Gebrauchsweise des Schülers weiter verstärken und so allmählich sein allgemeines Funktionsniveau weiter absenken. Das ist tatsächlich der sicherste Weg, um Störungen und schließlich Krankheit zu erzeugen.

Zu meinen Schülern gehören auch Schulleiter und Lehrer, denen dies alles inzwischen sehr bewusst ist. Aber sie treffen manchmal auf Schwierigkeiten, weil die Eltern, aus Macht der Gewohnheit, lieber auf den Schularzt hören, wenn es sich um den Zustand und das Wohlergehen ihres Kindes handelt, auch dann, wenn es eindeutige Belege dafür gibt, dass der Schularzt irrt. Wenn man bedenkt, wie wenig getan wird, um die Eltern sachkundig zu machen, kann dies eigentlich niemanden wirklich verwundern. Nur wenige Eltern haben die Zeit oder sind daran interessiert, sich das neue Wissen anzueignen, das es ihnen ermöglichen würde, die Meinung des Schularztes zu überprüfen oder einen neuen Standpunkt hinsichtlich der Themen des Gebrauchs und der Funktionsweise im Zusammenhang mit dem Wohlergehen ihrer Kinder einzunehmen. [18)]

Im Zusammenhang mit dem Schulleben der Kinder kann ein Aspekt von herausragender Bedeutung wirklich nicht unberücksichtigt bleiben. Es ist die Frage, welchen Einfluss Nachahmung im Leben eines Kindes hat und wie Eltern im Allgemeinen damit umgehen. Tatsächlich sind Nachahmung und Beispiel mächtige Einflüsse in der Erziehung. Es kann kein Zweifel daran bestehen, dass die meisten Menschen besonders in der Kindheit vom guten oder vom schlechten Beispiel beeinf lusst werden und sicherlich zur Nachahmung neigen, ungeachtet dessen, ob es ihnen schadet oder ob es förderlich für sie ist. Ich habe viele Erfahrungen mit der Haltung von Eltern in Bezug auf diese Frage gemacht, seit ich mit den Eltern Einführungsgespräche gehalten habe, die ins Auge gefasst hatten, ihr Kind an unseren Schulen zunächst in 16 Ashley Place und später in Penhill anzumelden. Sie hatten von unseren Erfolgen auf dem Feld der Prävention gehört, die wir sowohl mit Kindern hatten, die als ganz normal eingestuft worden waren, als auch mit solchen, die als zurückgeblieben galten oder denen im normalen Schulsystem aufgrund einer Behinderung nicht geholfen werden konnte.

Eltern, deren Kinder man vom herkömmlichen Standpunkt aus betrachtet als nicht normal ansehen würde, argumentierten ohne Ausnahme in einer Weise, die mich sehr überrascht hat: Sie wünschten nicht, dass ihr Kind diese Schule besucht, wenn es dort Kinder mit Auffälligkeiten gäbe, die ihr eigenes Kind imitieren könnte. Es kam ihnen niemals in den Sinn, dass ihr Kind, dessen Defekte sie beflissentlich übersahen, ein schlechtes Beispiel für die übrigen Kinder an dieser Schule sein könnte und dass die anderen Eltern dieselben Einwände gegenüber ihrem Kind haben könnten, wie sie sie selbst gegenüber den Kindern hegten, die bereits die Schule besuchten.

Es ist dann mein Anliegen, die Eltern zunächst dazu zu bringen, dass sie einen Standpunkt einnehmen, der der Vernunft gehorcht. Ich demonstriere ihnen, dass die Gewohnheiten, die Anlass für ihre Besorgnis sind, individuelle Reaktionen des jeweiligen Kindes sind, wie sie sich in seinem falschen Selbstgebrauch bei all seinen Handlungen manifestieren. Auch wenn die Eltern ihr Kind als völlig normal ansähen, könnte ich ihnen zeigen, dass auch ihr Kind schlechte Gewohnheiten an den Tag legt, die die anderen Kinder imitieren könnten. Wenn es mir dann gelungen ist, dies klar und verständlich zu machen, lenke ich die Aufmerksamkeit auf die Lehrer in der Schule. Tatsächlich könne man bei der großen Mehrzahl der Lehrer an den herkömmlichen Schulen einen sehr schlechten Gebrauch feststellen. Trotzdem seien die Eltern von dem Lehrervorbild für ihre Kinder oftmals schnell angetan, obwohl es ein schlechtes Beispiel ist. Je größer der Einfluss des Lehrers in diesen Fällen nämlich ist, umso größer ist die Gefahr, dass das Kind während seiner Schulzeit das Negative des Lehrers imitiert.

Ich habe diese Tatsache immer mit ins Kalkül gezogen. Das ist auch der Grund, warum alle Lehrer in Penhill School mehr oder weniger perfekt darin sein müssen, meine Technik der bewussten Kontrolle in ihrem eigenen Selbstgebrauch anzuwenden, bevor sie hier ihre Unterrichtsarbeit aufnehmen dürfen. Die meisten der Lehrer in Penhill haben sogar den dreijährigen Trainingskurs absolviert, der sie befähigt, als Lehrer meiner Technik zu arbeiten. Das erste Ziel ist aber, dass sie gute Vorbilder für die Schüler sind, was den eigenen Gebrauch angeht. Die Erfahrung, dass sie die Technik an sich selbst anwenden müssen, gibt ihnen das Niveau, an dem sie sich messen lassen müssen.

Erst wenn dies den Eltern erklärt worden ist, gehe ich auf ihre ursprüngliche Fragestellung ein. Ich kann ihnen versichern, dass die Kinder aller Erfahrung nach hier nicht ihre schlechten Gebrauchsgewohnheiten voneinander kopieren, weil aus Prinzip die Technik, die diese Schule ausmacht, bei allen Schüleraktivitäten des kognitiven und motorischen Lernens zur Anwendung kommt. Anstatt solche Gewohnheiten zu kopieren, wird auch das jüngste Kind schon nach wenigen Wochen beginnen, Fehler zu entdecken und herauszufinden, wann und wie sie geschehen. Und den Kindern wird sich auch schnell erschließen, dass die Ursache für diese Fehler ausnahmslos in dem Versagen zu finden ist, die Technik bei einer Aktivität anzuwenden. Sowohl bei Lehrern als auch bei Schülern hat die Art und Weise des Gebrauchs, die aus der Anwendung der Technik resultiert, oberste Priorität an unserer Schule. Die richtige Anwendung des Gebrauchs garantiert es nämlich, dass zu jeder Zeit die bestmöglichen Bedingungen in dem Organismus vorhanden sind, der Träger der kognitiven und motorischen Lernprozesse ist.

Kapitel 5

Der konstante Einfluss der Art und Weise des Gebrauchs im Verhältnis zur Veränderung

Teil 1
Das menschliche Element

Wir wissen alle sehr genau, wie schwierig es ist, Gewohnheiten zu verändern und neu gefasste Entschlüsse in die Tat umzusetzen, die mit einer anderen Reaktionsweise als der uns gewohnten einhergehen. Nicht wenige wollen uns weismachen, dass ihnen dies mit Selbstkontrolle sehr wohl gelungen sei. Ich bin aber der Meinung eines Freundes, der mir dies gesagt hat: „Ich komme mehr und mehr zu der Überzeugung, dass das, was die meisten Menschen mit Selbstkontrolle meinen, nichts anders ist als ein Selektionsprozess." Dabei hatte er all die Fälle übermäßigen Trinkens und Rauchens vor Augen, in denen sich jemand gezwungen sah, das Rauchen oder das Trinken vollständig aufzugeben, weil er die Erfahrung gemacht hatte, dass er, wenn er überhaupt geraucht oder getrunken hatte, es bis zum Exzess getan hatte.

Hinter der allgemeinen Einstellung in Bezug auf die Selbstkontrolle steht eine Haltung, die sich auf den Instinkt (Natur) verlässt. Wenn ein Mensch gewohnheitsmäßig solch unerwünschte Reaktionen wie Wutausbrüche, Reizbarkeit, Lügen, Trunksucht, Stehlen etc. zeigt, nimmt man im Allgemeinen an, dass diese Person im Normalfall diese Reaktionsweisen durchaus kontrollieren könnte. Ihr wird empfohlen und sie wird auch gedrängt, sich unter Kontrolle zu halten. Oder sie könnte sich freiwillig dazu entschließen. Nicht sehr viel anders verhält es sich mit der allgemeinen Einstellung zu Funktionsproblemen, Defekten und Eigenarten.

Es ist kaum zu verstehen, dass sich dieser Glaube so hartnäckig hält, wenn man bedenkt, dass nur wenige Menschen absichtlich unkontrolliert sind. Wohl wurde im Laufe der menschlichen Zivilisation im Moral-, Erziehungs- und Religionsunterricht immer wieder betont, dass Selbstkontrolle notwendig und wertvoll ist. Trotzdem hat dieser Unterricht, selbst bei denjenigen, die sich ihm unterworfen haben, nur wenig Erfolg zu verzeichnen. Diese Tatsache muss heute jedem einleuchten, der unvoreingenommen die individuellen Reaktionen und die der Massen registriert.

Die Wahrheit ist eine andere, denn bis jetzt ist es dem Menschen nicht gelungen, vollständig zu verstehen, was wirklich erforderlich ist, um eine Gewohnheit zu verändern, die fundamental ist. Ihm ist nämlich eines nicht zu Bewusstsein gekommen: Wenn sich bei jemandem eine bestimmte Gewohnheit eingeschlichen hat, ist sie immer von einer individuellen Art und Weise des Gebrauchs begleitet, die selbst zu einer Gewohnheit geworden ist. Und weil der Organismus als eine Einheit funktioniert, ist eine Veränderung einer speziellen, fundamentalen Gewohnheit solange nicht möglich, wie diese gewohnte Art und Weise des Gebrauchs weiter Bestand hat.

Wir haben alle schon davon gehört, dass Menschen von sich behaupten, es sei ihnen sehr wohl gelungen, ihre Gewohnheiten abzulegen, weil sie die Rezepte der einen oder der anderen Lehrmethode befolgt haben. Und es gibt andere, die von sich behaupten, dass sie bei sich Veränderungen im Tun oder in der Unterlassung bewirkt haben, allein weil sie es „wollten“ oder weil sie es nach dem Prinzip von Versuch und Irrtum einfach ausprobiert haben.

Ich höre es und doch ist dies eine demonstrierbare Tatsache: Die Kontrolle unseres Gebrauchs und die Kontrolle emotionaler und anderer Reaktionen sind so eng miteinander verbunden wie die Kontrolle der Art und Weise des Gebrauchs und die Kontrolle über alles, was verhindert, dass die Anhebung des allgemeinen Funktionsniveau gestört wird. Daraus folgt: Wenn Menschen, die mit Defekten und mit schlechten Gewohnheiten ausgestattet sind, versuchen, Veränderungen bei sich herbeizuführen, ohne zuerst eine Veränderung ihres Gebrauchs in Angriff genommen zu haben, so dass ihr Funktionsniveau angehoben wird, bleibt der konstante negative Einfluss erhalten, der an ihre gewohnte falsche Gebrauchsweise gekoppelt ist. Wenn jemand unter diesen Voraussetzungen behauptet, dass es ihm gelungen sei, Veränderungen zu bewirken, so kann dies zu Recht nur als eine Verlagerung des Problems gelten.

Ein Verständnis dieser ganzen Problematik wird jedoch dadurch verzögert, dass man fälschlicherweise „Heilung durch Verlagerung“ als eine beständige Veränderung akzeptiert hat. Zwar kann sich die Aktivität, die bis zu einem gewissen Zeitpunkt die gewohnte Reaktionsform war, als Reaktion auf irgendeinen neuen Stimulus in einer anderen Form manifestieren, die dann, für sich genommen, aus Sicht des Betroffenen eine große Verbesserung gegenüber der alten Reaktion darstellt. Aber wenn es nicht nur unser Ziel sein soll, ein bestimmtes Symptom zu unterdrücken oder eine spezielle Form des übermäßigen Genusses aufzugeben, ohne dass die Wirkung auf den Organismus insgesamt berücksichtigt wird, ist der Wert dieser Verbesserung durch diese oder jene Methode kritisch zu hinterfragen: Der Wert der Verbesserung muss nämlich vollständig danach beurteilt werden, ob das allgemeine Funktionsniveau bei diesem Prozess ständig steigt oder beständig abnimmt. Und wenn es beständig sinkt, muss beurteilt werden, ob sich Nebenwirkungen einstellen, die zusätzlich schädlich für die allgemeine Funktionsweise sind.

Um eine gewohnte Reaktion so zu verändern, dass sie Bestand hat, ohne dass es zu schädlichen Nebenwirkungen kommt, ist es notwendig, die jeweilige Gebrauchsweise des Selbst zu verändern, die mit der gewohnten Reaktion verknüpft ist. Dies führt zur Rekonditionierung der Reflexaktivität, in der sich Gebrauchsweise manifestiert. Und es bedeutet für die alte Reaktion, die mit der alten Reflexaktivität verknüpft ist, dieses: Die alte Reflexaktivität wird durch eine neue ersetzt, mit dem Ergebnis, dass eine neue veränderte Reaktion möglich gemacht wird und die alte Reaktion dadurch verschwindet. [A)]

Die Möglichkeiten der Rekonditionierung machen den Weg nicht nur für eine Kontrolle frei, die sich aus einer festen Konditionierung ergibt, wie es bei dem Pawlow'schen Hund [A)] der Fall gewesen ist, der auf einen voreingestellten und regelmäßig wiederholten Stimulus auf eine Weise reagiert hat, die Pawlow selbst vorbestimmt hatte, sondern vor allem für eine Entwicklung der Kontrolle, die wahrlich keine Grenzen kennt. Prof. John Dewey hat sich zur bedingten Konditionierung so geäußert: „So, wie sie üblicherweise verstanden wird, wird das Individuum zu einer Marionette, die zu einem Spielball der Manipulationen von außen wird." Die Kontrolle aber, die Rekonditionierung in meinem Sinne bewirkt, wird durch den Einsatz einer primären Kontrolle möglich gemacht, „die alle anderen Reaktionen bedingt, die den bedingenden Faktor unter eine bewusste Ausrichtung bringt und die das Individuum in die Lage versetzt, Herr über seine eigenen Anlagen und Fähigkeiten zu werden. Mit einer solchen bewussten Ausrichtung wird das Prinzip des bedingten Reflexes von einem Prinzip, das von außen versklavt, zu einem Mittel lebendiger Freiheit." [19)] So hat es der gleiche John Dewey ausgedrückt.

So stellt es auch nicht den Fall einer Reaktionskontrolle durch Rekonditionierung in dem von mir gebrauchten Sinne dar, wenn jemand sich selbst dazu konditioniert hat, eine Kontrolle auszuüben, die darauf beruht, dass ein bestimmter Stimulus eliminiert wird. Alkohol, Tabak, emotionale Turbolenzen, eine stressige Umgebung oder ähnliches wären ein solcher Stimulus. Die Rekonditionierung, die ich meine, verlangt nach einer „lebendigen Freiheit" in der Reaktion, einer Freiheit <u>im</u> Denken und <u>im</u> Handeln, die es ermöglicht, eine wohl durchdachte Entscheidung wirksam werden zu lassen. Eine solche gut überlegte Entscheidung könnte es z. B. sein, Alkohol zu sich zu nehmen oder eben nicht; zu rauchen oder eben nicht zu rauchen; Alkohol oder Tabak in Maßen zu konsumieren oder jederzeit augenblicklich damit aufzuhören, wenn der entsprechende Entschluss gefasst worden ist.

Im Fall eines Süchtigen ist eine solche Entscheidung allerdings nicht so leicht auszuführen, weil dies die Natur seiner sinnlichen Erfahrungen nur schwerlich zulässt. Diese Erfahrungen sind nämlich aus Gewohnheit mit jedem Versuch verbunden, sein Bedürfnis zu befriedigen. Solange das Bedürfnis fortbesteht, sind sie ein beständiger Reiz dafür, gegenüber der schlechten Gewohnheit nachgiebig zu sein. Daraus folgt: Wenn die Entscheidung, sich nicht dem Genuss hinzugeben, in die Tat umgesetzt werden soll, erfordert dies, dass die gewohnte Reaktion auf den Stimulus, den seine sinnlichen Erfahrungen hervorrufen, unterdrückt werden muss. Immer bilden seine sinnlichen Erfahrungen nämlich den Hintergrund für sein Verlangen. Sie üben auf ihn in Bezug auf seine Nachgiebigkeit einen schädlichen Einfluss aus und sind Teil eines süchtigen Menschen. In gleicher Weise verleiten solche zur Gewohnheit gewordenen sinnlichen Erfahrungen die Menschen dazu, sich auf eine bestimmte schädliche Weise zu gebrauchen, wenn sie ihr Gleichgewicht beim Stehen, Sitzen, Gehen oder bei anderen Aktivitäten halten wollen. Das Ausmaß an Zufriedenheit, das sich in beiden Fällen aus der Nachgiebigkeit gegenüber den sinnlichen Erfahrungen ergibt, ist zudem damit verknüpft, dass es sich bequem und „richtig anfühlt“, obwohl damit eine spezielle Art und Weise des Gebrauchs verbunden ist, die das allgemeine Funktionsniveau herabsetzt und die für einen schlechten Gesundheitszustand und für Krankheit verantwortlich ist.

Schlechte Gebrauchsgewohnheiten sind das Fundament für alle nicht normalen Zustände. So ist es auch nur sinnvoll, anzunehmen, dass sie auch mit solchen Abnormitäten verbunden sind, wie es das exzessive Verlangen nach Alkohol oder Tabak ist. Und noch sinnvoller ist die folgende Schlussfolgerung: Wenn wir dafür sorgen, dass wir die Art und Weise des Gebrauchs verändern, um im gesamten Organismus die fundamentalen Bedingungen der Abnormität zu beseitigen, ist dies in der Tat auch der erste Schritt zur allmählichen Beseitigung anderer Formen der Abnormität im Selbst. Üblicherweise hält man jemanden, der süchtig nach Tabak, Alkohol oder anderen Drogen ist, für „geheilt“, wenn er aufhört, seiner speziellen Gewohnheit oder seinem speziellen

Verlangen nachzugeben. Dabei macht man jedoch den Fehler, dass man während oder nach dem Heilungsprozess anderen schlechten Gewohnheiten, die sicherlich vorhanden waren, oder neuen schlechten Gewohnheiten, die sich sehr wahrscheinlich entwickelt haben, nicht die nötige Aufmerksamkeit schenkt. Allzu oft lässt die vermeintliche Heilung den betroffenen Menschen niedergedrückt, unglücklich und unzufrieden zurück. Ich kenne Fälle, in denen ließen die Nachbeben der „Heilung" nur den einen Schluss zu, dass das, was bei der „Heilung" herausgekommen ist, schlimmer war als das behandelte Übel selbst.

Die enge Verzahnung zwischen Gewohnheit und der mit ihr verbundenen Art und Weise des Gebrauchs hat bei allen Reformplänen keine Berücksichtigung gefunden. Dazu kommt noch das Folgende: Mit seiner Erziehung hat der Mensch aus den Erziehungs- und Entwicklungsmethoden der Vergangenheit und der Gegenwart schädliche Veränderungen abgeleitet und er hat es zugelassen, dass sich seine Funktionsweise unkontrolliert entwickelt hat. So ist es wahrlich nicht verwunderlich, dass sich die Reaktionen des Menschen im Allgemeinen nur selten mit seinen Idealen decken, denen er anhängt. Die Reaktionen gleichen vielmehr eher wieder denen der Höhlenmenschen, ganz besonders in einer Zeit, da die Früchte seiner materiellen Erfindungen mehr und mehr zu einer ständig wachsenden Gefahr für ihn selbst und für seine Umgebung werden.

Der Mensch hat eines vergessen: Das, was letzten Endes zählt, ist der Faktor Mensch. Meine Arbeit ist immer ein Plädoyer für diese Wahrheit gewesen und ist es weiterhin. Die Kräfte der Mechanisierung werden in einer Weise verwendet, die verhindert, dass die Anlagen und Fähigkeiten des Menschen voll zur Entfaltung gebracht werden können. Das ist der Preis, den wir zahlen, weil wir im wissenschaftlichen und in anderen Bereichen vermeintlichen Fortschritt und vermeintliche Verbesserung dadurch erreichen wollen, dass wir allein die Bedingungen der äußeren Welt verändern. Wir nehmen keine Rücksicht darauf, dass der Mensch dabei zu Schaden kommt, und machen uns keine Gedanken über die Mittel und Wege, mit denen wir ans Ziel gelangen wollen. Unglücklicherweise ist dieser „Fortschritt", wie er genannt wird, damit verbunden, dass der Mensch sich immer weniger der schädlichen Veränderungen bewusst wird, die sich im Inneren seines Organismus einstellen. Diese schädlichen Veränderungen werden nur dann wahrgenommen, wenn sich ihre schädlichen Auswirkungen als schlechte Gewohnheiten, Defekte oder Krankheit zeigen.

Das ist der Grund, warum es so überaus wichtig ist, die Mittel-und-Wege zu verstehen, mit denen verhindert werden kann, dass sich im Inneren des Organismus unerkannt solche schädlichen Verhältnisse entwickeln. Mit diesen Mitteln-und-Wegen ist es genauso möglich, schädliche Verhältnisse, die sich bereits entwickeln durften, wieder zurück zu verwandeln in die Verhältnisse, die vor den unerwünschten Reaktionen bestanden hatten.

Teil 2
Prozesse, die an der Technik beteiligt sind

GRUNDPRINZIPIEN ZUR KONTROLLE DER MENSCHLICHEN REAKTION

In diesem Abschnitt will ich die wesentlichen Dinge aufzeigen, die daran beteiligt sind, wenn man mit meiner Technik eine Gewohnheit verändern will. Aber zuvor will ich dem Leser verständlich machen, wie ich den Begriff „Gewohnheit" verwende. Ich benutze das Wort in seinem wirklich weitesten Sinne: Gewohnheit ist jede Verkörperung einer instinktiven oder sonstigen Reaktion. Gewohnheit zeigt sich in der Gebrauchsweise des Selbst, die in jedem Augenblick und unter allen Umständen als ein konstanter Einfluss zu unseren Gunsten oder zu unseren Ungunsten wirkt.

Aus diesem weiteren Blickwinkel wird ersichtlich, dass die Manifestation jeder einzelnen Reaktion mit der Arbeitsweise des gesamten Organismus verlinkt ist. Und wir können auch leichter verstehen, warum es so schwierig ist, wie wir es alle aus eigener Erfahrung bestimmt wissen, selbst einfachste Gewohnheiten abzulegen. Aus diesem Blickwinkel kann uns auch klar werden, dass diese Schwierigkeit umso größer wird, je intensiver der Stimulus ist, der uns der Gewohnheit nachgeben lässt. Beim Einsatz meiner Technik wird dieser zusätzlichen Schwierigkeit von der ersten Stunde an eine besondere Aufmerksamkeit geschenkt. Wenn ein Schüler eine gewohnte Reaktion verändern soll, ist es ihm eine Hilfe, wenn Verfahren zum Einsatz kommen, die von Seiten des Schülers nur einfache Handlungen verlangen. Solche einfachen Handlungen sind z. B. das Hinsetzen auf einen Stuhl oder das Aufstehen davon. So eröffne ich ihm auf einfachste Weise die Möglichkeit, seine gewohnheitsmäßige Reaktion zu hemmen, wenn ein beliebiger Stimulus zur Aktivität auf ihn trifft.

Leider gilt es, immense Schwierigkeiten zu überwinden, die nahezu unvorstellbar sind für Menschen, die keine Erfahrung darin haben, solche geistig-körperlichen Veränderungen in die Wege zu leiten, mit denen wir es hier zu tun haben. Dies ist auch dann der Fall, wenn die Arbeit auf die einfachsten Handlungen beschränkt ist. Ich werde deshalb zunächst aufzeigen, warum und wieso das so ist.

Wenn Menschen Dinge lernen wollen, von denen sie sich erhoffen, dass durch sie die von ihnen gewünschten Veränderungen bewirkt werden, zeigen die meisten von ihnen eine Einstellung, die zu Ängsten und zu Anspannung führt. Diese Ängste und diese Anspannung erreichen bei vielen sogar ein Ausmaß, das der geistigen Verwirrtheit nahekommt, besonders dann, wenn sie gerade von einem Lehrer angeleitet werden. Dies ist gar nicht einmal so verwunderlich, wenn wir bedenken, dass ein Lehrer, der mit orthodoxen Unterrichtsmethoden arbeitet, von einem Schüler erwartet, dass er von Anfang an all das „richtig" macht, was der Lehrer ihm zu tun aufgetragen hat. Wenn ein Lehrer so etwas von seinem Schüler erwartet, fordert er seinen Schüler nicht nur dazu auf, auf einen Schlag den Einfluss bereits lange bestehender Gebrauchsgewohnheiten hinter sich zu lassen. Er verlangt auch von ihm, dass er diese Meisterleistung vollbringt, während er beständig von einem Gefühl gesteuert wird, das unzuverlässig ist und ihn erst dahin gebracht hat, dass sein Organismus fehlerhaft funktioniert.

Um diesen Punkt klarer zu machen, sollten wir den folgenden Fall näher untersuchen: Die Körperhaltung, die strukturellen Verhältnisse und das Funktionsniveau sind bei jemandem völlig unzureichend. Ihm wurde deshalb empfohlen, einen Fitness- oder einen Tanzkurs zu belegen, therapeutische Übungen zu machen oder irgendeine andere Methode zu verwenden, um sich wieder auf Vordermann zu bringen. Ich will an dieser Stelle noch einmal betonen, dass eine solche Person bei allem, was sie bis dahin in ihrem täglichen Leben getan hat, von ihrem Gefühl gesteuert worden ist, das ihr sagte, was „richtig" und was falsch ist. Nun hatte in diesem Fall jedoch alles, was sie getan hatte, zu den wenig zufriedenstellenden strukturellen Haltungsbedingungen und zu den aktuellen Funktionseinschränkungen geführt. Also muss das, was sich für diesen Menschen richtig anfühlt, ein Falsch sein. Oder knapp und bündig ausgedrückt: Sein „Richtig" ist ein Falsch! Wenn ein solcher Mensch in der Überzeugung einen Lehrer aufsucht, dass er versuchen soll, bei allem, was er tut, das Richtige zu tun, wird er weiterhin nur das tun, was sich richtig anfühlt, das Altbekannte nämlich. Er wird versuchen, die Übungen oder irgendetwas anderes, das ihm zu tun aufgetragen worden ist, so auszuführen, dass sie der Vorstellung des Lehrers und seiner eigenen Vorstellung gerecht werden. Auf diese Weise wird er, ohne es zu wissen, seine Fehlerhaftigkeit, die der Hintergrund für seine Probleme sind, tendenziell nur noch verstärken.

Es gibt für einen Schüler nur den einen Weg, die Übungen oder irgendeine andere Handlung so auszuführen, dass ihre Ausführung nicht mit einem solchen Ergebnis endet: **Er muss das tun, was sich für ihn falsch anfühlt.** Nur wird er sehr wahrscheinlich genau das nicht tun, *weil er sich dabei auf unbekanntes Terrain begeben würde.* Die Erfahrung lehrt tatsächlich dieses: Es ist für einen Schüler schon schwierig genug, jemandem zu erlauben, etwas für ihn zu tun, was sich falsch anfühlt. Noch viel schwieriger ist es aber, ihn dazu zu bringen, dass er eine ungewohnte Handlung mit Mitteln selbst ausführt, die sich falsch anfühlen. All dieses zeigt eines recht deutlich: Ein Schüler, der glaubt, er müsse versuchen, alles richtig zu machen und der, wenn er zum Unterricht kommt, sich darüber Sorgen macht, ob es ihm wohl gelingen werde, das Richtige zu tun, oder ob er dabei versagen werde, fügt seinen Schwierigkeiten neue hinzu. Dabei sind sie per se schon groß genug, wenn er Veränderungen dabei vornehmen will, die Dinge in seiner Art und Weise zu tun. Auch wird derselbe Schüler davon überzeugt sein,

- dass der Lehrer ihm sagen kann und es ihm auch sagen sollte, wie die richtige Stand- oder Sitzposition oder jede andere Position aussieht,
- dass der Lehrer es ihm auch ermöglichen müsse, die jeweils richtige Position einzunehmen und zu erhalten,
- dass er, wenn er versucht, das Richtige zu tun, sich wirklich konzentrieren müsse, um ein guter Schüler zu sein,
- dass er sich vor seinem geistigen Auge vorstellen müsse, wie die Instruktionen umzusetzen sind, die ihm im Verlauf der Arbeit von dem Lehrer erteilt werden.

Es kann aber durch einfache Demonstration gezeigt werden, dass der Versuch, sich in solchen Fällen zu konzentrieren, mit einem Zustand erhöhter Muskelspannung und mit Selbsthypnose einhergeht. Dies lässt erwarten, dass die Erfolgschancen eher abnehmen, als dass sie zunehmen. Sie nehmen auch ab, wenn ein **Anfänger** versucht, das zu visualisieren, was getan werden soll und wie es getan werden soll. Wir müssen uns nämlich darüber im Klaren sein, dass der Anfänger, wenn er Eindrücke aufnimmt, bei der Steuerung und Beurteilung dieser Eindrücke von demselben Gefühl abhängig ist, von dem er auch in der Vergangenheit abhängig gewesen ist und das ihn in genau die Fehlerhaftigkeit geführt hat, die er jetzt so verändern will, dass daraus ein Richtig wird.

Nun zu der Vorstellung, dass es hilfreich sei zu wissen, wie man eine „richtige" Position einnimmt, und in der Lage zu sein, eine solche Position beim Stehen, beim Sitzen oder bei jeder anderen Handlung einzunehmen. Hier sollten wir uns wirklich an die Tatsachen halten: Wenn man im Zusammenhang mit Haltung und Funktionsweise von den falschen zu den richtigen Verhältnissen gelangen will, bedeutet dies Veränderung und wenn jemand diese Veränderung erfolgreich bewerkstelligen soll, muss der Prozess der Veränderung ganz allmählich von Tag zu Tag verlaufen. Dann kommt es nämlich nicht dazu, dass die Neuanpassung der knöchernen Struktur, des Bauchgewebes und der inneren Organe, die Störung des gewohnten Gleichgewichtsempfindens und der Einfluss der verstörenden Erfahrung, das zu tun, was sich falsch anfühlt, den Prozess aufhält.

Das sagt uns ja schon unser gesunder Menschenverstand: Veränderungen wie diese können nicht in einer einzigen Unterrichtsstunde oder in den wenigen Unterrichtsstunden eines Monats bewirkt werden. Wenn ein Schüler nämlich in seiner ersten Unterrichtsstunde, eigentlich in jeder beliebigen seiner Unterrichtsstunden, die Sitz- oder Standposition visualisiert, die an diesem Tag vermittelt wird, und sie dann ein für alle Mal als richtig übernimmt, kann er sich nicht mehr weiter verbessern. Er wird eine Haltung und Funktionsverhältnisse für alle Zeiten als richtig übernehmen, die sein Lehrer nur auf einer bestimmten Stufe seines Fortschritts als richtig vertreten hat und die er dann visualisiert und an der er dann gearbeitet hat. Ihm wird es aber versagt bleiben, über diesen Punkt hinauszugelangen. Wenn er aber angehalten wird, seine Verhältnisse immer nur von Tag zu Tag zu verändern und zu verbessern, wird das, was er gestern als die „richtige" Haltung visualisiert hat, nicht die Haltung sein, die sich aus zukünftigen Veränderungen und aus Verbesserungen in der Zukunft ergibt.

Vorstellungen und Methoden, die zu einer „richtigen" Haltung führen, um ein für alle Mal fixiert zu sein, entsprechen wahrlich nicht den Bedürfnissen derjenigen, die bei sich solche Verhältnisse verändern wollen, wie sie bei einem nicht zufriedenstellenden Gebrauch und bei negativen Auswirkungen auf die Haltung und die Funktionen vorliegen. Eine Technik, die solche Veränderungen in die Wege leiten soll, wie wir sie im Auge haben, genügt nur den Anforderungen in ausreichendem Maße,

- wenn die in der Technik verwendeten Verfahren so sind, dass sie eine beständige Veränderung hin zu verbesserten Verhältnissen möglich machen;
- wenn es eine Methode ist, die *indirekt* vorgeht;
- wenn dem Schüler Gelegenheit gegeben wird, ohne Angst und Beklemmung mit dem Ungewohnten und dem *Unbekannten* in Kontakt zu treten.

Um dies zu gewährleisten, wird der Lehrer von Beginn der ersten Unterrichtsstunde an sein Bestes tun, um den Schüler zu beruhigen und ihn von seiner Angst zu befreien, ob er die Lehreranweisungen richtig ausführen kann oder nicht. Dabei wird er ihm die Sache ungefähr so erläutern: Es ist gar nicht sein Wille, dass der Schüler versucht, irgendwelche Anweisungen in die Tat umzusetzen, noch weniger will er, dass der Schüler versucht, sie „richtig" auszuführen. Dies würde nämlich nur bedeuten, dass der Schüler Informationen aussendet, in deren Folge er nur wieder mit seiner gewohnten Gebrauchsweise, die sich für ihn ja richtig anfühlt, auf die Anweisungen reagiert. Der Schüler könne dies aber verhindern, wenn er, sobald ihn ein Stimulus zur Aktivität erreicht (ein solcher Stimulus könnte es sein, dass sein Lehrer ihn auffordert, sich hinzusetzen oder eine ähnlich einfache Handlung auszuführen.), für sich die Entscheidung trifft, es abzulehnen, seine Zustimmung dafür zu erteilen, die Handlung auf seine gewohnte Gebrauchsweise auszuführen, die sich mit seiner Vorstellung davon deckt, **wie** die Handlung ausgeführt werden sollte. Dadurch dass der Schüler bei seiner Entscheidung bleibt, unterdrückt er es, unmittelbar auf den Reiz zu reagieren. So wird seine gewohnte Reaktion auf den Stimulus der Lehreraufforderung schon an ihrem Ursprung gekappt. Zudem wird dem Lehrer der Weg bereitet, um dem Schüler dabei zu helfen, die neuen Mittel-und-Wege anzuwenden. Mit diesen neuen

Mitteln-und-Wegen kann dann der Schüler mit einer neuen und verbesserten Gebrauchsweise sein Ziel angehen. Ob der Schüler diese Mittel-und-Wege richtig oder falsch einsetzt, liegt tatsächlich ganz allein im Verantwortungsbereich des Lehrers. Deshalb weist er seinen Schüler auf mehrere wichtige Punkte hin:

- Sein neuer Selbstgebrauch wird sich unter den veränderten Bedingungen sehr wahrscheinlich zunächst einmal falsch anfühlen.
- Sein neuer Gebrauch wird sich aber durch seine im Unterricht gemachten Erfahrungen mit der Zeit richtig anfühlen.
- Er wird zu der Einsicht gelangen, dass seine Vorstellung von der Art und Weise, wie er sich gebrauchen soll, nicht auf einer willkürlichen Theorie darüber beruht, was unter den jeweiligen Umständen „richtig" ist.
- Vielmehr bildet er seine Vorstellung auf der Basis eines in der Praxis erworbenen Wissens darüber, welcher Art die Veränderungen in seinem gewohnheitsmäßigen Gebrauch und in seiner Funktionsweise sein müssen, damit er bei der Ausführung der Handlung eine neue Kontrolle über seine Reaktion erlangt, mit all dem, was damit im Zusammenhang steht.

Wenn all diese Punkte so weit wie möglich erläutert und demonstriert worden sind, wird der Schüler in aller Regel nur wenige Schwierigkeiten haben, sie theoretisch zu akzeptieren. Es ist nur leider so, dass er bereit ist, sie wie andere Punkte auch allzu schnell zu akzeptieren: Wenn er die Aufforderung seines Lehrers erhält, eine einfache Handlung auszuführen, zieht er nicht in Zweifel, dass er bei seiner Entscheidung bleiben kann, die unmittelbare Antwort auf den Stimulus, den diese Aufforderung auslöst, zu hemmen. Auch hat er keinen Zweifel daran, dass er in der Lage sein wird, die neuen Mittel-und-Wege in die Praxis umzusetzen. Trotz seines optimistischen Ansatzes ist es jedoch praktisch so gut wie sicher, dass er daran scheitern wird. Wenn der Lehrer ihn zum ersten Mal auffordern wird, sich z. B. hinzusetzen, wird der Schüler tatsächlich nicht bei seiner Entscheidung bleiben, die unmittelbare Reaktion auf den Stimulus der Aufforderung zu hemmen. Stattdessen wird er der Aufforderung seine Zustimmung erteilen und sich in der ihm gewohnten Weise hinsetzen, weil es sich einfach „richtig" anfühlt. Obwohl der Lehrer ihn davor gewarnt hat, wird er seine gewohnte Art und Weise des Selbstgebrauchs wiederholen und sie sehr wahrscheinlich sogar noch übersteigern.

Für einen Schüler, der für sich Hilfe erwartet hat, ist dies natürlich nicht das, was er sich wünscht. Er will das ganze Gegenteil. Er will seine Art und Weise des Gebrauchs verändern und verbessern. Das, was ich als Lehrer beobachtet habe, zeigt aber noch etwas anderes: Auch mit den besten Vorsätzen ist ein Schüler zunächst nicht in der Lage, eine Entscheidung umzusetzen, die allen seinen vorherigen Erfahrungen des Selbstgebrauchs widersprechen. Wenn er nämlich seine Entscheidung umsetzen würde, würde er abgeschnitten sein von allen Reaktionsweisen, die ihm vertraut sind, von seinen Gewohnheiten also. Zunächst einmal haben die Erziehungs- und Ausbildungsmethoden, mit denen er sich auskennt, in ihm eine Gewohnheit des Zielstrebens entwickelt, indem er allzu schnell und unbedacht auf einen Stimulus reagiert. Deshalb wird sich seine Gewohnheit der vorschnellen Reaktion, über seine neue Entscheidung in dem Moment hinwegsetzen, da er gezwungen ist, sich auf Verfahren einzulassen, die ihm nicht vertraut sind, um seine ins Auge gefasste Entscheidung auszuführen, und der Schüler wird bei seinem Tun wieder auf das zurückgreifen, was er gewohnheitsmäßig getan hat, wenn er sein Ziel erreichen wollte. So wird er nur die Erfahrungen wiederholen, die ihm bekannt sind.

Ein weiterer Anreiz zum Zielstreben auf Seiten eines Schülers ist sein Wunsch, zu jeder Zeit den maximalen Nutzen aus seinem Unterricht zu ziehen, ganz ungeachtet der Bedingungen, die es zu verändern gilt. Dieser an sich lobenswerte Wunsch veranlasst ihn jedoch, besondere willensmäßige Anstrengungen zu unternehmen, damit er es ja „richtig" macht, koste es, was es wolle. Dies ist nun wahrlich eine tragische Situation, weil ja sein „Richtig" ein Falsch ist. Seine stärkeren Anstrengungen gehen so in die falsche Richtung. [20] Und seine gewohnte Weise, genau die Dinge zu tun, die er loswerden muss, wenn er zu der so sehr gewünschten Verbesserung kommen will, wird noch verstärkt. Allein die Zeit und die Erfahrung in der Ausarbeitung der Technik werden ihn davon überzeugen, dass sich die gewünschten Ziele nur einstellen werden, wenn die Mittel-und-Wege für diesen Zweck die richtigen sind. Weil es unausweichlich ist, dass sich die Ziele einstellen werden, warum sollte man sich dann Gedanken darüber machen, wie lange es dauert, bis sie kommen und auf welche Weise dies geschieht? Wir sollten vielmehr all unseren Verstand, all unsere Energien und all unser Interesse für die Mittel-und-Wege reservieren, mit denen wir die Art und Weise steuern können, in der sie sich einstellen.

Und auch dies ist meine Erfahrung: Ein Schüler ist in solchen Momenten deutlich mehr daran interessiert, sein Ziel zu erreichen (In diesem Fall sind es die Hoffnung, die Anweisungen des Lehrers richtig auszuführen, und die Befürchtung, sie falsch umzusetzen.), als dass er sich darum kümmert, seine gewohnheitsmäßige Reaktion auf die Lehreraufforderung zu hemmen, auch wenn er selbst glaubt und dies auch versichert, dass er sehr wohl darüber nachgedacht hat, warum er der jeweiligen Handlung nicht seine Zustimmung erteilen sollte, und dass er sich konsequenterweise vorgenommen hat, seine gewohnte Reaktion zu hemmen. Ein solcher Schüler wird aber mit zunehmender Erfahrung lernen müssen, dass es der sicherste Weg ist, dabei zu versagen, seine neu und wohl überlegte Entscheidung auszuführen, wenn er nur **versucht**, sein Ziel zu erreichen, wenn er nur **versucht**, das Richtige zu tun. Er muss vielmehr aus eigener Erfahrung davon überzeugt sein, dass das, was er fühlt, richtig oder falsch ist. Er muss davon überzeugt sein, dass er einem Mythos anhängt, wenn er glaubt, dass ein Versuch das eine Mal besser ausfallen kann als das andere Mal. Mit einer solchen Einstellung wird nämlich „der Verstand zu Grabe getragen".[21] Zeit ist erforderlich. Sie wird ihm dabei helfen, nicht länger zu versuchen, das Richtige zu tun oder zu denken. Sie wird ihm dabei helfen, keine Angst mehr davor zu haben, etwas falsch zu machen. Zu gegebener Zeit wird er auch gelernt haben, seine Zustimmung dazu zu verweigern, die Befehle auszusenden, die zu seiner instinktiven Antwort auf den Stimulus führen würden, der Aufforderung des Lehrers nachkommen zu wollen. Er wird schließlich auch in der Lage sein, seine gewohnheitsmäßige Reaktion zu hemmen. Gleichzeitig wird er bestimmten neuen Befehlen seine Zustimmung erteilen können. Diese neuen Befehle sind notwendig, um jene Veränderung in der Art und Weise seines allgemeinen Gebrauchs in die Wege zu leiten, die vorhanden sein wird, wenn er sich bewegt, wenn er beispielsweise aus der Stand- in die Sitzposition gelangt.

Wie lange es dauert, bis ein Schüler diesen Punkt erreicht, kann durchaus bei den einzelnen Menschen variieren. Sobald der Lehrer aber, was diesen Punkt betrifft, mit dem erreichten Verständnis der theoretischen Seite der Arbeit zufrieden ist, kann er mit seinem Schüler die nächsten Arbeitsstufen angehen. Wie schon zuvor wird er weiterhin in seinem Unterricht in seinen Verfahrensweisen abwechseln, um zu verhindern, dass der Schüler emotional verwirrt wird. Und auch dies wird er ihm noch einmal ganz besonders ans Herz legen: Wenn der Schüler im Verlauf der Arbeit mit der Technik auf die nächsten Ebenen gelangt, soll er sich, wie schon auf den früheren Stufen, nicht darum kümmern, ob das, was er tut, richtig oder falsch ist. Er soll vielmehr so weitermachen wie bisher und dafür Sorge tragen, dass er jegliche gewohnheitsmäßige Reaktion auf eine Aufforderung des Lehrers während des Unterrichts hemmt.

Wenn dies geschafft ist, wird der Lehrer seinen Schüler auffordern, sich die neuen Befehle zu erteilen, die notwendig sind, um die neuen Mittel-und-Wege verfügbar zu machen: Diese neuen Mittel-und-Wege werden gebraucht, um einen Einsatz der primären Kontrolle des Selbst herbeizuführen, der die Basis dafür ist, dass die Reflexe neu konditioniert werden. Mit seinen Händen wird der Lehrer seinem Schüler gleichzeitig die aktuelle sinnliche Wahrnehmung vermitteln, während dieser die neue Primärkontrolle anwendet. Auf diese Weise gelingt es dem Lehrer, dem Schüler dabei zu helfen, seine sich beständig verbessernde Gebrauchsweise zu erhalten. Diese neue Art und Weise des Gebrauchs resultiert aus den neuen Erfahrungen, die er dabei macht, wenn er eine beliebige Bewegung ausführt, die im Laufe des Unterrichts von ihm verlangt wird. Eine solche Bewegung wäre es beispielsweise, vom Stehen zum Sitzen auf einem Stuhl zu gelangen. Mit diesem methodischen Vorgehen wird sich eine wirkliche Veränderung, so klein sie auch sein mag, eingestellt haben. Es wird sich zudem zeigen, dass dies der Beginn eines Rekonditionierungsprozesses ist, der mit der Zeit zu bleibenden Veränderungen des Gebrauchs, der Funktionsweise und der strukturellen Verhältnisse führt. Leider gehört aber auch dies dazu: Der Schüler wird verschiedene unerwartete Erfahrungen machen. Dazu zählen eine leichte, vorübergehende Störung des Gleichgewichts und Zweifel und Ungewissheit darüber, ob mit diesen ungewöhnlichen Mitteln-und-Wegen ein Erfolg zu erzielen ist. (Zweifel und Ungewissheit treten auf, obwohl dem Schüler in seinem Unterricht von Anfang an die Verantwortung dafür abgenommen worden ist, dass er die Dinge „richtig" macht.) Hinzu kommen noch andere Bedenken, die sich aus der Situation ergeben, dass es paradoxerweise mit einer allmählichen Verbesserung seines allgemeinen Gebrauchs und seiner Funktionsweise einhergeht, wenn der Schüler das tut, was sich falsch anfühlt. Die Zeit wird es aber mit sich bringen, dass mit zunehmender Erfahrung diese Schwierigkeiten überwunden werden, so wie es auch in jedem anderen Feld des motorischen Lernens der Fall ist.

Der Leser wird jetzt auch deutlich erkennen, was die Grundlage für die Technik ist: die Hemmung des gewohnheitsmäßigen Gebrauchs. Der Schüler muss lernen, es abzulehnen, in seiner gewohnten Weise auf einen Stimulus zu reagieren. Von Anfang an hat dieses Prinzip der *Verhinderung* die höchste Priorität. Es wird *verhindert,* dass der Schüler die primäre Kontrolle seines Selbstgebrauchs auf seine gewohnte Weise verwendet. Sein individueller Selbstgebrauch ist nämlich für seine Reaktion verantwortlich, wenn er Handlungen ausführt, wie es das Hinsetzen und das Aufstehen von einem Stuhl sind. Er wird allmählich durch eine neue und verbesserte Art und Weise des Gebrauchs ersetzt. Diese neue Gebrauchsweise ist mit einer neuen Reflexaktivität dadurch verknüpft, dass sie durch die eingesetzten Verfahren neu konditioniert worden ist.

Schritt für Schritt, von denen jeder einzelne, je nach den zu überwindenden Schwierigkeiten, mehr oder weniger langsam vollzogen wird, gelangt der Schüler von der einen Stufe, auf der es zu verhindern gilt, dass er erneut die falsche primäre Kontrolle des allgemeinen Gebrauchs bei solchen Handlungen wie Sitzen oder Stehen einsetzt, zur nächsten. Auf dieser nächsten Stufe erhält der Schüler jene neuen Erfahrungen im Gebrauch, die dazu führen, dass die betroffenen Teile des Körpers in *die richtige Relation zueinander* gelangen. Durch die Wiederholung der Erfahrungen entwickelt er das nötige Selbstvertrauen, das ihm noch auf der vorigen Stufe gefehlt hatte, als er diese Erfahrungen noch mit Zweifel und Verwirrung aufgenommen hatte. Stückchen für Stückchen werden die neuen motorischen und sensorischen Kommunikationsbahnen angelegt, auf denen er dann früher oder später seine Befehle [A)] gewohnheitsmäßig übermitteln wird.

Solange der Schüler verhindert, dass die alten Befehle versendet werden, werden die alten Kommunikationsbahnen auch nicht benutzt. Und je mehr Routine er mit den Verfahren der Technik hat, wird auch seine Neigung geringer, von den alten Bahnen Gebrauch zu machen. Auch nimmt seine Abhängigkeit von seinem Empfinden von richtig ab, das mit dem Gebrauch der Bahnen eng verbunden war. Es war dieses Empfinden von richtig, das dem Schüler das Gefühl gab, dass es nicht möglich sei, andere als diese alten Bahnen zu verwenden. Gleichzeitig und die ganze Zeit über läuft die Kommunikation auch auf den neu entwickelten Bahnen weiter. Und von Tag zu Tag wächst rasch seine Neigung, sich auf die neuen Bahnen zu verlassen, um die Befehle zu übermitteln. Letztlich kommt die Zeit, da der Schüler nicht länger den Wunsch verspürt, die alten Kommunikationsbahnen zu nutzen. Sie werden stillgelegt. Jetzt fühlt es sich auch richtig an, auf den neuen Bahnen zu kommunizieren und die Kommunikation geschieht mit Selbstvertrauen.

Bis zu diesem Zeitpunkt gilt die Übereinkunft zwischen Lehrer und Schüler, dass der Schüler nichts anderes zu tun, als dieses Prinzip auf die Situationen im Unterricht anzuwenden. Mit der Zeit wird er aber auch damit beginnen können, seinen falschen Gebrauch der Primärkontrolle bei allen einfacheren oder schwereren Tätigkeiten des Lebens zu hemmen. Dies ist weitgehend eine Sache des Erinnerns. Ein solcher Erinnerungsprozess ist nämlich daran beteiligt, wenn man seine Lebensabläufe auf eine neue Art gestaltet, dass man „bei der Aktivität denkt". Wenn man einmal die Freude und die Befriedigung erfahren hat, die darin liegt, kann man sich nur schwerlich vorstellen, zu der alten Weise zurückzukehren. Die neue Gebrauchsweise wird sich nun so eingespielt haben, dass sie sich richtig anfühlt, wohingegen sich die alte Weise inzwischen falsch anfühlt.

Wir hatten ja bereits erkannt, dass eines der Haupthindernisse, das es zu überwinden gilt, auf der folgenden Tatsache beruht: Jede Veränderung von dem alten, falschen Gebrauch, dem ihm vertrauten Terrain, hin zu dem neuen, richtigen Gebrauch, dem ihm unbekannten Terrain, fühlt sich für den Schüler falsch an. Auf jeder Stufe der Veränderung muss die neue, sich verbessernde Gebrauchsweise zunächst für einige Zeit durchlebt werden, bevor der Schüler fühlen kann, dass sie richtig und angenehm ist. Erst dann wird er auf sie vertrauen können und erst dann wird er sie auch voller Selbstvertrauen einsetzen.

Wenn nun gefragt wird, warum ich ein Prinzip so vehement ablehne, das darauf basiert, dass ein Lehrer seinem Schüler sagen solle, was er zu tun hat, um das richtig zu stellen, was in seinem Gebrauch und bei seiner Funktionsweise nicht in Ordnung ist, hier kommt die Antwort. Wir können wirklich sicher sein, dass ein solcher Schüler eines **nicht** tun wird: Er wird keinesfalls den richtigen Selbstgebrauch einsetzen wollen, um die jeweiligen Anweisungen auszuführen, allein aus dem einfachen Grund, weil sich für ihn der richtige Gebrauch falsch anfühlt. *Ein Mensch tut nämlich grundsätzlich nicht das, was sich falsch anfühlt, wenn er etwas richtig machen will.* Es ist ein Mythos, wenn man dem gegenteiligen Glauben anhängt. Und es ist ein Beleg dafür, dass wir wirklich nicht in der Häufigkeit nachdenken, wie wir meinen es zu tun. Es tut mir leid, aber dies ist nun einmal die Wahrheit!

*****

Zum Begriff der Hemmung

Letztes Jahr wurde in New York eine Konferenz abgehalten, bei der wissenschaftliche und andere Gremien sich darum bemühen wollten, die verschiedenen Denkströmungen auf eine einheitliche Basis zu stellen. Es war jedoch für alle nicht zu übersehen, dass die Diskussionsteilnehmer mit beträchtlichen Schwierigkeiten zu kämpfen hatten, die die Begrifflichkeiten betrafen [22)]: Weil das Wissen des Menschen heute an so vielen Instituten vermehrt wird, die jeweils nur an einem kleinen Teilbereich forschen, verbinden verschiedene Gruppen mit demselben Wort verschiedene Bedeutungen. Und auch die verschiedenen Bedeutungen, die dem Wort *Hemmung* gegeben worden sind, haben zu sehr viel Konfusion geführt.

Deshalb will ich hier klarstellen, in welchem Sinne ich den Begriff Hemmung verwende. Ich zitiere zunächst eine Stelle aus meinem Buch CONSTRUCTIVE CONSCIOUS CONTROL OF THE INDIVIDUAL (1923): *„Bei der von mir angewandten Technik ist Hemmung ein* ***Ablehnen****, auf den primären Wunsch* ***zu reagieren****, ein Ziel erreichen zu wollen. Der Prozess der Hemmung wird zu einer* ***Reaktionshandlung****, zu einem Akt des Willens auf den bewussten, wohl überlegten Wunsch, die Mittel-und-Wege einzusetzen, auf denen ein Ziel erreicht werden könnte."* Aus einer Schrift von Sir Charles Sherrington [A)] mit dem Titel: THE BRAIN AND ITS MECHANISMS (*Die Mechanismen des Gehirns*) konnte ich seitdem etwas erfahren, was für dieses Thema sehr bedeutsam ist. Er schreibt dort:

> *Ich könnte den Eindruck erwecken, als ob ich zu großen Wert darauf lege, dass das Gehirn sich unablässig mit den Muskeln beschäftigt. Man kann aber diesen Sachverhalt gar nicht stark genug betonen, da doch jede Gehirnspur direkt oder indirekt zum Muskel führt. Es scheint wirklich so zu sein, dass das Gehirn sozusagen eine*

Art Durchgangsstraße für die nervliche Aktivität hin zum Bewegungsapparat der Lebewesen ist. Jemand hat festgestellt, dass das Ziel des Lebens nicht das Denken, sondern das Handeln ist. Heute müssen wir diese Aussage modifizieren, weil wir nicht umhinkommen, dies zu akzeptieren: Sich einer Handlung zu entsagen, ist nicht weniger eine Handlung, wie es die Ausführung einer Handlung ist, denn auch die Hemmung einer Handlung geht genauso mit einer Erregung nervlicher Aktivität einher, wie Nerven bei einer Handlung selbst erregt sind.

Bei der Anwendung meiner Technik kommt genau diese unablässige Beschäftigung des Gehirns mit dem Gedanken zum Zuge, der sich verantwortlich dafür zeigt, dass die an der Weiterleitung der Befehle beteiligten Nerven aktiviert werden, ganz gleich ob die jeweiligen Befehle dazu führen, dass eine Handlung verhindert oder ausgeführt wird. Die ausgesandten Befehle, die eine Handlung verhindern sollen, haben den Zweck, die Fehlsteuerung auszuschalten, die mit unserem schädlichen gewohnheitsmäßigen Gebrauch bei der Ausführung einer Handlung verbunden ist. Mit der Ausschaltung der Fehlsteuerung wird die Basis für jede andere Aktivität gelegt, die mit dieser Handlung verknüpft ist. Auf diese Weise wird der Weg dafür bereitet, die neuen Steuerungsbefehle auszusenden, die einen neuen verbesserten Selbstgebrauch bewirken. Solange nämlich unser Gehirn damit beschäftigt ist, Befehle auszusenden, die unsere gewohnte Gebrauchsweise zum Einsatz kommen lassen, besteht nur geringe Aussicht, dass bei unserem „Tun" der Teufelskreis der beteiligten Reflexaktivität durchbrochen wird. Was sich für uns richtig anfühlt, ist falsch. Weil das so ist, müssen wir eine ganze Reihe von Erfahrungen machen, die uns neu konditionieren. Diese Erfahrungen fühlen sich zunächst falsch an, weil es Erfahrungen sind, die uns bis dahin völlig unbekannt waren; es sind Erfahrungen, die oftmals wiederholt werden müssen, weil das Unbekannte erst zu Bekanntem werden muss, bevor es sich für uns richtig und vertraut anfühlt. Erst mit diesen Erfahrungen, die uns nun vertraut geworden sind, kann letztlich die Reflexaktivität verändert werden.

Für die Erlangung dieser Erfahrungen ist die Hemmung unserer gewohnten Reflexaktivität auf einen beliebigen Stimulus das Verfahren, das in meiner Technik eine herausragende Bedeutung hat und auf das nicht verzichtet werden kann. Wenn dies gelingen soll, bedeutet das Erziehung in einem fundamentalen Sinne: Es verlangt, dass all das, was die Bildung einer Gewohnheit und was die Mittel-und-Wege, mit denen eine Gewohnheit verändert werden kann, betrifft, bewusst akzeptiert und auch verstanden wird. Wir sind zum Denken aufgerufen und durch unsere Denkprozesse gelangen wir zu dem Ergebnis, dass wir **nicht sofort** auf einen Stimulus reagieren dürfen, gleich welcher dies auch sein mag. Wenn wir dies nämlich tun, erteilen wir unsere Zustimmung dazu, dass die Befehle ausgesandt werden, die für unsere gewohnte Reflexaktivität verantwortlich sind. Auf diese Weise machen wir jegliche Veränderung unmöglich.

Es ist eine Folge unseres Denkens auf diesen Bahnen, dass wir die wichtige Entscheidung treffen, *nicht darin einzuwilligen, irgendetwas* als Reaktion auf den Stimulus *zu tun*. Gesetzt den Fall wir würden etwas „tun", wäre dies nämlich der Anlass dafür, unsere gewohnten Befehle auszusenden, die uns vorher ja schon in die Falschheit geführt haben. Wenn wir aber bei unserer Entscheidung bleiben, können wir eine erste Erfahrung darin machen, unsere gewohnte Reaktion zu kontrollieren. Und dies wird uns mit der Zeit dann immer besser gelingen.

Der Ausgangspunkt ist also Hemmung. Mit ihr wird Veränderung überhaupt erst möglich gemacht. Als nächstes muss es jetzt unsere hauptsächliche Sorge sein, herauszufinden, auf welche Weise wir den richtigen Einsatz der primären Kontrolle stören. Und wir müssen den Entschluss fassen, diese Störung zu verhindern, indem wir uns bewusst weigern, die Befehle auszusenden, die diese Störung bewirken. Erst in zweiter Linie sind wir daran interessiert, die neuen Befehle zu projizieren, die uns mit der Zeit indirekt zu der gewünschten Veränderung unserer gewohnten Reflexaktivität leiten; indirekt deshalb, weil diese gewünschte Veränderung dadurch bewirkt wird, dass sich die Verwendung der Primärkontrolle unseres Gebrauchs verändert.

Bei all diesen Verfahren kommt ein neues Prinzip zur Anwendung, weil wir dabei das tun werden, was John Dewey „Denken beim Handeln“ genannt hat: Wir werden gleichzeitig die Befehle projizieren, die unsere uns vertraute und gewohnte Reaktion im Zaum halten, und auch die neuen Befehle, die uns den Weg freimachen für die motorischen Impulse im Zusammenhang mit nervöser und muskulärer Energie auf nicht vertrauten Kommunikationsbahnen. Soweit ich das beurteilen kann, hat der Mensch bisher noch keine Erfahrungen darin gesammelt, bei einer Aktivität zu denken, wenn es darum ging, notwendige Befehle für den Einsatz seiner primären Gebrauchskontrolle zu projizieren. Gewöhnlich hat der Mensch bisher einfach nur instinktiv auf irgendeinen Stimulus reagiert. In der von mir vorgelegten, neuen Planung müssen die Präventions- und die Ausführungsbefehle bewusst erteilt werden, und zwar in *ihrer richtigen Reihenfolge* und durchgängig bei der gesamten Aktivität.

In *Constructive Conscious Control of the Individual* [A)] habe ich das Folgende geschrieben:

> Es bedarf einer weiten Einstellung im Denken, wenn bewusste Befehle unablässig projiziert werden sollen. Sie ist nicht nur notwendig, damit der Betroffene eine klare Vorstellung von den Befehlen, den Mitteln-und-Wegen, erlangt, die ganz entscheidend für die richtige Ausführung der jeweiligen Bewegung sind. Nur mit einer solchen Einstellung können erst die Befehle in ihrem richtigen Verhältnis zueinander von ihm projiziert werden, so dass die koordinierte Befehlskette zu einem koordinierten Gebrauch des Organismus führt.

Es ist meine Erfahrung, dass die meisten Menschen, auch die brillantesten unter ihnen, diese Vorgehensweise als recht schwierig empfinden. Im Wesentlichen versagen sie grundsätzlich an dieser einen Stelle: Sie „vergessen es, sich daran zu erinnern“, dass sie die Kraft der Hemmung einsetzen müssen! Es ist die Gewohnheit des Zielstrebens, der die meisten von uns an dieser Stelle zum Opfer fallen. Diese Gewohnheit veranlasst sie beständig, einmal den einen zu projizierenden Befehl aus der Befehlskette zu übersehen oder auszulassen und das andere Mal einen anderen, wenn sie eine Bewegung ausführen.

Ein Stotterer hat mit der Schwierigkeit zu kämpfen, dass er beständig vorauseilt. Wenn er mehrere Wörter hintereinander sagen will, spricht er mit absoluter Gewissheit das erste Wort so aus, dass er die Lippen bereits für das nächste Wort geformt hat und dass er seine Zunge so einsetzt, wie sie für das Wort gebraucht wird, das auf das erste folgt. Wenn Bewegung sich derart von den Befehlen entfernt hat, bedeutet dies entweder, dass der Schüler aufgehört hat, die neuen Befehle zu projizieren oder dass er sie in ein „Tun" umsetzt, und sich dabei auf die gewohnte sinnliche Wahrnehmung verlässt, die ihn vorher schon ständig in die Irre geführt hat. Diese Erfahrung hatte er durchaus wieder und wieder gemacht.

Die Fähigkeit des Menschen zur Reaktionshemmung hat einen alles überragenden Wert, wenn es darum geht, Veränderungen herbeizuführen, die das Selbst des Menschen betreffen. Meine Erfahrung hat mir die Gewissheit gegeben, dass Hemmung die Qualität ist, der es am meisten bedarf, wenn man sich weiterentwickeln will. Ich habe nämlich dieses herausgefunden: Wenn ein Schüler seine gewohnten Reaktionen bei einem ihm nicht vertrauten Verfahren zumindest einigermaßen hemmen kann, ist es möglich, innerhalb kürzester Zeit in seinem Gebrauch und bei seinen Funktionen bemerkenswerte Veränderungen zu erzielen. Wenn man diese Veränderungen mit den Ergebnissen vergleicht, die in der üblichen Weise erzielt werden können, erscheinen sie nahezu als unglaublich.

Für den Einsatz der Hemmung bedarf es der Einübung und der Bewusstheit. Das Gedächtnis ist gefragt, wenn man sich an die an der Technik beteiligten Verfahren und an die richtige Abfolge, in der sie eingesetzt werden müssen, erinnern will. Bewusstheit braucht man bei der Wahrnehmung des Geschehens. Beide Fähigkeiten werden im Laufe des Veränderungsprozesses selbst entwickelt und die Reichweite ihres Einsatzes dehnt sich darin allmählich aus. Die so erworbenen Erfahrungen helfen zum einen, das Gedächtnis zu entwickeln, und zum anderen, wird eine Qualität des Gedächtnisses herausgebildet, die motorische, sensorische und mentale Erinnerungen miteinander verknüpft.

Die Grundlage meiner Technik ist Hemmung. Mit ihr werden nicht wünschenswerte und ungewollte Reaktionen auf Stimuli verhindert. Diese Technik ist also insbesondere dafür geeignet, die Kontrolle der menschlichen Reaktion zu erweitern.

Teil 3
Ein fundamentaler Ansatz

Bei jeglicher Beurteilung der Mittel-und-Wege, die unserem Anspruch genügen, Gewohnheiten verändern zu können, kann man gar nicht oft genug auf die folgende Tatsache verweisen: Die Art und Weise der Reaktion eines Menschen wird von der Art und Weise seines Gebrauchs und von seiner Funktionsweise bestimmt.

In der Situation, in der ein Mensch so auf einen Stimulus reagiert, dass er wütend seine Fassung verliert, wird dies nur allzu deutlich. Augenblicklich zeigen Körper, Arme und Beine die Merkmale von Aggressivität und sein Gesichtsausdruck signalisiert, dass er Streit sucht. Diese Muster finden wir durchaus auch bei den Tieren. So zeigen sich bei einem Hund ganz ähnliche Veränderungen im Gebrauch und in seiner Funktionsweise, wenn ihn ein Stimulus trifft, der seinen Kampfinstinkt weckt: Das Rückenfell sträubt sich; die Augen rollen und blitzen; die Lippen werden zusammengezogen, um die Zähne zu zeigen; der Winkel seines Kopfes, seine Körperhaltung und bestimmte Aktionen der Beine sind allesamt Anzeichen seines Kampf- und Streitwillens.

Ich könnte zahlreiche Beispiele anführen, die alle dieses belegen: Die veränderte Reaktionsweise eines Menschen wird von einer Veränderung seines Gebrauchs und seiner Funktionsweise begleitet. Wenn sich diese Veränderungen im Gebrauch und in seinen Funktionsweisen dadurch manifestieren, dass der Mensch einen Wutanfall bekommt und einem Streit nicht aus dem Weg gehen will, halten der Streitwille und die Bereitschaft dazu solange vor, bis ihn ein frischer Stimulus erreicht. Ist seine Reaktion auf den Stimulus so, dass er seine Fassung wiedergewinnt, wird sich an ihm auch dieses erkennen lassen: Er kehrt zurück zu seiner alten Gebrauchs- und zu seiner alten Funktionsweise, die ja mit seiner gewohnten Reaktionsweise verknüpft sind, es sei denn, seine gewohnte Art der Reaktion wird erneut gestört.

Ein Wutanfall und seine Begleitumstände gipfeln in einem Kontrollverlust über den Gebrauch und über die Funktionsweise. Und auch dies ist zu beobachten: Jemand, der gewohnheitsmäßig dazu neigt, seine Kontrolle zu verlieren, reagiert tendenziell auch zu schnell auf einen Stimulus seiner Umwelt und auf die Reaktionen seiner Mitmenschen. Er ist auf Gedeih und Verderb seinen emotionalen Stimmungen ausgeleifert. Ganz gleich in welchem Bereich wir aktiv sind, ob man den Stimuli, die für unsere individuellen Reaktionsmuster verantwortlich sind, nun das Etikett „körperlich", „geistig" oder ein sonstiges anheftet, es sind dieselben Gebrauchs- und Funktionsprozesse des Menschen, die auch für die Manifestationen verantwortlich sind, aus denen sich unsere gewohnte Reaktionsweise auf einen Stimulus (oder auf mehrere Stimuli) zusammensetzt. Diese Gebrauchs- und Funktionsprozesse sind genauso charakteristisch für jeden Einzelnen von uns wie unsere Art und Weise zu schreiben, zu gehen oder allgemein zu handeln. Jemand, der uns kennt, kann uns an all diesen gleichermaßen leicht identifizieren.

Wir sagen von einem Menschen, dass seine Laune schlecht oder gut ist. Und wer hätte nicht schon irgendwann jemanden getroffen, der uns von Anfang an unbeabsichtigt durch sein Verhalten oder durch seine Art zu sprechen verärgert hätte? Für einen genauen Beobachter sind alle diese Eigenarten und Stimmungsschwankungen begleitet von Veränderungen der Haltungsposen, des Gesichtsausdrucks und der Bewegungen von Armen und Beinen, tatsächlich von Bewegungen all der Teile, die wir verwenden können, um das auszudrücken, was wir fühlen.

Einmal habe ich mit einigen Leuten eine Radiosendung verfolgt, in der es um ein wichtiges Thema ging. Der Autor und Sprecher der Sendung wurde allgemein als eine Autorität auf diesem Gebiet anerkannt. Schon nach wenigen Minuten ließ einer meiner Mithörer verlauten, dass der Mann ihn reize. Es war deutlich zu erkennen, dass diese Äußerung nur gelinde widerspiegelte, wie er tatsächlich auf den Sprecher reagierte. Später hatte ich dann die Gelegenheit, mit ihm über die Radiosendung zu diskutieren und er erläuterte mir, dass es die Stimme und die Artikulation des Sprechers waren, die ihn so sehr geärgert hätten, obwohl er sehr wohl ein reges Interesse an dem Thema der Sendung gehabt habe.

Ich hatte diesen Menschen kennengelernt als jemanden mit einer mehr als nur durchschnittlichen Intelligenz. Und trotzdem war es ihm nicht möglich, einem Vortrag über ein Thema, an dem er, wie seine Mithörer auch, ein vitales Interesse hatte, mit Fassung zuzuhören, weil stimmliche und andere Eigenarten des Sprechers ihn aufgeregt hatten.

Der Punkt, auf den ich hier hinaus will, ist dieser: Mein Freund hatte sich in einer Art und Weise selbst gebraucht, die so schlecht war, dass sie seine Reaktion auf den Sprecher sehr gut erklären konnte. Sie hatte mich deshalb auch gar nicht so sehr überrascht und diente mir vielmehr als eine erneute Mahnung, ein großes, weiterhin ungelöstes Problem in der Erziehung und in der Menschheitsentwicklung zu lösen: Die Kontrolle der menschlichen Reaktion.

Es könnte in Anbetracht dessen, was nun folgen soll, hilfreich sein, an dieser Stelle noch einmal einige Punkte zu rekapitulieren, die schon in meinen früheren Büchern Thema gewesen sind. Der eine oder andere Leser mag sich vielleicht daran erinnern.

1. Der Mensch wird mehr und mehr zu einem überzeugten Zielstreber. Allzu oft beharrt er darauf, sein Ziel ohne Rücksicht auf Verluste erreichen zu wollen. Lieber nimmt er ein großes Unglück in Kauf, als dass er sich die Zeit nimmt, die Mittel-und-Wege zu bedenken, mit denen sein Ziel erreicht werden könnte und die das bestmögliche Resultat gewährleisten.
2. Aus einer Umwelt, die Tausende von Jahren eher statisch gewesen ist, ist der Mensch in die moderne Zivilisation getaumelt. Seit unzähligen Generationen konnten seine Vorfahren den Erfordernissen ihrer Lebensweise dadurch genügen, dass sie bei all ihren Aktivitäten von einer instinktiven Selbstkontrolle gesteuert wurden. Auf seinem Weg in die Zivilisation hat der Mensch gelernt, sich mit Erfahrungen, die er nach dem Prinzip Versuch und Irrtum gemacht hat, **langsam** an seine Umwelt anzupassen. Deshalb war er in seinem Zivilisationsleben von Anfang an stark gehandicapt: Seine Erfahrungen, sich an die schnell wachsenden Veränderungen seiner Umwelt anzupassen, waren zwangsläufig völlig unzureichend und sind es weiterhin. Noch schwerwiegender ist aber dieses: Er hat keine Kenntnisse über den Gebrauch und die Funktionsweise seines Selbst erlangt. Solche Kenntnisse sind aber ganz entscheidend, wenn er sich Gesundheit und Wohlergehen in einer Umwelt erhalten will, in der sich eine instinktive, automatisierte Steuerung, die ihn in der Praxis allzu oft in die Irre geführt hat, als unzureichend erwiesen hat. In einer solchen Umwelt ist der Mensch zunehmend damit konfrontiert, sich schnell an neue Veränderungen anpassen zu müssen. Weil dem Menschen aber die Kenntnisse zum Selbstgebrauch und zu der eigenen Funktionsweise fehlen, sind der Erfolg des Zivilisationsplans insgesamt und auch der Erfolg der Maß-

nahmen, die er ergriffen hat, um sein eigenes Wohlergehen zu sichern, jetzt in Frage gestellt. Wenn er sich dem Unbekannten gegenübersieht, führt seine schnelle Reaktion allzu oft zu Ergebnissen, die sowohl schädlich als auch unbeabsichtigt sind. Er verlässt sich nämlich dabei auf Instinkte, die ihre Nützlichkeit schon lange verloren haben. Gleichzeitig hat er Angst vor Veränderung, weil seine Erfahrungen mit Veränderungen begrenzt sind und weil er vorgefasste Denk- und Handlungsgewohnheiten hat, die das Vermächtnis einer vergangenen, statischen Umwelt sind, die relativ geringe Anforderungen an ihn gestellt hat, wenn er sich anpassen musste. Dies gilt auf jeden Fall für seine Reaktion auf Veränderungen bei sich selbst, insbesondere wenn diese Veränderungen ihrerseits seine Position in seiner Außenwelt beeinflussen. Die gravierenden Folgen dieser Angst werden deutlich, wenn wir uns vor Augen führen, dass es ohne Veränderung – ohne dass wir also mit dem Nicht-Vertrauten oder dem Unbekannten in Kontakt treten – nicht möglich ist, jene Veränderungen in uns selbst und durch uns in der Außenwelt zu bewirken, die wesentlich für ein fundamentales Wachstum und eine fundamentale Entwicklung in einer voranschreitenden Zivilisation sind.

3. Das Problem der Veränderung brennt wahrlich unter den Nägeln. Und eine Lösung wird dadurch noch erschwert, dass die sinnliche Wahrnehmung dessen, was im Inneren des Menschen vor sich geht, nach und nach unzuverlässiger geworden und heute eine Tatsache ist, die demonstriert werden kann. Zudem nehmen auch sein Bewusstseinsniveau und seine Beobachtungsgabe inzwischen merklich ab.

Ich habe festgestellt, dass dies nicht allein für Aktivitäten gilt, die ein gewisses Maß an Spezialistentum erfordern und bei denen es kaum Gelegenheit gibt, diese Fähigkeiten einzuüben. Auch in

Fällen, in denen man kein Spezialist sein muss, ist das Niveau allzu oft gesunken.

Infolgedessen, dass sich der Mensch auf seine sinnlichen Eindrücke nicht mehr verlassen kann, sind seine Interpretationen der eigenen Lebenserfahrungen, wie auch der Lebenserfahrungen seiner Mitmenschen, fehlerhaft und trügerisch. Er läuft deshalb Gefahr, die falschen Schlüsse daraus zu ziehen und zu falschen Beurteilungen zu gelangen, insbesondere dann, wenn er die Motive seines eigenen Verhaltens und seiner allgemeinen Aktivitäten beurteilen soll oder wenn er dies mit dem Verhalten und den Aktivitäten anderer Menschen tun soll. Wenn er Veränderungen bewirken und seine Reaktionen kontrollieren will, müssen die falschen Schlussfolgerungen und die falschen Beurteilungen gepaart mit seiner allzu schnellen und unbedachten Reaktion – sie ist der Tatsache geschuldet, dass er der Erreichung eines Zieles höchste Priorität einräumt – dazu führen, dass der Weg weiterhin blockiert bleibt, auf dem er den Erfolg sucht. Eine erfolgreiche Entwicklung seines Potenzials würde es ihm ermöglichen, seine Ideale von Frieden und gutem Willen, die er bisher nur verschwommen durch milchiges Glas sieht, in die Praxis umzusetzen. Aber die Entwicklung dieses Potenzials wird davon abhängen, ob es ihm gelingt, eine Ebene im Leben zu erreichen, auf der er jene instinktive, automatisierte Selbst-Steuerung und Kontrolle, die seinen Bedürfnissen in einem primitiven Leben wohl genügt hätten, durch eine bewusste Steuerung und Kontrolle seines Selbst ersetzt.

Es ist also, wie ich es hier fordere, zwingend notwendig, dass der Mensch die Steuerung und die Kontrolle seines Selbst grundlegend verändert. Nach meinem Kenntnisstand ist diese Notwendigkeit von den Verantwortlichen für die Ausbildungs- und Erziehungsmethoden jedoch bis jetzt nicht gesehen worden. Und auch unter den sogenannten „neuen“ Methoden habe ich bisher keine gefunden, die sich unter diesem fundamentalen Gesichtspunkt von denen unterscheiden, die sie ersetzen sollen.

Wenn es darum geht, ein neues Ideal in die Praxis umzusetzen oder neue Verfahren zu installieren, die die Verfahren ersetzen sollen, die vorher verwendet worden sind, um ein Ziel zu erreichen, scheinen die Verfechter der neuen Reformpläne, auf welchen Gebieten auch immer, weiterhin an einer Annahme festzuhalten, die wirklich nicht vernünftig ist: Sie gehen davon aus, dass notwendige Veränderungen vorgenommen werden könnten, ohne dass die Natur der Steuerung und Kontrolle des Selbstgebrauchs der betroffenen Menschen verändert werden müsste. Die Reformer berücksichtigen nicht, dass es diese Steuerung und Kontrolle des Selbstgebrauchs ist, die verwendet werden muss, wenn die neuen Verfahren praktisch umgesetzt werden sollen.

Die Konzeption ist falsch, weil man mehrere Dinge nicht mit in Betracht gezogen hat: Zum einen hat sich bei der Mehrzahl der heutigen Menschen eine falsche Ausrichtung in die automatisierte Steuerungs- und Kontrollarbeit des Selbstgebrauchs eingeschlichen. Zum anderen ist es eine Grundvoraussetzung, dass wieder eine zuverlässige Steuerung und Kontrolle hergestellt worden ist, bevor man überhaupt daran denken kann, Veränderungen in die Wege zu leiten. Des Weiteren ist für die Wiederherstellung einer zuverlässigen Steuerung und Kontrolle eine Technik zu verwenden, die die Primärkontrolle in einer Weise zum Einsatz kommen lässt, dass sie einen *integrierenden Einfluss* auf die Mechanismen des Organismus hat.

Wir können mit Fug und Recht davon ausgehen, dass das automatisierte Arbeiten des menschlichen Organismus in einer mehr oder weniger statischen Umwelt zufriedenstellend war. Als der Mensch aber gefordert war, sich schneller an seine Umwelt anzupassen, ist dabei jedoch etwas schief gelaufen. Zudem gibt es keinen Hinweis, der die Vermutung zulässt, dass mit spezifischen Mitteln die ursprüngliche Zuverlässigkeit in der Steuerung und Kontrolle des automatisierten Arbeitens des Organismus wiederhergestellt werden könnte. Selbst wenn dies möglich wäre, wäre die Funktionsweise des Organismus heute genauso sehr viel anfälliger für Störungen als in irgendeiner anderen Periode in der Geschichte der Menschheit. Ganz gleich auf welchen Aktivitätsfeldern der Wunsch besteht, zu Veränderungen zu gelangen, ob nun im Bereich des Körpers, des Geistes oder der Seele, wie die Einheit Mensch sehr gerne unterteilt wird, immer wird es für die Bewältigung der Aufgabe erforderlich sein, die eine Entscheidung zu treffen: Die Steuerung und Kontrolle des Arbeitens der Mechanismen ist grundlegend zu verändern und eine solche Veränderung ist untrennbar damit verbunden, dass die Art und Weise des Selbstgebrauchs verändert wird. Solange dies nicht von denjenigen mit in Betracht gezogen wird, die zukünftig für die Ideale und Prinzipien individueller und gesellschaftlicher Reformen verantwortlich sind, ist es mehr als gewagt zu glauben, dass die von ihnen angestoßenen Reformen nützlicher sein werden, als die Reformen, die man in der Vergangenheit als so dringend angesehen hat.

Was heißt es, erfolgreich zu handeln und dabei auf neuen Bahnen zu denken? Es bedeutet, eine Entscheidung gegen den Impuls durchzusetzen, sie mit dem gewohnten Gebrauch des Selbst auszuführen, der sich zudem auch noch richtig anfühlt. Es bedeutet, sie mit einem Selbstgebrauch auszuführen, der uns nicht vertraut ist und der sich auch dann unbehaglich und falsch anfühlt, wenn man die besten Mittel-und-Wege dafür ausgewählt hat. Es bedeutet, unsere Vorstellungen darüber über Bord zu werfen, **wie** diese Entscheidung umzusetzen ist, und uns nicht von dem tatsächlichen Unbehagen und dem Gefühl von falsch abhalten zu lassen. Jemand, der bisher bei all seinem „Tun" von einem instinktiven, automatisierten Selbstgebrauch abhängig war, wird es deshalb als schwierig [22)] empfinden, bei seinem Entschluss zu bleiben. Dies würde es nämlich beinhalten, dass er Verfahren verwenden müsste, die eine Steuerung und Kontrolle seines Selbstgebrauchs einbeziehen. Diese Verfahren decken sich aber mit keiner seiner vorherigen Erfahrungen, weder im Denken noch im Handeln.

Die neuen Mittel-und-Wege sind ihm völlig unvertraut. Jeder Versuch von seiner Seite, sie einzusetzen, wird mit Erfahrungen verbunden sein, die sich falsch anfühlen werden. Folglich wird er also gezwungen sein, das zu „tun“, was sich falsch anfühlt, wenn sie richtig eingesetzt werden sollen. Tatsächlich ist dies eine Erfahrung, die vollkommen neu für ihn ist. So befindet er sich in einer kniffeligen Lage: Zwar hat er die Mittel-und-Wege als die besten für seinen Zweck akzeptiert, wenn aber der Moment gekommen ist, dass er aufgefordert ist, sie in Verbindung mit einem neuen und nicht vertrauten Selbstgebrauch zu verwenden, fehlt ihm das notwendige Vertrauen in das, was er fühlt, um dieser Aufgabe gewachsen zu sein. Er würde seinem Gefühl aber sehr wohl trauen, wenn er Mittel-und-Wege einsetzen sollte, die ihm vertraut sind. Nur sagen ihm seine vorherigen Erfahrungen gefühlsmäßig, dass er ein Risiko auf sich nimmt, das er nicht auf sich nehmen sollte. Dabei ist er dazu in vertrauten Situationen durchaus bereit. So nimmt er z. B. das Risiko zu fallen in Kauf, wenn er das Rollschuhlaufen oder das Fahrradfahren erlernt. Sein Ansatz, in seiner alten Weise von Versuch und Irrtum vorzugehen, lässt ihn freiwillig frühe Risiken eingehen, ungeachtet dessen, dass er immer schon einen falschen Gebrauch von sich selbst gemacht hat. Er ist aber nicht bereit, bei dieser neuen Art des Lernens ein so frühes Risiko auf sich zu nehmen, obwohl sein Lehrer ihn davon überzeugt hat und er davon auch tatsächlich überzeugt ist, dass diese neue Art des Lernens ihn zu einem sich beständig verbessernden Selbstgebrauch führen wird.

Dies ist eine einzigartige Situation. Nach meiner Kenntnis hat sich der Mensch niemals zuvor einer solchen Situation stellen müssen, ganz gleich unter welchen Erziehungs- oder Ausbildungsmodellen, unter welchen Lebensentwürfen. Sie wird solange der größte Stolperstein auf seinem Weg zu einer fundamentalen Veränderung sein, bis die Mittel, die er verwendet, dem folgenden Kriterium genügen: Die Mittel müssen es möglich machen, dass er die notwendigen Erfahrungen sammeln kann, um von einer Steuerung und Kontrolle seines geistig-körperlichen Organismus, die vertraut, aber falsch ist, zu einer Steuerung und Kontrolle zu gelangen, die unvertraut, aber richtig ist. Eine solche Steuerung ist das einzige Mittel, das uns Anlass zu der berechtigten Hoffnung gibt, dass der Weg für Veränderung im fundamentalen Sinne bereitet werden kann.

Ich habe inzwischen mehr als vierzig Jahre Unterrichtserfahrung. Sie lässt mich eines mit Gewissheit sagen: Die meisten Menschen sind nicht in der Lage, einen Entschluss erfolgreich in die Tat umzusetzen, wenn dies verlangt, dabei einen Selbstgebrauch zu verwenden, der ungewohnt ist; selbst dann nicht, wenn es sich um so einfache Tätigkeiten handelt, wie es das Bewegen eines Armes, das Heben eines Beines, das Sich-Hinsetzen auf einen Stuhl oder das Aufstehen davon sind. Selbst wenn ein Lehrer mit all seiner Erfahrung in der Verwendung einer Technik, die bestens für Veränderungen in diesem fundamentalen Sinne geeignet ist, all seine Hilfe zur Verfügung stellt, wird es ihnen zunächst einmal eher nicht gelingen.

Dies gibt uns eine Vorstellung davon, mit welchen negativen Einflüssen wir es zu tun haben, wenn sich Gewohnheiten mit falschen Verhältnissen verbinden. Diesem Tatbestand wird weiterhin nicht genügend Beachtung geschenkt. Deshalb gibt es so viel Verwirrung und so viele Missverständnisse darüber, was grundlegend ist, wenn man erfolgreich den Entschluss umsetzen will, Veränderungen vorzunehmen. Wenn wir die Methoden analysieren, mit denen das Denken und das Handeln verändert werden sollen und mit denen die Mittel ausgewählt werden, die diese Veränderung in der Praxis umsetzen können, dürfen wir eines dabei nicht vergessen: Niemand wird von sich sagen können, dass er eine neue Idee akzeptiert hat oder dass er die Mittel-und-Wege bejaht, mit denen diese Idee in die Praxis umgesetzt wird, bevor er nicht selbst wirklich die Erfahrung gemacht hat, wenn er die dazu notwendigen Verfahrensweisen verwendet hat.

Was die Vorstellung von Veränderung betrifft, die in der Vergangenheit vorhanden war und die auch heute noch überwiegt, sind „kreative Energie“, „Wollen“ und „Wünschen“ – sie werden mit den Worten „Ich will“ oder „Ich will nicht“ ausgedrückt – die Mittel, mit denen Veränderung in die Wege geleitet wird. Diejenigen, die die Methoden favorisieren, die auf dieser Konzeption basieren, benutzen sie als Hilfskonstruktion, um mit ihnen auf allen Tätigkeitsfeldern aktiv zu werden. Dabei verlassen sie sich auf eine instinktive, automatisierte Steuerung und Kontrolle ihres Selbst nach dem Prinzip von Versuch und Irrtum. Eine Frage bleibt dabei jedoch völlig unbeachtet: **Wie** muss das, was sie tun, getan werden? Diese Frage ist nämlich nicht von der Praxis des „Wünschens" und des „Wollens" zu trennen.

All jene, die diese Methode verwenden, reklamieren für sie, dass sie mehr oder weniger erfolgreich ist. Aber mit welcher Berechtigung? Es ist doch unbedingt dabei zu berücksichtigen, dass die Art und der Wert ihres Urteils ganz entscheidend von der Komponente der geistig-körperlichen Erfahrung des Einzelnen abhängt, zum einen von seiner Erfahrung in Bezug auf seinen Gebrauch und seine Funktionsweise und zum anderen von den Erfahrungen, die er gewonnen hat, wenn er sich selbst bei seinen Aktivitäten in der äußeren Welt als ein Instrument benutzt hat. Zusammen genommen bilden sie die Summe all seiner Lebenserfahrungen. Wenn jemand also behauptet, dass er persönlich mit dieser Methode Erfolg hat, muss er in der Lage sein zu beweisen, dass seine Erfahrung umfassend genug ist, um als eine glaubwürdige Basis für ein tragfähiges Urteil zu dienen. Erst dann kann sein Urteil für bare Münze genommen werden. Die Grundlage für jegliche Beurteilung ist nämlich Erfahrung. Jemand mit nur begrenzten Erfahrungen besitzt kaum die Qualifikation, um die Reaktion eines Menschen zu beurteilen, dessen Erfahrungen sich dadurch erweitert haben, dass er auf neuen Feldern geforscht hat. Jedoch verlässt sich der Mensch in nicht unerheblichem Maße weiterhin auf seine nur begrenzten und trügerischen Erfahrungen, die ihm in allzu vielen Aktivitätsbereichen und in Bezug auf zu viele Probleme als Basis für sein Urteil dienen. So kann weitgehend auch die Lage erklärt werden, in der der Mensch sich heute befindet. Sie macht eines sehr deutlich: Wenn der Mensch jemals den zusätzlichen Anforderungen erfolgreich genügen soll, die an ihn durch die veränderten Lebensbedingungen gestellt werden - ganz zu schweigen von den Anforderungen, die man wahrscheinlich in der Zukunft an ihn stellen wird -, ist schon lange etwas anderes vonnöten als das „Wünschen" und „Wollen" nach dem Prinzip von Versuch und

Irrtum. Er aber hat beständig all sein „Sehnen“ und sein „Wollen“ für unbegrenzten Fortschritt, für Weiterentwicklung und für die Freiheit im Denken und im Handeln eingesetzt. Das eine Mal hat er sich dabei auf das „Körperliche“ als Mittel konzentriert, das andere Mal auf das „Geistige“. Ja, er hat sogar auch auf „spirituelle“ Mittel gesetzt.

Seine Versuche haben aber nur gezeigt, dass seine Mittel, mit denen er die gegenwärtigen Probleme lösen will, nur eine sehr begrenzte Reichweite [23)] haben. Mehr und mehr kommen ihm die desaströsen Verhältnisse und die Verwirrung in seiner äußeren Welt zu Bewusstsein. Zudem erkennt er *bei sich selbst* das ein oder andere Unvermögen, das beständig größer wird. Dazu gehören insbesondere ein gesunkenes Niveau der sinnlichen Wahrnehmung, ein reduziertes Funktionsniveau und eine zunehmende Verunsicherung, wenn er sich ein Urteil bilden soll.

Eigentlich hätte ihm das Warnung genug sein müssen, dass seine Mittel bisher nicht seinen Anforderungen genügt haben und es auch weiterhin nicht tun. Trotzdem schenkt er ihnen weiterhin sein Vertrauen. Er hat nur die eine Idee, wie seine Unzulänglichkeiten zu „heilen“ sind: Er konzentriert sich noch mehr auf denselben Plan, den er bisher verfolgt hat, und intensiviert sein „Wünschen“ und „Wollen“. Das einzige, was er dabei verändert, ergibt sich daraus, dass er jetzt erst einmal aufhört, sich auf den einen Punkt zu konzentrieren, nur um dafür einen anderen in den Vordergrund zu stellen. Das sieht dann so aus, dass er z. B. mehr auf Mittel setzt, die die „Seele“ ansprechen, als auf solche für den „Geist“. Oder er setzt mehr auf das „geistige Element“ und weniger auf das „körperliche“. Oder er wählt eine andere Variante. Der einzelne Mensch wird durchaus auf die unterschiedlichste Weise von der Veränderung seiner Reaktionsweise profitieren können. Aber ganz gleich, wie viele unterschiedliche Reaktionsmuster dadurch hervorgebracht werden, dass sich der Mensch auf die Entscheidung konzentriert, das zu tun, was er will, ganz gleich, welche Vorteile seine veränderte Reaktionsweise hat, keine wird eine Veränderung in der Art und Weise des Selbstgebrauchs bewirkt haben, die bis dahin sein allgemeines Funktionsniveau eher abgesenkt hat. Genau dies wird nicht geschehen, weder während noch nachdem die Methode eine Veränderung bewirkt hat. Daran kann wirklich kein Zweifel bestehen. Daraus resultiert ein schädlicher Einfluss, der noch intensiviert wird, wenn sich jemand besonders ins Zeug legt. Dieser schädliche Einfluss bleibt eine *Konstante*, die verzögert und zerstört. Verbunden damit sind komplizierte und chaotische Verhältnisse, die früher oder später bestimmt zu anderen schädlichen Gewohnheiten des Gebrauchs und allmählich zu organischen Problemen und Krankheit führen.

Wir müssen uns vor Augen führen, dass jede neue Veränderung seiner Reaktion das Ergebnis eines „Tuns“ ist, das im Einklang mit seinem Plan steht, sein Tun seinem Willen unterzuordnen. Auch muss uns ganz klar sein, dass die Natur dieses "Tuns" von seiner individuellen Art und Weise des Gebrauchs abhängt, die wiederum die Natur seiner veränderten Reaktion bestimmt. Aus dieser Faktenlage ergibt sich eindeutig dieses: Veränderung, die aus Entscheidungen resultiert, die mit der direkten Methode „Tun“ umgesetzt und von einer instinktiven, automatisierten Kontrolle gesteuert werden, kann von ihrer Natur her nur oberflächlich sein. Eine solche Veränderung wird auch mit absoluter Sicherheit zu unerwünschten Begleiterscheinungen führen.

Dies hat sich jedoch eindeutig erwiesen: Jeder Versuch, auf diesen Bahnen eine Entscheidung umzusetzen, um die Kontrolle einer spezifischen Reaktion zu verändern, wird von Selbstbeschränkung begleitet, und das auch dann, wenn die Versuche in der Beurteilung des Einzelnen als erfolgreich angesehen werden. Nun wird Selbstbeschränkung von vielen Seiten als schädlich angesehen. So ist es ein deutliches Zeichen von Versagen im allgemeinen Sinne, wenn sie sich als Nebenprodukt solcher Versuche einstellt, auch wenn mit diesen Versuchen unter besonderen Umständen durchaus eine spezifische Reaktionskontrolle erlangt werden kann.

Im Folgenden werde ich das Beispiel eines Mannes durchspielen, der sich entschlossen hat, seine Reaktion so zu verändern, dass er in der Lage ist, eine Gewohnheit oder einen Defekt zu kontrollieren, der ihm Probleme bereitet. Für unseren Zweck ist es vollkommen unerheblich, um welchen Defekt oder welche Gewohnheit es sich handelt – eine Neigung zum Wutausbruch, Falschheit, Suchtverhalten beim Alkohol oder bei anderen Drogen oder irgendeine andere schädliche Eigenschaft. Entscheidend ist allein, dass er die Notwendigkeit zur Veränderung einsieht und wirklich den Wunsch hat, eine derartige Kontrolle über seine Reaktion zu erlangen, die ihm dies ermöglichen kann.

Sein grundsätzliches Problem besteht darin, dass er immer dann der Versuchung widerstehen muss, „etwas zu tun", wenn sich herausgestellt hat, dass sein „Tun" die Ursache für sein Problem ist. Um es zu lösen, verlangt dies von seiner Seite die Fähigkeit, eine Entscheidung gegen alle eigenen Vorbehalte auszuführen. Ihm ist in der Demonstration nachgewiesen worden, dass jedes spezifische „Tun" – sich einer speziellen Gewohnheit hinzugeben, ist ein solches Tun – immer mit einer speziellen Art und Weise des Gebrauchs verbunden ist. Er wird also einsehen, dass es nutzlos ist, dieses spezifische „Tun" *direkt* kontrollieren zu wollen, weil dies ja bedeuten würde, seine Art und Weise des Gebrauchs und die Funktionsbedingungen, die mit diesem „Tun" verknüpft sind, unverändert zu lassen. Deshalb wird er seinen Wunsch, seiner Gewohnheit nachzugeben, nicht dadurch unterdrücken, dass er unbedingt „mit dem Kopf durch die Wand" will, er wird vielmehr lernen, sein Problem *indirekt* anzugehen: Er wird, als Reaktion auf den alten Stimulus, seine gewohnte Art und Weise des Gebrauchs hemmen. Das versetzt ihn in die Lage, einen neuen Entschluss zu fassen, der beim Einsatz der neuen und unbekannten Verfahren neue und unvertraute geistig-körperliche Erfahrungen hervorruft. Wenn es ihm gelingt, bei dieser neuen Entscheidung zu bleiben, und er die Verfahren verwendet, die verwendet werden müssen, um die geforderte Veränderung und Verbesserung seiner Gebrauchsweise zu bewirken, wird die neue, erwünschte Reaktion möglich gemacht, ohne dass sich Selbstbeschränkung als negative Begleiterscheinung einstellt.

Die Ausbildung, die Voraussetzung dafür ist, ist bereits beschrieben worden [A)] und es hat sich erwiesen, dass sie ein geeignetes Mittel für das Problem ist, Entscheidungen zu treffen und auszuführen, die die Verhältnisse des Gebrauchs verbessern und das Funktionsniveau des geistig-körperlichen Selbst anheben, und solchen zu widerstehen, die sich dem zu widersetzen suchen. Tatsächlich ist dies der Wegbereiter für jegliche fundamentale Veränderung. Die Erfahrungen, die der Einzelne bei dieser Ausbildung macht, versetzt ihn mit der Zeit in die Lage, Entschlüsse in die Tat umzusetzen, die im Gegensatz zu seinem gewohnten Selbstgebrauch stehen. Er lernt, seine Aktivitäten **bewusst** zu steuern und zu kontrollieren. Dies geschieht in Übereinstimmung mit dem neuen Konzept, für das er sich entschieden hat, weil es sich als das Beste für seinen Zweck herausgestellt hat. Er lässt sich auch nicht dadurch beirren, dass die sinnlichen Erfahrungen, die er dabei macht, wenn er diese neuen Mittel-und-Wege beständig ausführt, ihm nicht vertraut sind und sich falsch anfühlen. Sich nicht davon beirren lassen, dass es sich falsch anfühlt, ist in der Tat der springende Punkt! [24)]

Aldous Huxley schreibt zu seinen persönlichen Erfahrungen mit meiner Technik in seinem Buch „Ends and Means“ folgendes: „Für eine Technik, die sich auch die Veränderung der sinnlichen Wahrnehmung des Einzelnen auf seine Fahnen geheftet hat, gibt es keine Worte der Beschreibung, die dieser Technik irgendwie gerecht werden könnten. Man kann die Erfahrung, die Farbe Rot zu sehen, nicht in Worte fassen. Genauso wenig kann man die so viel komplexere Erfahrung einer verbesserten Körperkoordination mit Worten beschreiben. Eine solche verbale Beschreibung könnte nur jemand mit Inhalt füllen, der die zu beschreibende Erfahrung wirklich gemacht hat. Für jemanden, der schlecht koordiniert ist, würden dieselben Worte etwas völlig anderes bedeuten. Es wäre überhaupt nicht zu vermeiden, dass er sie in den Begriffen seiner eigenen sinnlichen Erfahrung interpretiert. Und diese Begriffe sind die eines schlecht koordinierten Menschen. Ein vollständiges Verständnis des Systems kann nur dadurch erlangt werden, dass es in der Praxis erfahren wird.“ Und weiter schreibt er dort: „(Es ist) eine Technik, die – in einer Art organischem Vergleich - daran arbeitet, unerwünschte Impulse und Störungen auf der emotionalen und intellektuellen Ebene zu hemmen. Mehr können wir wirklich nicht von einem System zur körperlichen Ausbildung erwarten. Wir dürfen aber auch nicht ein Quäntchen dahinter zurückbleiben, wenn wir den Menschen in eine wünschenswerte Richtung verändern wollen. [25)]

Schließlich stellt er fest, dass die Technik auch deshalb so „wertvoll ist, weil mit ihr die bewusste Kontrolle über den Körper zunimmt und der Mensch auf diese Weise vom Zustand der Unwissenheit in einen Zustand geführt werden kann, in dem er sich seines Körpers bewusst ist und ihn kontrollieren kann. Ein derartiges Körperbewusstsein und eine solche körperliche Selbstkontrolle führen dann zu geistigem und moralischem Selbstbewusstsein und zu geistiger und moralischer Selbstkontrolle, ja sie sind gewissermaßen ein Teil davon." [26)]

Wenn dann alles Wichtige zu Gunsten guten Denkens, guter Ideen und guter Systeme und Methoden gesagt worden ist, die in Form von Theorien und Konzepten der Menschheit auf einer höheren Ebene helfen wollen, die gegenwärtigen erbärmlichen Bedingungen der Welt zu verändern und zu verbessern und eine neue Ära von Frieden und gutem Willen einzuleiten, bleibt immer noch das eigentliche Problem ungelöst – die praktische Umsetzung der Konzepte. Wir sind von Natur aus impulsive Geschöpfe, die von gewohnten Reaktionen dominiert werden. Und solange wir uns damit zufrieden geben, uns in Abhängigkeit einer instinktiven Steuerung und Kontrolle unserer Art und Weise des Selbstgebrauchs darum zu bemühen, uns schnell an die ökonomischen, sozialen, pädagogischen und sonstigen Veränderungen unserer Umwelt anzupassen, wird dies auch weiterhin mehr oder weniger so bleiben. Ganz gleich, welche Methode, welchen Plan, welches Gedankengebäude oder welche Vorstellungen am Ende als die besten ausgewählt werden, um mit dem Problem fertig zu werden, dass der Mensch große Schwierigkeiten hat, Veränderungen bei sich herbeizuführen, bei genauer Analyse wird der Erfolg davon abhängen,

- *in wieweit der Einzelne die Eigenschaft besitzt, einen Entschluss dadurch umzusetzen, dass er ein gewünschtes Ziel durch den bewussten Einsatz der neuen Mittel-und-Wege zu erreichen sucht;*
- *dass ihm die unvertrauten geistig-körperlichen Erfahrungen, die mit dem Einsatz dieser neuen Mittel-und-Wege verbunden sind und die sich falsch anfühlen, ihn nicht davor zurückschrecken lassen, an seinem Entschluss festzuhalten;*
- *dass er das Unbehagen, das sich häufig bis zum Unwohlsein steigert, und das Gefühl von Unstetigkeit des Gleichgewichts aushält.*

****

AKTION AUSSETZEN oder NICHT-TUN [A]

Im Zusammenhang mit der vorangegangenen Diskussion über Gewohnheit sind die folgenden Überlegungen bestimmt von einigem Interesse. Sie mögen vielleicht zu weit über das bisher Gesagte hinausgehen, aber sie betreffen eine Frage, der eine besondere Aufmerksamkeit in unseren Tagen zu Teil werden sollte. Sind uns nicht allen solche Sätze geläufig wie diese?

- Das, was ich eigentlich tun wollte, ist liegen geblieben.
- Ich habe getan, was ich eigentlich nicht hätte tun sollen.
- Ich bin gesundheitlich arg angeschlagen.

Bei der Arbeit mit meiner Technik geht es in erster Linie darum, im grundsätzlichen Sinne nicht das zu tun, was wir *nicht tun* sollten, wenn wir uns bei unseren täglichen Aktivitäten gebrauchen. Mit anderen Worten geht es darum, den Missbrauch zu unterbinden, der diese Aktivitäten für den Organismus zu einer beständigen Quelle von schädlichen Einflüssen macht.

In den letzten Jahren hat die Zahl der Menschen stetig zugenommen, die erkannt hat, dass die zielgerichteten und unüberlegten Verfahren, die unserem gegenwärtigen Zivilisationsplan zu Grunde liegen, schädliche Auswirkungen gehabt haben. Tatsächlich haben sie zu einer Störung unserer Art und Weise des Gebrauchs und zu einem Absinken unseres allgemeinen Funktionsniveaus geführt. Diesen Menschen ist eines sehr klar geworden: Je mehr die Zivilisation auf diesen Bahnen weiter voranschreitet, umso stärker wird sich die Störung ausbilden. Deshalb lernen sie, die Mittel-und-Wege zu verwenden, die sie in die Lage versetzen, eine solche Störung zu verhindern. Diese Mittel-und-Wege gewährleisten auch, dass sich nach und nach ihr allgemeines Funktionsniveau im Verlauf ihrer Aktivitäten hebt und nicht senkt. Auf diese Weise steuern sie für sich selbst das Beste bei, das sich ein Selbst beisteuern kann, um das eigene geistig-körperliche Wohlergehen wieder herzustellen oder zu erhalten.

Sie können auch durchaus davon überzeugt worden sein, dass das, *was sie selbst tun*, für die falsche Gebrauchsweise verantwortlich ist, sie haben aber Angst davor, es zu verändern. Auch können sie richtigerweise zu der Überzeugung gelangt sein, dass sie in einem ersten Schritt lernen müssen, **wie** sie dieses „Tun“ stoppen können. Trotzdem gibt es nur wenig, was darauf hindeutet, dass sie sich beim Lernen in ihrem intellektuellen Zugang zu der Theorie mit den Hilfen versorgt haben, die notwendig sind, um die Theorie in die Praxis umzusetzen. Genauso wenig ist ihnen die Erkenntnis eine Hilfe, dass Nicht-Tun - in dem grundlegenden Sinn, dass sie sich selbst daran hindern, die Dinge zu tun, die zu einer Wiederholung ihrer falschen Gebrauchsweise führen - nicht nur von allergrößtem Wert für die Praxis allgemein, sondern auch für ihren speziellen Zweck hier ist.

Dem möchte ich noch zwei Aspekte hinzufügen:

- Ein Schüler hat zunächst große Schwierigkeiten, seine allzu rasche Reaktion auf einen Stimulus zu hemmen. Diese Unfähigkeit zu ihrer Hemmung bedeutet nichts anderes, als dass er augenblicklich in seine falsche Art und Weise des Gebrauchs zurückfällt.

- Bei seiner allzu raschen Reaktion wird der Schüler in seiner Gebrauchsweise von einer sinnlichen Wahrnehmung gesteuert, die unzuverlässig ist.

Jetzt kann sich der Leser ungefähr vorstellen, was alles vonnöten ist, um in einen Prozess einzusteigen, der die Gebrauchsweise eines Menschen verändern soll; und er kann sich vielleicht auch vorstellen, von welcher Art ein Stimulus sein muss und von welcher Wirkung die neuen Erfahrungen sein müssen, die zu jedem Zeitpunkt damit verbunden sind.

Erfahrung hat mir eines gezeigt: Jemand, der selbst große Schwierigkeiten hat, das Konzept des *Nicht-Tuns* in die Praxis umzusetzen, wenn er versucht, Veränderungen in seiner Gebrauchsweise herbeizuführen, wird anderen beständig die Vorstellung des *Nicht-Tuns* ans Herz legen wollen, wenn er sie z. B. davon zu überzeugen sucht, dass übermäßiges Essen, übermäßiger Alkoholkonsum, Rauchen oder irgendeine andere Gewohnheit, die er für schlecht hält, schädlich seien. *Nicht-Tun,* so wie er es versteht, verleitet ihn dazu, die Verwendung *direkter* Mittel und Wege zu empfehlen, um die jeweilige fehlgeleitete Handlung (das „Tun") zu unterbinden, das im Verhalten des Betroffenen, in seiner Art und Weise des Gebrauchs, beobachtet werden kann. In meiner Technik führt die Vorstellung des *Nicht-Tuns* dazu, dass die Mittel-und-Wege, die die Fehlleitung des „Tuns" verhindern sollen, *indirekt* zum Einsatz kommen. *Nicht-Tätig-Werden* ist der erste Schritt bei der Neukonditionierung eines Menschen. Dieser Schritt ist ganz entscheidend für die Herstellung der fundamentalen Funktionsveränderungen, die *im Verlauf des Prozesses* zu den gewünschten, spezifischen Resultaten führen werden, diesmal nicht mit solch schädlichen Begleiterscheinungen, wie es die Selbstbeschränkung ist.

Ist es nicht seltsam? Die Theorie und Praxis des *Nicht-Tuns* wird vergleichsweise leicht akzeptiert, wenn es darum geht, dem Selbst bei seinen nach außen gerichteten Aktivitäten zu helfen. Sie wird aber nur schwer bei ähnlichen Versuchen in Verbindung mit Aktivitäten akzeptiert, die sich im Inneren des Selbst abspielen. Eine solche Hilfe beinhaltet eine Form des *Nicht-Tuns,* die nicht mit Passivität verwechselt werden darf. Dieses Nicht-Tun ist vielmehr absolut grundlegend, weil so das Selbst daran gehindert wird, sich dadurch selbst Schaden zuzufügen, dass Energien fehlgeleitet werden und das Selbst unkontrolliert reagiert. Dabei kommt ein Akt der Hemmung ins Spiel, wenn wir z. B. als Reaktion auf einen beliebigen Stimulus unsere Zustimmung verweigern, die jeweilige Aktivität auszuführen. Mit einer solchen Verweigerung verhindern wir, dass wir selbst die Befehle aussenden, die normalerweise unsere gewohnte Reaktion auslösen. Auf diese Weise kommt es nicht dazu, dass wir genau das „tun", was wir eigentlich nicht mehr „tun" wollten. Es ist eine grundlegende Erfahrung die Theorie des *Nicht-Tuns* dort in die Praxis umzusetzen, wo die Art und Weise des Gebrauchs betroffen ist. Und für all jene, die lernen wollen, wie es zu verhindern ist, dass sie das „tun", was schädlich ist, wenn sie in ihrer Außenwelt aktiv werden, ist keine zu erlangende Erfahrung wertvoller als diese. Eine solche Verhinderungstaktik in Form des *Nicht-Tuns* ist entscheidend, wenn man eine schlechte Gewohnheit verändern will und Kontrolle über die menschliche Reaktion erlangt werden soll. Haben wir nicht alle schon die Erfahrung gemacht, dass es schwierig ist, auch nur einfachste Gewohnheiten zu verändern? Und uns ist auch bewusst, dass es trotz aller Bemühungen nur relativ wenige Menschen sind, denen es gelingt, das zu verändern, von dem sie sehr genau wussten, dass es eine schlechte Gewohnheit ist. Der Grund dafür ist in den meisten Fällen darin zu sehen, dass die falsche Gebrauchsweise des Einzelnen konstant einen negativen Einfluss auf die allgemeine Funktionsweise hat, was dazu führt, dass unsere Energien vergeudet werden. Und dies wiederum führt zum Verlust unseres Selbstvertrauens, zu Enttäuschung und oft auch zu Verzweiflung.

Bei den verwendeten Verfahren, die hier beschrieben werden [27], aber wird der konstante Einfluss der Gebrauchsweise auf die allgemeine Funktionsweise positiv sein, je nachdem, wie fähig der Lehrer ist und welche Einstellung der Schüler mitbringt. Und auch den schwierigsten Fällen kann dadurch zum Erfolg verholfen werden, dass Verfahren eingesetzt werden, die einerseits geeignet sind, das Vertrauen des Schülers aufzubauen, wenn er „etwas tun" will, und die andererseits ihn auch und gerade bei seinen Versuchen bestärken, sich selbst daran zu hindern, die Dinge zu tun, von denen er weiß, dass er sie nicht tun sollte und die er eigentlich auch nicht tun will. Diese Dinge beziehen sich zum einen auf seine ureigenste Weise, sich selbst zu gebrauchen, und zum anderen darauf, wie er diesen Gebrauch bei seinen Aktivitäten in der Außenwelt einsetzt. Das ist Nicht-Tun in Vollendung.

Kapitel 6

Die Physiologie und ihre Vertreter

Ein Freund hatte mir den wohl gut gemeinten Rat gegeben, meine Technik aus physiologischer Sicht zu erklären. Das wollte ich genauer wissen und ich habe ihn gefragt, warum er glaube, dass dies wichtig sei. Seine Antwort lautete: „Es würde die Wissenschaft und die Medizin davon überzeugen, dass die Technik hieb- und stichfest ist. Und so würde es dem Menschen auch leichter fallen zu lernen, wie er leichter und schneller von der Technik profitieren kann."

Ich habe ihn darauf hingewiesen, dass bereits zahlreiche Mediziner und der ein oder andere Wissenschaftler durch den Unterricht, den sie bei mir erhalten haben, und durch die Lektüre meiner Bücher von der Stichhaltigkeit meiner Technik überzeugt worden sind. Zudem haben neunzehn Mediziner den Brief, der in Kapitel 2 abgedruckt ist, unterschrieben. Deshalb sei meiner Meinung nach auch der Schluss gerechtfertigt, dass alles Notwendige vorhanden ist, um zu belegen, dass meine Technik wirklich stimmig ist.

Es war mir auch unverständlich, wie er zu der Annahme gelangen konnte, dass eine physiologische Erklärung der Arbeitsweise meiner Technik es für einen Schüler oder Lehrer leichter und schneller machen würde, die Technik zu beherrschen. Wenn er meine Bücher genau studiert hätte, müsste dies ihm eigentlich auch klar geworden sein. Und ich selbst habe bis zum jetzigen Zeitpunkt nicht einen Physiologen oder Fachmann der Anatomie getroffen, dessen Selbstgebrauch nicht anders als schädlich zu bezeichnen ist. Das allein ist Grund genug, warum mir schon lange klar geworden ist, dass anatomische und/oder physiologische Kenntnisse dem einzelnen Menschen nicht helfen – ihm auch nicht helfen können - seine schädlichen Gewohnheit abzulegen, geschweige denn zu erkennen, ob die Gebrauchsweise eines anderen schädlich ist oder nicht.

Dies erinnert mich an die folgende Episode: Der erste Mediziner, der mir wertvolle Unterstützung zukommen ließ, hatte mir ebenfalls den Rat gegeben, anatomische und physiologische Kenntnisse zu erwerben. Anatomie und Physiologie könnten mir durchaus eine Hilfe bei meinen Untersuchungen sein, an denen ich gerade arbeitete, so seine Argumentation. Zwei seiner Freunde, der eine Professor der Anatomie, der andere ein Dozent im Fachbereich Physiologie, zeigten Interesse an meinen Ideen. Gerne wollten sie die Mühe auf sich nehmen, mich mit den anatomischen und physiologischen Grundbegriffen vertraut zu machen. Bei unserem ersten Treffen war es dann aber ein ziemlicher Schock für mich, als ich sehen musste, wie schlecht sie sich selbst gebraucht haben. Dies gerade bei Menschen zu sehen, die so fundierte Kenntnisse in Anatomie und Physiologie besitzen, war für mich im höchsten Maße beunruhigend: Das waren also die Kenntnisse, von denen mein Freund annahm, sie wären in meinem Arbeitsfeld irgendwie von Wert! Ich habe mir die Sache gut überlegt und bin für mich zu dem folgenden Entschluss gekommen: All die anatomischen und physiologischen Kenntnisse dieser Kapazitäten auf diesen Gebieten haben sie nicht zu der Einsicht geführt, dass ein angemessener Selbstgebrauch einen eigenständigen Wert darstellt. Noch viel weniger verstehen sie, wie sie einen solchen Gebrauch zu ihrem eigenen Nutzen erlangen könnten. Folglich wäre es auf der derzeitigen Stufe meines Werdegangs vergeudete Zeit, wenn ich Fächer studiere, die kaum geeignet zu sein scheinen, mir eine Hilfe bei meiner Suche nach Mitteln-und-Wegen zu sein, mit denen ich meinen eigenen Gebrauch und den anderer verbessern kann. Ganz offensichtlich waren Anatomie und Physiologie auch für die Fachleute auf diesen Gebieten keine Hilfe. Dies habe ich meinem Freund so dargelegt und er konnte meine Entscheidung auch sehr gut nachvollziehen.

Zweifelsohne hat das anatomische und physiologische Wissen, das diese beiden Fachleute besitzen, für Chirurgen, Orthopäden und ähnliche Berufsgruppen einen großen Wert. Mein Thema ist jedoch eine Technik, die sich mit der Arbeitsweise des lebenden menschlichen Organismus als einer Einheit befasst. Als solche verlangt sie auch nach Kenntnissen, die sich auf die sogenannte geistige (psychologische) und auf die sogenannte körperliche Funktionsweise des menschlichen Organismus als einer unteilbaren Einheit beziehen.

Seit mehr als 45 Jahren kommt meine Technik jetzt schon zur Anwendung und jeder, der es wünscht, kann sich ansehen, wie sie funktioniert. In all den Jahren war ich darum bemüht, die Stimmigkeit meiner Technik zu demonstrieren, wenn ich kontinuierlich die Verfahren eingesetzt habe, die sich experimentell bewährt haben und die ich in: „Die Entwicklung einer Technik", dem 1. Kapitel von THE USE OF THE SELF (Der Gebrauch des Selbst), genau beschrieben habe. Aufgrund von alle dem kann ich eines mit Fug und Recht behaupten: Ich genüge den Anforderungen, die an einen Beweis gestellt werden, in genau derselben Weise wie ein Erfinder oder ein Ingenieur, der auf seine Maschine zeigt und vorführt, wie sie funktioniert. Manche Leute mögen eine wissenschaftliche Beweisführung nach den orthodoxen Richtlinien einfordern, obwohl ein solcher Beweis in der Vergangenheit so oft Fehler nach sich gezogen hat und nicht das Papier wert war, auf dem er geführt worden ist. Was den wissenschaftlichen Beweis betrifft, wäre es in der Tat gar nicht einmal so unklug, dies zu fordern: Zu demonstrieren, dass die Wege, auf denen der Beweis erbracht worden ist, voll und ganz stimmig sind, muss der erste Schritt in einer Beweisführung sein. Die physiologische Seite meiner Technik war wiederholt Thema von Diskussionen im Freundeskreis. Mir ist nicht bekannt, dass dabei irgendein physiologischer Sachverhalt vorgebracht worden ist, der im Gegensatz zu irgendeinem Verfahren meiner Technik gestanden hätte.

*****

Ursprünglich stand hinter dem Erwerb der Kenntnisse in dem Wissensbereich, der Physiologie genannt wird, ein Konzept, das sehr begrenzt war. Es war ein Anliegen der in diesem Bereich engagierten Männer und Frauen, nachzuweisen, dass „ihre" Physiologie auch eine „exakte Wissenschaft" ist. Ihre Methoden haben sie deshalb zunächst danach ausgewählt, ob die Methoden diesem Ziel zuträglich waren. Ein Grundprinzip des Studiums der Physiologie ist dieses: Der Gesamtorganismus wird in seine Teile aufgespalten und das Arbeiten der einzelnen Teile wird dann für sich analysiert. [A)] Dieser Ansatz kann erklären, warum die im Studium gemachten Erfahrungen einen Physiologen nicht zu der Einsicht führen, dass sehr viel mehr als ein Verständnis der Muskelfunktionen notwendig ist, wenn die Mitmenschen bei den Aktivitäten des täglichen Lebens, im Bereich der Prävention und der „Heilung", befähigt werden sollen, aus den Erkenntnissen der Physiologie Nutzen zu ziehen. Im Prinzip gilt dies gleichermaßen auch für den Mediziner, der seine physiologischen Kenntnisse für seine Diagnose nutzt. Um aber eine vollständige Diagnose erstellen zu können und dem Patienten eine angemessene Behandlung zukommen zu lassen, insbesondere im Bereich der Prävention, sollte der Arzt auf das Wissen zurückgreifen, dass Dr. Andrew Murdoch „klinische Physiologie" genannt hat. [28)]

Und diejenigen, die physiologische Daten erhoben haben, als sie die Arbeitsweise des menschlichen Organismus am lebenden Subjekt untersucht haben, besaßen nicht die nötigen Kenntnisse, um beurteilen zu können, welchen Einfluss es auf die Muskeltätigkeit hat, wenn die Primärkontrolle falsch verwendet wird. Und ihre Kenntnisse reichten auch nicht aus, um zu beurteilen, wie die Gebrauchsweise des Untersuchten seine allgemeine Funktionsweise beeinflusst und wie Stimuli während der Beobachtung auf die Reaktion der Untersuchten oder auf die Reaktion des Untersuchers wirken. Dies würde in der Tat die gravierenden Fehler und die irreführenden Informationen erklären, die in maßgeblichen Arbeiten der Physiologie zu finden sind.

Nach der Veröffentlichung meines zweiten Buches CONSTRUCTIVE CONSCIOUS CONTROL OF THE INDIVIDUAL (*Bewusste Kontrolle beim Auf- und Umbau des Menschen)* war die Ablehnung zunächst groß, weil ich darauf bestanden habe, dass das Prinzip der Ganzheit zu beachten ist, wenn die Arbeitsweise des menschlichen Organismus untersucht wird und wenn eine solche Untersuchung wirklich zu den besten Ergebnisse führen soll. Der Hauptgegenstand meines letzten Buches THE USE OF THE SELF *(Der Gebrauch des Selbst)* legt offen, dass die Basis für meine theoretischen Schlussfolgerungen die Praxis ist. Mein ganzes Lebenswerk hat mit praktischen Verfahren zu tun, deren Basis das Prinzip der Ganzheit ist, und mit den theoretischen Schlussfolgerungen, die sich daraus ergeben. Vor kurzem gab es Stimmen, die für die Theorie der Ganzheit beim Arbeiten des menschlichen Organismus auf einer allgemeineren Ebene eingetreten sind. Das bedeutet aber nicht, dass das Prinzip der Ganzheit über die Theorie hinausgegangen ist. In der Tat sei es nämlich so, dass in letzter Zeit sehr viel über die Erziehung gesagt und geschrieben, aber nur so wenig getan worden ist, wie es Dr. P. B. Ballard in einem Referat über meine Technik ausgedrückt hat.

* * * * *

Der Physiologe mag die Namen aller Muskeln und die spezielle Funktion jedes einzelnen von ihnen kennen, wenn es aber darum geht, sie in der komplexen Arbeitsweise des menschlichen Organismus zu verwenden, hilft uns ihr Wissen nicht sehr viel weiter. Der Grund liegt auf der Hand: Die Art und Weise, wie wir uns in der Aktivität verwenden, ist eine Sache individueller Art und Weise der Reaktion. Der Einfluss dieses Sachverhalts auf den zu beobachtenden Menschen wird von der physiologischen Forschung nicht mit in Betracht gezogen. Wenn man z. B. herausfinden will, was das normale Arbeiten der Haltungsmechanismen ausmacht, bedeutet Reaktion nämlich sehr viel mehr als bloße Muskelaktivität. Dabei müssen alle geistig-körperlichen Prozesse zusammenspielen:

- wenn es zu erfassen gilt, was getan werden muss, bzw. was man tun will.
- wenn die Zustimmung, dies zu tun, erteilt oder versagt werden soll. (Mit anderen Worten bedeutet es dieses: Die Befehle an die

Muskeln, wie sie in der individuellen Art und Weise des Betroffenen verwendet werden, werden entweder erteilt oder nicht erteilt. Und diese individuelle Art und Weise des Muskelgebrauchs wiederum wird durch die individuelle Art und Weise bestimmt, wie die Primärkontrolle verwendet wird.)

Nun kann aber das Folgende bewiesen werden: Die meisten Menschen senden Befehle aus, die zu Überreaktion bestimmter Muskelgruppen führen und die allzu oft Muskeln mit ins Spiel bringen, die nicht gleichzeitig ins Spiel gebracht werden sollten. Und all diese Anzeichen einer *Fehlsteuerung* treten auf, weil in der heutigen Zeit die Steuerung und Kontrolle der Sinne bei vielen Menschen fehlerhaft ist.

Könnte es nicht so sein? – Das Konzept der Anatomie, wonach die Teile des Organismus isoliert für sich untersucht werden, ist dafür verantwortlich, dass es mit der Arbeit auf diesen Feldern nicht gelungen ist, die Existenz einer Primärkontrolle des Organismus nachzuweisen oder den Einfluss des Gebrauchs auf die Funktionen in seiner Vollständigkeit zu erkennen.

*** *** *** *** ***

Normalität und Komplexität. Unter dem Gesichtspunkt dessen, was soeben gesagt worden ist, ist das Eingeständnis eines herausragenden Professors der Physiologie, das er in einem Brief an einen befreundeten Mediziner gemacht hat, äußerst aufschlussreich:

„Die Basis, die der Anatomie und der Physiologie zugrunde liegt, ist eine komplexe Angelegenheit. Persönlich sehe ich mich wirklich nicht im Stande, die Theorie kritisch zu würdigen, die beschreibt, wie die Mechanismen der Haltung <u>normal</u> arbeiten."

Wenn ich diese Aussage richtig verstehe, hat dieses Eingeständnis – betrachtet unter dem Gesichtspunkt, dass anatomisches und physiologisches Wissen gegenwärtig einen hohen Stellenwert besitzt –eine weitreichende Bedeutung. Dieses Wissen ist, etwa für einen Orthopäden, die Grundlage für seine Diagnose und seine nachfolgende Behandlung. Und nun deutet dieser angesehene Professor an, dass die theoretischen Kenntnisse der Physiologie nicht ausreichen, um zu verstehen „wie die Mechanismen der Haltung *normal* arbeiten".

Wie kann das sein? Vielleicht liegt es ja daran, dass die Basis für die methodische Herangehensweise derjenigen, die in den Bereichen Anatomie und Physiologie geforscht haben, das Prinzip der Isolation war. [A)] Die Forscher sind offensichtlich davon ausgegangen, dass sie den geistig-körperlichen Organismus des Menschen für ihren Zweck in seine Einzelteile aufspalten müssten. Wenn ihre Untersuchungen dann zu einem Abschluss gekommen sind, könnten sie die gefundenen Erkenntnisse als eine Vorgabe nutzen, aus denen belastbare Rückschlüsse auf die Natur der Arbeitsweise der Mechanismen des Organismus *insgesamt* gezogen werden könnten.

Die Aufspaltung des Organismus in seine Einzelteile in der Anatomie und der Physiologie hat weitreichende Konsequenzen. Es hat sie daran gehindert zu erkennen, dass es genauso wichtig ist, Kenntnisse über das nicht normale wie über das normale Arbeiten der Haltungsmechanismen zu erwerben. Hätten sie Erkenntnisse zu beiden Bereichen gesammelt, wäre ihnen klar geworden, dass der kontrollierende Teil des geistig-körperlichen Organismus nicht von den arbeitenden Teilen zu trennen ist. Und sie hätten gesehen, dass dieser kontrollierende Teil genauso für den fehlgeleiteten Einsatz spezifischer Muskeln und Bänder verantwortlich ist, wie er es für das koordinierte Arbeiten der Haltungsmechanismen ist. Koordination ist nämlich für den normalen Gebrauch dieser Mechanismen unbedingt notwendig.

Dass es für einen normalen Gebrauch der Haltungsmechanismen einer Koordinierung bedarf, zwingt uns zu dieser Erkenntnis: Es muss einfach eine zentrale (primäre) Kontrolle vorhanden sein, die indirekt die Arbeitsweise der Haltungsmechanismen beeinflusst, sowohl bei den Menschen, die sich eines zufriedenstellenden Gebrauchs erfreuen, als auch bei all jenen, bei denen das nicht der Fall ist. Und dieser Einfluss der zentralen (primären) Kontrolle variiert zum Guten oder zum Schlechten, je nachdem, wie zuverlässig die Mechanismen zur sensorischen Kontrolle der Bewegungen und zur Koordination bei allen Aktivitäten funktionieren. Nur hat man den Einfluss nicht erkannt, den eine mögliche Fehlsteuerung der zentralen (primären) Kontrolle auf die Arbeitsweise der geistig-körperlichen Mechanismen hat. Und deshalb ist auch dem schädlichen Einfluss dieser Fehlsteuerung auf das Arbeiten der Mechanismen nicht genügend Aufmerksamkeit geschenkt worden, die zu jedem beliebigen Zeitpunkt für die normale Position des Kopfes im Verhältnis zum Hals und die normale Position des Kopfes und Halses im Verhältnis zum Torso verantwortlich sind. Von diesen Lageverhältnissen sind nämlich die Haltungsmechanismen abhängig, wenn sie normal, also in Harmonie arbeiten sollen.

Zudem muss man zu der Arbeit der Anatomie und Physiologie eines feststellen: Was den Einsatz der zentralen (primären) Kontrolle betrifft, gingen die Forscher nicht so sehr in die Tiefe, dass sie in der Lage gewesen wären, die praktischen Erfahrungen zu sammeln, die notwendig sind, um die folgenden Fragen zu beantworten:

1. Arbeitet die zentrale (primäre) Kontrolle normal oder arbeitet sie nicht normal?
2. Welchen Einfluss hat die zentrale (primäre) Kontrolle des jeweiligen Menschen auf seine Haltungsmechanismen?
3. Wann kann man von einem normalen Einsatz der zentralen (primären) Kontrolle im Verhältnis zu einem harmonischen Gebrauch der geistig-körperlichen Mechanismen in ihrer Gesamtheit sprechen?
4. Was ist auffällig, wenn dieser Einsatz nicht normal ist?
5. Was macht ein normales Arbeiten der Haltungsmechanismen aus?
6. Wie sehen die Bedingungen aus, unter denen die Haltungsmechanismen nicht normal arbeiten?

Und auch auf diesen Sachverhalt habe ich schon mehrfach hingewiesen: Zu der orthodoxen medizinischen Ausbildung gehört es nicht, die Kenntnisse zu erlangen, mit denen diese Fragen beantwortet werden könnten. Von einem Wissensgebäude, das bis jetzt den Namen Physiologie trägt, kann folglich nicht behauptet werden, dass es die Grundlage für „eine klinische Physiologie des Menschen ist". Physiologie beschreibt zwar die Funktion der einzelnen Muskeln, z. B. der inneren und äußeren Zwischenrippenmuskeln. *Sie sagt aber nichts darüber aus, wie der einzelne Mensch diese Muskeln über den Gebrauch seiner Mechanismen – diese Mechanismen bilden eine unteilbare Einheit - so steuern kann, dass sichergestellt wird, dass der Organismus harmonisch zusammenarbeitet. Eine solch harmonische Zusammenarbeit des Organismus und das ihm entsprechende Funktionsniveau finden wir tatsächlich bei jemandem, dessen Art und Weise, die zentrale (primäre)Kontrolle zu gebrauchen, einen ständigen positiven Einfluss hat.*

Um ihre Probleme zu lösen, haben Anatomie und Physiologie ihre Hoffnung auf die relativ begrenzten Kenntnisse gesetzt, die daraus zu gewinnen sind, wenn man die Art und die relative Position der knöchernen Strukturen und die spezielle Arbeitsweise der Muskeln, Bänder und allem, was es sonst noch in dieser Richtung gibt, genau analysiert. Knöcherne Strukturen, Muskeln, Bänder, Sehnen und Bindegewebe sind allerdings nur die Medien, die die Haltungsmechanismen zur Wirkung kommen lassen.

Meine Erfahrungen speisen sich aus meiner täglichen Arbeit mit Schülern. Immer wieder aufs Neue habe ich jedem Einzelnen von ihnen Tag für Tag demonstriert, dass es eine primäre Kontrolle beim Gebrauch der Mechanismen des Selbst gibt. Und auch dies habe ich ihnen demonstriert: Wir haben es selbst in der Hand, die Haltungsmechanismen in ihrer Gesamtheit normal arbeiten zu lassen, wenn wir aus dem positiven Einfluss, den der Einsatz dieser Primärkontrolle hat, den bestmöglichen Vorteil ziehen. Nach und nach zeigt sich der positive Einfluss auf die allgemeine Funktionsweise im ganzen Organismus, der von dem richtigen Einsatz der Primärkontrolle ausgeht. Er kann auch von einem wenig aufmerksamen Beobachter leicht wahrgenommen werden. Immer haben sich diese Eindrücke des jeweiligen Beobachters bestätigt, wenn man sie mit den normalen Testverfahren überprüft hat.

Als die Grundlagen für unser gegenwärtiges Wissen in der Physiologie und der Anatomie gelegt wurden, wussten die daran beteiligten Physiologen noch nichts von der Existenz einer solchen Primärkontrolle. Dies hatte natürlich erhebliche Auswirkungen auf die Vorstellungen von dem, was im Bereich der Physiologie gelernt werden sollte. Und die Konzepte der Physiologie und der Anatomie hatten auch Auswirkungen auf die Mittel und Wege, die sie und ihre Anhänger bei ihrer „Suche nach Gewissheit" bevorzugt haben. Mehr als zwanzig Jahre nachdem ich die Primärkontrolle entdeckt und in einer Technik zur Anwendung gebracht hatte, hat Rudolph Magnus in seinem Spätwerk erklärt, dass (auch) er die Existenz einer Primärkontrolle und ihre Wirkungsweise nachgewiesen habe. Und Sir Charles Sherrington hat sich in einer Grußadresse als Präsident der Royal Society auf sie bezogen.

Ich komme noch einmal auf die Aussage des Physiologen zurück, den ich zu Beginn des Kapitels zitiert habe. Er hatte erklärt, dass „die Basis der Physiologie und der Anatomie eine komplexe Angelegenheit ist". In diesem Zusammenhang will ich noch auf das Folgende hinweisen: Dort, wo der Einsatz des Gebrauchs bei diesen Mechanismen zufriedenstellend ist, stellt Komplexität in der Arbeitsweise dieser Mechanismen kein wirkliches Problem dar. Und Komplexität, so meine feste Überzeugung, hätte auch für diesen Physiologen bei seinen Untersuchungen und Experimenten keine Schwierigkeit dargestellt, wenn er das theoretische Wissen und das praktische Know-how in Bezug auf den Gebrauch der Primärkontrolle bei den von ihm untersuchten Mechanismen besessen hätte. Nur wenn die Mechanismen bei ihrem Einsatz fehlgeleitet sind, so dass es zu einer Störung in der Anwendung der Primärkontrolle kommt, wird die Arbeitsweise der komplexen Mechanismen kompliziert und es kommt zu nicht unerheblichen Schwierigkeiten. Und es ist auch eine solche falsche Verwendung der Primärkontrolle, die in einem Therapiefall die Schwierigkeiten bei der medizinischen Diagnose und der Behandlung zunehmen lassen. Im Lichte der bisherigen Argumentation kann dies wahrlich niemanden mehr so sehr überraschen: Die Diagnose, auf der die Behandlung beruht, kann nämlich gar nicht vollständig sein.

Es beurteilen zu können, ob die Primärkontrolle eines Menschen bei seinem Selbstgebrauch einen positiven oder einen negativen Einfluss auf die Mechanismen hat, würde denjenigen, der die Diagnose erstellt, in die Lage versetzen, die Komplikationen zu erkennen, die sich aus der Fehlsteuerung dieses Gebrauchs ergeben. Es würde ihn auch befähigen, die Mittel-und-Wege zu empfehlen, mit denen die komplizierten Verhältnisse so verändert werden könnten, dass sie allmählich immer weniger kompliziert werden, auch wenn die Arbeitsweise der Mechanismen weiterhin komplex bliebe.

Es hat mich nicht wirklich überrascht, dass die Anatomie, die Physiologie, die Sportwissenschaft und andere sich gar nicht erst darum bemüht haben, die Fakten zu meiner Entdeckung einer primären Kontrolle der Art und Weise des Gebrauchs in Augenschein zu nehmen. Auch als ich ihre Existenz in der praktischen Anwendung demonstriert habe, hat sich daran nichts geändert. Man nahm mich nicht ernst, weil ich als ein Außenstehender in ihr Fachgebiet eingedrungen bin. Was mich aber überrascht hat, war dies: Selbst die Entdeckungen eines hervorragenden „Insiders“, des späten Rudolph Magnus, haben nicht das nötige Interesse der Physiologie und der Anatomie geweckt, um zu einem „Perspektivenwechsel“ [29)] im Hinblick auf das Studium der Physiologie zu gelangen. Eine solcher Wechsel der Perspektive läge nicht nur im Interesse der Medizin und der Physiologie selbst, er wäre auch zum Wohle all jener, die von der Arbeit der Medizin und der Physiologie profitieren können. Dass den Entdeckungen von Rudolph Magnus so wenig Beachtung geschenkt worden ist, war umso überraschender, als sie das Ergebnis jener orthodoxen Methode des Experiments waren, von der sich die Wissenschaft so viel verspricht.

In einer graphischen Darstellung hat MacKenzie gezeigt und auch klinisch nachgewiesen, dass bei Herzflimmern die Herzkammern und die Vorhöfe getrennt voneinander agieren. Erst sehr viel später wurde dann die strukturelle Basis dafür gelegt.

Dieses Zitat aus dem Brief eines Physiologen berührt einen Punkt, der höchst interessant ist. Ich will gar nicht sagen, ob von meinem Standpunkt aus betrachtet die obige Beschreibung den Tatsachen entspricht oder nicht. Was ich aber unbedingt herausstreichen will, ist dieses: Das getrennte Agieren der Vorhöfe und der Herzkammern, das MacKenzie beobachtet hatte, war nicht wirklich getrennt, genauso wenig wie irgendeine andere Funktion von dem indirekten Einfluss der Primärkontrolle getrennt werden kann. Soweit ich dies beurteilen kann, war MacKenzie gar nicht bewusst, dass eine solche Primärkontrolle existiert und dass sie Einfluss auf die Arbeitsweise der Mechanismen des Organismus hat. Deshalb war er sich wahrscheinlich auch nicht darüber im Klaren, von welcher Art der Einfluss der Primärkontrolle auf die Funktionsweise der Vorhöfe und der Herzkammern ist. Wenn es zutrifft, dass MacKenzie nichts von der Existenz einer Primärkontrolle wusste, ist seine Theorie, wonach die Vorhöfe und die Herzkammern getrennt voneinander agieren, die er aus seinen Experimenten und Befunden folgernd herausgearbeitet hat, doch stark zu bezweifeln. Die Daten, die er daraus gezogen hat, können nämlich nur als unvollständig bezeichnet werden. (Wenn aus MacKenzies Schriften hervorgeht, dass ich mich geirrt habe, was seine Kenntnis der Primärkontrolle angeht, wäre es mir auch recht.

Ich will noch eine weitere Stelle aus dem Brief des Physiologen zitieren:

Ich habe mir überlegt, ob man nicht auf Basis der Ansichten F. M. Alexanders die klinischen Beobachtungen in einem Korpus zusammenfassen könnte. In diesem Korpus sollten die verschiedenen Störungen und die Ergebnisse von Alexanders Behandlung gezeigt werden. Allerdings wäre es für die Physiologie und die Anatomie mit erheblichen Problemen verbunden, damit zu arbeiten.

Das, was ich bereits geschrieben habe, hat eine direkte Bedeutung für diesen Punkt. Werfen wir noch einmal einen genauen Blick auf das obige Zitat und lesen es im Lichte dessen, was ich zu Aufspaltung und der Methode des Experimentierens geschrieben habe und was, wie ich behaupte, zu einer schlüssigen Theorie über „die normale Arbeitsweise der Haltungsmechanismen“ geführt hat. Wir müssen dann leider feststellen, dass der Physiologe, trotz aller Zugeständnisse, die er in seinen von mir zitierten Auszügen macht, weiterhin dem Irrglauben anhängt, dass sich die klinischen und physiologischen Probleme, auf die er sich bezieht, auf seine vorgeschlagene Weise lösen lassen. Das Versagen oder das relative Versagen, wichtige Probleme in einem bestimmten Bereich zu lösen, hat die Physiologie nicht vermuten lassen, dass sie eine wesentliche Prämisse übersehen haben muss, als sie ihre Schlussfolgerungen gezogen hat, die dann die Basis für die verwendeten Mittel waren, um ihre Ziele zu erreichen. Ist das nicht irgendwie merkwürdig? Wenn die Physiologen heute diese Zeilen zur Aufspaltung und zum Experiment noch einmal genau analysieren würden, würden sie die Existenz einer Primärkontrolle sicherlich anerkennen. Und sie würden auch sehen, dass Primärkontrolle die fundamentale Prämisse ist, von der die Lösung der physiologischen Probleme grundsätzlich abzuleiten ist. Alles, was die Physiologen notwendigerweise tun müssten, wäre dies: Sie müssten eigene Erfahrungen in der Anwendung der Primärkontrolle sammeln und sie müssten es lernen zu verstehen, von welcher Art der Einfluss der Primärkontrolle auf den Gebrauch und die Funktionen ist. Um dies zu lernen, müssten sie ihre eigene Gebrauchsweise und die anderer sehr genau beobachten. So würden sie wichtige Kenntnisse erlangen, die auf keine andere Weise erworben werden können. [30)] Ich würde sie zu diesem Zweck in meine Praxisräume einladen wollen, wo wir dann jeden Test durchführen können, den sie vorschlagen. Sehr bald schon wären sie in einer Position, schwarz auf weiß genau das Wissen niederzuschreiben, das sie so lange schon gesucht haben und immer noch suchen. Der Schlüssel für eine praktische Lösung ihrer Probleme ist in dem Hauptthema meines Buches THE USE OF THE SELF *(Der Gebrauch des Selbst)* zu finden, dies kann ich wahrlich mit Fug und Recht behaupten. Die Resultate, die dort beschrieben werden, sind nämlich in einem Prozess entstanden, bei dem meine Technik zur Anwendung gekommen ist.

* * * * *

Ganzheitlichkeit und Zellfunktion

Im Zusammenhang mit Ganzheitlichkeit könnte es hilfreich und von einigem Interesse sein, allgemein akzeptierte Fakten in Bezug auf das Zusammenwirken der verschiedenen Zellfunktionen noch einmal ins Gedächtnis zu rufen, die daran beteiligt sind, dass die Mechanismen der Wahrnehmung funktionieren: Diese Mechanismen erhalten einen Impuls über die *Zellrezeptoren.* Und dieser Impuls ist ein *Stimulus* für *Nerven, die den Reiz weiterleiten.* In der Folge kommt es zu einer *Reaktion,* bei der *Energie erzeugt* wird.

Nun kann eine unmäßige und schädliche Verteilung und Fehlleitung von *Energie,* die für einen bestimmten Zweck gebraucht wird, durch *Inhibitoren (Hemmer)* verhindert werden. Geschieht dies, wird die benötigte Energie von *elektrischen Leitern* an die gewünschte Stelle verbracht. Daraus folgt: Wenn die geistig-körperlichen Bedingungen erhalten bleiben sollen, die das Wohlergehen des Einzelnen garantieren, darf das Funktionsniveau der Zellrezeptoren, der elektrischen Leiter, der Inhibitoren und der Nerven zur Reizweiterleitung nicht gesenkt werden.

Wenn wir den oben beschriebenen Prozess genau analysieren, der an der Bereitstellung und Weiterleitung von Energie beteiligt ist, wird zweierlei sehr deutlich:

- Der Prozess kommt durch die Aufnahme von Sinneseindrücken in Gang.
- Und er kann nur solange wirksam bleiben, wie die Energie erzeugenden und die Energie weiterleitenden Systeme eine Einheit bilden.

Ich wage zu behaupten, dass ein solch gemeinschaftliches Arbeiten in der Tat charakteristisch für alle fundamentalen Lebensprozesse ist. Der oben beschriebene Prozess ist ein überzeugendes Beispiel dafür, dass es unmöglich ist, die sogenannten mentalen, physischen oder sonstigen Prozesse voneinander zu trennen, die für alle Lebensäußerungen des Menschen verantwortlich sind. Für jede einzelne dieser Manifestationen von Lebensaktivität lässt sich dies belegen, wenn man sie sorgfältig im Lichte der demonstrierbaren Kenntnisse untersucht.

* * * * *

Integration als Wirkprinzip bei Gebrauch und Funktionsweise des menschlichen Organismus und das „Gesamtverhaltensmuster" in der Vergleichenden Biologie

Es ist mir eine echte Freude, die folgenden Worte der Würdigung von Prof. G. E. Coghill abdrucken zu dürfen. Prof. Coghill ist ein herausragender Biologe und hat eine Professur für Vergleichende Biologie am Wistar Institut in Philadelphia:

Gainesville, Florida, 4. June 1939

Lieber Herr Alexander,

Es bereitet mir großes Vergnügen, im Besitz Ihrer Bücher zu sein, die Sie mir freundlicherweise zugesandt haben. (.....) Ich lese sie mit großem Interesse und kann von ihnen auch profitieren. Es war für mich eine Überraschung, als ich sah, dass Sie schon vor etlichen Jahren in der Physiologie und Psychologie des Menschen dasselbe Prinzip entdeckt haben, das ich im Verhalten der niederen Wirbeltiere herausgearbeitet habe. Und doch haben wir bisher noch keinen persönlichen Kontakt gehabt. Vielleicht liegt es ja daran, dass wir beide, was den Berufsstand der Medizin angeht, von der technischen Seite her Laien sind. Es erfüllt mich mit Freude, wenn ich sehe, dass die Medizin in Großbritannien jetzt mehr und mehr wahrnimmt, was Sie geleistet haben, und Sie die Anerkennung erhalten und Ihnen das Gehör geschenkt wird, das Sie im höchsten Maße verdienen.

Ich bin autorisiert, den folgenden Abschnitt aus einem Brief zu zitieren, den Prof. Coghill an Dr. Millard Smith, Boston, geschrieben hat:

„Mr. Alexander schuldet mir nicht das Geringste in Bezug auf das Gesamtmuster. Er und ich haben nämlich bis vor ein oder zwei Jahren völlig unabhängig voneinander gearbeitet. Dass er das Prinzip für den menschlichen Organismus aufgedeckt hat, ist einfach nur großartig. Ihm steht dafür jede Anerkennung zu, die die Medizin und die Menschheit zu geben in der Lage ist."

Für alle, die ein Interesse an der Beobachtung der Natur und an biologischen Erkenntnissen haben, kann ein Vergleich meiner Arbeit mit der von Prof. Coghill von Bedeutung sein. Prof. Coghill hat Natur, Wachstum und Entwicklung der Lebensprozesse der niederen Organismen unter normalen Bedingungen untersucht. Ich habe mich von Anfang an mit dem Material beschäftigt, das sich im Menschen unter abnormen Bedingungen einnistet. Aus meiner Schlussfolgerung, dass das, *was ich selbst getan habe,* meine Halsprobleme verursacht hatte, hatte sich die Notwendigkeit ergeben, die Natur dieses falschen Tuns aufzudecken, indem ich die Arbeitsweise meines eigenen Organismus beobachtete. Dies hat mich zu der Entdeckung geführt, dass ein bestimmtes Verhältnis des Kopfes zum Hals und des Kopfes und des Halses zu den anderen Teilen des Organismus tendenziell bestimmt, ob der Gebrauch und die Funktionsweise des Organismus in seiner Gesamtheit richtig oder falsch ist und ob sich der Antrieb für diesen Gebrauch vom Kopf abwärts positiv oder negativ auswirkt.

Dieser Befund deckte sich mit dem von Prof. Coghill. Er hatte beobachtet, dass bei den niederen Wirbeltieren die primären Impulse, die an Gewebeentwicklung und Verhalten dieser Wirbeltiere beteiligt sind, auf motorischen und sensorischen Kommunikationsbahnen übermittelt werden, die vom Kopf abwärts bis zum Schwanz verlaufen. Mehr noch: Jede Störung der Arbeitsweise der Mechanismen, die mit diesem „Gesamtmuster" verbunden sind, hat umgekehrt Auswirkungen auf die Arbeitsweise der verschiedenen „Teilmuster“. Dies wiederum bedeutet, dass die „Teilmuster“ die Neigung besitzen, einen mehr oder weniger dominanten Einfluss auf das „Gesamtmuster“ zu nehmen und das Wachstum und die Entwicklung zu behindern.

Diese Erkenntnisse Prof. Coghills decken sich mit Beobachtungen, die ich gemacht habe, als ich versuchte, mein eigenes Problem in den Griff zu bekommen. Ich hatte dabei eine Störung in der Arbeitsweise spezieller Teile meines Organismus‘ im Zusammenhang mit meinen Halsproblemen – analog zu Prof. Coghills Systematik bildeten sie die „Teilmuster“ – beobachtet und herausgefunden, dass diese durch eine Störung der Arbeitsweise des Organismus‘ im Allgemeinen verursacht wurde. (Sie entsprach dem „Gesamtmuster“ bei Prof Coghill.) So wertvoll diese Erkenntnisse auch waren, meine wesentliche Aufgabe lag noch vor mir. Ich musste erstens lernen, **wie** ich mich selbst daran hindern konnte, zu jedem beliebigen Zeitpunkt weiterhin das zu „tun“, was die Arbeitsweise meines Gesamtorganismus‘ störte – das, was Prof. Coghill „Gesamtverhaltensmuster“ genannt hat – und was dazu führte, dass die speziellen Teile, die mein abnormes Verhalten ausmachten, falsch arbeiteten – in Prof Coghills System die „Teilverhaltensmuster“; und ich musste zweitens lernen, **wie** ich Veränderungen in die Wege leiten konnte, die mein „Tun“ so veränderten, dass sich allmählich das Arbeiten der Mechanismen in ihrer Gesamtheit verbesserte und die Mechanismen schließlich wieder ganz normal funktionierten.

Ich fasse noch einmal zusammen: Prof. Coghill hat seine Kraft der überaus wichtigen Aufgabe gewidmet, die Natur der Prozesse aufzudecken, so wie sie sich normalerweise gestalten. Und er hat die Auswirkungen aufgezeigt, die eine Störung dieser normalen Prozesse auf die allgemeine Funktionsweise hat. Ich hingegen war aufgrund meiner schlechten persönlichen Ausgangslage (der Hals) gezwungen, die Mittel herauszufinden, mit denen ich die Gebrauchs- und Funktionsbedingungen so verändern konnte, dass sich abnormes Verhalten wieder in normales Verhalten verwandelte. Als dies schließlich geschafft war, habe ich mir die Aufgabe gestellt, die Arbeitsweise dieser Mechanismen im Normalzustand zu analysieren. Die Erfahrungen, die ich dabei gemacht habe, führten als natürliche Konsequenz zur Entwicklung einer Technik, mit der wünschenswerte Normalbedingungen wiederhergestellt und auch erhalten werden können.

Ein Freund von mir, auf dessen Urteil ich viel gebe und der mit den „klassischen Beobachtungen" bestens vertraut ist, hat folgende Vermutung ausgedrückt: Prof. Coghill und ich haben unabhängig voneinander, von verschiedenen Standpunkten aus und mit unterschiedlichen Zielsetzungen, dasselbe Prinzip im Verhalten offengelegt – Prof. Coghill durch die Beobachtung niederer Wirbeltiere und ich, von der Beobachtung der eigenen Verhältnisse ausgehend, durch Beobachtung des menschlichen Organismus. Dies sei schlagender Beweis dafür, dass bei Phänomenen, die aus verschiedenen Blickwinkeln und Quellen beobachtet werden können, in den Prozessen des Lebens und in der Verhaltensentwicklung das Integrationsprinzip in dem „Gesamtmuster" wirksam ist.

Der folgende Abschnitt aus der Einleitung Prof. Deweys zu meinem Buch THE USE OF THE SELF (*Der Gebrauch des Selbst*) kann die Thematik sehr gut abrunden:

Die Pavloff'sche Schule hat die Idee des „Bedingten Reflexes" allgemein geläufig gemacht. Die Arbeit F. M. Alexanders weitet diese Idee aus und korrigiert sie auch. Mit ihr beweist er, dass es gewisse grundlegende und zentrale organische Gewohnheiten und Einstellungen gibt, die jede Handlung, die wir ausführen, und jeden Gebrauch, den wir von uns selbst machen [A)]*, konditionieren. Dies bedeutet in der Tat eine Korrektur des ursprünglichen Konzepts des „Bedingten Reflexes". So wie der „Bedingte Reflex" im Allgemeinen verstanden wird, macht er den Einzelnen zu einer passiven Marionette, die man beliebig von außen manipulieren kann. Die Entdeckung einer zentralen Kontrolle, die alle anderen Reaktionen konditioniert, bringt den Faktor der Konditionierung unter eine bewusste Leitung und macht es dem Einzelnen durch seine eigenen konditionierten Aktivitäten möglich, Besitz über sein ei-*

genes Potenzial zu erlangen. Durch eine solche Kontrolle wird der Tatbestand bedingter Reflexe von einem Prinzip der Versklavung in ein Instrument vitaler Befreiung verwandelt.

In diesem Zusammenhang könnte auch der folgende Auszug aus einem Brief Dr. Trigant Burrows, einem bekannten Psychiater, auf einiges Interesse stoßen. Dr. Burrow ist Wissenschaftlicher Direktor der Lyfwynn Stiftung, New York, und hat diesen Brief im März 1939 an Sir Walter Carrington geschrieben:

Wenn man F. M. Alexanders Buch THE USE OF THE SELF (Der Gebrauch des Selbst) liest, wird eines schnell offensichtlich: Dadurch, dass er auf bestimmte psychologische Reaktionen hinauswollte, hat er viel für die Menschen getan. Ich war sehr von der Neuartigkeit seiner Methode und von seinen sehr präzisen Verfahren beeindruckt, die er entwickeln konnte, weil er sein eigenes Verhalten einer strikten Beobachtung unterzogen hatte. Ich habe den Eindruck (.....), dass seine Arbeit, ausdrucksstark wie sie aufgrund seiner angeborenen wissenschaftlichen Begabung ist, keiner zusätzlichen Unterstützung bedarf. Sie überzeugt allein durch das objektive Beweismaterial, auf dem sie basiert. Für mich stellen seine geduldigen, gründlichen und sorgfältig überwachten Betrachtungen eine erstaunliche Errungenschaft auf dem Forschungsfeld des menschlichen Verhaltens dar. Persönlich könnte ich nicht von mir behaupten, dass ich etwas von der gleichen Natur dazu beigetragen hätte. (......) In Ihrem Brief haben Sie erwähnt, dass F. M. Alexanders Beitrag zur Verhaltensforschung jetzt ein halbes Jahrhundert alt ist. Seine Thesen sind inzwischen wahrlich in aller Munde.

Ich möchte noch auf zwei Fragestellungen eingehen. Theorie und Praxis meines Systems werden nicht von der Frage berührt, ob die Reflexe an erster Stelle stehen und die Integration in das „Gesamtmuster“ nachgeordnet ist, oder ob es sich genau anders herum verhält. Die Verwendung der Primärkontrolle ist nämlich in meiner Technik nicht von den Hemmungsprozessen zu trennen, die für die Neukonditionierung der Reflexe und für die Integration des „Gesamtmusters“ notwendig sind. In der Tat sind an dem vereinigten Prozess der Neukonditionierung und der Integration dieselben Verfahren beteiligt.

Vom Standpunkt der Praxis aus gilt dies auch für die Frage, ob der falsche Gebrauch oder die falsche Funktionsweise die erste Ursache für Krankheit ist. Dies lässt sich nämlich demonstrieren: Ein falscher Gebrauch, der immer auch mit falschen Funktionsweisen verknüpft ist, kann **indirekt** dadurch in richtigen Gebrauch verwandelt werden, dass die Verwendung der Primärkontrolle verändert wird. Genauso lässt sich demonstrieren, dass in diesem Prozess aus einer falschen Funktionsweise wieder eine richtige wird. Jeder Versuch jedoch, die richtige Funktionsweise wieder auf **direktem** Wege herzustellen, kann sich bestenfalls nur als lindernd erweisen, weil ein solcher Versuch den Patienten so zurücklässt, dass sein Gebrauch einen konstanten schädigenden Einfluss hat, mit der Neigung das allgemeine Funktionsniveau des Patienten weiter herabzusenken.

Einschub

Die Druckvorlage war schon fast fertig, als ich einen Brief von einem meiner Schüler, einem Mediziner, erhielt, der mir darin einen Auszug aus einem Buch Sir Walter Sherringtons zusandte, das erst kürzlich veröffentlicht worden ist. Angesichts der Natur meines Hauptthemas konnte ich mir kaum vorstellen, dass diese Passage aus *„Man on His Nature"* nicht auf ein weitreichendes Interesse meiner Leser stoßen würde. Deshalb habe ich sie diesem Kapitel noch hinzugefügt. Es heißt darin:

Nehmen wir nur einmal diese einfache Handlung des Stehens. Und nehmen wir an, dass meine Aufmerksamkeit darauf gelenkt worden ist. Erst jetzt wird mir überhaupt bewusst, dass ich stehe. Zunächst macht Stehen auf mich den Eindruck, dass es eine ziemlich leicht auszuführende Tätigkeit ist. Es kommt mir aber sehr schnell in den Sinn, dass es so einfach wohl doch nicht sein kann. So verlangt Stehen, neben anderen Dingen, ein richtiges Maß bei der Aktivierung sehr vieler Muskeln und Nerven. Hunderttausende von Nervenfasern und vielleicht noch einmal hundert Mal mehr Muskelfasern sind daran beteiligt. Mir wird klar, dass verschiedene Areale meines Gehirns damit beschäftigt sind, all dies koordiniert ablaufen zu lassen. Dabei hängt die Richtigkeit meiner Gehirnaktivitäten davon ab, dass das Gehirn tausende von Nerveninformationen erhält und weiterverschickt, um die Druck- und Spannungsverhältnisse in meinen verschiedenen Körperteilen und anderes mehr zu registrieren und anzupassen. Wenn ich daran denke, bin ich vielleicht sogar etwas enttäuscht darüber, dass mein Verstand mir nur so wenig über mein Stehen zu sagen hat. Wenn er mich anhält, meinem Stehen Aufmerksamkeit zu schenken, kann er mich zwar der Tatsache vollkommen bewusst werden lassen, dass ich stehe, aber er sagt mir nur sehr wenig darüber, wie ich stehe; und er hilft mir auch nur bedingt dabei, meinen Stand zu analysieren. Im Wesentlichen bekomme ich von ihm allein die unmissverständliche Bestätigung, dass „ich" es bin, der steht.

(……)Wenn das Stehen zu lange andauert, erhalte ich gleichermaßen unmissverständlich die Information, dass „ich" es bin, der müde vom Stehen ist. Diese Kraft in mir, die sich mit mir identifiziert und sich selbst „ich" nennt, will zwar, dass der Körper aufrecht steht, will zwar, dass der Körper sich hinsetzt, und der Körper reagiert auch darauf entsprechend. Allem Anschein nach weiß diese Kraft aber nicht, wie der Körper all diese Dinge tut. Sie kann sich noch so sehr anstrengen und sie kann noch so sehr ihre Aufmerksamkeit darauf lenken, ganz offensichtlich ist sie nicht dazu in der Lage, ins Innere der jeweiligen Handlung vorzudringen, auch wenn sie zehn Mal behauptet, dass ihr dies gelänge. Sie kann sich nicht in das ***Wie*** *hineindenken: Wie macht der Körper es, dass diese Dinge getan werden, ist eine Frage, die diese Kraft nicht beantworten kann.*[31)]

Mein Schüler hat diese Passage in seinem Brief selbst auch kommentiert. Er hat dazu geschrieben:

Der Bericht aus dem Innenleben eines herausragenden Neurophysiologen ist schon bemerkenswert. (…..) Was er *bei der Analyse seines eigenen „Stehens" herausgefunden hat, ist kaum mehr als das, was irgendein anderer Mensch herausgefunden hätte, der seine Untersuchungen an dieser Stelle abgebrochen hätte. Tiefere Einsichten sind wahrscheinlich nur dann zu erlangen, wenn sich die Analyse auf eine Veränderung der Standposition bezieht. Sherringtons Aussage, dass uns gar nicht bewusst sei, wie wir stehen, ist solange richtig, wie er sich dabei auf die Mechanismen zur Haltungsintegration bezieht. Sie, Mr. Alexander, haben jedoch gezeigt, dass uns sehr wohl bewusst werden kann, wie wir in diesen Mechanismus eingreifen. Ich will meine Sicht der Dinge einmal so beschreiben: Es gibt einen Integrationsmechanismus der Haltung, der von den Tieren unbewusst, aber effizient verwendet wird. Auch der Mensch gebraucht ihn unbewusst, aber ineffektiv. Tatsächlich ist es weniger ein Gebrauch als ein Missbrauch. Was einem Schüler bei Ihrer Arbeit bewusst wird, ist dieser Missbrauch und die primären Befehle haben die Aufgabe, den Missbrauch auf der körperlichen Ebene zu verhindern. Wenn der Mechanismus nicht schon vorhanden wäre, wie gut oder schlecht er auch funktionierte, könnte der Missbrauch niemals aufgedeckt werden. Und eine Verbesserung des Gebrauchs besteht allein darin, nicht in diesen Mechanismus einzugreifen.*

Ich habe den Satz unterstrichen, der in diesem Kommentar von besonderer Bedeutung ist. Sir Charles Sherringtons Aussage in Bezug auf das, was für die Tätigkeit des Stehens erforderlich ist, sollten wir nicht so einfach ignorieren. Gerade in Verbindung mit seinem Eingeständnis, dass er enttäuscht davon sei, wie wenig ihm sein Verstand über sein „Stehen" sagt, obwohl er doch ein so fundamentales Wissen über das komplexe Arbeiten des zentralen Nervensystems besitzt, erhält sein Bekenntnis eine besondere Bedeutung. Seine Enttäuschung könnte ihm bewusst gemacht haben, dass seine Vorstellung von dem, was erforderlich ist, um das zentrale Nervensystem vollständig zu erfassen, nicht umfassend genug gewesen sein kann. All sein Wissen, das er bei seinen Forschungen erworben hatte, konnte ihm nämlich nicht dabei helfen, einem Bedürfnis gerecht zu werden, von dem er angenommen hatte, dass er ihm mit seinem Verstand genügen könnte. Er war sich *zwar der Tatsache vollkommen bewusst, dass er steht,* er sah sich aber nicht in der Lage, sich zu erklären, *wie er steht.* Auch wusste er nichts von den Mitteln-und-Wegen, auf denen die Informationen durch die Nervenfasern geleitet und weiterverarbeitet wurden; und er konnte die Druck- und die Spannungsverhältnisse im Organismus nicht wahrnehmen, geschweige denn anpassen; eigentlich wusste er überhaupt nichts *von all dem,* was am Ende die Tätigkeit „Stehen" wirklich ausmacht. Diese „Mittel-und-Wege" sind deshalb so wichtig, weil von ihnen die Verwendung der primären Kontrolle unseres Gebrauchs abhängig ist. Auf diesem Wege lernen wir das *Wie* kennen, mit dem wir das tun, was wir tun. Und auch dies ist von besonderer Bedeutung: Wir erreichen mit ihnen ein Niveau, auf dem wir das „richtige Maß der Aktivierung" erkennen und auf dem wir erkennen, wie bei der Ausführung jeder einzelnen Tätigkeit die geistig-körperlichen Mechanismen „koordiniert zu managen" sind, ob es sich nun um das „Stehen" handelt oder um irgendeine andere Aktivität. Damit aber noch nicht genug: Wenn die integrierte und komplexe Arbeitsweise der Mechanismen, aus welchem Grund auch immer, gestört ist, so dass diese kompliziert und unkoordiniert funktionieren, sind wir dadurch, dass wir wissen, **wie** die primäre Kontrolle unseres Gebrauchs bewusst zu verwenden ist, in der Lage, das richtige „Aktivierungsmaß" und „das koordinierte Management" für diese Mechanismen wiederherzustellen. Wenn die Studien Sir Charles Sherringtons ihn zu solchen Kenntnissen über seinen Selbstgebrauch geholfen hätten, hätte er sehr wohl das „Wie" herausfinden können, „mit dem sein Körper diese Dinge tut." Auch hätten diese Kenntnisse zum Selbstgebrauch ihn jede Fehlleitung von Energie und jeden falschen Gebrauch einzelner Teile bei seiner Art des „Stehens", des Sitzens oder bei der Ausführung irgendeiner anderen Tätigkeit erkennen lassen. Zudem würde er Kenntnisse darüber besitzen, **wie** jede seiner Aktivitäten wieder mit der richtigen Steuerung und mit der richtigen Intensität ausgeführt werden kann.

Kapitel 7

Die Theorie „vom ganzen Menschen“ und ihre Umsetzung in die Praxis

Gegenwärtig ist das Konzept der Einheit, wie es sich in Ausdrücken wie „Der ganze Mensch“ oder „der Organismus insgesamt“ darstellt, sowohl in der Wissenschaft als auch auf der populären Ebene in aller Munde. Trotzdem kann man nicht unbedingt sagen, dass die individuelle Einstellung oder das jeweilige Verständnis derjenigen, die es als ein grundlegendes Prinzip akzeptiert haben, davon zufriedenstellend beeinflusst worden ist. Das Prinzip ist nicht so verinnerlicht worden, dass grundsätzlich nach diesem Prinzip bei der Bewältigung der Probleme vorgegangen wird, obwohl es die Situation eigentlich verlangt. Wenn ich die Aktivitäten derjenigen, die sich dem Prinzip der Einheit verschrieben haben, einer genauen Analyse unterziehe, muss ich folgendes feststellen: Die vorgeschlagenen und auch die tatsächlich eingesetzten Vorgehensweisen deuten eher darauf hin, dass dieser Personenkreis weiterhin dem Glauben anhängt, der Organismus sei ein aus Einzelteilen zusammengesetztes Objekt, dessen einzelne Teile isoliert voneinander kontrolliert, beeinflusst oder untersucht werden könnten. Ihre Aktivitäten zeigen eher nicht, dass die Anhänger des Prinzips wirklich daran glauben, dass der „Organismus als ein Ganzes“ funktioniert.

Unter diesem Gesichtspunkt könnte es sich als hilfreich erweisen, wenn ich einige Beispiele dieser Inkonsequenz anführe, die sich in den letzten Jahren in verschiedensten wichtigen Schriftstücken offenbart haben. Zusammen mit meinen Kommentaren könnte dies vielleicht dazu beitragen, dass sich die Einstellung zu dem „Konzept der Einheit“ und das Verständnis davon verändern. So könnte vielleicht auch deutlich werden, was der Einzelne dazu beitragen muss, um diese Veränderung herbeizuführen.

Als erstes will ich einen Text zitieren, der in der Londoner *Times* am 5. Mai 1938 unter dem Titel *Der ganze Mensch* erschienen ist:

Schon wenn jemandem gesagt wird, dass er oder sie nur ein halber Mensch ist, wird der- oder diejenige sich leicht verletzt fühlen oder verärgert sein. Kann man dies einem Menschen verübeln? Es gibt jedoch noch weitaus kleinere Abschnitte vom ganzen Menschen als nur eine Hälfte. Ein ausgezeichneter Pädagoge hat sich vor kurzem öffentlich zu dem Fehler bekannt, in seiner Zeit als Schuldirektor jeden Schüler in drei Teile aufgespalten zu haben, so wie die Trikolore in ihre drei Farbfelder aufgespalten ist. Er habe Geist, Körper und Charakter so behandelt, als ob sie getrennte Einheiten in wasserdichten Behältern wären. Er selbst habe dem Geist seine volle Aufmerksamkeit geschenkt und ihm den höchsten Rang zugeordnet. Im Gegensatz zu dieser Analyse, die in die falsche Richtung wies, sähe er heute Erziehung als einen Prozess, bei dem alle drei Teile entdeckt und gleichzeitig entwickelt werden müssen. Er mache einen Unterschied zwischen Erziehung und Training. Geist, Körper und Charakter könnten nämlich durchaus Gegenstand intensiven Trainings sein, ohne dass sich daraus wirkliche Erziehung ergäbe. So kann der Geist sich konzentriert darum bemühen, ein bestimmtes Zertifikat oder einen bestimmten Schulabschluss zu erlangen; der Körper kann mit einem scharfen Sport- und Fitnessprogramm gedrillt werden; und der Charakter kann nach dem Motto „schwimm oder stirb" in die aufgewühlte See eines Anforderungs- und Bewertungssystems geworfen werden. Man kann sich aber leicht vorstellen, dass dieses Trio daran scheitern kann, einen durch und durch gebildeten Menschen zu schaffen. Dies stellt in der Tat ein großes Problem dar. Wenn junge Menschen heranwachsen, haben nun einmal alle drei Bereiche ihre wesentliche Bedeutung. Sie können jedoch nicht bei jedem Kind in den Händen ein- und desselben „Zeremonienmeisters" liegen. Wenn aber der große Wurf gelingen soll, muss es irgendwo jenen überwachenden und lenkenden Einfluss geben, der die voneinander getrennte Behandlung der Bereiche im Lichte eines klar umrissenen Ideals zusammenführt und die Elemente so vermischt, dass man am Ende sagen kann: „Siehe, ein Mensch." Dies ist in der Tat ein durchaus ehrgeiziges Unterfangen. Wie alles, was einen Wert besitzt, ist es mit einigen Schwierigkeiten verbunden. Es ist ein hoffnungsvolles Zeichen, dass, wo immer Pädagogen zusammensitzen, die Motivation, darüber zu diskutieren, deutlich wächst.

In diesen Diskussion wird der Protest gegenüber einem Fehler unüberhörbar: Es ist der Trugschluss, man könne die Ergebnisse von Abstraktion und Analyse so behandeln, als ob sie als eigenständige Einheiten existierten. Natürlich sind Körper, Geist und Seele in jedem Individuum vorhanden, aber der Einzelne ist etwas mehr als die Summe dieser drei. Es gibt eine Qualität in der Kombination dieser drei, die verschwindet, wenn die Kombination aufgelöst wird. Niemand, der sich einer ernsthaften Selbstanalyse unterzieht, wird dies bestreiten können. Die meisten von uns werden es als sehr angenehm empfinden, den Bedürfnissen des Körpers eine besondere Aufmerksamkeit zu schenken, eines Körpers, dessen Appetit umso größer wird, je mehr man den Bedürfnissen dieses „Nimmersatts" nachgibt. Oder man macht die Anforderungen des Verstandes zu seinem Hauptanliegen, wie es einige wenige tun, und wird ein staubtrockener Bedenkenträger mit einem verhungernden und verblühenden Körper. Aber am schlimmsten ist es, wenn man nicht sieht, wie wichtig es ist, die Kräfte und die Möglichkeiten des dritten Partners auszuarbeiten und zu entwickeln: der Seele. Allem Anschein nach lenkt sie die Aktivität oder das Ausmaß der Inaktivität der anderen beiden und hat die mysteriöse Fähigkeit, über Gedanken und Taten zu brüten und ein Urteil über sie zu fällen. Sie kann sogar ihr eigenes Urteil bewerten. Es ist eine besondere Erwähnung wert, dass sich die Moral an diesem dritten Partner orientiert. Für den Körper und den Verstand können die Dinge angenehm oder schmerzhaft sein, wünschenswert oder nicht wünschenswert. Es ist aber die Seele, die sagt, ob etwas gut oder schlecht ist. Und trotzdem macht dieses hohe Privileg die Seele nicht unabhängig von ihren Mitstreitern. Ein erschöpfter und gedemütigter Körper kann sehr wohl Auswirkungen auf die Intelligenz und auf das, was die Seele wahrnimmt, haben. Und ein in die Irre geleiteter oder krankhafter Verstand wird die Feste eines richtigen Urteilsvermögens unterhöhlen. Jeder aus diesem Triumvirat muss seinen Teil in einen gemeinsamen Fond einzahlen, und zwar jeweils den allerbesten. Es ist der ganze Mensch, der der Summe seiner Teile eine neue Dimension gibt. Abt Vogler hat dafür das Bild von den drei Tönen entworfen, die in ihrer Kombination „nicht einen vierten Klang ergeben, sondern einen leuchtenden Stern". Nicht von ungefähr bedeutet Gesundheit Ganzheit.

Kommentar

Dies ist ein schönes Beispiel für die Inkonsequenz, von der ich gesprochen habe. Es ist zwar erfreulich zu hören, dass ein geschätzter Pädagoge sein Credo so verändert hat, dass er das Prinzip der Einheit jetzt als eine Basis für „wirkliche Erziehung" betrachtet. Angesichts des „großen Problems" ist es jedoch umso ärgerlicher, dass der Schreiber, um es zu vermeiden, dass „Geist, Körper und Charakter so behandelt werden, als ob sie getrennte Einheiten wären", nichts anderes vorzuschlagen hat, als dieses: „Es muss irgendwo jenen überwachenden und lenkenden Einfluss geben, der die voneinander getrennte Behandlung der Bereiche im Lichte eines klar umrissenen Ideals zusammenführt und die Elemente so vermischt, dass man am Ende sagen kann: „Siehe, ein Mensch."

Mit diesem Vorschlag trifft der Schreiber wahrlich nicht den Kern des Problems. Selbst wenn nämlich die Mittel verfügbar wären, um die Ergebnisse der getrennten Behandlungsweisen „zusammenzuführen" und „zu vermischen" (Die Thematik dieser Seiten zeigt eindeutig die Fallstricke dieser und ähnlicher Vorstellungen.), eröffnet der Vorschlag nicht unbedingt eine rosige Perspektive für Veränderung: Obwohl er in der Theorie das Prinzip der Einheit als Grundlage für das Funktionieren des menschlichen Organismus akzeptiert, überlässt er die wesentliche Aufgabe, das Prinzip in die Praxis umzusetzen, auf Gedeih und Verderb zersetzenden Gewohnheiten eines Selbstgebrauchs, der sich nur „richtig anfühlt"; und die Umsetzung in die Praxis wird einer unzuverlässigen sinnlichen Wahrnehmung überlassen, die zwangsläufig mit einem solchen Gebrauch verbunden ist.

Dem Schreiber und den Pädagogen, deren Motivation deutlich zunehmen, darüber zu diskutieren, wie uns der Autor mitteilt, lege ich eines ans Herz: Die Einheit des GANZEN MENSCHEN in Tätigkeit kann nicht mit den vorgeschlagenen Mitteln und Wegen erreicht werden. Bevor nämlich das Konzept der Einheit nachhaltig in die Praxis umgesetzt werden kann, bedarf es eines neuen Verständnisses über eine solche Art und Weise des Selbstgebrauchs, die einen integrierenden Einfluss auf die Arbeitsweise der Mechanismen des menschlichen Organismus und deshalb auch einen beständigen und verbessernden Einfluss auf die Funktionsweise hat. Ein solches Verständnis ist aber nur durch eigene Erfahrung zu erlangen. Aldous Huxley hat es pointiert so ausgedrückt: „Wir brauchen Kenntnisse zu einem allgemeinen Prinzip, zu seiner richtigen Integration und zu seinem Verlauf; wir brauchen ein Wissen über die richtige Weise, wie dieses Prinzip in jeder Phase der körperlichen Aktivität zu verwenden ist." (Aldous Huxley, *Ends and Means*)

Der Schreiber des Artikels sieht Erziehung als einen Prozess, „bei dem alle drei Teile entdeckt und gleichzeitig entwickelt werden müssen." (Die drei Teile sind Geist, Körper und Charakter.) Unter dieser Voraussetzung verlangt dies vom Einzelnen in der Tat, dass er der Erziehung seines Selbst als einer bewusst zu verändernden, integrativen Einheit „die volle Aufmerksamkeit schenkt und ihr den höchsten Rang zuweist." Und dies erfordert eine Einstellung zu Veränderungen, bei der es als positiv empfunden wird, dass man die Erfahrung einer ganzen Reihe von bis dahin unbekannten geistig-körperlichen Veränderungen in der Art und Weise des Selbstgebrauchs macht. Obwohl sie sich anfangs „falsch anfühlen", sind diese geistig-körperlichen Veränderungen in der Art und Weise des Selbstgebrauchs grundlegend für den Prozess, bei dem die Verfahren verändert und kontrolliert werden, die im Zusammenhang stehen mit der neuen sinnlichen Steuerung des Gebrauchs und der Funktionsweise und die die alte instinktive sinnliche Steuerung und Kontrolle ersetzen sollen, weil diese sich als unzuverlässig erwiesen hat.

Genauso gilt es, sich der Aufgabe zu stellen, Veränderungen im Umgang mit den Problemen des Menschen in seiner äußeren Welt herbeizuführen. Wenn es gelingen soll, dass ein neuer Plan den Platz eines alten einnimmt, der sich als ein Fehlschlag erwiesen hat, um an seiner Stelle zur Ausführung zu kommen, hängt dies in letzter Konsequenz von der Natur des einzelnen Menschen ab, der damit betraut ist, den neuen Plan auszuführen. Sind die Verhältnisse in einem Menschen so, dass sie einen zersetzenden Einfluss auf seine allgemeine Funktionsweise haben, werden diese Verhältnisse zu einem desintegrierenden Element, wenn der Mensch die Verfahren zur Umsetzung des jeweiligen Plans oder der jeweiligen Methode ausführt. Und dieses Element schränkt die Erfolgsaussichten sehr stark ein. Das Gegenteil ist der Fall, wenn die Bedingungen in dem Menschen einen integrierenden Einfluss auf seinen Gebrauch und seine Funktionsweise haben: Gebrauch und Funktionsweise sind es nämlich, die es ihm ermöglichen, dass er geistig, körperlich und charakterlich als ein GANZER MENSCH funktioniert, wenn er den Versuch unternimmt, die Veränderungen in die Praxis umzusetzen, von denen er glaubt, sie seien notwendig, um seine Reformen umzusetzen oder andere Aktivitäten auszuführen.

Zwei meiner Schüler haben auch den obigen Artikel in der *Times* gelesen und ihnen war aufgefallen, dass er einen starken Bezug zu meiner Arbeit hat. Dies hat sie beide veranlasst, einen Kommentar an den Herausgeber der *Times* zu schreiben. Einer dieser Leserbriefe ist auch veröffentlicht worden. Ich halte es aber für eine gute Idee, hier beide Leserbriefe zu besprechen.

Leserbrief 1 (veröffentlicht)

DER GANZE MENSCH

Sehr geehrte Damen und Herren,

Ihr Leitartikel vom letzten Donnerstag wird sicherlich auf das Interesse vieler der Leser gestoßen sein, die auf ähnlichen Bahnen denken.

In der Tat haben auch so berühmte Persönlichkeiten wie Aldous Huxley oder Prof. John Dewey Wesentliches zu dem Thema beigetragen. Und auch im Rückblick auf die Arbeit der Rockefeller Stiftung des Jahres 1937, die kürzlich von Dr. Raymond Fosdick veröffentlicht worden ist, ist zu lesen: „Solange die Medizin darin versagt, den ganzen Menschen ins Visier zu nehmen, wird es ihr auch nicht gelingen, ihn zu verstehen. Die Medizin geht das Risiko ein, nach der Analyse allzu lange mit der Synthese zu warten. In ihrem Bemühen, Kenntnis von einzelnen Teilen zu erlangen, verliert sie das Ganze aus den Augen.

Auch in Aldous Huxleys „Ends and Means" und in den Schriften von Prof. John Dewey kommt eine ähnliche Sichtweise zum Ausdruck. Die allgemeine Öffentlichkeit wird durchaus an der Vorstellung der Ganzheit interessiert sein, sie wird sich aber natürlich fragen, wie diese Vorstellung in die Praxis umgesetzt werden kann. In dieser Hinsicht bietet ihr Artikel keinerlei Hilfestellung. Anders Aldous Huxley und Prof. John Dewey, die die Pionierarbeit F. M. Alexanders würdigen und in die Öffentlichkeit tragen. Dieser hat nämlich schon seit mehr als vierzig Jahren das Prinzip in der Praxis angewandt und eine Technik entwickelt, deren Erfolg nicht anders als erstaunlich zu beschreiben ist. Die positiven Ergebnisse sind jetzt schon überwältigend, so meine Überzeugung. Und es steht jedem offen, der daran Zweifel hegt, die Sache direkt durch persönliche Erfahrung auszutesten. (Der nun folgende Absatz des Leserbriefs ist nicht in der Times abgedruckt worden)

Die Bedeutung dieses geistig-körperlichen Zugangs für den Menschen kann gar nicht hoch genug eingeschätzt werden. Er schafft eine Art der Vereinigung, die der menschliche Verstand immer suchen muss, wenn er neue Erkenntnisse gewinnen will. In dieser Hinsicht kann der geistig-körperliche Zugang vielleicht mit den letzten Entwicklungen in der Physik verglichen werden, als es den Wissenschaftlern mit der Relativitätstheorie gelungen ist, die Abstraktionen von Raum und Zeit in das Konzept eines vierdimensionalen Raumes zu integrieren. So interessant dieser Vergleich auch ist, mit ihm kann aber nicht die enorme praktische Bedeutung des geistig-körperlichen Zugangs und der von

F. M. Alexander entwickelten Technik illustriert werden, die sie für die Menschheit haben.

Mit freundlichen Grüßen

Leserbrief 2 (unveröffentlicht)

Sehr geehrte Damen und Herren,

ihr Leitartikel „Der ganze Mensch" legt die Betonung auf eines der schwierigsten Probleme im derzeitigen Erziehungssystem. Die Überspezialisierung hat bei den Lehrern zu einer Aufteilung der Funktionen in die Bereiche „Körper", „Geist" und „Seele" geführt. Das muss uns aber klar sein: Wenn der Organismus eine Einheit ist, erfordert eine spezifische Veränderung in einem der Teile eine allgemeine Anpassung des Ganzen; eine solche Anpassung kann gar nicht von einem Lehrer zufriedenstellend geleistet werden, der nicht das Rüstzeug dafür besitzt, eine allgemeine Anpassung in die Wege zu leiten. Wenn versucht wird, spezifische Veränderungen vorzunehmen, ohne das Ganze im Blick zu behalten - so wie es unausweichlich mit den gegenwärtigen Methoden geschieht, weil sie die Komplexität des Organismus außer Acht lassen -, hat es nur den Anschein, dass sie erfolgreich sind. Tatsächlich führen sie aber zu Verspannung und Unordnung im Organismus, der ja als eine Einheit funktioniert, weil ihre Basis nicht seine allgemeine Koordination ist. Am deutlichsten wird dies in der „körperlichen Erziehung": Es ist einfach, vorgegebenen Haltungs- und Bewegungsstandards zu entsprechen, es ist jedoch kein Instrumentarium vorhanden, mit dem die tiefere Koordination erkannt oder gar vermittelt werden kann. Eine solche Koordination ist aber wesentlich für eine effiziente Aktivität. So lässt sich auch erklären, warum die Performance eines feinen Stylisten so oft versagt und warum so viele Erfolge haben, die dem Anschein nach gegen alle Regeln der Kunst verstoßen. Und es erklärt auch, warum „körperliches Training" nutzlos ist, wenn man eine richtige Funktionsweise vermitteln will, die so wichtig bei einer auf den ersten Blick nicht „körperlichen" Aktivität ist. Problem-Lösungsverhalten und spirituelle Meditation sind solche Beispiele. Und was ich für die Ausbildung des „Körpers" gesagt habe, gilt entsprechend auch für die Bildung des „Geistes" und der „Seele".

Tatsache ist, dass weder Lehrer noch Schüler genau wissen, was sie tun. Die Beurteilung von dem, was richtig ist, wenn wir handeln, ist nämlich von unserem Gefühl abhängig. Zudem gibt es kein adäquates Instrumentarium, mit dem die sinnliche Erfahrung einer Handlung, die durch den ganzen Menschen ausgeführt wird, kommuniziert werden könnte. Deshalb stellt sich die Position des Schülers so dar: Er wird solange nicht in der Lage sein, eine Handlung richtig auszuführen, bis er die sinnliche Erfahrung davon gemacht hat; und er wird solange die sinnliche Erfahrung nicht wahrnehmen, bis er die Handlung richtig ausgeführt hat. Um dieser Sackgasse zu entkommen, wird im Allgemeinen vorgeschlagen, ein zu erreichendes Ziel zu definieren und auf gut Glück darauf zu hoffen, dass die unendlich komplexen Mittel durch Versuch und Irrtum erlernt werden. Was bei einer solchen Methode herauskommt, ist keinem Lehrer unbekannt, der seine Klasse einmal dabei beobachtet hat, wie sie sich bewusst „konzentriert". So ist es keine so große Überraschung, dass wir vielen als körperlich verfallen und als seelisch bankrott erscheinen. Zudem verstärkt sich bei dem ganz normalen Menschen der Eindruck, dass das Leben „außer Kontrolle geraten ist".

Ich glaube, dass in der Arbeit F. M. Alexanders eine Lösung für das Problem zu finden ist, wie es auch ihr Korrespondent in seinem Leitartikel erklärt hat. Die Technik F. M. Alexanders stellt die geeigneten Mittel bereit, um einen Zugriff auf den ganzen Menschen zu bekommen. Sie ist jener „überwachende und lenkende Einfluss (...), der die Elemente so vermischt, dass man am Ende sagen kann: „Siehe, ein Mensch", wie es in dem Artikel heißt.

Ich bin der Direktor einer Schule. Aus dieser Warte kann ich sagen, dass in der Erziehung solange keinen weiteren Fortschritt zu erhoffen ist, bis der Wert dieser Technik voll und ganz erkannt worden ist.

Mit freundlichen Grüßen

Die nun folgenden Zitate sind dem 6-Jahres-Rückblick der New Yorker *Josiah-Macy-Stiftung* [A)] entnommen. Die Passagen finden sich an verschiedenen Stellen des Berichts und ihr Präsident Dr. Ludwig Kast schreibt in seinem Vorwort dazu:

Zitat 1

Die Stiftung legt großen Wert darauf, dass es im Zuge einer umfassenden und systematischen Planung notwendig sein wird, die Verantwortlichkeiten und Funktionen so bei der Aufteilung der Arbeit anzuordnen, dass die Einheit des Patienten als geistig-körperliches Wesen bewahrt wird.

Zitat 2

Was im Laufe der Zeit den medizinischen Kenntnissen und der medizinischen Ausrüstung hinzugefügt worden ist, hat die Aufmerksamkeit des Arztes mehr und mehr von dem Patienten als einem Individuum abgelenkt. Sie richtet sich nun vielmehr auf die Existenz der Krankheit oder auf das spezielle Organ oder das spezielle Gewebe als dem Sitz der Krankheit.

Zitat 3

Die starke Ausweitung der Forschung im Bereich der Medizin hat es mit sich gebracht, dass die technischen Kenntnisse sehr schnell zugenommen haben(.....). Und sie hat zu einer verwirrenden Vermehrung der Spezialgebiete geführt. Obwohl sich alle diese Spezialgebiete aus den allgemeinen wissenschaftlichen Prinzipien ableiten und auch auf ihnen basieren, sind sie in der medizinischen Ausbildung und in der Praxis getrennt worden. Das ist der eigentliche Grund, warum der Spezialist den ***Patienten in seiner Ganzheit*** [32)] *seinem Spezialgebiet unterordnet.*

Zitat 4

Es besteht deshalb die zunehmende Notwendigkeit, diese Techniken und Entdeckungen sowohl in die Diagnose als auch in die Behandlung zu integrieren. Eine solche Synthese erfordert nicht nur eine klare Vorstellung von dem Patienten als einem ***Gesamtorganismus****, sondern* *auch einen Zugang zu ihm, bei dem er als eine* ***individuelle Persönlichkeit*** *gesehen wird.*

Zitat 5

Die Vorteile, die sich daraus ergeben, dass die progressiven medizinischen Schulen in der Öffentlichkeit mehr Anerkennung finden, können sich nur zeigen, wenn die medizinische Praxis und die medizinische Aus- und Fortbildung enger aufeinander abgestimmt werden. Eine so organisierte Medizin verlangt es, dass die Medizinstudenten ein größeres Augenmerk auf ihre Persönlichkeitsentwicklung und auf die Entfaltung ihrer Emotionalität legen. Das Angestrebte kann nämlich nur von denjenigen erreicht werden, die zusätzlich zu ihrer technischen und intellektuellen Ausbildung auch soziale Werte empfinden: ***Nur integrierte Persönlichkeiten können solche Patienten effektiv behandeln, bei denen eine Störung der Integration Teil des Problems ist, das sie zu ihrem Arzt geführt hat.***

Kommentar

Das grundsätzliche Problem, das es in dem psycho-somatischen Lehrplan zu lösen gilt, drückt sich in dem Satz des 5. Zitats aus, den ich hervorgehoben habe. Es wird jedoch kein Vorschlag gemacht, wie das Problem zu lösen ist. Und es wird auch kein Hinweis gegeben, auf welche Weise dem Medizinstudenten geholfen werden kann, die Kenntnisse zum integrierten Arbeiten seiner eigenen geistig-körperlichen Mechanismen oder gar der anderer Menschen zu erwerben. Solche Kenntnisse sind aber ohne jeden Zweifel die Basis für den Aufbau einer integrierten Persönlichkeit.

Zitat 6

(.....) In der Hoffnung, Anleitungen für neue Wege zur Integration des Denkens zu finden und weil sie, was noch wichtiger ist, helle Köpfe ausfindig machen wollte, die in der Lage sind, eine Synthese des Denkens herbeizuführen, hat die Stiftung (...) mehrere Experimente unterstützt.

Zitat 7

Untersuchungen zu diesen Problemen können am besten mit klinischen, physiologischen und psychologischen Studien innerhalb der verschiedenen klinischen Bereiche durchgeführt werden, wenn diese Studien miteinander vernetzt sind. Solange sich der Hausarzt, der Kinderarzt, der Chirurg und all die anderen Spezialisten jedoch isoliert mit den psychosomatischen Problemen auseinandersetzen und sie behandeln, kann kein wirklicher Fortschritt erzielt werden. Wenn sie aber kooperieren, wird ihre Spezialbezeichnung per se überflüssig, weil die praktische Medizin in der Praxis zu einer psychosomatischen Medizin geworden sein wird.

Zitat 8

Die analytischen Methoden sind unverzichtbare Instrumente, um den menschlichen Organismus zu beobachten und zu untersuchen und sie haben Früchte getragen, die mit nichts zu vergleichen sind. Um den Menschen jedoch als ein aktives und verantwortliches Wesen in seinem „Lebensraum", als eine individuelle Persönlichkeit, eingebettet in seiner Kultur, zu verstehen, ist ein Konzept notwendig, das „symbolisch" und vernetzt ist. Die Gesamtheit eines Organismus kann nämlich nicht dadurch dargestellt werden, dass man das, was man herausgefunden hat, als man den Organismus in seine Teile zerlegt hat, nur zusammensetzt.

Kommentar

Das in diesem 8. Zitat Angesprochene, ist für mich höchst interessant. Darin wird nämlich all das vorgeschlagen, was schon seit vielen Jahren in meiner Arbeit zum Einsatz kommt, sowohl in Bezug auf die Analysemethoden, die als Instrumente benutzt werden, „um den menschlichen Organismus zu beobachten und zu untersuchen", und auch im Zusammenhang mit Synthesemethoden, wenn beobachtete Fakten verknüpft werden, um „den Menschen als ein aktives und verantwortliches Wesen" zu verstehen. Die wohl überlegten Verfahren, die zu diesem Zweck verwendet werden, sind in meinen Büchern beschrieben worden. Dort findet sich auch ein detaillierter Bericht von der

Entdeckung, dass der Einsatz einer bestimmten Primärkontrolle der Art und Weise des Selbstgebrauchs das Verfahren ist, das unverzichtbar ist, wenn der Integrations- und Rekonditionierungsprozess im gesamten Organismus aktiviert werden soll.

Mein Lebenswerk hat eines aufgezeigt: Durch diesen Prozess der Neukonditionierung ist es möglich, in einem Menschen die Bedingungen allmählich vom Unnormalen zum Normalzustand zu verändern. Allerdings wird der Betroffene zu bestimmten Zeiten und unter bestimmten Umständen verstörende Erfahrungen bei seinen geistig-körperlichen Aktivitäten zu überwinden haben. Mit diesen Erfahrungen kann er dann, wenn er sie überwunden hat, aber ein Niveau der Selbsterfahrung und des Selbstvertrauens erreichen, die all denen vorenthalten bleiben, die in ihrem Leben weiterhin von ihrer Instinktsteuerung abhängig sind.

Daraus folgt: Erst muss der Mensch mittels wohl überlegter Verfahren ein Entwicklungsstadium erreicht haben, bevor wir erwarten können, dass er in den Besitz jener Kenntnisse über sich selbst gelangt, die unverzichtbar sind, wenn man ungewünschte Reaktionen ausmerzen will. Mit diesen Kenntnissen kann er die Beschränkungen hinter sich lassen, die für die Kreatur auf der animalischen Ebene der Evolution so charakteristisch sind.

Ein letztes noch: Wenn es zutrifft, dass „die Gesamtheit eines Organismus nicht dadurch dargestellt wird, dass man das, was man herausgefunden hat, als man den Organismus in seine Teile zerlegt hat, nur zusammensetzt", dann ist die Bedeutung des Wortes *integriert* angesichts der in der Praxis verwendeten Methode kaum zu verstehen. Und dies gilt gleichermaßen für den Gebrauch des Wortes in dem neunten Zitat.

Die folgenden Zitate stammen aus der Zeitschrift *Psychosomatische Medizin,* Band I, Nr. 1 vom Januar 1939. In seinem einleitenden Statement schreibt der Herausgeber:

Zitat 9

Psychosomatische Medizin ist ein Ausdruck, der bisher nicht im allgemeinen Bewusstsein verankert ist. (..) Wie jeder neue Begriff kann er leicht zu falschen Vorstellungen und Fehlinterpretationen führen, wenn nicht genau definiert wird, was damit gemeint ist. (....) Gegenstand der psychosomatischen Medizin ist es, die psychologischen und die physiologischen Aspekte in ihrer gegenseitigen Wechselwirkung auf alle nicht normalen und auf alle normalen Körperfunktionen zu untersuchen und auf diese Weise die Körper- und Psychotherapie zusammenzuführen.

Zitat 10

In den letzten Jahren sind zahlreiche Beobachtungen zur Wechselwirkung der psychologischen und physiologischen Prozesse im menschlichen Organismus gemacht worden, mit steigender Tendenz. Im Interesse der Zusammenführung der Beobachtungen und für einen weiteren Fortschritt hat es sich die Zeitschrift zur Aufgabe gemacht, Beiträge aus Spezialbereichen miteinander in Beziehung zu setzen.

Zitat 11

Die psychosomatische Medizin ist ein unverzichtbarer Zugang für jedes medizinische Spezialgebiet, weil sie die ***Grundlage für jegliche Diagnose und Behandlung bildet.***

Kommentar

Ich habe unter Punkt 11 den Satz „sie bildet die Grundlage für jegliche Diagnose und Behandlung" hervorgehoben. Unter diesem Gesichtspunkt verweise ich den Leser auf einen Brief in diesem Buch, der von neunzehn Medizinern unterzeichnet worden ist. Sie unterstützen darin entschieden meine Ansicht, dass „ein nicht zufriedenstellender Gebrauch, verursacht durch das Eingreifen in die allgemeinen Funktionsbedingungen, der Grund für zukünftige Funktionsstörungen und Krankheiten ist und dass die Diagnose eines Patienten solange unvollständig ist, solange der untersuchende Arzt nicht den Einfluss des Gebrauchs auf die Funktionsweise in die Diagnose mit einbezogen hat." Auf den Seiten der psychosomatischen Zeitschrift finde ich jedoch nicht einmal den beiläufigsten Hinweis darauf, dass die Verantwortlichen den konstanten Einfluss der Gebrauchsweise zum Guten oder zum Schlechten auf die Funktionsweise des Selbst mit in ihre Überlegungen einbezogen haben, als sie ihre Empfehlungen für eine Diagnose und für die Behandlung formuliert haben.

Zitat 12

Wenn der in medizinischen Fragen bewanderte Leser den Ausdruck „psychosomatische Medizin" liest, wird er vielleicht an wissenschaftliche und philosophische Schriften erinnert, die es im letzten Jahrhundert zuhauf gegeben hat. Diese Schriften waren neuen wissenschaftlichen Disziplinen gewidmet, die, zwar theoretisch formuliert, im Großen und Ganzen aber nicht vorhanden waren. Eine boshafte Kritik an der Philosophie und der Psychologie des 19. Jahrhunderts würde mit einiger Berechtigung festgestellt haben, dass sich die Psychologen und die Philosophen jener Zeit hauptsächlich damit beschäftigt haben, Einleitungen zu solchen wissenschaftlichen Disziplinen zu schreiben, die es noch gar nicht gab.

Kommentar

Die in diesem Kapitel bereits angeführten Zitate zeigen auch dieses: Allzu viele Menschen sind heute damit beschäftigt, „sich um ungelegte Eier zu kümmern." Es wird sich erweisen, dass der Herausgeber der *Zeitschrift der Psychosomatischen Medizin* mit dieser Aussage der Wahrheit sehr viel näherkommt, als er es vielleicht erwartet oder gar beabsichtigt hat. Solange es ihnen nämlich selbst nicht gelingt, die Existenz einer „wissenschaftlichen Disziplin" nachzuweisen, die sie aufgrund theoretischer Überlegungen postulieren und die als „psychosomatische Medizin" beschrieben wird, wird es nicht bei der „boshaften Kritik an der Psychologie und Philosophie des 19. Jahrhunderts" bleiben, sondern auch der gemäßigte Leser von heute wird sich die Frage stellen, ob die Autoren der Zeitschrift nicht auch damit beschäftigt sind, „Einleitungen zu wissenschaftlichen Disziplinen zu schreiben, die es noch gar nicht gibt".

In derselben Ausgabe der *Zeitschrift der Psychosomatischen Medizin* gibt es einen Artikel von Dr. Franz Alexander mit dem Titel *Psychologische Aspekte der Medizin.* Es heißt darin:

Zitat 13

Zu den Paradoxons historischer Entwicklung gehört das folgende Phänomen: Je größer die wissenschaftlichen Meriten einer Methode oder eines wissenschaftlichen Prinzips sind, umso mehr werden diese Meriten in einer späteren, weiter fortgeschrittenen Periode der Entwicklung zu einem verzögernden Einfluss. (.....) So wurde mit der Einführung des Mikroskops die Lokalisierung von Krankheit noch weiter eingeschränkt: Die Zelle wurde zu ihrem Sitz. Niemand war für diese partikularistische Vorstellung mehr verantwortlich als Virchow, dem die Pathologie mehr verdankt als irgendjemand anderem. Er hatte erklärt, dass es keine allgemeinen Erkrankungen gibt, nur Erkrankungen der Organe und der Zellen. Seine großen Errungenschaften auf dem Feld der Pathologie und seine große Autorität haben die zellulare Pathologie zu einem Dogma gemacht, das das medizinische Denken bis zum heutigen Tag beeinflusst. Virchows Einfluss auf die Ätiologie ist ein Beispiel, wie es klassischer nicht sein kann. ***Die größten Errungenschaften der Vergangenheit wurden später zu den größten Hindernissen für eine weitere Entwicklung.***

Kommentar

Dr. Franz Alexander hat oben in dem Paragrafen festgestellt: „Je größer die wissenschaftlichen Meriten einer Methode oder eines wissenschaftlichen Prinzips sind, umso mehr werden diese Meriten in einer späteren, weiter fortgeschrittenen Periode der Entwicklung zu einem verzögernden Einfluss." Wenn dies wirklich der Wahrheit entspricht, dann muss das Prinzip, auf dem die jeweilige Methode basiert, falsch sein. Anders könnte sich die Anwendung einer Methode nicht als ein „verzögernder Einfluss" erweisen. Eine richtige Methode würde nämlich zu einer „vorangeschrittenen Periode der Entwicklung" beitragen.

Dr. Franz Alexander scheint zu glauben, dass diese paradoxe Situation nicht zu vermeiden ist. Er stellt auf der einen Seite fest, dass Virchow verantwortlicher als irgendjemand anders für eine Vorstellung ist, die er als eines der „größten Hindernisse für eine weitere Entwicklung" beschreibt. Zur gleichen Zeit legt er jedoch nahe, dass die Pathologie Virchow mehr verdankt als sonst irgendjemandem. Zu diesem Widerspruch hätte es aber gar nicht erst kommen können, wenn Dr. Alexander die Wirkung eines schädlichen Gebrauchs und eines verringerten Funktionsniveaus *als Vorläufer für zellulare und organische Erkrankungen* mit in Betracht gezogen hätte. Weil er die Wirkung eines schädlichen Gebrauchs und eines verringerten Funktionsniveaus nicht in seine Überlegungen mit einbezogen hat, hat er auch dieses nicht gesehen: Die partikularistische Vorstellung Virchows von Medizin war, als sie in die Praxis umgesetzt wurde, auch für eine Methode verantwortlich, die die Reichweite sowohl der Diagnose als auch der Behandlung stark begrenzt hat. Dies hat Dr. Alexander oben selbst eingestanden. Diese Methode ist dadurch charakterisiert, dass es für die Lokalisierung von Krankheit enge Grenzen gibt. Sie ist deshalb als unwissenschaftlich abzulehnen und nur ein weiteres Beispiel dafür, wie gefährlich es ist, mit der *direkten* Methode des Herangehens Kenntnisse in der Medizin oder in irgendeinem anderen Aktivitätsfeld des Menschen erlangen zu wollen. Dr. Alexander fährt dann in seinem Artikel wie folgt fort:

Zitat 14

Nicht weniger beeindruckend ist die Aussage Dr. Allen Greggs, eines Mannes, der die Vergangenheit und die Zukunft der Medizin aus einer weiten Perspektive betrachtet. Er schreibt im Harvard Medical Alumni Bulletin (*Cambridge) vom Oktober 1936 unter der Überschrift „Die Zukunft der Medizin" folgendes: „Die Gesamtheit, die das menschliche Wesen an sich ist, ist zu Studienzwecken in Einzelteile und Untersysteme zerlegt worden. Man muss die Methode nicht unbedingt an den Pranger stellen, aber man ist auch nicht gezwungen, allein schon mit den so erzielten Resultaten zufrieden zu sein. Was stellt die Harmonie zwischen unseren verschiedenen Organen und unseren zahlreichen*

Funktionen her und was macht sie zu einem Verbund? Was erhält diesen Zustand? Und was hat die Medizin dazu zu sagen, dass Geist und Körper einfach so voneinander getrennt werden? Was macht ein INDIVIDUUM zu etwas Unteilbarem, wie es der Begriff ja nahelegt? Es ist eine Wahrheit, die durchaus Schmerzen bereiten kann, dass hier weitaus mehr Kenntnisse vonnöten sind. Diese Kenntnisse sind nicht nur notwendig, es müssen sich auch erste zaghafte Veränderungen einstellen. So hat sich bereits die Psychiatrie aufgemacht, die Neuro-Physiologie wächst, die Neuro-Chirurgie gedeiht und ein Stern hängt weiterhin über der Wiege der Endokrinologie. Beiträge aus andern Feldern müssen aus der Psychologie, der Kulturanthropologie, der Soziologie, wie aus der Chemie und der Physik und der inneren Medizin zusammengesucht werden, um die Dichotomie von Geist und Körper zu überwinden, die uns Descartes hinterlassen hat.

Kommentar

Zu dieser Passage hat mir eine meiner Schülerinnen, Mrs. Alma M. Frank, New York, einige Bemerkungen zukommen lassen. Um die Aussage Dr. Greggs zu kommentieren, kann ich nichts Besseres tun, als aus ihrem Brief zu zitieren:

> *In der Aussage Dr. Allen Greggs steckt in der Tat das grundsätzliche Problem. Es lohnt sich jedoch, das Verfahren, das er vorschlägt, noch einmal zu überdenken. Es ist notwendig, sich über eine Überzeugung ernsthafte Gedanken zu machen, die uns heute von allen Seiten - wie auch in der Aussage dieser neuen Publikation - entgegenschlägt: Wir brauchen nur auf allen Feldern genügend Daten zu sammeln und sie miteinander in Beziehung zu setzen, schon kann das jeweilige Problem gelöst werden.*
>
> *Der Hase liegt aber genau an dieser Stelle im Pfeffer: Können wir uns mit Hilfe der sogenannten Wissenschaften von der Dichotomie von Körper und Geist befreien, wenn diese Wissenschaften selbst und ihre Errungenschaften auf genau dieser Dichotomie beruhen? Hat diese Dichotomie nicht auch die „Psychologie" und „Physiolo-*

gie" als eigenständige Wissenschaften geboren? In Wirklichkeit sind „Psychologie" und „Physiologie" in ihrer Existenz als eigenständige Wissenschaften von der Dichotomie abhängig, die uns Descartes vermacht hat. Es ist deshalb leicht nachvollziehbar, dass aus dieser Richtung nichts zu erwarten ist, was uns von ihr erlöst. Vielmehr steht zu erwarten, dass noch sehr viel größere Datenmengen angehäuft werden, die sich aber nicht in einen Zusammenhang bringen lassen.

Wenn wir nicht die Korrelation von immer noch mehr Daten aus all diesen „Wissenschaften" brauchen, was hilft uns dann? Wir brauchen neue Prinzipien, die auf allen Forschungsfeldern angewendet werden müssen; Prinzipien, die nicht nur die Dichotomie von Geist und Körper bloß in Abrede stellen, was heute durchaus zu einer Mode geworden ist, sondern die uns davon befreien, unsere Forschung weiterhin mit denselben Konzepten, unter denselben Etiketten und mit denselben separatistischen Instrumenten durchzuführen, von denen wir aber loskommen wollen.

Mrs. Franks Einlassung erfährt starke Unterstützung von dem folgenden Auszug aus Dr. L. K. Franks Veröffentlichung „Struktur, Funktion und Wachstum". [33)] Es heißt dort: „Die Kritiken an den analytischen Methoden und am Einsatz von Zeitkonzepten stehen im Zusammenhang mit einer organischen Konzeption, die sich aus Protest gegen die Zersplitterung des Organismus entwickelt hat, je nach der Datenvielfalt, die die analytischen Methoden liefern. Diese Kritiken sind Markstein für eine Bewegung, die explizit die Vorstellung vertritt, dass etwas Existierendes, wie es ein Organismus ist, so viele Datenmengen liefert, wie dem Untersuchenden Techniken zur Verfügung stehen, die Datenmengen zu analysieren und zu dokumentieren. Zwischen diesen Daten werden bestimmte Beziehungen bestehen, die auf der bloßen Natur eines Organismus als einem Energiekomplex in einem vierdimensionalen Universum basieren, mit mannigfaltigen „Feldern" in verschiedenen Entwicklungsstadien. Das bedeutet aber nicht, dass diese Daten miteinander in Beziehung gesetzt werden müssten oder sollten, allein schon deshalb nicht, weil in einem Organismus die Veränderungs- und Anpassungsprozesse und die Interaktionen zwischen den ‚Feldern' mit variablen Zeitverzögerungen und variabler Effizienz ablaufen, insbesondere in der Wachstums- und Entwicklungsphase des Organismus. Die Untersuchungen zum Wachstum und zur Entwicklung der individuellen Organismen sind immer noch so neu, dass darüber augenblicklich nur sehr wenig bekannt ist.

Die Tradition der analytischen Wissenschaft, die darauf beharrt, ein organisches Ganzes in eigenständige Teile zu zerlegen, und die versucht, jeweils zwei Variablen miteinander in Beziehung zu setzen, ist das Haupthindernis für eine Untersuchung der Organismen. Viele Forscher behaupten steif und fest, dass eine Untersuchung unwissenschaftlich ist, wenn das Problem nicht auf zwei Variablen begrenzt worden ist. Vielleicht bevorzugen sie ja auch die Abstraktionen der Anatomie und der Physiologie und kreative Methoden, um Daten zu generieren und ihnen eine Bedeutung zuzuweisen. Natürlich sind die Gewinnung von Daten und ihre Interpretation ganz entscheidend für eine Untersuchung des Organismus. Wir sehen aber an dieser Stelle erneut, wie durch die konzeptionellen Rahmenbedingungen der gegenwärtigen Wissenschaft die Untersuchung organischen Wachstums und organischer Entwicklung empfindlich gestört wird."

Die beiden nächsten Zitate stammen wieder aus dem Geschäftsbericht ihres Präsidenten Raymond B. Fosdick zur Arbeit der Rockefeller Stiftung des Jahres 1937:

Zitat 15

Solange es der Medizin nicht gelingt, den ganzen Menschen zu umfassen, wird es ihr auch versagt bleiben, ihn zu verstehen. Die Medizin läuft Gefahr, nach der Analyse allzu lange mit der Synthese zu warten. Sie geht das Risiko ein, das Ganze für die Kenntnis einzelner Teile aus dem Blick zu verlieren. Wenn die Medizin das vernachlässigt, was die Funktionen und Organe integriert und harmonisiert, wird das von ihr gezeichnete Bild trotz all ihrer Weisheit unscharf sein und sie wird die Zusammenhänge weiterhin nur unvollständig verstehen.

Zitat 16

Wenn ein durchschnittlicher Laie einen Blick auf die eher wissenschaftlichen Aspekte der praktischen Medizin wirft und wenn er die Berichte zu neuen wissenschaftlichen Erkenntnissen liest, die nahezu täglich erscheinen, wird er vielleicht zu dem Schluss gelangen wollen, dass der Mensch bald schon alles weiß, was es über den Zustand und das Verhalten des menschlichen Organismus zu wissen gibt. Das Gegenteil ist aber der Fall: Von all den Dingen, die der Mensch wirklich weiß, ist das, was er über seinen eigenen Körper weiß, das wenigste. Seine Kenntnis von den Sternen ist sehr wahrscheinlich vollständiger und verlässlicher als das Wissen über seinen Körper.

Diese Auszüge hat mein Freund Michael March in der Ausgabe des *Brooklyn Citizen* vom 28. März 1938 kommentiert. Er hat dort geschrieben: „In seinem gerade veröffentlichten Geschäftsbericht zur Arbeit der Rockefeller Stiftung hat ihr Präsident Raymond B. Fosdick beschrieben, welche Arbeit auf den Feldern der Medizin und Psychiatrie noch zu leisten ist. Und er hat die Gelegenheit genutzt, um auf ein großes Dilemma hinzuweisen, dem sich die Menschheit gegenwärtig gegenübersieht: Wie kann die Wissenschaft den einzelnen Menschen als eine Ganzheit behandeln? Das Dilemma offenbart sich in den unternommenen Versuchen, die Techniken der Medizin und die der Psychiatrie, die im Kern nicht miteinander verwandt sind, irgendwie in Einklang zu bringen. Oder anders ausgedrückt: Zwei Felder von Techniken sollen miteinander verschmolzen werden, die ihren Ursprung in der falschen Annahme haben, dass Geist und Körper zwei isolierte Einheiten seien." Michael March zitiert dann das Statement 15 und führt weiter aus: „Mr. Fosdick hat die Aussage gewagt, dass die Psychiatrie 'ein zentrales Land der Medizin ist und nicht eine Insel für Spekulationen'. Er scheint wirklich zu glauben, dass die Psychiatrie, die von der Stiftung finanziell stark unterstützt wird, potenziell der integrierende Faktor ist. Im Lichte der Tatsache, dass es ausgesprochen töricht ist, zwei Technikfelder miteinander vermengen zu wollen, die, wie ich oben bereits ausgeführt habe, jede für sich ihren Ursprung in der falschen Theorie haben, dass Geist und Körper zwei isolierte Einheiten seien, ist eine solche Vorstellung sicherlich nicht tragfähig.

Es ist schon einigermaßen überraschend, solche Aussagen auf den Seiten einer Publikation der Rockefeller Stiftung zu finden, hat sich doch die Stiftung die Vermehrung des Wissens auf ihre Fahnen geheftet. Aber das Dilemma, das zunehmend Anlass für solche Spekulationen bietet, ist weitreichend. Die Wissenschaft ist in eine Sackgasse geraten: Es ist jetzt zwingend notwendig, das Individuum als ein integriertes Ganzes zu behandeln. Dr. Fosdick sagt es selbst: 'Die Notwendigkeit ist so groß, dass im Augenblick wenig Gefahr besteht, sie zu überreizen'. Angesichts dessen mag man kaum glauben, dass die Stiftung weiterhin die Existenz einer Technik nicht zur Kenntnis nimmt, bei der tatsächlich ein integrierendes Prinzip zur Anwendung kommt und die nachweislich praktikabel und wissenschaftlich ist. Wenn Mr. Fosdick Kenntnis von den Prinzipien und der Technik F. M. Alexanders hätte, würde er vermutlich der Psychiatrie die Aufgabe nicht zuschreiben, 'die Organe und die Funktionen des Menschen' zu integrieren. Anstelle der Psychiatrie, bestenfalls nur eine spekulative Technik, hätte er voller Enthusiasmus von F. M. Alexanders Prinzip der Primärkontrolle und von seiner Technik berichtet, es anzuwenden. Mit dieser Technik können Aktion und Reaktion des menschlichen Organismus fein aufeinander abgestimmt werden. Mit ihr eröffnen sich neue prächtige Wege für das zukünftige Wohlergehen der Menschheit."

In seinem Buch „Der Mensch, das unbekannte Wesen" hat sich Alexis Carrel vom Rockefeller Institut mit diesem Dilemma beschäftigt. Er hat darin vorgeschlagen, die gewaltige Masse an Wissen, die jetzt „in technischen Besprechungen, in Abhandlungen und in den Gehirnen der Wissenschaftler weitverstreut ist", von einem oder mehreren Superhirnen in Einklang zu bringen. Diese Superhirne sollten in der Lage sein, diese gewaltige Menge an erworbenem Wissen, das beziehungslos nebeneinander existiert, zu analysieren, das Wissen irgendwie zusammenzuschweißen und es für die praktischen Bedürfnisse, für die es gedacht ist, anwendbar zu machen. In diesem Zusammenhang schreibt Dr. Carrel dann:

Zitat 17

Ist es einem einzelnen Gehirn möglich, solch eine gigantische Wissensmenge aufzunehmen? Kann ein einzelner Mensch die Felder der Anatomie, Physiologie, Biologie, Chemie, Psychologie, Metaphysik, Pathologie und Medizin beherrschen? Kann er zudem ein tiefes Verständnis für genetische, pädagogische, moralische, ethische, religiöse, soziologische und ökonomische Inhalte erlangen? Kann er in Ernährungsfragen und der Ontogenese zu einem Fachmann werden? Mir erscheint ein solches Unterfangen nicht unmöglich. In ungefähr fünfundzwanzig Jahren könnte man all diese Wissenschaften erlernen, wenn man seine Studien nicht unterbricht. Diejenigen, die sich einer solchen Prozedur mit Disziplin unterwerfen, könnten dann im Alter von um die fünfzig Jahren den Aufbau des Menschen und auch den Aufbau einer Zivilisation, die sich auf der wahren Natur des Menschen gründet, effektiv gestalten. [34)]

Zu diesem Statement gibt es aus meiner Sicht einiges zu sagen. Dr. Carrel fragt, ob es „für ein einzelnes Gehirn möglich ist, solch eine gigantische Wissensmenge aufzunehmen". Er macht sich Gedanken darüber, ob „ein einzelner Mensch (all diese Wissenschaften) beherrschen kann". Es ist schon ausgesprochen merkwürdig, dass er dies nicht für unmöglich hält. Aber noch merkwürdiger ist es, dass er sich anscheinend nicht die Frage stellt, ob ein solcher Mensch in der Lage sein könnte, all die verschiedenen Datenmengen, die er erworben haben würde, in ein miteinander verwobenes Ganzes zu verwandeln. Meine Erfahrung zeigt nämlich, dass Menschen, die in sehr vielen verschiedenen Bereichen Studien betrieben und Wissen erworben haben, allzu oft nicht fähig sind, die verschiedenen, auf diese Weise erworbenen Datenmengen miteinander zu verbinden. Sie verpassen so die Gelegenheit, zunächst das mögliche Grundlagenwissen zu sammeln, bevor sie ihre Schlussfolgerungen ziehen, auf denen sie ihre konstruktiven

Pläne aufbauen. Wenn all jene, die so viel Zeit damit verbracht haben, Wissen anzuhäufen, das beziehungslos nebeneinandersteht, das neue Wissen sofort bei seiner Aufnahme mit den Kenntnissen, die sie bereits besaßen, verzahnt hätten, ständen sie jetzt nicht vor der Aufgabe, „im Interesse der Einheitlichkeit und für einen weiteren Fortschritt" aus den speziellen Wissensbereichen Inhalte auswählen und miteinander in Einklang bringen zu müssen.

Dr. Carrel hängt auch dem Glauben an, dass diejenigen, „die all diese Wissenschaften erlernen können" und „sich einer solchen Prozedur mit Disziplin unterworfen haben", „den Aufbau des Menschen und den Aufbau einer Zivilisation, die sich auf der wahren Natur des Menschen gründet, effektiv gestalten" können. Dazu habe ich folgendes zu sagen: Das Wissen, das für diese Aufgabe am allerwichtigsten ist, findet sich wahrlich nicht in den „Wissenschaften", die er aufgezählt hat. Die fundamentalen Kenntnisse zum integrierten Arbeiten des geistig-körperlichen Organismus im Zusammenhang mit dem Gebrauch des Selbst und die notwendigen praktischen Erfahrungen zur Erlangung dieser Kenntnisse können nicht von jemandem erworben werden, der in einem oder in allen Wissenschaftsbereichen arbeitet, die auf Dr. Carrels Liste stehen. (Genau dieses fundamentale Wissen ist aber der Hauptgegenstand dieses Buches.)

Wir müssen deshalb davon ausgehen, dass Dr. Carrel diese alles überragende Prämisse nicht mit in Betracht gezogen hat, als er seine Schlussfolgerungen gezogen hat. Diese Schlussfolgerungen ließen ihn auf Mittel und Wege verweisen, mit denen sein Superhirn fit gemacht werden könnte, um „den Aufbau des Menschen und den Aufbau einer Zivilisation, die sich auf der wahren Natur des Menschen gründet, effektiv zu gestalten" und um für diesen Menschen als einem „vollständigen Organismus" und einer „individuellen Persönlichkeit" eine Diagnose zu erstellen und um ihn zu behandeln.

Eines kann ich Dr. Carrel aber versichern: Solange sein Superhirn keine bewussten Kenntnisse von den Verfahren erlangt hat, die die integrierenden und neukonditionierenden Prozesse aktivieren – diese sind daran beteiligt, die richtigen Verhältnisse bei der Zusammenarbeit der einzelnen Teile des Organismus herzustellen, die den Einsatz der Primärkontrolle erst möglich machen – werden ihm die wesentlichen Kenntnisse fehlen, um sich selbst auf seine Aufgabe vorzubereiten, „den Aufbau des Menschen und den Aufbau einer Zivilisation, die sich auf der wahren Natur des Menschen gründet, effektiv zu gestalten".

Nur wenn die Menschen in den Besitz dieser Kenntnisse gelangen und sie auch in die Praxis umsetzen können, kann sich Dr. Carrel erhoffen, dass in der Folge eine Zivilisation entsteht, in der sich eine fundamentale Veränderung zum Besseren zeigt. Wir können nur dann darauf hoffen, dass nicht nur ein einzelnes Superhirn, sondern eine große Anzahl von Männern und Frauen sich weigert, irgendwelche Pläne zu unterstützen (oder dass sie deren Ergebnisse sehr genau untersuchen, wenn sie in der Praxis arbeiten), wenn sie nicht davon überzeugt ist, dass ihre eigenen Schlussfolgerungen auf vollständigen Prämissen beruhen. Diese Männer und Frauen werden davon profitieren, dass sich ihre Perspektive und ihr Zugang zum Konzept der Einheit des lebenden Organismus verändert haben. Sie werden nicht länger an Methoden zum Wissenserwerb kleben, die zu Differenzierung und Spezialisierung geführt haben und die entwickelt worden sind, um den Bedürfnissen von Forschern gerecht zu werden, die nur einen Teil oder wenige Teile untersuchen. Diese Methoden haben die Forscher, durchaus effektiv, daran gehindert, Wissen zu erwerben, das sie in die Lage versetzt hätte, den Organismus so behandeln, dass er *in einem Prozess* der Neukonditionierung von einem zerfallenden Ganzen zu einem Ganzen verändert wird, in dem alle Teile fein aufeinander abgestimmt sind. [35)]

Kapitel 8

Gedanken eines Osteologen [A)] zu einer neuen Technik

In der Zeitschrift der *Amerikanischen Gesellschaft für Osteologie von Chicago* habe ich mit großem Interesse einen Artikel mit dem Titel *„Technische Nachschulung“ („Reeducation in Technic“)* von Paul Van B. Allen gelesen. Dieser Artikel hat mich nicht nur interessiert, weil darin dankenswerterweise auf meine Arbeit hingewiesen wird. In ihm zeigen sich zudem deutlich die Schwierigkeiten, die auch jene erfahren, die in der Theorie voll und ganz hinter meinem Prinzip stehen: Wenn sie anfangen, das Prinzip in die Praxis umzusetzen, bereitet es vielen von ihnen tatsächlich große Schwierigkeiten, seine volle Reichweite zu erfassen. Dass dieses Problem von überragender Bedeutung ist, wenn es um die Kontrolle der menschlichen Reaktion geht, ist ein wesentliches Anliegen dieses Buches. Ich bitte Mr. Allen, der mit seinem Artikel seinen Kollegen eigentlich nur helfen will, mir wirklich zu glauben, dass ich mit der folgenden Kritik nur klären möchte, was seine Kollegen unweigerlich verwirren und in die Irre führen muss.

In seinem Artikel deckt Mr. Allen zunächst ausführlich bestimmte Defizite der Osteologie, so wie sie normalerweise praktiziert wird, auf. Er schreibt:

(...) Ich will zeigen, dass unsere Technik nahezu in jedem einzelnen Fall hinter dem zurückbleibt, was sie eigentlich leisten sollte. Dies gilt sowohl für das Geschick, mit dem wir die osteologischen Methoden anwenden, als auch für unsere Fähigkeit, ihre Reichweite dadurch zu verbreitern und zu vergrößern, dass wir neue Techniken in unser Repertoire aufnehmen. Dafür lassen sich mindestens vier Gründe anführen. Zunächst einmal kümmern wir uns unablässig um ein zu erreichendes Ziel und blenden eine Analyse der Mittel, mit denen dieses Ziel erreicht werden kann, fast vollständig aus. Zweitens: Von Anfang an, als wir unsere Techniken erlernt haben und auch später, als wir neue Techni-

ken unserem Handwerkszeug hinzufügen wollten, haben wir uns in einem Prozess intuitiver Imitation darum bemüht. Drittens ist unser methodisches Vorgehen eher geprägt von Versuch und Irrtum und wir sind nicht so sehr mit Verstand an die Sache herangegangen. Ein vierter Grund findet sich in der Art der Methoden, mit denen wir unsere Techniken erlernt haben und mit denen wir auch weiterhin Techniken erlernen.

(.....) Daraus folgt: Ganz gleich, wie sehr wir an unseren Techniken feilen und sie aufpolieren, ganz gleich, wie geschickt wir sie anwenden, sie sind von der Notwendigkeit konditioniert, dass sie sich „richtig anfühlen" müssen, wie dieser vertraute sinnliche Eindruck landläufig genannt wird. Eines ist aber gewiss: Von seiner Entwicklungsgeschichte her muss dieses „Sich-Richtig-Anfühlen" falsch und in die Irre führend sein. Deshalb werden wir solange hinter unseren Erwartungen zurückbleiben, wie wir die subjektiven Faktoren unserer Technik nicht auf eine kritische und objektive Weise analysieren, ganz gleich wie viele neue und bessere Techniken wir unseren gewohnten Verfahren hinzufügen.

In meinem Buch „*Der Gebrauch des Selbst*" (THE USE OF THE SELF) habe ich über meine Schwierigkeiten geschrieben, als ich bestimmte schlechte Gewohnheiten beim Gebrauch meiner Stimme korrigieren wollte. In seinen Ausführungen nimmt Paul Van B. Allen darauf Bezug und er behandelt Theorie und Praxis meiner Technik durchaus mit Wohlwollen, wenn er einen Weg skizziert, um sie anzuwenden, und wenn er sie seinen Kollegen empfiehlt. Er legt ihnen auch sehr meine grundlegende Kernthese ans Herz, dass unter den modernen Lebensbedingungen der Mensch eine gestörte sinnliche Wahrnehmung besitzt, die vollkommen unzureichend und unzuverlässig ist. Diese Störung der sinnlichen Wahrnehmung hat zur Folge, dass sich das, was in unserem Selbstgebrauch falsch ist, „richtig anfühlt". In einem weiteren Schritt zeigt er auf, in welcher Weise diese sinnliche Wahrnehmung im Fall der Technik der Osteologie sowohl Auswirkungen darauf habe, wie der Osteologe erspüre, was getan werden müsse, als auch darauf, wie er seine eigene Muskel- und Nervenaktivität als Reaktion auf die mentalen Befehle erspüre. Wenn ein Osteologe seinen eigenen Gebrauch verändern wolle, wie er es für notwendig halte, sei er, was immer er tue, mit einem schwerwiegenden Problem konfrontiert: Die Methoden, die die Osteologie einsetzt, seien zielorientiert. In der Tendenz würden mit ihnen schlechte Gewohnheiten, die sich bereits etabliert haben, weiter verfestigt. Wenn ein Versuch unternommen werde, sich selbst zu verbessern, würden diese schlechten Gewohnheiten tatsächlich mitgenommen. Und weiter schreibt er dann:

„Unser Denken ist so auf das Ziel, das wir vor Augen haben, fixiert, dass wir die Mittel weitgehend außer Acht lassen, mit denen unser Ziel zu erreichen ist. Intuitiv verfallen wir auf den falschen gewohnten Gebrauch unseres Organismus, haben dabei sogar noch das Gefühl, das alles in Ordnung ist, und sind zufrieden mit unserer Arbeit. Aus diesem Prozess erwächst vor allem ein Ergebnis: Je mehr wir uns bemühen, umso mehr ist unsere Aufmerksamkeit auf das zu erreichende Ziel fixiert und umso mehr greifen wir auf unseren gewohnten, aber falschen Gebrauch unseres Organismus zurück. (.......) Es hat den Anschein, dass wir uns in einem Labyrinth befinden und in ihm auf der Suche nach dem Ausgang herumirren. Jetzt kommt aber F. M. Alexander und kann uns mit seiner Technik aus unserer Notlage befreien."

Ich habe Paul Van B. Allen auch deshalb so ausführlich zitiert, weil er im Verlauf der Diskussion über die praktische Anwendung meiner Technik in der Osteologie trotz seiner sehr sorgfältigen und scharfsinnigen Analyse seiner Notlage, seinen Kollegen nichts mit an die Hand gibt, was ihnen helfen könnte, das Problem zu lösen, mit dem sie sich konfrontiert sehen, wenn sie versuchen, die von ihm empfohlenen Veränderungen in ihrem Selbstgebrauch herbeizuführen. Er beschreibt zwar meine Verfahren und bestimmte verbale Anweisungen zu dem, was getan werden muss, um sie in der Praxis anzuwenden. Aber eines scheint ihm völlig entgangen zu sein: Diejenigen, die seine Vorschläge vielleicht in die Tat umsetzen wollen, werden sich bei der Umsetzung wieder derselben sinnlichen Steuerung anvertrauen, auf die sie sich bisher verlassen haben. Er trifft in seinem Plan nämlich keine Vorkehrung dafür, dass die Verlässlichkeit der sinnlichen Wahrnehmung wiederhergestellt wird. So ist es nur schwer nachzuvollziehen, warum er glauben kann, dass seine Kollegen, wenn sie seine Verfahrensvorschläge ausführen, erfolgreicher sein könnten als mit den Verfahren, die sie in ihrer osteologischen Ausbildung und bei Weiterbildungen erlernt haben. Er selbst schreibt dazu:

„F. M. Alexander begegnet dieser Zwickmühle mit dem Prinzip der ***Hemmung der sofortigen Reaktion.*** *[35](……)Der mentale Befehl wird erteilt und seine Ausführung augenblicklich bewusst gehemmt, die aktive Reaktion auf den Befehl wird also zunächst auf Eis gelegt: Das, was der Körper tun muss, wird noch einmal im Detail genau durchdacht und es wird ihm nachgespürt."*

Wie können aber diejenigen, die sich in der von Paul Van B. Allen so anschaulich beschriebenen Notlage befinden, das Prinzip der Hemmung erfolgreich in die Praxis umsetzen? Er hat ja selbst das Problem eingeräumt, das sich ihnen stellt, wenn sie den Versuch unternehmen, sich selbst zu verbessern: Im selben Moment, da sie der Stimulus zu handeln trifft, verlassen sie sich zur Steuerung dieser Handlung auf ein Gefühl, das unzuverlässig ist, wie Allen auch eingestanden hat. Dies hat zur Folge, dass sie weiterhin in denselben schlechten Gebrauchsgewohnheiten versinken, die sie korrigieren wollen. Dies ist ganz genau die Notlage, in der sie sich befinden. Nicht weniger Verständnis für die Probleme seiner Kollegen zeigt er, wenn er ihnen den Rat gibt, zu „visualisieren" und zu „erspüren". Fälschlicherweise scheint er Visualisierung und Spürsinn meiner technischen Vorgehensweise zuzurechnen. Dies zeigt sich z. B. in dem soeben zitierten Abschnitt oder wenn er an anderen Stellen schreibt:

- „Jedes Detail muss visualisiert werden."
- „Man sucht im Voraus das eigene Muskelgefühl zu erspüren, so wie man es erwartet, wenn die Muskeln ihre Aufgabe verrichten."
- „Er visualisiert die sanfte Beschleunigungskraft".

Jedoch würde ein solches „Visualisieren“ oder „Erspüren“ notgedrungen von derselben sinnlichen Wahrnehmung, demselben Gefühl, abhängen, die schon zu den Fehlern geführt haben, die beseitigt werden sollen. Paul Van B. Allen warnt entschieden davor, dass man seinen unzuverlässigen sinnlichen Eindrücken Vertrauen schenkt, wenn man Veränderungen in seinem Selbstgebrauch herbeiführen will. Umso merkwürdiger ist es deshalb, dass er dieses nicht sieht: Ein Mensch, der auf seine sinnliche Wahrnehmung nicht zählen kann und der sich auf ein Bild verlässt, das er „visualisiert“, oder der auf ein Gefühl vertraut, das er „erspürt“, ist von einer „Richtigkeit abhängig, deren Basis die Illusion ist“, um mit seinen eigenen Worten zu sprechen. Mit keinem Wort erwähnt er jedoch notwendige Vorkehrungen, die getroffen werden müssen, um den Status der unzuverlässigen sinnlichen Wahrnehmung zu verändern und zu verbessern. Wie sollen ihm diese Verfahren dann von Nutzen sein?

Es ist wirklich äußerst unglücklich, dass er bei seiner Beschreibung meiner Technik nicht einmal in einem Nebensatz die entscheidende Rolle erwähnt, die der richtige Einsatz der Primärkontrolle hat, wenn es darum geht, den Selbstgebrauch zu verbessern und so allmählich die Zuverlässigkeit der Sinne wieder herzustellen. Im ersten Kapitel meines Buches THE USE OF THE SELF (*Der Gebrauch des Selbst*) habe ich berichtet, wie ich versucht habe, bestimmte Defekte durch eine *direkte* Kontrolle zu korrigieren. Obwohl diese direkten Versuche fehlgeschlagen sind, haben sie dazu geführt, dass ich die Existenz einer Primärkontrolle des Selbstgebrauchs entdeckt habe, was dann den Weg für eine weitere Entdeckung gebahnt hat: Wenn erst einmal die gewohnte Reaktion auf einen Stimulus zu handeln gehemmt worden ist, führt der Einsatz der Primärkontrolle *indirekt* dazu, dass die Defekte allmählich verschwinden. So konnte ich tatsächlich nachweisen, dass meine Defekte Nebenprodukte meines falschen Einsatzes der Primärkontrolle gewesen sind.

Erst die Entdeckung dieser Primärkontrolle machte es überhaupt möglich, eine geschlossene Technik zu entwickeln. Deshalb ist auch ein

Verständnis darüber, wie diese Kontrolle zu verwenden ist, für die Anwendung meiner Technik fundamental. In der Tat ist ein solches Verständnis grundlegend für jede andere Technik, die die von ihm umrissenen Probleme bewältigen kann. Vieles, was in seiner Beschreibung meiner Technik missverständlich ist, ist ganz offensichtlich dadurch entstanden, dass er beim Lesen meines Buches diesen Zusammenhang übersehen hat. Und er hat auch einen weiteren Punkt überlesen, der unmittelbar daraus folgt: Die Veränderungen im Gebrauch des Selbst, die durch meine Technik bewirkt werden, sind ein indirektes Ergebnis von Mitteln, die von der richtigen Verwendung der Primärkontrolle bedingt und abhängig sind.

Aus dem soeben Gesagten folgt für die Hemmung der sofortigen Reaktion, die Paul Van B. Allen als Lösung für die Notlage zitiert, in der sich seine Kollegen und er selbst befinden, dieses: *Durch sie ist zuallererst die gewohnte Reaktion auf jegliche Aktivität, die eine falsche Verwendung der Primärkontrolle zum Ergebnis haben würde, zu hemmen.* Auch dies wird ihm wohl entgangen sein, andernfalls hätte er eines sehen müssen: Wenn all jene, die keine Kenntnis von der Arbeitsweise der Primärkontrolle haben, meine Verfahren nach seinen Beschreibungen befolgen, ist darüber nur zu sagen, dass sie bloß einen weiteren Fehlversuch unternehmen, um ein Ziel zu erreichen, ohne die Mittel-und-Wege zu beachten. Und dieser Fehlversuch ist durchaus geeignet, sie noch tiefer in ihre Notlage zu verstricken.

Wenn der Osteologe erst einmal das Wissen von der Arbeitsweise der Primärkontrolle erworben hat und wenn er gelernt hat, es in die Praxis umzusetzen, wird er, wie jeder andere auch, gerüstet sein, sich zu seinem besten Vorteil zu gebrauchen, wenn er meine Technik anwendet. Und er wird sich genauso zu seinem besten Vorteil gebrauchen, wenn er irgendetwas anderes ausführt, das er gerne tun will. Zudem ist dieses Wissen ganz entscheidend für seinen Erfolg bei jeglichem Versuch, meine Technik bei seiner Arbeit als Osteologe oder bei jeder anderen Tätigkeit in der Praxis einzusetzen.

Um eine neue Idee oder eine ihm erteilte Anweisung auszuführen, die bei ihm einen neuen Gebrauch installieren sollen, würde er aber etwas tun müssen, was sich für ihn „falsch anfühlt". Die Erfahrung ist allerdings eine andere: Ganz gleich, wie stark sein Wille und seine Entschlusskraft auch sind, die neuen Anweisungen auszuführen, wird er mit nahezu absoluter Gewissheit nicht in der Lage sein, bei seinem Entschluss zu bleiben. Im gleichen Augenblick, da er mit seiner Arbeit als Osteologe beginnt, wird er tun, was sich für ihn „richtig anfühlt" und er wird instinktiv auf seinen falschen Gebrauch zurückgreifen. Und dieser falsche Gebrauch ist mit seiner gewohnten Reaktion auf jeden Stimulus zur Aktivität verknüpft, die seinen Wunsch nach dem befriedigt, was sich „richtig anfühlt".

Paul Van B. Allen unterliegt auch im Folgenden einem schwerwiegenden Missverständnis in Bezug auf das, was fundamental wichtig bei der Anwendung meiner Technik ist, wenn er schreibt:

„Wenn man die Alexandermethode bei diesem Problem anwenden will, liegt die erste Betonung auf einer simplen Erkenntnis: Die ins Auge gefasste neue und bessere Technik muss Schritt für Schritt bis ins letzte Detail so ausgearbeitet werden, dass sie präzise auf die Bedingungen der Notlage und auf die Mechanik der Korrektur zugeschnitten ist und dass sie zweitens mit jedem weiteren Schritt in Bezug auf den speziellen und richtigen Gebrauch unserer körperlichen Mechanismen den Erfordernissen, die sich aus der Natur der Notlage ergeben, angemessen entspricht."

Weiter unten schreibt er:

„Ich will noch einmal in aller Kürze einige der Faktoren aufzählen, die zu beachten sind, wenn die technischen Verfahren analysiert werden sollen. Ausgangspunkt soll sein, dass die Mechanik der Notlage bereits visualisiert worden ist. Diese Notlage ist es nämlich, die Richtung und Reichweite bestimmt, mit der sich die korrigierende Kraft bewegen muss. (......) Und dann sieht man sich den Gebrauch des eigenen Körpers genauer an."

Das ist nun aber wirklich das, was man „den Karren vor das Pferd spannen" nennt. Allem Anschein nach hat Paul Van B. Allen auch die Bedeutung von dem missverstanden, was ich in *The Use of the Self* in dem Kapitel über das Golfspielen geschrieben habe. Anders lässt sich nur schwer erklären, wie ihm eine wichtige Erkenntnis verschlossen bleiben konnte: Wenn er sich und seinen Kollegen bei der Ausführung der neuen Verfahren meiner Technik helfen will, sollte die Ausbildung in dieser neuen Technik damit beginnen, dass die Art und Weise, wie sie sich selbst gebrauchen, durch eine entsprechende Umschulung verändert wird, zumal die Verfahren meiner Technik eine Gebrauchsweise verlangen, die ihnen völlig unvertraut ist. Besser noch wäre eine andere Reihenfolge in ihrer Ausbildung, wenn möglich: Die Umschulung sollte besser vor der Ausbildung zum Osteologe stehen. Erst wenn sie den Punkt erreicht haben, dass sie den sich beständig verbessernden Selbstgebrauch erhalten können, während sie die Technik der Osteologie in der Praxis oder bei jeder anderen Tätigkeit anwenden, sollten sie mit ihrer osteologischen Ausbildung beginnen.

Das, was soeben gesagt worden ist, hat auch für jedes andere Tätigkeitsfeld Gültigkeit. Nehmen wir zum Beispiel den Fall eines Sängers oder eines Schauspielers: Ihm sind als Voraussetzung für seine Kunst Tiefatmung oder andere Atemübungen vermittelt worden, ungeachtet der Wirkung, die die Ausführung dieser Übungen auf die Art und Weise des Gebrauchs haben, wenn die entsprechenden Mechanismen bei der Stimmproduktion oder der Atmung benutzt werden. Was ich dazu im Folgenden zu sagen habe, beruht auf einem profunden Erfahrungsschatz in diesem Bereich.

Der Künstler, der auf diese Weise geschult worden ist, geht mit einer bestimmten, speziellen Vorstellung davon, wie er zu atmen hat, wenn er singt oder seinen Text rezitiert, auf die Bühne. Die schlimmen Ergebnisse dieser Methode sind heute allzu sichtbar, als dass ich mich darüber weiter ausbreiten müsste. Wenn sich diese schlechten Verhältnisse erst einmal ausgebildet haben, machen sie es einem Sänger oder Schauspieler unmöglich, sein höchstes Funktionsniveau als Künstler zu erhalten. Hinter solchen Ausbildungsmethoden steht der Glaube, dass es möglich sei, einzelnen Teilen des Organismus eine spezielle Hilfestellung zukommen zu lassen, als ob die Atemmechanismen eines Künstlers getrennt und isoliert von den Mechanismen zur Stimmproduktion oder von dem Organismus als Ganzem funktionierten. Tatsächlich sind sie aber so abhängig von einander und so eng miteinander verflochten, wie es auch die Zusammensetzung unserer geistigen und körperlichen Anteile ist. Und dies kann eindeutig nachgewiesen werden: Jemand, der lernt, sich richtig zu gebrauchen, indem er auf die richtige Verwendung der Primärkontrolle seines Selbstgebrauchs vertraut, wird zu seinem bestmöglichen Vorteil atmen, wenn er singt oder spricht, wie auch bei allen anderen Tätigkeiten des täglichen Lebens. Er braucht die Hilfe spezieller Atemübungen gar nicht, wenn er etwas tun soll, das notwendig ist, um eine seiner Tätigkeiten auszuführen. Und auch wenn es seine Aufgabe ist, jetzt oder in der Zukunft Verfahren einer Technik in der Praxis zu verwenden, in der Osteologie etwa oder bei ähnlichen Techniken, braucht er diese Hilfe nicht.

Paul Van B. Allen hat meine Technik mit viel Lob bedacht und hat sie seinen Kollegen als einen wertvollen Beitrag zur Methode der Osteologie und zur osteologischen Behandlung empfohlen. Er hat jedoch nicht gesehen, dass es einen fundamentalen Unterschied zwischen der Theorie und Praxis meiner Technik und der Theorie und Praxis der Osteologie gibt: Es ist die Erkenntnis, dass die Primärkontrolle bewusst zu verwenden ist. Zudem können die beiden unterschiedlichen Methodenzugänge, die direkte Methode der Osteologie, so wie sie Paul Van B. Allen beschrieben hat, und die indirekte Methode, wie sie meinen Verfahren zugrunde liegt, nicht miteinander kombiniert und auf eine Linie gebracht werden, weil sie auf unterschiedlichen Arbeitsprinzipien beruhen, die nicht miteinander zu vereinbaren sind. Vermutlich kommt die gedankliche Verwirrung, die wohl die Ursache dafür ist, dass er all dies übersehen hat, auch schon im Titel seines Artikels „Reeducation in Technic“ (Erneuerung der technischen Ausbildung) zum Ausdruck.

Es ist durchaus möglich, jemanden nachzuschulen, der eine Technik vermittelt. Aber ich kann mir wirklich nicht vorstellen, wie er oder sie in einer neuen Technik umgeschult werden sollte. Das müsste doch wohl in einer ersten Ausbildung geschehen und nicht bei einer Umschulung. Nachschulung bedeutet doch, dass etwas, das man vorher in einer Ausbildung erfahren hat und das aus irgendeinem Grund verloren gegangen ist, in der Nachschulung allmählich wieder zum Vorschein gebracht wird. Als Beispiel kann uns ein Mensch dienen, der seinen Selbstgebrauch jahrelang gestört hat und bei dem diese Störung mit der Zeit mehr und mehr schädliche Auswirkungen gehabt hat. *Nachschulung ist nicht ein Prozess, bei dem etwas Neues hinzugefügt wird, sondern bei dem etwas wiederhergestellt wird.* Als ich meine Technik zur Wiederherstellung des richtigen Selbstgebrauchs entwickelt habe, geschah dies aus der Not heraus, dass ich meine normalen Gebrauchs- und Funktionsverhältnisse, die vorher ein Teil von mir gewesen sind und die ich dann aber irgendwann verloren hatte, wiederherstellen musste. Indem Paul Van B. Allen meine Technik als einen Beitrag zur osteologischen Behandlung anbietet, bietet er seinen Kollegen etwas Neues an, etwas, das sie vorher noch nicht erfahren haben und das ihnen unbekannt ist. Dies geschieht aber leider allzu oft: Wenn jemand, der versiert in einer Theorie und Praxis ist, die auf einem ihm vertrauten Prinzip beruht, angeleitet wird, eine Theorie und Praxis zu begutachten und zu akzeptieren, die auf einem ihm nicht vertrauten Prinzip beruht, wird er in seiner Vorstellung in Bezug auf die Mittel-und-Wege, mit denen die neue Technik erfolgreich umzusetzen ist, fehlgeleitet.

Es sind zwei Gründe, die Paul Van B. Allen anführt, warum er und seine Kollegen sich nicht wirklich sicher sein können, ob sie ihre Arbeit in der besten Weise verrichten, wie es ihren individuellen Fähigkeiten entspricht: Zum einen sei die Steuerung ihrer sinnlichen Wahrnehmung fehlerhaft und zum anderen sei es wahrscheinlich, dass sie eher an Fähigkeit einbüßen, wenn sie ihre manipulative Arbeit weiter praktizieren, als dass ihre Fähigkeiten zunehmen.

Er war der Meinung, er könne sich und seine Kollegen aus dieser Notlage dadurch befreien, dass er Wissen an sie weitergibt, das er durch das Lesen meiner Bücher erworben zu haben glaubte. Seine praktischen Ratschläge deckten sich aber nicht mit meiner Praxis und auch nicht mit der Theorie, so wie sie in meinen Büchern dargelegt wird, sondern mit seinen Interpretationen dessen, was er den Büchern entnommen hatte. Er hat nämlich die wichtige Rolle, ja die alles überragende Rolle, übersehen, den die primäre Kontrolle des Gebrauchs in der Praxis meiner Theorie spielt. Und auch dies hat er nicht gesehen: Wenn bei der Aufarbeitung meiner Theorie für die Praxis nicht erkannt oder ignoriert wird, dass der richtige Einsatz dieser Primärkontrolle einen entscheidenden Einfluss hat, kann meine Technik nicht mehr als irgendeine andere Technik von Nutzen sein, um seine Kollegen aus ihrer „Notlage" zu befreien.

Bei seinen Überlegungen, ob meine Technik geeignet ist, seinen Kollegen oder den Patienten zu helfen, war seine Diagnose zu den Ursachen und Wirkungen unvollständig. Dies kann eigentlich auch niemanden allzu sehr verwundern, wenn man bedenkt, welche Erfahrungen er mitbringt und wie er ausgebildet worden ist: Seine Erfahrungen und seine Ausbildung befähigen ihn nicht dazu, den weitreichenden Einfluss des Gebrauchs auf die Funktionsweise des menschlichen Organismus zu erkennen. Sie versetzen ihn auch nicht in die Lage, die störenden und schädlichen Auswirkungen zu erkennen, die ein beständiges Absinken des allgemeinen Funktionsniveaus auf einen Patienten hat. Zudem sieht er nicht, dass die schlechten Gewohnheiten beim Gebrauch des Selbst verantwortlich für das absinkende Funktionsniveau sind. (Auch dem Begründer der osteologischen Methode muss all dies entgangen sein.)

Die angesprochenen Defizite gelten in gleicher Weise für seine Diagnose der Unzulänglichkeiten, der Fehler und der individuellen Eigenarten bei seinem Selbstgebrauch immer dann, wenn er manipulativ tätig wird. Ohne das Wissen zum richtigen Einsatz der Primärkontrolle beim Selbstgebrauch ist nämlich eine verlässliche Diagnose der Fehler des Therapeuten oder der Patientenfehler gar nicht möglich.

Das Wissen vom Einfluss des Gebrauchs auf die Funktionsweise gehört weder zu der Ausbildung eines Osteologen noch zu der eines Mediziners. Ein solches Wissen ist aber für eine vollständige Diagnose absolut notwendig, wenn die Veränderungen, die an den strukturalen und funktionalen Verhältnissen vorgenommen werden, erhalten bleiben und nicht von schädlichen Nebenwirkungen begleitet werden sollen. Eine osteologische Behandlung, wie jede andere Behandlung auch, wird von einem Tatbestand ganz entscheidend behindert: Der Patient, der sich einer Behandlung unterzieht, ist von einem beständigen Einfluss zum Schlechten geprägt, weil sein gewohnter falscher Selbstgebrauch schädliche Auswirkungen auf seine allgemeine Funktionsweise hat. Und diese schädlichen Auswirkungen werden durch eine osteologische Behandlung nicht nur nicht verändert, sondern tendenziell noch verstärkt. Das ist meine Erfahrung mit Schülern, die sich in die Hände eines Osteologen begeben hatten. Eine Behandlung nach der osteologischen Methode schließt nicht die geeigneten Mittel-und-Wege mit ein, um die richtige Verwendung der Primärkontrolle wiederherstellen zu können. Wenn diese Primärkontrolle aber wieder richtig verwendet wird, hat sie auf die allgemeine Funktionsweise des Patienten einen beständigen Einfluss zum Guten.

Unter diesen Gesichtspunkten und wenn das, was Paul Van B. Allen über die Theorie und Praxis der Osteologie und über die Methodik zur Vermittlung der osteologischen Kenntnisse gesagt hat, den Tatsachen entspricht, kann dies für seine Aussagen und seine Sichtweise nur bedeuten, dass die Methode und die osteologischen Behandlungen auf Prämissen basieren, die unvollständig sind. Und angesichts der Nebenwirkungen – da sind die schädlichen Effekte auf den Praktizierenden und den Patienten, woraus sich ergibt, dass auch die Qualität der Arbeit bei der Behandlung abnimmt - werden auch die Kriterien nicht erfüllt, die man an eine wissenschaftliche Methode stellt. Ich bin durchaus begeistert, dass er seinen Kollegen helfen will, meine Technik aufzunehmen. Deshalb widerstrebt es mir auch, dass ich gezwungen bin, den Eindruck zu korrigieren, den er seinen Kollegen von der Theorie und Praxis meiner Technik vermittelt hat. Ich bin es meiner Arbeit aber einfach schuldig, die Dinge richtig zu stellen!

Vor allem anderen ist es mein Anliegen, Paul Van B. Allen und seinen Kollegen zwei Dinge ins Stammbuch zu schreiben:

- Jedes Mal, wenn sie ein neues Verfahren erproben, sind sie von der Steuerung eines Sinnesapparates abhängig, von dem ja gesagt worden ist, dass er stark fehleranfällig ist.
- Dadurch, dass sie dieser Steuerung vertraut haben, sind sie zu genau den Fehlern in ihrem Selbstgebrauch verleitet worden, die sie eigentlich verändern wollten.

Ich habe viele Jahre Unterrichtserfahrung. Deshalb kann ich jeden nur davor warnen, anderen dabei helfen zu wollen, gewünschte Veränderungen im Selbstgebrauch vorzunehmen. Sowohl sie selbst als auch die Menschen, denen sie helfen wollen, müssen nämlich einer Tatsache ins Auge blicken: Das Wesen von Veränderung verlangt es, dass man mit dem Unbekannten in Kontakt kommt. Deshalb können ihre früheren Erfahrungen - das, was ihnen bekannt ist - ihnen auch nicht helfen. Sie werden sie eher noch behindern. Es gibt eigentlich nur zwei Wege, um die gewohnten Reaktionen beim Selbstgebrauch zu verändern:

- Sie können die Mittel-und-Wege, mit denen sie neue sinnliche Erfahrungen erlangen können, von einem erfahrenen Lehrer erhalten.
- Oder sie gehen den langen und beschwerlichen Weg des Selbststudiums, den ich gegangen bin, um die nötigen Kenntnisse zu erlangen.

Auf einem anderen Weg lässt sich das Problem wohl kaum lösen, das sich bei dem Prozess stellt, anstelle einer instinktiven Kontrolle der menschlichen Reaktion eine bewusste treten zu lassen, ob nun die Korrektur einer Schädigung positiv beeinflusst oder irgendetwas anderes erreicht werden soll.

Kapitel 9

Prinzipientest auf neuen Wegen anstatt auf die alte Weise

Wenn jemand neue Handlungskonzepte aufgreifen will, um Konzepte zu ersetzen, denen er bisher gefolgt ist, ist unbedingt auf eines zu achten: In seinen Vorüberlegungen sollte er die Erfahrungen mit einbeziehen, die er gemacht hat, als er nach seinen früheren Konzepten gehandelt hat. Vor allem sollte er dem Prinzip eine besondere Beachtung schenken, das die Basis für seine bisheriges Handlungskonzept gewesen ist und das eine Erklärung für seine gemachten Erfahrungen liefert. Er sollte dieses Prinzip mit dem Prinzip vergleichen, das die Basis für sein neues Handlungskonzept sein soll. Jedes von ihm formulierte Konzept zu handeln kann so einem Test unterzogen werden: Wenn der Test zeigt, dass das neue Handlungskonzept auf demselben Prinzip beruht wie das Konzept, das ersetzt werden soll, sollte es nicht weiter verfolgt werden, weil damit die Erfahrungen nur ebenso wenig zufriedenstellend sein werden wie mit dem alten Konzept. Wenn sich jedoch auf der anderen Seite zeigt, dass das dem neuen Handlungskonzept zugrunde liegende Prinzip ein anderes ist, soll es als ein Prinzip mit Potenzial willkommen sein und es kann näher untersucht werden. Ganz allgemein ist ein solcher Prinzipientest ein verlässliches Instrument, um den Wert eines neuen Konzeptes zu beurteilen. Wenn ein neues Konzept formuliert worden ist, um die Verhältnisse in der Pädagogik, im Sozialbereich oder sonst irgendwo zu reformieren, und ein solcher Prinzipientest an dem vertretenen Konzept nicht vorgenommen wird, zeugt dies von fehlendem Verantwortungsgefühl gegenüber all jenen, für die es als eine Hilfe gedacht ist, und ist von vornherein schon unglaubwürdig. Selbst wenn es gelingen würde, ein neues Konzept durchzudrücken, das auf dem gleichen Prinzip beruht wie das zu ersetzende Konzept, wird die Uhr der Zivilisation bei seiner Erprobung nur ein weiteres Mal zurückgedreht. So werden in der Zukunft die Schwierigkeiten für diejenigen zunehmen, die nicht damit zufrieden sind, dass ihre Probleme mit der Methode Versuch und Irrtum gelöst werden sollen.

Viel zu viele Menschen haben für sich die Wahnvorstellung entwickelt, dass es ihre Aufgabe sei, anderen „den Weg zu weisen", ohne dass sie vorher Kenntnisse und Erfahrungen gesammelt haben, die eine solche Rolle rechtfertigen würde. Viel zu viele Menschen wollen anderen etwas beibringen, zu dem sie selbst nicht in der Lage sind. Das Ergebnis ist fatal: Die Anzahl der Blinden, die einen Blinden führen, nimmt stetig zu. Für diese ist Vermittlung oder Anleitung anderer eher Selbstzweck und nicht Mittel und Weg, um ein Ziel zu erreichen. So sind sie auch wenig von einem Wertetest für ihr Anliegen, als Anleitung oder als Entscheidungshilfe, angetan. Ich bezweifle sogar sehr, dass es ihnen jemals in den Sinn gekommen ist, nach Prinzipien zu arbeiten, wenn sie etwas vermitteln oder reformieren wollten.

Ein Beispiel: Manche nehmen für sich in Anspruch, dass sie mit ihrer Methode die Bedingungen bei anderen erfolgreich verändern können und dass ihre Arbeit dem Fortschritt und der Entwicklung der Gesellschaft insgesamt dient. Wenn man jedoch die Technik, die sie verwenden, genauer unter die Lupe nimmt, wird man eines deutlich erkennen: Es werden, in dem fundamentalen Sinne, der hier von Belang ist, keine Vorkehrungen getroffen, um diejenigen, denen sie so geflissentlich helfen wollen, in Kontakt treten zu lassen mit dem ihnen nicht Vertrauten und Unbekannten. Und doch hängen Fortschritt und Entwicklung davon ab, dass dieser Kontakt zum Nicht-Vertrauten und zum Unbekannten hergestellt worden ist. Dafür reicht es nicht, das Neue und Unbekannte theoretisch zu akzeptieren, man muss sich dafür auch geöffnet haben, wenn man mit den folgerichtigen Verfahren konfrontiert wird, die nachweislich der praktische Gegenpart der Theorie sind. Wenn man nicht laufend neue Erfahrungen macht oder in diesem Jahr noch dieselben Verhältnisse in unserem Organismus herrschen wie im Jahr zuvor, müssen wir daraus schließen, dass es uns nicht gelungen ist, Fortschritte zu machen oder unsere Entwicklung und unser Wachstum zu fördern. Unglücklicherweise gibt es bei den meisten von uns einen Stolperstein, der den Weg dorthin blockiert: Wir akzeptieren nicht so leicht die Fakten, die nicht zu unseren Überzeugungen und Theorien passen. Diese Blockade ist eine tief verwurzelte, unterbewusste Reaktion. Sie kann sich durchaus zu etwas ausweiten, was man als die Zwangsvorstellung beschreiben kann, blind am Herkömmlichen und Gewohnten festzuhalten. Diese blockierende unterbewusste Reaktion hat ihre Wurzel in Denkgewohnheiten, gegen die die herkömmlichen Erziehungsmethoden nur wenig tun, um sie zu korrigieren. Sie tun aber viel dafür, diese Denkgewohnheiten auszubauen. Wenn dies bezweifelt wird, erwähnen Sie etwas, was Ihre Zuhörer bisher noch nicht gehört haben und warten Sie ihre Reaktion ab! Sie wird mit nahezu hundertprozentiger Wahrscheinlichkeit geprägt sein von Zweifel, Skeptizismus und allzu oft auch von Gefühlsausbrüchen, die Hinweis sind auf Vorurteile und irrationalen Widerstand. Dies wird insbesondere dann der Fall sein, wenn durch das Gesagte die Interessen und die Wünsche der Zuhörer in irgendeiner Weise berührt werden könnten. Wenn man wirklich für Fortschritt, Entwicklung und Wahrheit eintreten wollte, würde man so nicht reagieren. Vielmehr würde augenblicklich unser Interesse geweckt, wenn von etwas Unbekanntem die Rede ist. Das Außergewöhnliche würde willkommen geheißen und mit demselben Verantwortungsbewusstsein untersucht. Es würde als eine große Chance zur Inspektion des eigenen Denkens und Handelns angesehen. Eine solche Gelegenheit ist in der Tat etwas wirklich Großartiges!

Die Technik, die ich in meinem Buch THE USE OF THE SELF (*Der Gebrauch des Selbst*) beschreibe, macht es schon seit vielen Jahren möglich, bisher unbekannte Erfahrungen zu erlangen, wenn in einem Prozess Veränderungen in der Art und Weise des Gebrauchs dadurch bewirkt werden, dass man ausgehend von bekannten Erfahrungen unbekannte Erfahrungen macht. Auf diesem Weg werden alle schädlichen Einflüsse im Zusammenhang mit der gewohnten Gebrauchsweise so verändert, dass sie zu positiven Einflüssen werden, sobald sie an eine neue und vorher unbekannte Art und Weise des Gebrauchs gekoppelt ist. Diese neue Gebrauchsweise stellt dann sicher, dass das allgemeine Funktionsniveau beständig angehoben wird.

Das Gedankengebäude und das Handlungsgerüst, die nötig sind, um den positiven Einflüssen den Weg zu ebnen, verlangen es:

- dass man lieb gewordene Ansichten aufgibt;
- dass nicht länger die ausgetretenen, gewohnten Pfade benutzt werden
- und dass man lernt, auf nicht vertraute Art und Weise, die Dinge zu tun.

Daraus ergibt sich die Notwendigkeit für eine Technik, die uns in die Lage versetzt, mit neuen Ansichten daran zu gehen, die Dinge auf neuen Wegen zu tun, wenn in einem Prozess unser gewohnter Selbstgebrauch verändert wird. Erst wenn wir die Erfahrungen gemacht haben, die in diesem Prozess zu machen sind, wird es uns vielleicht möglich sein, die weitreichende Bedeutung zu verstehen, die eine Veränderung der Arbeitsweise einer *Konstanten* (eines Gebrauchs) nach sich zieht, kann diese *Konstante* doch die allgemeine Funktionsweise entweder zum Guten oder zum Schlechten beeinflussen. Wenn wir die Notwendigkeiten akzeptieren, dass wir auf neuen *Mitteln-und-Wegen* das tun müssen, was wir tun wollen, und dass wir die vertrauten Wege durch Hemmung versperren müssen, wenn wir zudem all das akzeptieren, was für die neue Art und Weise, die Dinge zu tun, notwendig ist, ist es nötig, in unbekannten Bahnen zu denken. Dies macht es auch erforderlich, dass der Mensch ein breites Spektrum von Erfahrungen macht, von denen ich glaube, dass sie unausweichlich sind, wenn die Menschheit weiter wachsen und sich fortentwickeln will.

Mit nur wenigen Ausnahmen hat sich der Mensch aber immer dafür entschieden, in den eingefahrenen Bahnen zu denken. Außerdem stand sein Enthusiasmus für Methoden des Zielstrebens immer schon in auffälligem Kontrast zu seiner Nachlässigkeit, wenn es darum ging, sich der schwierigen Aufgabe zu stellen, die besten Mittel-und-Wege bereitzustellen, auf denen er folgerichtig die Entscheidungen umsetzen konnte, die für einen Erfolg des großen Zivilisationsplans notwendig waren. Angesichts von Situationen, in denen wohl überlegte Entscheidungen darüber zu treffen sind, welche die beste der möglichen Handlungsoptionen ist, hat er die Gewohnheit entwickelt, sich mehr von seinen irrationalen Ängsten leiten zu lassen als von einer ausgewogenen Beurteilung seiner fundamentalen Bedürfnisse und Notwendigkeiten. Und im Schüren irrationaler Ängste ist die Religion immer schon besonders erfolgreich gewesen.

Im Bereich der Religion wie auch in anderen Bereichen haben uns die Lehrer in der Vergangenheit bis zum heutigen Tag gerne theoretische Hilfen, Denkanstöße zu unserem Besten und gute Ratschläge in ihren Schriften und mit ihren Empfehlungen darüber zukommen lassen, was wir zu tun und zu lassen haben, um ihren Idealen nachzueifern. Nur folgen ihre Methoden dem Konzept von Versuch und Irrtum und statten diejenigen, denen sie helfen wollen, nicht mit den Mitteln-und-Wegen aus, die für die Erreichung ihres Zieles unbedingt notwendig sind. Insbesondere, wenn es darum geht, unser Selbst zu verändern, werden wir von ihnen allein gelassen. Sie stimulieren zwar unseren Willen zum Handeln, geben uns aber nicht die Mittel an die Hand, mit denen wir in der Lage wären, die gut gemeinten Entschlüsse nachhaltig auszuführen, die sich aus ihrer Stimulation unseres Willens ergeben haben. Sie lassen uns mit dem Dilemma allein, in dem sich vor 2000 Jahren schon Paulus befunden hatte, als er in Qualen ausrief: *„Das Gute, das ich gerne tun würde, tue ich nicht. Das Schlechte aber, das ich nicht tun will, tue ich“* (Römerbrief VII, Vers 19).

Mit dieser Aussage gesteht Paulus indirekt ein, dass die Mittel-und-Wege, die ihm zur Verfügung stehen, nicht mit den notwendigen Bedingungen übereinstimmen, die ihn in die Lage versetzen würden, seine Reaktionen so zu kontrollieren, dass er seine gut gemeinten Entschlüsse zur Selbsthilfe in die Praxis umsetzen könnte. Und dies kann eigentlich auch niemanden wirklich überraschen, wissen wir doch um den Einfluss des Gebrauchs auf die Funktionsweise und um die Auswirkungen, die eine unzuverlässige sinnliche Steuerung auf unsere

Bemühungen hat, ein Ziel zu erreichen, das im Konflikt zu unserer gewohnten Reaktionsweise steht.

Das Konzept, Ideen, wertvolles Gedankengut und ähnliches von Generation zu Generation weiterzureichen, hat sich seit frühen Zeiten beharrlich gehalten. Dass dieses Konzept nur wenig von Erfolg gekrönt ist, zeigt sich an dem schrecklichen Zustand der heutigen Welt [A)], an den Resultaten der menschlichen Reaktionen und an den zweifelhaften Ergebnissen, wenn sich der Mensch bemüht, seine Entschlüsse nach dem Konzept von Versuch und Irrtum in seinen unzähligen Aktivitätsbereichen auszuführen.

Wie sehr diese gewohnheitsmäßige Reaktionsweise den Einzelnen beeinflusst, habe ich bei sehr vielen Personen erlebt, die zu mir gekommen sind, um Unterricht zu nehmen und denen ich die Natur der an dieser Reaktionsweise beteiligten Fehler erläutern wollte. Ich habe jahrelange Unterrichtserfahrung und die Schüler, die zu mir gekommen sind, waren von ihrem Typ her durchaus sehr unterschiedlich. Es ist mir jedoch bis jetzt nicht gelungen, in einem wesentlichen Punkt einen Unterschied zwischen ihnen zu entdecken: Wenn sie einen Entschluss umsetzen sollten, der es nötig machte, auf einen beliebigen Stimulus zum Gebrauch ihres Selbst auf nicht vertraute Weise zu reagieren, waren sie, einer wie der andere, dazu nicht in der Lage. Die Fähigkeit zu einer solchen Reaktion kann sich nämlich erst entwickeln, wenn die gewohnte Reaktion gehemmt worden ist, während Erfahrungen darin gesammelt werden, die erforderliche Reflexaktivität so neu zu konditionieren, dass die gewünschte Reaktion möglich wird. Und diese Fähigkeit kann allein im Verlauf von Unterricht entwickelt werden.

Das wirklich Beunruhigende ist, dass die Schöpfer der guten Ideen und die Anhänger religiöser und anderer Sekten – Beispiele für solche Sekten sind „Christian Science“ und die „Oxford Group“- sich auf Gefühle zur Steuerung verlassen, wenn sie ihre Ideen in die Praxis umsetzen. Und auch wenn die sich daraus ergebenden Resultate beurteilt werden, verlassen sich sowohl der Missionar als auch die Missionierten auf ihre emotionalen Reaktionen. Ihr Wunsch ist nicht nur „Vater des Gedankens“, sondern auch Vater ihrer Beurteilung.

Gerade die Oxford Group hat zurzeit viel Zulauf. Dies nehme ich zum Anlass, über Erfahrungen zu berichten, die ich mit Freunden und Schülern gemacht habe, die mit dieser Gruppierung näheren Kontakt gehabt haben. Ich empfand es als ausgesprochen schwierig, sie zu unterrichten, weil ihre Angstreflexe über die Maßen erregt waren und weil sie die Gewohnheit hatten, instinktiv nach dem einfachsten Weg zu suchen, auch wenn sie eingestehen mussten, dass es nicht der beste Weg für ihren Zweck war. Sie stehen in so hohem Maße unter einer Selbsthypnose, dass es schädlich ist. Es fällt ihnen bedeutend schwerer als den meisten anderen Schülern, eine gewohnte Reaktion zu hemmen. Solange sich ihre Gebrauchsweise nicht verbessert hat, solange also nicht eine erste Neukonditionierung ihre Wirkung getan hat, ist es nahezu unmöglich, sie dazu zu bringen, ihren Verstand zu gebrauchen, wenn sie verstehen wollen, wie sie mit neuen Mitteln-und-Wegen ihr Ziel erreichen sollen. Einer von ihnen hatte doch tatsächlich geäußert: „Ich will gar nicht verstehen, was ich tue!“ Er wollte wohl damit sagen, dass er nicht den Wunsch hatte, seine Willenskraft zum Handeln einzusetzen, wenn er die neuen Verfahren bewusst ausführen sollte, obwohl er erkannt hatte, dass sie zu seinem Vorteil sind.

Die Projektion notwendiger Befehle zur Ausführung neuer Verfahren ist untrennbar verbunden mit bisher unbekannten sinnlichen Erfahrungen des Gebrauchs und der Funktionsweise. Das ist auch der Grund, warum diese neuen Verfahren bei all den Menschen die Angstreflexe über die Maßen erregen, die mit den angesprochenen Schwierigkeiten eines Schülers konfrontiert werden. Nun ist aber Angst die Quelle, aus der sich menschliche Schwächen am gründlichsten speisen, wie wir alle allzu gut wissen. Dies untermauert auch der Offene Brief eines Freundes, der jedoch anonym bleiben will. In diesem Brief wird stichhaltig und höchst aufschlussreich dargestellt, welche Wirkungen entwickelte Ängste haben können:

Sehr geehrter Mr. Alexander,

es ist eine Zeit, in der viele Menschen nach Sicherheit und Frieden streben; nach einem Weg, Stabilität und Ordnung wiederherzustellen; nach einem Weg, mit den so plötzlich auftretenden, unvorhersehbaren, Unruhe stiftenden und revolutionären Einflüssen fertig zu werden, die beständig den Lauf des Lebens in Aufruhr versetzen. Bei ihrer Suche wenden sich viele wieder der alten Droge zur Beruhigung der menschlichen Seele zu – der Religion. Immer schon hatten sich die Leute bereitwillig in Lippenbekenntnissen zur Religion als der altehrwürdigen Hüterin von Moral [36] *und Ordnung bekannt. So werden viele wohl diesem Trend positiv gegenüberstehen. Ich habe jedoch den Eindruck, dass damit erhebliche Gefahren verbunden sind. Das ist der Grund, warum ich diesen Offenen Brief an Sie in der Hoffnung schreibe, dass Sie vielleicht in Ihrem nächsten Buch dazu Stellung beziehen.*

Wie dringend es ist, dieses Problem anzugehen, hat erst vor kurzem ein Gespräch mit einem Freund offengelegt, den ich seit etlichen Jahren gut kenne. Ich habe immer schon von ihm den Eindruck gehabt, dass er besonders interessiert an religiösen Fragen ist, weil er sich immer peinlich genau an die christlichen Gebote gehalten hatte. Wir hatten auch oftmals über diese Dinge gesprochen, weil wir in unseren allgemeinen Grundeinstellungen weitgehend auf einer Wellenlänge lagen. Bei einem dieser Gespräche hatte sich jedoch herauskristallisiert, dass wir in fundamentaler Hinsicht verschieden sind.

Sie wissen, dass auch ich gerne an den formalen religiösen Aktivitäten teilgenommen habe. Ich kann aber nicht sagen, dass ich mir über meine Motive jemals ernsthafte Gedanken gemacht hätte. Wenn ich jetzt aber darüber nachdenke, bin ich religiös aktiv, weil ich diese Aktivitäten mag und weil es ein Weg ist, um auf ein inneres Bedürfnis zu reagieren, das ich ernst nehme. Aus dem, was mir mein Freund erzählt hat, kann ich schließen, dass es sich bei ihm anders verhalten muss: Er sprach von einer Angst, die beständig da sei und die nur schwer zu fas-

sen sei. Von früher Kindheit an hätte sich über ihn eine Angst vor dem unbekannten Leben nach dem Tode mit der Möglichkeit von Bestrafung und Vergeltung gelegt. Schließlich sei diese Angst zur Haupttriebfeder für seine religiösen Aktivitäten geworden, ja für sein allgemeines Verhalten überhaupt. Gebete und andere Exerzitien waren für ihn Aufgaben, die er aus Furcht vor Bestrafung ausgeführt hat. Seine Vorstellung von Gebet und die Praxis seiner Gebete richteten sich einzig und allein darauf, eine Art von göttlicher Intervention zu erbitten, und sie waren sein Weg, auf dem er der persönlichen Verantwortung für seine Taten zu entrinnen hoffte.

Seine Sichtweise war meinen Gefühlen und meiner eigenen Erfahrungswelt völlig fremd. Ich wusste zwar, dass das Schüren von Angst vor dem Unbekannten die Basis für alle Religionen ist, aber es ist mir nie in den Sinn gekommen, dass dies in der heutigen Zeit auch für die Religion eines zivilisierten Menschen Gültigkeit haben könnte, und schon gar nicht für jemanden, den ich so gut zu kennen glaubte. Durch die Schilderungen meines Freundes wurde die Frage der Religion jedoch in ein ganz anderes Licht gerückt: Mir ist zum ersten Mal klar geworden, dass mit der Ausübung von Religion große Gefahren verbunden sein können.

Sie haben in Ihren Büchern immer wieder darauf hingewiesen, dass Angst das innere Wachstum und die innere Entwicklung lähmt. Ist es nicht so, dass eine religiöse Sichtweise, wie ich sie beschrieben habe, Angst nicht nur erzeugt, sondern sogar noch befeuert? Menschen wie mein Freund können sich doch wohl nicht der Illusion hingeben, das Leben ihren Wünschen entsprechend meistern zu können, indem sie ihre religiösen Übungen mit noch mehr Inbrunst ausüben. Was sie in diesem Zusammenhang an Frustration und Fehlschlägen erfahren haben, deutet doch eher auf das Gegenteil hin. Es ist mein Anliegen, andere davor zu bewahren, desillusioniert zu werden, wenn sie sich ggf. an die Religion wenden, um bei ähnlichen Schwierigkeiten Hilfe zu erhalten. Deshalb hoffe ich sehr, dass Sie in Ihrem neuen Buch einen Platz finden, um ein paar Worte in dieser Angelegenheit zu sagen. Sie könn-

ten für eine ganze Reihe Ihrer Leser von großem Interesse und Wert sein.

Mit freundlichen Grüßen

Zunächst einmal möchte ich darauf hinweisen, dass ich in meiner Antwort auf die Anfrage meines Freundes wie auch in meinen Büchern einen geistig-körperlichen Zugang zu dem Problem anbiete, Theorien, Ideale und Glaubensinhalte in die Praxis zu übertragen. Darin habe ich jeweils den Nachweis erbracht, dass es dazu erforderlich ist, grundlegend den Selbstgebrauch zu verändern. Ein so veränderter Selbstgebrauch führt dann zu einer Anhebung des allgemeinen Funktionsniveaus und dazu, dass die geistig-körperlichen Defekte und schlechten Bedingungen, wie es Ängste oder andere emotionale Reaktionen sind, überwunden werden können. Dies bedeutet in letzter Konsequenz eine geistig-körperliche Neukonditionierung. Und eine solche Konditionierung kann nicht mit den Mitteln eines Ideals allein bewirkt werden, wie der Mensch ja auch nicht vom Brot allein leben kann.

Sich auf das zu berufen, was John Dewey „Emotionsausbruch" genannt hat, und sich auf das Gefühl zur Anleitung sowohl der Reaktionsweise als auch zur Beurteilung der Resultate zu verlassen, waren immer schon das grundlegende Prinzip von all jenen Bewegungen, die die Wiedergeburt in ihr Programm aufgenommen hatten. Die orthodoxen religiösen Körperschaften, wie auch die unkonventionellen, erachten weiterhin besondere Anstrengungen als notwendig, um bei den Menschen Interesse für die Wiedergeburt zu wecken. Diese Methode dient ihnen als Mittel zum Zweck. Die Tatsache allein schon ist als Eingeständnis zu werten, dass die Ergebnisse dieser Methode nicht so gewesen sein können, wie es von ihnen behauptet wird. Und es ist auch das Eingeständnis, dass sie dabei versagt haben, Resultate in der gewünschten Richtung sicherzustellen, die von Dauer gewesen wären. Gibt es einen besseren Beweis für die Notwendigkeit eines Prinzipientests?

Sich auf Gefühle zu berufen, ist immer mehr oder weniger gefährlich. Die Erfahrung hat nämlich gezeigt:

- Unabhängig von den sofortigen speziellen Ergebnissen zum jeweiligen Zeitpunkt können die Resultate gar nicht von Dauer sein.
- Resultate nach Gefühl zu beurteilen, kann sehr fehleranfällig sein.
- Eine gefühlsmäßige Beurteilung führt allzu oft zu gefährlichen und sogar schädlichen Perversionen.

Eine Berufung auf Gefühle ist auch deshalb abzulehnen, weil es die Menschen ermutigt, sich bei der Bewältigung ihrer Probleme immer mehr auf ihren Instinkt zu verlassen und weniger auf das Denken und den Verstand. Wo diese Methode zum Einsatz kommt, gibt es eine zunehmende Tendenz, impulsiv zu reagieren und man wird noch weniger in der Lage sein, eine grundlegende Kontrolle und ein Verständnis für sich selbst und für andere zu entwickeln. Eine solche Kontrolle und ein solches Verständnis sind aber gegenwärtig in dieser krisengeschüttelten Welt so notwendig wie nichts anderes. Wann immer man geglaubt hatte, dass es von Vorteil oder wünschenswert war, Menschen dazu zu bringen, das zu tun, was sie niemals zu tun ins Auge gefasst hätten, wenn sie von Verstand und Vernunft gelenkt gewesen wären, war die Erzeugung von Massenhysterie zu allen Zeiten das Mittel, das man eingesetzt hat.

Solange nichts unternommen wird, um der Menschheit über diesen Punkt zu helfen, der nicht weit von der animalischen Ebene der Evolution entfernt ist, solange nichts getan wird, damit der einzelne Mensch eine bessere Kontrolle über seine Reaktionen erlangt, ist es hoffnungslos zu erwarten, dass Massenhysterie, ausgelöst durch irgendeinen emotionalen Stimulus, irgendwie eingedämmt werden kann. Zum gegenwärtigen Zeitpunkt ist der Mensch auf Gedeih und Verderb jedem Individuum oder jedem Land ausgeliefert, das sich vielleicht das eine oder andere Mittel ausgedacht hat, um es für seine Zwecke zu benutzen. In den letzten Jahren haben wir mit Schrecken die fürchterlichen Ergebnisse gesehen, die auf diese Weise erzielt worden sind und die man bei dem Versuch benutzt hat, all das zu zerstören, was das Beste im Menschen ist. Die Völker sind eines Erbes beraubt worden, das unbezahlbar ist: Ihrer Freiheit im Denken und Handeln, ohne Rücksicht auf all das Leid und das Blutvergießen, mit dem diese heiligen Rechte in der Vergangenheit gewonnen worden sind. [37)] Eines ist klar zu erkennen: Zu viele derjenigen, die heute die Geschicke der Welt lenken, sind „impulsive Geschöpfe". Es gibt etliche Länder, in denen die Massen in ihrer Reaktion schon seit Jahrhunderten mehr von Impulsivität beeinflusst worden sind als vom Denken und vom Verstand, oder in denen die Massen den einfachen Weg gewählt haben, wenn sie es anderen erlaubt haben, für sie zu denken. In diesen Ländern war es den verantwortungslosen Führern, die ich im Sinn habe, ein leichtes, die Menschen dadurch all dessen zu berauben, was das Leben lebenswert macht, dass sie sie in ihrem demoralisierenden Regime unterjocht haben. So wurden die Menschen auf einen Lebensweg gezwungen, den man nicht anders als eine Form von Sklaverei beschreiben kann, die den Menschen degeneriert.

Das Problem, das wirklich unter den Nägeln brennt, betrifft die Veränderung des Denkens und des Handelns. Die Lösung dieses Problems ist so entscheidend für eine erfolgreiche Umsetzung eines jeglichen Konzepts zur Selbsthilfe, dass die Notwendigkeit besteht, neue Vorstellungen aufzugreifen, die auch ungewöhnliche Einstellungen und ungewöhnliches Gedankengut mit einschließen. So dringlich das Thema ist, sind die Schwierigkeiten, die es zu überwinden gilt, wenn wir uns dem Problem stellen, wahrlich nicht unerheblich. Von meinem Standpunkt aus betrachtet, ist das Problem nämlich noch gar nicht verstanden, noch ist in einem fundamentalen Sinne der Lösungsweg schon beschritten worden.

Es gibt nicht wenige Menschen, die von sich behaupten, durchaus ihr gewohntes Denken und Handeln verändern zu können. Andere sind der festen Überzeugung, dass dies von Einzelnen oder auch im großen Rahmen durchaus zu Stande gebracht worden ist. Nur hat dieser Personenkreis eine Sichtweise entwickelt, die der eines Menschen gleicht, der von sich selbst in Anspruch nimmt, sich bei einer Wiedergeburtszeremonie zur Errettung seiner Seele verändert zu haben und der deshalb von nun an alles hinter sich lassen wolle, was er bisher geglaubt habe, und der all seine schlechten Gewohnheiten aufgeben wolle. Und ein anderes Beispiel für diese Art der Veränderung ist eine Bevölkerung, die von ruchlosen Gesellen mit Unterstützung einer bewaffneten Minderheit gezwungen wird, unter erniedrigenden Verhältnissen zu leben, in die sie mit brutale Gewalt und Mord gepresst worden ist.

Dies sind wahrlich nicht die Veränderungen, die hier gemeint sind. Weil es zudem in der Vergangenheit Veränderungen waren, die nicht den Bedürfnissen des Menschen entsprachen, haben sich die Verhältnisse so gestaltet, wie wir sie heute vorfinden: Wir haben es mit Individuen zu tun, die unfähig sind, ihr Denken und Handeln zu verändern, ohne dass dabei ihr Selbst durch Nebeneffekte Schaden nimmt, und wir haben es mit Bevölkerungen zu tun, in denen Veränderungen und Reformen allzu oft mit den brutalen Methoden der Unterdrückung durchgesetzt werden, in denen insbesondere Ideen und Bekenntnisse unterdrückt werden, für die Männer und Frauen in der Vergangenheit gekämpft haben und gestorben sind und die weiterhin die Triebfeder für ihr Sehnen nach Gedankenfreiheit und nach der Freiheit des Handels sind.

Kapitel 10

Ein neues Muster und Arbeitsprinzip

Es gibt nur wenige Menschen, die dem nicht zustimmen würden: Die Welt ist zurzeit „aus den Fugen" geraten. Sie leugnen auch nicht, dass die Teile, die den gesamten Zivilisationsplan ausmachen, sich zu einem schlechten Muster zusammensetzen. Und doch verlangen die, die „das Sagen in der Welt" haben, dass jegliches neue Muster, ganz gleich wie wertvoll es auch ist, sich in das alte Muster einfügen lassen muss, wenn ihm auch nur die geringste Beachtung geschenkt werden soll.

Ein gewiefter Handwerker und ein fähiger Ingenieur würden auf der Stelle auf ein Muster, das sich insgesamt als schlecht oder unzureichend erweist, verzichten und es durch ein neues ersetzen, auch wenn das alte für sie in einem begrenzten Bereich von Wert gewesen ist. Und das ist ja wohl auch der einzig vernünftige Weg. Auf den Seiten des vorliegenden Buches wird ein Muster vorgestellt, das es dem Menschen ermöglicht, mit neuen und nicht vertrauten Situationen fertig zu werden, denen er sich gegenwärtig vermehrt zu stellen hat, wenn er die Uhr der Zivilisation, einem Abenteurer gleich, weiterdrehen will. Dieses Muster stattet ihn mit dem nötigen Rüstzeug aus, um seine Reaktion zu verändern und zu kontrollieren. Eine Veränderung der Reaktion ist nämlich notwendig angesichts der unausweichlichen Schwierigkeiten, die sich einstellen, wenn er versucht, von seinen bekannten, aber falschen Erfahrungen zu den ihm unbekannten, richtigen Erfahrungen zu gelangen. Diese unbekannten und nun richtigen Erfahrungen sind aber die Voraussetzung dafür, dass er die grundsätzlichen Veränderungen tatsächlich ausführen kann.

Dieses neue Muster ist sowohl auf den jungen Menschen zugeschnitten als auch auf den Erwachsenen. Es kann aber nicht in irgendein gegenwärtiges Muster eingepasst werden, ganz gleich ob es sich um ein orthodoxes oder unorthodoxes Muster handelt. Wenn das neue Muster zur Anwendung kommen soll, muss nämlich zunächst das zu ersetzende Muster stillgelegt werden. Für Kinder im jungen Alter ist die Übernahme des neuen Musters eine relativ einfache und leichte Sache. Die systematische Arbeit in der F. M. Alexander-Trust-Fund-School in Penhill, Kent, England wird nach diesem Modell gestaltet. Dieses Muster nimmt dadurch Form und Gestalt an, dass die Mittel-und-Wege der Technik angewendet werden. Und man weiß inzwischen auch, dass es in der Kindererziehung von herausragender Bedeutung ist, nicht nur neue Lernsituationen zu schaffen, sondern auch dem Kind Gelegenheit zu geben, sein Potenzial zu entwickeln und ihm dabei zu helfen, Erfahrungen im Umgang mit dem Nicht-Vertrauten und dem Unbekannten zu sammeln, so wie es der erwachsene Abenteurer auch macht. Das Muster trägt dem ausgesprochen Rechnung.

So wollen wir also die Situation näher beleuchten, in der sich ein Kind, ein Jugendlicher oder ein Erwachsener befindet, der sich auf das „große Abenteuer“ einlässt, das mit der Übernahme eines neuen Musters verbunden ist; eines Musters, das verlangt, dass das Leben in einem grundsätzlichen Sinne verändert wird, von einer instinktiven Lebensweise hin zu einer bewussten und bedachten. Dabei wird sich zeigen, dass das Prinzip, auf dem die Mittel-und-Wege beruhen, dasselbe ist, ob es darum geht, dass ein Kind bei der Entwicklung seines Potenzials neue Erfahrungen aufgrund von Veränderungen macht, oder ob es darum geht, die Entwicklung irgendeiner funktionalen Störung zu verhindern, indem das Kind lernt, *wie* es *nicht* in die Arbeitsweise der primären Kontrolle eingreift, die die Gebrauchsweise in Verbindung mit einem zufriedenstellenden Funktionsniveau wiederherstellt.

Wenn es sich dabei um Kinder und die meisten der Jugendlichen handelt, wird von den Eltern oder den Erziehungsberechtigten die Entscheidung getroffen, ob ihre Schützlinge den Versuch starten, von der Technik zu profitieren. Dass dieser Schritt auch notwendig ist, wird den Kindern oder den Jugendlichen dann im Unterricht zu Bewusstsein gebracht und ihr Interesse nimmt allmählich durch die einfachen Erklärungen und die simplen Demonstrationen zu. Dieses Interesse wird weiter geweckt, wenn das Kind für sich die Entdeckung macht,

- dass es jeden falschen Selbstgebrauch dadurch verhindern kann, dass es sein Einverständnis verweigert, auf den gewohnten Bahnen ein Ziel erreichen zu wollen;
- dass ein falscher Selbstgebrauch es gewohnheitsmäßig bei seinen Versuchen stört, eine beliebige Handlung auszuführen, in der es sich auszeichnen will;
- dass seine Verweigerung, auf den gewohnten Bahnen vorzugehen, es möglich macht, neue Mittel-und-Wege anzuwenden, mit denen ein gewünschtes Ziel über eine Verbesserung des Selbstgebrauchs erreicht werden kann.

Wenn dem Kind dann noch klar gemacht wird, dass die Verweigerung seines Einverständnisses unter den vorangegangenen Umständen eine analoge Wirkung auch unter den Umständen hat, in denen es die Ausführung einer Handlung verweigert, zu der es keine Lust hat, vor der es Angst hat oder die es aus irgendeinem anderen Grund nicht tun will, erhält sein Interesse noch einen zusätzlichen Schub. Dieselben geistig-körperlichen Prozesse sind in all diesen Fällen am Werk. Es gibt jedoch einen Unterschied in dem jeweiligen Nutzen, der daraus gezogen werden kann: In dem einen Fall verbessert das Kind bewusst seinen Gebrauch, wenn es die neuen Verfahren anwendet. In den anderen Fällen beschränkt sich der Nutzen auf die Ergebnisse, die sich daraus ergeben, dass das Kind verhindert, seine gewohnte schädliche Gebrauchsweise zu wiederholen. Kinder haben ein natürliches Interesse an der Arbeitsweise von Maschinen und dieses Interesse kann in einen Zugang zu meiner Technik verwandelt werden, wie er fruchtbarer nicht sein kann.

Ein Erwachsener trifft im Allgemeinen seine Entscheidung eigenständig, wenn er von der Technik profitieren will. Und diese Entscheidung wird davon abhängen, ob er dafür dort eine Notwendigkeit sieht, wo eine Notwendigkeit eher selten gesehen wird. Mit seiner Entscheidung akzeptiert er auch, dass es an ihm ist, die volle Verantwortung für sein eigenes Wohlergehen zu übernehmen, und zwar in dem in diesen Kapiteln dargestellten Sinne.

Shakespeare lässt in seinem Drama „Hamlet" den Polonius sagen: *„Sei dir selbst gegenüber ehrlich, dann kannst du auch keinem anderen Menschen gegenüber falsch sein."* Diese Worte sind die Quintessenz von dem, was ich damit meine, wenn ich von einer zu akzeptierenden Selbstverantwortung spreche. Allein eine Wahrhaftigkeit sich selbst gegenüber in diesem fundamentalen Sinne macht nämlich die Konsequenz möglich, die Shakespeare anspricht. Zudem wird mit diesem Zitat ausgedrückt, dass der Mensch eine persönliche Verantwortung akzeptieren muss, die er aber bisher noch niemals akzeptiert hat, soweit meine Kenntnisse reichen; eine Verantwortung, die gedankenlos bis heute den „heilenden" Kräften der Natur überlassen worden ist, mit all den Konsequenzen, die nun all die Erschöpfung, Schmerzen, Unzufriedenheit und Unordnung verursachen. Sich selbst gegenüber ehrlich zu sein, setzt voraus, dass man auch zu anderen ehrlich ist. Wenn ein solches Verhalten erst einmal mehrere Generationen lang nicht nur als Ideal, sondern als gewohnheitsmäßige Reaktion etabliert worden ist, könnte die sich daraus ergebende Verantwortlichkeit dazu führen, dass uns der Andere und sein Wohlergehen in einer Weise am Herzen liegen, wie es die Pädagogik, die Religion oder andere Instrumente zur Kultivierung wünschenswerter menschlicher Eigenschaften bisher niemals zustande gebracht haben, wenige Beispiele ausgenommen. Darauf baue ich.

Auch in der Therapie würde sich eine Wirkung ergeben, die genauso fundamental wäre. Sich selbst gegenüber ehrlich zu sein, schließt nämlich auch die wenig vertraute Vorstellung mit ein, dass ich für jene Art und Weise des Selbstgebrauchs persönlich verantwortlich bin, die das höchste Niveau meines funktionellen Wohlergehens herstellt und erhält. Diese Art und Weise des Selbstgebrauchs ist in der Tat das natürliche Gegenmittel für alle Unzulänglichkeiten, Krankheiten und organischen Beschwerden.

Es gibt jedoch den einen oder anderen Stolperstein auf dem Weg zu solchen Idealen. Denkgewohnheiten, vorgefasste Meinungen, ererbtes Gedankengut und Vorurteile sind solche Stolpersteine. Diese haben sich in den meisten Menschen bei einem Prozess gebildet, der sie durch die herkömmlichen Erziehungs- und Ausbildungsmethoden nach und nach dominiert hat. Diese Erziehungs- und Ausbildungsmethoden lassen viele Menschen, wenn sie mit dem Nicht-Vertrauten konfrontiert werden, so reagieren, als seien sie plötzlich ihrer Urteilskraft, ihres gesunden Menschenverstands, ihres Sinnes für Gerechtigkeit und ihrer Denkfähigkeit beraubt worden, obwohl sie in Situationen, die ihnen vertraut sind, vernünftig und angemessen reagieren.

Auf den Seiten der Menschheitsgeschichte gibt es zahlreiche solche schwarzen Flecken. So wurden immer wieder Menschen mit Weitsicht verfolgt. Galileo z. B. hatte nichts anderes getan, als seine Mitmenschen mit einem neuen Gedanken zu konfrontieren, der sich im Nachhinein als eine große Wahrheit herausgestellt hat. Wir brauchen nur zu lesen, wie die Entdecker Epoche machender Wahrheiten von den orthodoxen Denkern, Männer der Religion und der Wissenschaft eingeschlossen, behandelt wurden, um zu erkennen, wie wichtig es ist, das Kind, den Jugendlichen und auch den Erwachsenen so zu erziehen, dass sie auf das Nicht-Vertraute eher mit Toleranz, Offenheit und Unvoreingenommenheit als mit Feindseligkeit reagieren. Und nur mit einer toleranten, offenen und unvoreingenommenen Grundhaltung erschließt sich ihnen der Weg, das ihnen Nicht-Vertraute zu untersuchen, und alle zur Verfügung stehenden Mittel einzusetzen, um herauszufinden, ob vielleicht nicht auch andere wertvolle Entdeckungen noch nicht ans Tageslicht gekommen sind.

Wer in THE USE OF THE SELF (*Der Gebrauch des Selbst*) gelesen hat, wie ich meine Technik entwickelt habe, dem wird aufgefallen sein, dass ich dabei unablässig zu unbekannten Erfahrungen geleitet worden bin.

Immer wenn ich neue Mittel-und-Wege verwendet habe, fand ich mich in Situationen wieder, die mir nicht vertraut waren, und ich machte abenteuerliche Erfahrungen „an dunklen Orten", die zunächst verstörten, dann aber höchst einleuchtend waren. [38] Dies hatte auch der späte Joseph Rowntree [A] erkannt, als er von meiner Technik sagte, dass „sie in der Erkenntnis, dass das Bekannte das Falsche und das Unbekannte das Richtige ist, vom Bekannten ausgeht, um zum Unbekannten zu gelangen."

Von einer „bekannten" zu einer „unbekannten" Art und Weise des Selbstgebrauchs zu gelangen, ist eine Erfahrung, die unumgänglich ist, wenn eine fundamentale Veränderung in der Kontrolle der menschlichen Reaktion bewirkt werden soll. Ein Mensch wird solange nicht in der Lage sein, eine solch fundamentale Veränderung einzuleiten, bis er die Chance gesehen hat, die eine ungewöhnliche Theorie bietet und die darin liegt, ungewöhnliche Erfahrungen zu machen, wenn er regelmäßig ungewöhnliche Verfahren verwendet, die auf der praktischen Seite zu der Theorie wie der Schlüssel ins Schloss passen. Mit diesen Verfahren ist im Zusammenhang mit Erfahrungen im Gebrauch und bei der Funktionsweise, die ihm vorher unbekannt waren, ein integrierender Prozess der Neukonditionierung verbunden. Obwohl sich diese Erfahrungen zunächst falsch anfühlen, werden sie allmählich die Erfahrungen, die sich richtig angefühlt haben, ersetzen. Mit der Zeit werden die neuen Erfahrungen dann bei den tagtäglichen Aktivitäten zu einer *Konstanten* bei seinem Selbstgebrauch.

Die professionellen Golf-, Fußball- oder Kricketspieler oder jeder andere Sportprofi, Künstler oder Handwerker, die weiterhin bei ihren Aktivitäten von einer instinktiven Steuerung und Kontrolle abhängig bleiben und nicht in den Genuss dieser neuen Erfahrungen gekommen sind, werden deshalb bei ihrem Spiel und bei ihren anderen Aktivitäten sehr wahrscheinlich einem mehr oder weniger störenden Einfluss auf ihren Selbstgebrauch ausgesetzt sein. Dies kann auch weitgehend erklären, warum Profis von Zeit zu Zeit wie zweitklassige Amateure aufspielen können und es tatsächlich auch tun und warum sie so oft dabei versagen, ihr Bestes in Situationen zu geben, in denen es ganz besonders darauf ankommt. Jeder, der die Kenntnisse darüber besitzt, was eine Störung in der Anwendung der primären Gebrauchskontrolle ausmacht, wird wahrscheinlich die unterschiedlichen Störungen dieser Kontrolle bei den Spielern bemerken können, die für das unterschiedliche Spielniveau zu verschieden Zeiten verantwortlich sind. Die Art der Störung variiert je nach der individuellen Art und Weise, sich selbst zu gebrauchen und das Ausmaß der Störung nimmt mit der Anzahl der Wiederholungen eher noch zu.

Dies kann auch niemanden wirklich überraschen, wenn man sich folgendes vor Augen führt: Die Experten in den Sportspielen, wie auch die im Bereich der Kunst und des Handwerks, haben keine Ahnung davon, dass es eine primäre Kontrolle des Gebrauchs gibt. Sie erkennen auch nicht, dass die Art und Weise, wie sie diese Kontrolle verwenden, indirekt dafür verantwortlich ist, wie alle anderen Teile des Organismus arbeiten. Dies hat zur Folge, dass sie selbst eine Menge dazu tun, ihren Erfolg zu mindern: Wenn sie in ihrem Spiel etwas lernen wollen oder wenn sie es einfach nur Spaß daran haben oder wenn sie ihre Kunst oder ihr Handwerk ausüben, entwickeln sie in ihrem Bemühen, ihre Zielvorgaben nach dem Prinzip Versuch und Irrtum zu erfüllen, Gebrauchsgewohnheiten, die vollkommen unerwünscht sind.

Wir alle kennen dies: Jemand, der ein- und dieselbe Handlung unter verschiedenen Bedingungen ausführt, kann auf unterschiedliche Weise so beeinflusst werden, dass sich die Resultate stark unterscheiden. Ein Beispiel ist der Einfluss des Windes oder des regendurchtränkten Untergrunds beim Golf, Kricket oder Fußball. Auch können emotionale Anspannung und gesundheitliche Probleme eine artistische Leistung, das handwerkliche Geschick oder auch die einfachsten Handlungen des täglichen Lebens beeinflussen. Sogar Routinetätigkeiten, wie sich setzen oder sich von einer Sitzgelegenheit erheben, können sich unter ungewöhnlichen Bedingungen verändern und ihre Leichtigkeit verlieren, wenn man z. B. dabei beobachtet wird. Im Kricket ist die Wirkung eines unerwarteten Szenarios auf den Rest des Teams - das

Versagen der ersten beiden Schlagleute etwa – bekannt und gefürchtet.

Unter solchen Umständen werden sich die betroffenen Personen zwar der störenden Einflüsse bewusst, aber ihnen ist nicht klar, dass es zu der Störung gekommen ist, weil sie auf schädliche Weise in die Verwendung der primären Kontrolle ihres Selbstgebrauchs eingegriffen haben. Bei ihrem Bemühen, den störenden Einflüssen entgegenzuwirken, reagieren sie dann instinktiv: Sie wollen unter ungewöhnlichen Bedingungen genauso erfolgreich sein, wie es normalerweise der Fall ist. Vergleichsweise oft gelingt ihnen dies aber nicht, weil sie einfach nur einen weiteren Versuch starten, ein Ziel nach dem Prinzip „Versuch und Irrtum“ zu erreichen, dieses Mal jedoch unter den erschwerten Bedingungen emotionaler Anspannung und unangemessener Angst.

Aus der Welt der Maschinen könnten die Erfahrungen eines Autofahrers als Analogie dienen, wenn er sein Fahrzeug auf einem Untergrund unter Kontrolle halten muss, der dazu eigentlich eher ungeeignet ist; wenn die Räder wie von Zauberhand auf dem ungewohnten und schwierigen Gelände nicht auf die Kontroll- und Ausgleichsmanöver reagieren und der Untergrund immer noch ungewohnter und noch schwieriger wird: Unter solchen Umständen ist das Funktionsniveau von Auto und Fahrer nicht so, wie es wäre, wenn die Kontroll- und Ausgleichsmanöver die erhoffte Wirkung zeigen würden. Dieses Bild trifft auch auf einen Menschen zu, der von einer instinktiven Steuerung und Kontrolle abhängig ist, wenn er im Spiel oder bei anderen Aktivitäten auf ungewöhnliche Umstände reagieren muss. Ein bestimmtes Maß an Selbstbeherrschung und Selbstvertrauen ist in ungewöhnlichen Situationen für Erfolg oder Nichterfolg entscheidend. Dies gilt insbesondere für solche Situationen, in denen es nur die eine Gelegenheit gibt, zum Erfolg zu gelangen, wie es in den Sportspielen oder im Examen sehr oft der Fall ist.

Vergleichen Sie die Erfolgsaussichten einer menschlichen Maschine, die als ein integriertes Ganzes arbeitet, mit denen eines Menschen, dessen Energien mehr oder weniger fehlgeleitet sind, wie es immer bei Personen der Fall ist, die keine Kenntnis von der Verwendung der primären Kontrolle des Selbstgebrauchs haben. Bedenken Sie, wie unterschiedlich die Auswirkungen eines Konzeptes auf das Selbst sind, das auf ein Maximum an Erfolg abzielt mit dem, das ein Maximum an Fehlleistungen erwarten lässt. Mit dem ersten Konzept werden Selbstvertrauen, Zufriedenheit, Frohsinn und eine bewusste Kontrolle des Selbst aufgebaut. Das andere lässt uns auf Gedeih und Verderb mit den Launen der Emotionen und den Zwängen unserer Gewohnheiten mehr oder weniger allein, unterhöhlt tendenziell unser Selbstvertrauen, ist ein Hindernis für unsere Art und Weise, die Dinge zu tun, erzeugt Unzufriedenheit und Verärgerung und ist insgesamt wenig befriedigend.

In der Zeitung *Sunday Pictorial* vom 9. Januar 1938 war folgendes zu lesen: *In seiner Antwort auf ein Grußwort an die Gäste des Golf Club Dinner in Galway hat der Bischof von Galway Dr. Brown geäußert, dass Golf bei den meisten Menschen ein tiefes und nachhaltiges Empfinden von Demut erzeuge.(…….) Er habe dann noch hinzugefügt, dass ihm eines am Golf besonders auffallen sei: „Ich habe wahrlich niemals davon gehört, dass es Diktatoren gespielt hätten."*

Wenn der Bischof von meiner Technik mit der gleichen Kenntnis gesprochen hätte, die er vom Golf besitzt, hätte er vielleicht in seinem ersten Satz „die meisten Menschen" durch „alle Menschen" ersetzt. Im Golf führen nämlich die Erfahrungen nach dem Prinzip Versuch und Irrtum, die diese an sich wertvolle Qualität der Demut hervorbringen, auch zu wachsender Unsicherheit, zum Verlust an Selbstvertrauen, zu Verärgerung und dazu, dass man leicht die Geduld verliert. Die Erfahrungen, die man macht, wenn man bewusst ausgerichtete Mittel-und-Wege verwendet, führen hingegen dadurch zur Entwicklung von Demut, dass man ein volleres Verständnis für die Relativität der Werte erlangt. Ein solches Verständnis ergibt sich automatisch aus den sich ausweitenden Erfahrungen bei der Verwendung jeglicher Technik.

Das Kapitel über das Golfspielen in THE USE OF THE SELF (*Der Gebrauch des Selbst*) und alles, was ich in meinen anderen Büchern über das Thema geschrieben habe, decken das Warum und das Woher der Schwierigkeiten eines Golfspielers auf. Ich habe darin aufgezeigt, dass sie hauptsächlich deshalb auftreten, weil sich der Golfspieler auf eine schlechte Art und Weise gebraucht. Die Schwierigkeiten werden allzu oft noch verstärkt, wenn der Spieler versucht, sein Spiel dadurch zu verbessern, dass er praktische Verfahren und Tipps aufgreift, deren Basis ein falsches Prinzip ist und die von seinen Vorstellungen und denen seines Golflehrers verfälscht werden. Wenn der Golfschüler nach diesem Prinzip arbeitet, sucht er seine Ziele auf direktem Wege zu erreichen, ohne dass er den Einfluss seiner Gebrauchsweise auf seine eingesetzten Mittel in seine Überlegungen mit einbezieht, nur dass dieser Gebrauch bei den meisten Golfspielern einen störenden Einfluss hat. Nun könnte mancher sagen, der Spieler kenne kein besseres Konzept. Durch meinen persönlichen Kontakt zu Golfspielern habe ich aber herausgefunden, dass nicht einer von hundert Spielern bereit wäre, sich auf den beschwerlichen Weg zu machen, um den notwendigen Prozess zur Veränderung seiner Gebrauchsgewohnheiten zu durchlaufen, auch wenn sie davon überzeugt wären, dass so ihr Spiel zu verbessern wäre. Die große Mehrzahl der Spieler zieht es vor, weiter nach dem Prinzip von Versuch und Irrtum vorzugehen, was dazu führt, dass sich ihr Spiel nicht in dem Maße verbessern wird, wie sie es sich wünscht. [39)] Diese Konsequenz wäre durchaus hinnehmbar. Schwer wiegt jedoch der Umstand, dass sich so Verhältnisse einstellen, die Verärgerung und Gefühlsausbrüche verursachen.

Was für die Sportspiele gilt, hat ganz allgemein auch für die Aktivitäten des Menschen in seinem Leben Gültigkeit. Wenn die unzähligen Aktivitäten, die an den täglichen Lebensgeschäften beteiligt sind, ungeachtet des beständigen schädlichen Einflusses auf den Organismus ausgeführt werden, dann besteht für den normalen Menschen nicht weniger die Notwendigkeit, seine Gebrauchsgewohnheiten zu verändern, wie es für den Golfspieler, den Tennisstar oder irgendeinen anderen herausragenden Sportler notwendig ist, sie zu verändern. Es wird höchste Zeit für die Erkenntnis, dass wir durch einen bewussten Einsatz der primären Kontrolle des Gebrauchs die bestmögliche Art und Weise unseres Selbstgebrauchs zu jeder Zeit und unter allen Umständen gewährleisten können. Darauf können wir wirklich vertrauen. Auf diese indirekte Weise kann unser geistig-körperliches Selbst mit Energie aufgeladen und zu seinem besten Vorteil kontrolliert werden, ganz gleich welche Aktivität wir gerade ausüben.

Auf diese Weise wird der Anspruch, „unser Bestes geben zu wollen", zu einer praktikablen Realität und bleibt nicht bloß ein frommer Wunsch. Dieser Weg läuft letztendlich darauf hinaus, dass die geistig-körperliche Maschinerie des Selbst in Ordnung gebracht wird, so wie auch ein Ingenieur seine Maschine von Zeit zu Zeit generalüberholt, nicht mehr und nicht weniger. Die jeweils betroffene Maschinerie des Einzelnen wird dann beständig in der Lage sein, optimal zu funktionieren.

Dieses Verfahren um zu lernen, wie etwas zu „tun" ist, ist etwas völlig anderes als das Erlernen einer Übung nach der Methode Versuch und Irrtum: Man lernt, nach einem Prinzip zu arbeiten, nicht nur wenn man sein Selbst gebraucht, sondern auch dann, wenn die Technik außerhalb des Selbst zur Anwendung kommt. Jemand, der lernt, nach einem Prinzip zu arbeiten, wenn er eine Gymnastikübung ausführt, wird am Ende gelernt haben, jede Gymnastikübung so auszuführen. Wer aber nur lernt, „eine Übung auszuführen", muss ganz gewiss jeweils von Neuem anfangen, wenn er eine neue Gymnastikübung erlernen will, „bis zum Ende aller Tage".

Ganz gleich wie einfallsreich ein Mensch auch ist, der das Kricketspielen auf die herkömmliche Weise gelernt hat, wird sich jede eventuell von Anfang an vorhandene Störung in der Arbeit der Primärkontrolle mit der Zeit eher noch verstärkt haben. Jeden Erfolg, der ihm vielleicht zu Teil geworden ist, wird er aufgrund seiner natürlichen Begabung für das Spiel erreicht haben. Er wird ihn erreicht haben, obwohl es einen behindernden Einfluss bei jeder einzelnen Störung der Primärkontrolle gegeben hat. Und diese Störungen der Primärkontrolle werden sein Funktionsniveau nicht nur beim Kricket, sondern auch bei allen seinen anderen Aktivitäten eher verschlechtert haben.

Wenn jemand auf der anderen Seite gewusst hat, wie die primäre Kontrolle seines Gebrauchs so einzusetzen ist, dass sein allgemeines Funktionsniveau bei seinem Spiel eher angehoben wird, wird sich bei ihm eine beständige Tendenz zur Verbesserung seiner Art und Weise , die Primärkontrolle zu verwenden, gezeigt haben, und seine Erfolge werden aufgrund dieses Umstands mit der Zeit umso größer geworden sein. Das Wichtigste ist aber dieses: Er wird die Fähigkeit erworben haben, nach einem Prinzip zu arbeiten; und er wird auch gelernt haben, einen Vorteil daraus zu ziehen, wenn er etwa ein anderes Spiel oder eine Tätigkeit in einem anderen Aktivitätsbereich des Menschen erlernen wollte.

Kapitel 11

Die Dummheit im Leben

Man hat mir berichtet, dass Herbert Morrison [A)] auf einem öffentlichen Empfang gesagt hat: „Es ist eine Ironie des Schicksals, dass der Mensch, so qualifiziert er auch zum Lernen ist, sich so dumm erweist, was das Leben selbst betrifft.“ [40)]

Er hätte genauso gut auf die Ironie des Schicksals verweisen können, dass der Mensch sich so qualifiziert für die Natur und die Arbeitsweise der Maschinen erweist, die er erfunden hat, aber so vollkommen unqualifiziert ist, was die Natur und die Arbeitsweise der Mechanismen seines eigenen Organismus betrifft. Er weiß alles über die Mittel, mit denen er die unbelebte Maschine in Ordnung halten kann und betrachtet es als seine wesentliche Aufgabe, diese Mittel richtig zu gebrauchen. Er weiß aber wenig bis nichts über die Mittel-und-Wege, mit denen er die belebte menschliche Maschine - sich selbst - in Schuss halten kann. Die große Mehrzahl der Menschen erweist sich tatsächlich als „so dumm, was das Leben betrifft“, um mit den Worten Herbert Morrisons zu sprechen, dass sie sich noch nicht für die große und zunehmende Notwendigkeit solcher Mittel-und-Wege geöffnet hat. Ihr ist noch nicht klar geworden, dass diese Mittel-und-Wege einen wesentlichen Anteil an der Kunst haben, gesund, glücklich und in Harmonie mit den Mitmenschen zu leben.

Unter den Menschen von heute, die für sich das Ideal der „Ganzheitlichkeit“ entdeckt haben, gibt es nur wenige, die in der Kunst zu leben qualifiziert genug sind, um das Ideal in der Praxis verwirklichen zu können. Ihr Versagen in dieser Hinsicht könnte daran liegen, dass eine Kenntnis des Selbstgebrauchs - wie dieser Gebrauch des Selbst Steuerung und Kontrolle der menschlichen Reaktion beeinflusst - nicht zu den Stützpfeilern gehört, auf denen unsere gegenwärtige Zivilisation gebaut ist. Genauso wenig ist dieses Wissen Teil des Rüstzeugs derjenigen, die die Aufgabe haben, Menschlichkeit zu lehren und zu regeln. Was mich selbst betrifft, haben die Erfahrungen, die ich gemacht habe, bevor ich versucht habe, meine Technik auszuarbeiten, und die Erfahrungen, die ich bei dem Prozess der Ausarbeitung gemacht habe, mich allmählich zu folgender Erkenntnis geführt: Das Versagen des Menschen, Wissen über sich selbst als ein Individuum zu erwerben, das bei seinen Aktivitäten als eine geistig-körperliche Einheit funktioniert, ist in seiner Tragik sein größter Fehler gewesen. So wurde der Mensch des Schlüssels zu Kenntnissen beraubt, die ihm eine neue Lebenstechnik geben könnten. Ohne die Mittel-und-Wege für die Ganzheitlichkeit zur Motivation und zur Aktivierung des menschlichen Selbst, ist es tatsächlich zwecklos, die Menschen dazu zu drängen, ein vollständiges Leben zu leben.

Bis zum heutigen Tag war der Mensch damit zufrieden, sich mit dem Erwerb von relativ unwichtigem, buntem und in vielerlei Hinsicht zusammenhangslosem Wissen zu beschäftigten, das seine Aktivitäten außerhalb seiner selbst betraf. Ihm schien niemals klar geworden zu sein, dass präzise und vollständige Kenntnisse und eine Kontrolle der integrierten Arbeitsweise seines eigenen Selbst entscheidend für den Erfolg sind, wenn er von dem Wissen Gebrauch macht, auf das er zurückgreift, um seine Aktivitäten in seiner Außenwelt auszuführen. Ihm war wohl auch nicht klar, dass Kenntnisse über sich selbst in der Tat auch notwendig sind, wenn er verhindern will, dass sich Koordination und Ausrichtung mit der Zeit bei ihm immer mehr verschlechtern. Eine Verschlechterung seiner Koordination und seiner Ausrichtung ist nämlich zwangsläufig das Ergebnis seines zunehmenden Fehlgebrauchs, wenn er das Wissen anwendet, das er erworben hat, um den Notwendigkeiten seines Lebens Genüge zu tun.

Wenn er dem Studium seiner selbst die nötige Aufmerksamkeit geschenkt hätte und wenn er diese Studien so verwendet hätte, dass sie sich positiv auswirken, hätte er Erfahrungen in der Steuerung und Kontrolle seiner Mechanismen gesammelt. Und diese Erfahrungen hätten ihn die Einheit der Arbeitsweise seines Organismus beim Gebrauch und in der Funktionsweise wahrnehmen lassen. Wenn er dann die Studienergebnisse seines individuellen Selbst mit den Betrachtungen und Überlegungen zu den Wundern des Universums in einen Zusammenhang gebracht hätte und dabei nicht Isolation, sondern Einheit als Arbeitsprinzip gewählt hätte, hätte er unausweichlich alles als eine Einheit studiert und nicht Häppchen für Häppchen für Häppchen.

Die Tatsache, dass bis heute sowohl in den Wissenschaften vom Menschen als auch in denen, die sich mit der Umwelt befassen, das genaue Gegenteil getan wird, hat bei manchen zu der folgenden Überlegung geführt: Wenn tatsächlich ein kreatives Prinzip existiert, hat es keinen anderen Zweck als Zerstörung. In den letzten Jahren hat sich jedoch auch eine kleine Minderheit formiert, die in dieser Angelegenheit weiter sieht als ihre Mitmenschen. Nur ist diese Minderheit weiterhin an die orthodoxen Methoden und Verfahren gebunden, wenn sie versucht, zu den neuen Ufern zu gelangen, auf die ihre Theorien verweisen. Ihr stehen noch nicht die Mittel zur Verfügung, mit denen sie das Prinzip der Einheit in die Praxis umsetzen könnten, wenn sie ihre erzieherischen Maßnahmen ergreifen. Die Pädagogen selbst sind von einer Situation verwirrt, die umso schlechter wird, je mehr Theorien auf den Markt drängen, um mit den Problemen fertig zu werden. Die Erkenntnis ist weitverbreitet, dass etwas falsch sein muss in einem System, das die Jugend in einer chaotischen Welt in einem Zustand der Konfusion einfach ihrem Schicksal überlässt. Ich werde im Folgenden aufzeigen, dass dieser Zustand der Konfusion einem Mangel an Kenntnissen über das eigene Selbst und einer mangelhaften Kenntnis der Steuerung und Kontrolle dieses Selbst bei den tagtäglichen Aktivitäten zuzuschreiben ist.

Dorothy Thompson [41)] hat diese „Tragödie der modernen Jugend" kürzlich in einem Artikel im *New York Herold Tribune* zum Ausdruck gebracht. Sie zeichnet darin die Geschichten von vier jungen Menschen nach, die ihren Abschluss am College mit Bravour bestanden hatten. Wie sich ihre Ausbildung auf ihr Leben ausgewirkt hat, war für die Autorin höchst alarmierend. Und so wird es wohl nicht wenigen ergangen sein, die diesen bewegenden Artikel gelesen haben. In komprimierter Form wird in diesen Geschichten eine ganze Reihe von Anklagepunkten gegen das amerikanische Erziehungssystem erhoben. Sie sind in ihrer Kernaussage so schwerwiegend und auch so relevant für die Thematik dieses Buches, dass es mir gerechtfertigt erscheint, aus diesem Artikel ausführlich zu zitieren, wobei die Hervorhebungen allerdings von mir hinzugefügt worden sind:

(Diese Geschichten) *sind Zeugnis für all das, was ihre Erziehung und Ausbildung dazu beigetragen hat, um ihren Glauben <u>an jegliche positive Werte</u> zu zerstören, um ihr Vertrauen in dieses Land, in seine Geschichte, seine Traditionen und seine Zukunft zu schwächen, um sie selbst in eine <u>intellektuelle und psychische Konfusion</u> und eine innere Verzweiflung zu stürzen, zu der sie zu den verschieden Zeiten auf unterschiedliche Weise Zuflucht genommen haben.*

Einer von diesen jungen Leuten hatte sich zumindest zeitweise mit den „Jungen Kommunisten" solidarisiert, weil sie allein eine vollkommen klare Vorstellung davon zu haben schienen, wo sie hin wollten, wie er es ausdrückte. Ein anderer ist zeitweise skeptisch und zynisch geworden. Für einen dritten waren nur sein eigener Egoismus und sein Selbstinteresse solide genug, um darauf zu bauen. Und der vierte war schließlich soweit, dass er am Rande eines Nervenzusammenbruchs stand. Dieser junge Mann hatte das College mitten in einem Kurs verlassen und war einfach nach Hause gegangen. Seine besorgte Familie hat ihn zu einem Psychiater geschickt. „Eines Tages ist mir dann klar geworden, dass ich für ewig in den Händen des Psychiaters bleiben würde, wenn ich mich nicht zusammenreiße. Ich habe es irgendwie geschafft, mir die Wahrheit zu sagen: Ich hatte nicht zu viel gearbeitet, sondern zu wenig. Die Wahrheit war, dass ich keinen Mumm besaß."

Dies sagte derselbe junge Mann, der auch dieses gesagt hatte: „Als ich das College besucht habe, war ich voller Enthusiasmus und sehr an Geschichte und Philosophie interessiert. Ich wollte mich darauf vorbe-

reiten, etwas Wertvolles zu tun. Ich wollte nicht nur einfach Geld verdienen, nicht nur ein Erfolgsmensch sein. Ich wollte etwas erreichen, das größer war als ich selbst. Ich wollte Teil eines großen Ganzen sein. Aber bereits in meinem ersten Collegejahr war ich zu der Überzeugung gelangt, dass es hier nichts gibt, was ich glauben könnte. Alles war so relativ. Hilflos taumelte ich durch Raum und Zeit. Ich war wie dieser Typ in den Versen von Gelett Burgess: „Ich wünschte, ich hätte in meinem Zimmer festen Boden unter den Füßen. Eine Tür ist nicht wichtig. Aber dieses Schweben von hier nach dort ohne Bodenkontakt, ist mehr und mehr zu einer Bürde geworden!"

Ein anderer der jungen Männer, der wortgewaltigste unter ihnen, der sich auch die meisten Gedanken machte, hat dies aufgegriffen. „Man hat uns beigebracht, eine kritische Haltung einzunehmen. Wir haben uns in einen historischen Relativismus vertieft. Ich habe durchaus versucht, mir meine gesunde Skepsis zu bewahren. Ich hatte jedoch in den Geschichtsseminaren feststellen müssen, dass diejenigen, die die Welt bewegten, allesamt von Leidenschaft für dieses oder jenes beseelt waren. Von der Vorstellung, dass Geschichte vor allem von Vertrauen geformt wird, musste ich mich sehr schnell verabschieden. Wenn Vertrauen nicht vorhanden war, machten sich reinstes Verbrechertum und reinste Piraterie breit. Mir wurde klar, dass ich und meine Generation herausfinden mussten, was unsere tatsächlichen Überzeugungen waren, wenn wir irgendeine Bedeutung in dieser Welt haben und nicht von den Kräften, die wir nicht kontrollieren konnten, hin und her gestoßen werden wollten. Aber inzwischen habe ich alle meine Ankerplätze verloren."

Im Lichte von allem, was ich zur Ganzheitlichkeit der Arbeitsweise des menschlichen Organismus und zum Einfluss des Gebrauchs auf die verschiedenen Funktionen geschrieben habe, wird ersichtlich, worin das Erziehungssystem bei seinen Bemühungen, die vier jungen Männer erfolgreich aufs Leben vorzubereiten, versagt hat. Trotz allem, was sie in der Schule gelernt haben, trotz ihres hohen Intelligenzgrades und trotz ihrer „besten körperlichen Voraussetzungen", wie sich Dorothee

Thompson ausgedrückt hat, wird auf tragische Weise eines allzu deutlich: Der Zustand der vier war tatsächlich nicht so, dass man von einem geistig-körperlichem Wohlbefinden sprechen konnte. Sie waren an einem Punkt angelangt, an dem sich zeigte, dass ihr allgemeines geistig-körperliches Funktionsniveau einen Tiefstand erreicht hatte. Ohne dass sie es bemerkt hätten, waren sie zu Opfern eines beständigen Einflusses zum Schlechten geworden, der ihre Reaktion auf ihre Ausbildung genauso negativ konditionierte wie ihre Reaktion zu allen ihren Lebensaktivitäten.

Bei allen Personen mit einem „Nervenzusammenbruch" oder mit sogenannten Geistesstörungen, die von ihren medizinischen Ratgebern zu mir geschickt worden waren, habe ich immer auch schädliche Gebrauchs- und Funktionsverhältnisse in Verbindung mit „intellektueller und psychischer Konfusion" vorgefunden. (Man sollte an dieser Stelle die „körperliche" Konfusion nicht unerwähnt lassen.) Meiner Erfahrung nach führen sie letztlich zu Reaktionen, die mit „innerer Verzweiflung" einhergehen. Das wirkliche Besorgnis erregende Element an der Situation der „Jugendlichen, die emotional und geistig nicht genug gefordert werden", wie Dorothee Thompson die Situation beschreibt, ist dieses: Zwar erkennen sie, dass sie „ihre Ankerplätze verloren haben", weil ihre „positiven Werte" im Laufe ihrer akademischen Ausbildung zusammengebrochen sind. Ihnen bleibt aber ein anderer, viel schwerwiegender Zusammenbruch im Zusammenhang mit der Arbeitsweise ihres Selbst vollkommen verborgen, der sich fundamental beim Gebrauch und in der Funktionsweise der Mechanismen, der Organe und der Denkprozesse bemerkbar macht. Das Wissen um die integrierte Arbeitsweise des Organismus bei seinem Gebrauch und bei seiner Funktionsweise ist kein integraler Bestandteil der Erziehungsprozesse, obwohl allein mit einer solchen integrierten Arbeitsweise ein Wohlergehen beim Selbst hergestellt und auch erhalten werden kann. Für das Wissen um die Arbeitsweise des Organismus gibt es bis heute keinen Platz im Erziehungslehrplan und somit ist es bei den Jugendlichen auch nicht Teil ihrer Vorbereitungen auf das Leben. Tatsächlich wurden ihnen in ihrem Studium Kenntnisse vorenthalten, die sie dazu hätten anleiten können, an den einzigen „positiven Wert“ zu glauben, der durch ihre akademische Ausbildung nicht zerbrochen werden könnte: Die Kenntnisse über die Arbeitsweise des Selbst, wenn sie sie in ihrem Leben anwenden. Wie die Nacht dem Tag folgt, wird auf diese Weise der Einfluss eines schädlichen Gebrauchs zu einer *Konstanten*, wenn sich die jungen Leute externes Wissen aneignen, so verschieden es auch ist. Und dieser konstante Einfluss des schlechten Gebrauchs verringert das allgemeine Funktionsniveau der Instrumente, die das Lernen ermöglichen, und er schmälert deshalb auch die Basis für die Beurteilung der „positiven Werte“.

Dies ist die Wurzel für das Dilemma, in dem sich die moderne Erziehung und Ausbildung befindet. Den jungen Leuten wird in ihrer Erziehung nicht als Erstes beigebracht, den Wert des Ganzheitsprinzip für die Arbeitsweise des geistig-körperlichen Organismus richtig einzuschätzen, und ihnen werden nicht die Mittel an die Hand gegeben, mit denen diese Arbeitsweise bei allen ihren Aktivitäten aufrecht erhalten werden kann. So haben sie keine Erfahrungen darin gesammelt, den Wert der wechselnden Bedingungen einzuschätzen, die auf den verschiedenen Stufen der Entwicklung zu Tage treten und die zu geistig-körperlicher Gesundheit führen. Diese grundsätzlichen Erfahrungen hätten als Maßstab dienen können, um jede Aufgabe zu beurteilen, die ihnen übertragen wird. Ohne diese Kenntnisse ist es aber sehr wahrscheinlich, dass sie von Anfang an in ihrer Erziehung in eine Gefahrenzone abdriften, in der sie „ihre Ankerplätze verlieren“. So ist es wahrlich kein Wunder, dass sich „Nervosität und mentale Störungen“ entwickelt haben.

So viel zu der Ausbildung dieser vier jungen Männer. Es gibt dazu noch einen Epilog, den Dorothee Thompson ein „Happy End“ genannt hat. Er betrifft das wichtige Thema der Umschulung oder der fundamentalen Veränderung. Sie schreibt:

Glücklicherweise hat die Geschichte in diesem Fall ein Happy End. Diese vier jungen Leute sind in Kontakt zu einem bemerkenswerten Lehrer gekommen, der sie aufgemuntert *und ihnen gesagt hat, dass sie die*

Kraft und die Schönheit in sich tragen. Er hat ihnen die Augen für die reale Welt geöffnet. Er hat ihnen vermittelt, dass es Werte in der Geschichte gibt, die überdauern. Er hat ihnen bestimmte intellektuelle Überzeugungen in Bezug auf ihren Charakter nahegebracht und so ihre Seelen gerettet. Und er hat sehr gute Arbeit geleistet, wie die unmittelbare Reaktion der vier gezeigt hat, um ihnen zu vermitteln, dass ihre Generation sich zwar am Rande des Abgrunds befand, aber keineswegs verloren war. Ich bin zu dem Schluss gelangt, dass es keine große Sache ist, viel von dem angerichteten Schaden wieder gut zu machen. Es würde jedoch verlangen, sich in der Erziehung neu zu orientieren. Man würde sich gegen das System stellen.

Man stellt sich in der Tat gegen das „System". Man stellt sich nämlich gegen jene gewohnten Reaktionen auf Reize, mit denen die Menschen so oft versklavt worden sind. Eine fundamentale Veränderung ist verbunden mit einer Umschulung und einer neuen Ausrichtung des Individuums *in seiner Gesamtheit.* Eine Veränderung „im Denken" und des Glaubens allein verändert nicht die gewohnte Art und Weise des geistig-körperlichen Gebrauchs und nicht die Bedingungen, die mit der allgemeinen Funktionsweise verbunden sind. Es liegt mir wirklich fern, die Wertschätzung Dorothee Thompsons für die Methoden des Lehrers in Frage zu stellen. Trotzdem erlaube ich mir, ein oder zwei Fragen aufzuwerfen:

- In welcher Hinsicht stellen die von dem Lehrer angewendeten Mittel eine „neue Orientierung" in der Einstellung und in der Erziehung dar?
- In welcher Hinsicht unterscheidet sich die Methode des Lehrers von denen anderer „bemerkenswerter Lehrer" im Verlauf der Geschichte der Evolution? Religion, Philosophie, Ethik und Pädagogik haben immer schon versucht, uns solche Ideen wie Mut, Selbstlosigkeit, Gerechtigkeit, Selbstvertrauen, Mitgefühl und Fröhlichkeit nahezubringen.

- Wenn solche Methoden mehr sind als nur palliativ, warum ist die intellektuelle und psychologische Verwirrung derzeit dann so weit verbreitet? Oder platt gefragt: Warum ist heute ein solches „Fracksausen“ allgegenwärtig?

Es besteht wahrlich kein Mangel an guten Ratschlägen und es fehlt auch nicht an klugen Rezepten. Die meisten von uns wissen, **was** wir tun sollten (die Ziele), aber uns fehlen bedauerlicherweise die Kenntnisse darüber, **wie** es zu tun ist (die Mittel-und-Wege). Wir sind uns zu unserem Unglück anscheinend der Gefahren gar nicht bewusst, die von den palliativen Methoden ausgehen. Sie wollen unseren Enthusiasmus und unseren Glauben an Ideale anstacheln. Diese Ideale, so bewundernswert sie auch in der Theorie sind, basieren jedoch nicht auf den Kenntnissen zu einem Selbst, das als Werkzeug für ein Tun fungiert, das notwendig ist, um die palliativen Methoden in die Praxis umzusetzen.

Der „bemerkenswerte Lehrer“, auf den sich Dorothee Thompson beruft, hat diese fehlgeleiteten jungen Leute aufgemuntert, aber ich kann im Licht meiner Unterrichtserfahrung mit Menschen, die durch solche Methoden verändert worden sein sollen, keinen Grund finden, warum z. B. der eine junge Mann trotz der momentanen Veränderung seiner intellektuellen Überzeugungen nicht wieder „an den Rand eines Nervenzusammenbruchs“ kommen sollte: Die allgemeine Arbeitsweise seines Organismus und die damit zusammenhängenden Verhältnisse sind nämlich unverändert geblieben. Es ist tatsächlich ein Versäumnis, wenn der Lehrer den Einfluss des Gebrauchs auf die Funktionsweise nicht mit in Betracht gezogen hat, als er den depressiven jungen Mann „aufgemuntert“ hat. Hierin zeigt sich auch die ganze Begrenztheit des Erziehungssystems.

Vielleicht eher unbeabsichtigt fügt Dorothee Thompson in einem weiteren Abschnitt ihres Buches der Anklage gegen das Erziehungssystem dieses hinzu:

Genau aus der Generation einer emotional und spirituell unterforderten Jugend – einer Jugend, deren dynamischer und historischer Relativismus sie jeden Ruders beraubt hat - hat Hitler sich an die Spitze einer Bewegung setzen können, die weite Teile der Erde mit Zerstörung überzogen hat. Ich selbst habe solche Jugendliche vor fünfzehn Jahren in Deutschland einerseits mit faszinierten Augen und andererseits mit Horror kennengelernt. Ich habe gesehen, wie einfach es für den Ersten Führer war, sich ihrem konfusen Sehnen nach etwas, zu dem sie sich bekennen konnten, anzudienen; wie einfach es für ihn war, sie allein dadurch mit sich zu reißen, dass er die barbarische Parole von Blut und Erde verfolgt hat. Unsere Colleges sind voll von jungen Menschen, die glauben, dass Hitler und Stalin (....) große Staatsmänner seien. Warum sollten sie es auch nicht glauben, haben sie doch keinen Maßstab mit dem Größe zu messen wäre? [A)]

Hier haben wir eine bemerkenswerte Parallele zwischen der Methode des Lehrers im Umgang mit den verwirrten Jugendlichen und der Methode Adolf Hitlers im Umgang mit den haltlosen Jugendlichen in Deutschland. All jene, die meiner Argumentation bis hierher gefolgt sind, sollten diese Parallele eigentlich deutlich sehen. Diese beiden Methoden – Ich schreibe mit Absicht *Methoden* und nicht *Ziele* – sind sich nämlich vom Prinzip her gleich, so stark sie sich auch in ihren Zielen unterscheiden mögen. Und dieses Prinzip ist tatsächlich die Antithese zu dem Prinzip der geistig-körperlichen Einheit in der Arbeitsweise des menschlichen Organismus, wenn es darum geht, die fundamentalen Veränderungen herbeizuführen, für die ich auf diesen Seiten eintrete. Dorothee Thompson hatte ausgeführt, dass Hitler „sich ihrem konfusen Sehnen nach etwas, zu dem sie sich bekennen konnten, allein dadurch angedient hat, dass er die barbarische Parole von Blut und Erde verfolgt hat“. Und auch der Lehrer hat dasselbe „Sehnen nach etwas, zu dem sie sich bekennen konnten“ angesprochen. Nur hat Hitler „die barbarische Parole von Blut und Erde“ ausgegeben, während der Lehrer etwas blumiger von „Kraft und Schönheit“, von den „überdauernden Werten der Geschichte“ und von „intellektuellen Überzeugungen in Bezug auf ihren Charakter“ gesprochen hat. Und auch die

Tatsache, dass die objektiven Ziele des Diktators und des Lehrers so weit von einander entfernt sind, wie es nur denkbar ist, ändert nichts an dem einen fundamentalen Punkt: *In beiden Fällen wurde den Jugendlichen kein wie auch immer gearteter Maßstab für eine eigenständige Beurteilung an die Hand gegeben.* Oder in den Worten Dorothee Thompsons „haben sie keinen Maßstab, mit dem Größe zu messen wäre". Mit Sicherheit deutet aber nichts darauf hin, dass den jungen Männern, die unter den Einfluss des charismatischen Lehrers gelangt sind, und den Menschen, die unter Hitlers Einfluss geraten sind, irgendwelche Mittel zur Verfügung gestellt worden sind, mit denen sie die Ideen, Überzeugungen, Richtlinien usw., die ihnen präsentiert wurden, mit Selbstbewusstsein hätten bewerten können. Deshalb waren sie gezwungen, sich auf ihre offensichtlich instabilen Emotionen und ihr unzuverlässiges Gefühl zu verlassen, als sie sich ihr Urteil bildeten. Eine solche Emotions- und Gefühlslage war für ihre gewohnte Reaktion typisch, die in allen derartigen Situationen die Wirkung der Prozesse weitgehend blockierte, die wir Denken nennen. Ideen und Ideale wurden nur gedankenlos akzeptiert und geglaubt, aber der ihnen zugrunde liegende geistig-körperliche Gebrauch und die daran beteiligte Funktionsweise blieben unverändert, so dass eine fundamentale Veränderung, die Auswirkungen auf den ganzen Menschen gehabt hätte, nicht stattfinden konnte. Darauf habe ich schon mehrfach hingewiesen. Gerade jetzt wird die Welt von sich widersprechenden Ideologien, Konzepten und Lebensentwürfen überschwemmt, die allesamt „Zielprojektionen" sind. Damit wird den verwirrten und haltlosen Jugendlichen der Welt aus dem Hinterhalt aufgelauert, um sie in eine Falle zu locken. Millionen, die Begabtesten wie auch der durchschnittlich begabte Mensch, werden allein gelassen, um sich ihren Weg aus der „tiefsten Verwirrung" zu suchen, so gut sie es können. Dabei liefern sie sich jeweils dem Führer aus, der am besten auf ihre organische Instabilität eingeht.

Dorothee Thompson schreibt dann weiter: „Aus dieser Jugend sollte die intellektuelle, geistige und politische Führungsriege von morgen kommen. (....) Aber wenn die intellektuell Begabten, die von Natur aus höher Gestellten und die relativ Privilegierten *aufgrund ihrer Bildung nicht fähig zur Führerschaft sind*, dann wird die Macht ganz gewiss in die Hände derjenigen fallen, die Walt Whitman [A)] „Personen mit Einfluss, aber ohne jegliche Bildung“ genannt hat. Sie haben zumindest die realitätsnahe Bildung eines Krämers und der Gosse, die Disziplin der Fabriken und der Farmen, die sie gelehrt haben, dass man nicht mit einem Hurrikan und dem Hunger, nicht mit Panzern, Gewehren oder Maschinen diskutieren kann.“

Eine beunruhigende Analyse! Weil auch ich Tendenzen wahrgenommen habe, die das Ergebnis unseres derzeitigen Erziehungssystems sind, habe ich schon seit längerem eine Neuorientierung in der Erziehung angemahnt. In der Tat ist meine Arbeit im weitesten Sinne erzieherisch, sie kann aber nicht mit dem Etikett „System“ versehen werden, so sehr auch die Vorstellungskraft bemüht wird. Ein System beinhaltet nämlich etwas Begrenztes, Vollständiges; es verlangt den Einsatz direkter Mittel und Wege, um an das jeweilige Ziel zu gelangen. In meiner Technik werden die Verfahren jedoch auf indirektem Wege und mit indirekten Mitteln angewendet. So ist es möglich, den Schüler in seiner Erfahrung vom Bekannten, aber Falschen zum Unbekannten, aber Richtigen zu leiten. Der erste Imperativ bei der Anwendung der Verfahren ist es, dem Kind, dem Jugendlichen oder dem Erwachsenen die „Mittel-und-Wege“ oder das Richtmaß an die Hand zu geben, mit denen sie auf der ersten Stufe ihre eigenen geistig-körperlichen Mechanismen bei ihren Lebensaktivitäten überprüfen und ausrichten können. Auf der nächsten Stufe können sie dann, in Übereinstimmung mit dem Richtmaß, den Wert der Ideale und der Suggestionen, die an sie herangetragen werden, in der praktischen Erfahrung selbst beurteilen. Menschen, die mit dem Wissen über ihre Neigung zu unangemessen unterdrückten oder erregten Reaktionen ausgestattet sind, können zusammen mit den Kenntnissen über die Mittel-und-Wege, auf denen diese Neigung in Schach gehalten werden kann, von anderen nicht so leicht in dem Maß beeinflusst werden, dass sie zu bloßen Puppen degradiert werden, eine Gefahr für sich selbst und für ihre Mitmenschen.

Wenn man in Übereinstimmung mit dem Prinzip arbeitet, das diesen Verfahren zugrunde liegt, „stellt man sich“ in der Tat „gegen das System“ der orthodoxen, wie auch der unorthodoxen Erziehung, so wie der Erziehungsbegriff gegenwärtig verstanden wird. Aber ein Mensch, der so erzogen worden ist – in dem Fall, dass etwas verloren gegangen ist und wieder aktiviert werden muss, spricht man wohl von jemanden, der neu geschult werden muss – ‚kann bis zu einem ganz entscheidenden Punkt entfaltet werden: An diesem Punkt ist er in der Lage, seine Neigung zu hemmen, von seinem Zielstreben überwältigt zu werden, ohne dass er in einen Zustand der Verwirrung abgleitet. Er wird diese Neigung hemmen können, bevor er bewusste Impulse auf den Weg schickt, die den Aufbau neuer Bahnen zur Informationsübertragung für den Gebrauch des Selbst, seines Werkzeugs, betreffen. Auf diese Weise wird er lernen, wie er, auch in Momenten größter Anspannung, „bei der Aktivität denken“ kann. Diese neuen Erkenntnisse über sich selbst zum Gebrauch und zur Funktionsweise werden dem modernen Jugendlichen eine feste Basis sein, um anderes Wissen aufzunehmen, um dieses Wissen in die Praxis umzusetzen und um ihn in die Lage zu versetzen, die unendlichen Anpassungen an seine Umwelt vorzunehmen, die das Leben von den Menschen unter den heutigen Zivilisationsbedingungen verlangt, wenn sie überleben wollen.

Ein typisches Beispiel für die Anstrengungen, die von der Pädagogik unternommen werden, um das Erziehungssystem an das anzupassen, was allgemein als „sich beständig verändernde Umwelt“ bezeichnet wird, finden wir in der letzten Veröffentlichung Dr. William Heard Kilpatricks von der Columbia University. Er diskutiert darin sein Thema auf eine sehr gelehrte Weise. Am Anfang steht eine Beschreibung der Natur des Verhaltens und am Ende eine theoretische Einlassung zur Erziehung des *ganzen Kindes.* Nur bleibt diese Diskussion rein akademisch, wie auch so viele andere gewagte und experimentelle Vorstellungen zur Gesunderhaltung, die im Laufe der Zeit wiederholt aufgetaucht sind.

Diese Schrift Dr. Kilpatricks hat mein Interesse geweckt, weil er das Konzept „des ganzen Organismus bei jedem Lernvorgang" vertritt. Er verwendet solche Ausdrücke wie „Integration des Selbst", „bewusste Ausrichtung" und „Neuaufbau des Selbst". Zudem macht er die Aussage, dass der Begriff „Selbst durchaus geläufig ist, wenn bestimmte Manifestationen des Verhaltens in den Blick genommen werden sollen". Solche Aussagen sind für mich von besonderem Interesse, weil ich in meinem Buch *The Use of the Self*, das 1932 erstmals veröffentlicht worden ist, Aussagen zu einer Technik gemacht habe, die sich vollständig mit dem Gebrauch und der Entwicklung des Selbst als einer Manifestation von jeglicher Art des Verhaltens beschäftigt, nicht nur von bestimmten Verhaltensweisen. Zudem konnte gezeigt werden, dass die Basis dieser Technik das Prinzip der Ganzheitlichkeit bei der integrierten Arbeitsweise des geistig-körperlichen Organismus ist, sowohl beim „Lernen" als auch bei jeder anderen Tätigkeit. Auch hat sich gezeigt, dass mit dieser Technik die Praxis bereitgestellt wird, die eine „bewusste Ausrichtung" erst möglich macht, ohne die es keinen „Neuaufbau des (geistig-körperlichen) Selbst" geben kann und deshalb auch keine gelungene Erziehung. Aus dieser Praxis hat sich dann erst die theoretische Konzeption herausgeschält, die ich in allen meinen Büchern vertrete. In seiner Schrift von 1935 vertritt Dr. Kilpatrick ähnliche Konzepte für den Erziehungsprozess. Aber offensichtlich hielt er es nicht für notwendig, über die bloße Theorie hinauszugehen.

Wenn man seine Veröffentlichung liest, fällt es schwer zu glauben, dass Dr. Kilpatrick vollkommen versteht, von welcher Natur die Praxis sein muss, so dass sie das Konzept, das er vertritt, stützen kann. Mit einer genaueren Analyse des folgenden Abschnitts aus seiner Schrift will ich dies erläutern:

Wo der Organismus sich einer ausreichend neuen Situation gegenübersieht, können die alten Reaktionen dieser Situation nicht mehr gerecht werden. Sie bedarf einer neuen Reaktion oder es ist mit einem Versagen zu rechnen. Wenn man Glück hat, ersinnt der Organismus eine Reaktion, die neu ist und die mit der neuen Schwierigkeit auf angemessene Weise fertig wird. Ein solches Ersinnen nennen wir „lernen".

Ein Hund ist aufgebracht darüber, dass er eingesperrt ist. Er findet oder ersinnt einen Weg heraus. Und er funktioniert. Von nun an wird er deshalb jedes Mal, wenn er wieder eingesperrt ist, seinen neu gefundenen Weg benutzen (oder genauer ausgedrückt: Er wird seine Reaktion, die er sich ausgedacht hat, benutzen.). Er hat „gelernt", wie er die Situation lösen kann.

Dr. Kilpatricks Vorstellung in Bezug auf die Reaktion zu dem Stimulus, eine Aktivität oder Aktivitäten auszuführen, die notwendig sind, um sich etwas auszudenken, ist doch sehr fragwürdig. Auf der Haltung zur Natur der Reaktion beruht nämlich Erfolg oder Misserfolg eines jeden Erziehungsprozesses, und das aus einem einfachen Grund: Die erste Reaktion auf den Stimulus zu einer beliebigen Aktivität von Tier oder Mensch ist tatsächlich die Motivierung [A)] der Mechanismen, die zur Aktivität in dem betreffenden Organismus führen. Erst diese Aktivität ist es, die ein „Ersinnen" möglich macht, wenn man ein Ziel erreichen will, wie etwa die Befriedigung eines Wunsches oder eines Bedürfnisses.

Das Wort „Motivation" wird hier gebraucht, um das zu vermitteln, was innerhalb des Selbst geschieht kurz bevor die Mechanismen aktiviert werden. Motivation ist die erste Reaktion, die *zur* Aktivität *führt.* Es ist der Prozess, der gewissermaßen den Organismus als Ganzes in dem Moment mobilisiert, da der Stimulus eintrifft. Das Wort in seinem normal gebräuchlichen Sinn als einen „geistigen" Akt oder Einfluss zu sehen, würde nicht richtig sein, weil, wie immer, der ganze Organismus beteiligt ist, auch wenn es noch nicht zur Aktivierung der Mechanismen gekommen ist. Im *Webster's New International Dictionary* habe ich folgendes Zitat von J. Martineau gelesen: „Es gibt zweierlei Arten von Motiven (zwei Arten des Einflusses auf den Willen): Ein blinder Impuls aus dem Hintergrund und ein vor unseren Augen als gut empfundener." Die erste Art kann für den von Dr. Kilpatrick als Beispiel anführten Hund gelten, dessen Motivation das Ergebnis eines „blinden Impulses aus dem Hintergrund" ist. Auch die zweite Art trifft insofern auf ihn zu, dass er es als „gut empfinden" wird, sein Ziel zu erreicht zu haben, wenn er seinem Gefängnis entkommen ist. Aber nur die zweite Art von Impuls kann in einem grundsätzlichen Sinn jemandem zugeordnet werden, der sich „gut fühlt" im Gebrauch und in der Funktionsweise seines Selbst als ein Werkzeug zum mentalen und zum motorischen Lernen. Gebrauch und Funktionsweise sind dabei das Resultat der bei der bewussten Steuerung und Kontrolle der geistig-körperlichen Mechanismen des Selbst gesammelten Erfahrung.

Ich teile nicht die Meinung Dr. Kilpatricks, der sagt, dass es eine „neue“ Reaktion (oder neu ersonnene Reaktion) auf eine neue Situation ist, wenn der Organismus des Hundes „einen Weg aus seinem Gefängnis ersinnt“. Jeder, der jemals Erfahrung mit zahmen oder wilden Tieren gehabt hat, weiß, dass sie an ihre gewohnten Reaktionen gekettet sind. Deshalb konfrontieren die Jäger, wie schon die Buschmänner, das Tier, das sie gefangen nehmen wollen, mit „neuen Situationen“. Sie wissen nämlich allzu gut, dass das Tier in der neuen Situation genauso reagiert, wie es dies in den gewohnten Situationen immer schon getan hat; dass man es so verwirren kann und es sich dann umso leichter fangen lässt. Wo und wann immer ein Hund eingeschlossen ist, wird er nach dem Prinzip Versuch und Irrtum seine gewohnten Taktiken des Schnüffelns, Schnupperns, Stupsens einsetzen und er wird auch immer den Zweck seines Tuns im Auge behalten, einen schwachen Punkt zu entdecken, den er einreißen, durch den er sich zwängen oder über den er springen kann, um seine Freiheit zu erlangen. Bei diesen Aktivitäten werden seine Mechanismen gewohnheitsmäßig als eine *primäre* Reaktion auf sein Begehren oder sein Bedürfnis, „einen Ausweg aus seinem Gefängnis zu ersinnen“ oder irgendeinem anderen Bedürfnis zu genügen, wiederholt motiviert. Wie kann man dann die Reaktion des Hundes auf eine neue Situation als eine „neue“ bezeichnen, wenn er - wie er es immer schon in Übereinstimmung mit seinem ererbten Instinkt getan hat - so reagiert, dass er bloß die Mittel zum Zweck wiederholt, die er seit Ewigkeiten unzählige Male erfahren hat und die zu seiner Gewohnheit geworden sind, wenn er „einen Ausweg finden“ wollte? Der Fall des zahmen Vogels ist dafür ein überzeugendes Beispiel: Nach jedem Picken eines Futterkorns geht sein Köpfchen weiterhin zum Selbstschutz instinktiv hin und her, genauso wie er es in der „neuen Situation“ zu Beginn des Zähmungsprozesses auch getan hat, obwohl er sich in einer ihm inzwischen vertrauten Situation befindet, in der er niemals in Gefahr geraten ist.

Ich vermute, dass Dr. Kilpatrick das Beispiel des Hundes deshalb zur Illustration verwendet, weil er die Theorie stützen will, die zu seinem Vorschlag geführt hat, das Erziehungssystem umzubauen. Unter diesem Gesichtspunkt ist es mir ein großes Anliegen, seine Theorie vollständig auf ihren Wert zu untersuchen. Ob er sich dessen bewusst ist oder nicht, in seiner Schrift propagiert er die automatisierte Methode von Versuch und Irrtum, obwohl er gleichzeitig betont, wie wichtig und notwendig eine „bewusste Ausrichtung“ und „bewusstes Handeln“ sind. Diese Inkonsequenz zeigt sich auch darin, dass er nicht auf konkrete Kenntnisse eingeht, um seinen Appell für einen „Neuaufbau des Selbst“ und seine Aussagen zu Verhaltensweisen (Reaktion auf Stimuli) zu stützen, wenn er etwa sagt, dass „zudem jede neue Verhaltensweise in einem bestimmten Maße einen Neuaufbau des gesamten Organismus bedeutet“, dass „Lernen Strukturen schafft“, dass „wir immer das Selbst bedenken müssen“ und dass „die Wirkung auf das Selbst, wie es lebt, in Korrelation mit all dem steht, was oben gesagt worden ist“. In der Tat findet man nirgends in seiner Schrift Hinweise auf Kenntnisse zu dem Gebrauch und der Funktionsweise des Selbst, die doch die Natur einer „jeden neuen Verhaltensweise bestimmen“ und die den so „wünschenswerten Aufbau neuer Strukturen“ dadurch gewährleisten, dass das „Selbst im Verlauf des Lebens“ umgebaut wird, indem die Gebrauchsweise des Selbst allmählich verändert und verbessert wird.

Wenn die jeweilige Gebrauchsweise schädlich ist, wie es meistens heutzutage der Fall ist, hat sie auf den gesamten Organismus einen beständigen Einfluss zum Schlechten und noch Schlechteren. Ein solch schädlicher Einfluss wird das allgemeine Funktionsniveau bei „jeder neuen Verhaltensweise“ oder beim „Neuaufbau des gesamten Organismus“ beständig absinken lassen, wird sowohl beim mentalen als auch beim motorischen Lernen eine „Strukturbildung“ im Organismus stören und unterlaufen und wird zu solchen funktionellen Störungen führen, die die Vorläufer von Organschädigungen und von Krankheit sind.

Dr. Kilpatricks Illustration zeigt, dass sein Interesse allein dem Verhalten des Hundes gilt, wie er sein Ziel, einen Ausweg zu ersinnen, zu erreichen sucht. Er zeigt aber kein Interesse an dem Gebrauch, den der Hund von sich selbst macht, obwohl dieser Gebrauch doch das Rüstzeug ist, um das Ziel zu erreichen. Anders ausgedrückt: Er hat allein die Ziele im Visier und nicht die *Mittel-und-Wege*. Genau das ist an dem bestehenden Erziehungssystem falsch: Ein Kind hat dann eine gute Reaktion gezeigt, wenn es das vom Lehrer vorgegebene Ziel erreicht hat, obwohl - was leicht zu demonstrieren ist - die erste Reaktion auf die Motivation der Mechanismen des Kindes einen beständigen Einfluss auf die allgemeine Funktionsweise seines Organismus hat, der schädlich ist. Diese erste Reaktion führt nämlich zu einer bestimmten falschen Gebrauchsweise des Kindes, wenn es sich darum bemüht, das vorgegebene Ziel zu erreichen. Man muss tatsächlich den Schluss ziehen, dass Dr. Kilpatrick den Einfluss der Gebrauchsweise auf die Funktionsweise derjenigen, auf die der Erziehungsprozess einwirkt, nicht mit in Betracht zieht, losgelöst von der Einschätzung, ob der Einfluss schädlich ist oder nicht. Deshalb ist ihm auch vorzuwerfen, dass er es seinen Schülern erlaubt, Opfer dieses schädlichen Einflusses zu bleiben, der beständig auf die allgemeine Funktionsweise einwirkt, unabhängig von dem von ihm erwartenden Nutzen. Zudem wird dieser schädliche Einfluss allmählich die geistig-körperlichen Energien der Schüler und ihre potenzielle Entwicklung bei der Verwendung ihrer Denk- und Urteilsprozesse bei jeglichem Lernen untergraben. Und das gilt auch für alle anderen Reaktionen auf Stimuli im Verlauf des Lebens.

„Wenn wir, die wir uns um das Wohl der Kinder kümmern, uns so weit bringen, dass wir sowohl die Möglichkeiten verstehen, die in der Erziehungssituation liegen, als auch die Gefahren sehen, wenn wir dabei auf Abwege geraten, können wir denen, die unter unserer Obhut stehen, besser helfen aufzuwachsen mit einer klaren Vision von den Dingen, so wie sie sind, und mit einem Gebrauch geeigneter Mittel, um

die Dinge zu verändern. Dies ist kein bloßes Wunschdenken. Es ist kein rückgratloses Akzeptieren von Ungerechtigkeit und auch keine unbesonnene Rechthaberei", schreibt Dr. Kilpatrick

Darauf kann ich nur folgendes erwidern: Ich habe in diesem Buch hoffentlich auch aufgezeigt, warum die Kinder solange nicht „mit einer klaren Vision von den Dingen, wie sie sind, aufwachsen" – ich würde hinzufügen wollen: Mit einer Vision von den Dingen, wie sie sein sollten -, bis ihnen die Kenntnisse zum Gebrauch des Selbst an die Hand gegeben worden sind. Diese Kenntnisse zum Gebrauch des Selbst schließen auch die Mittel ein („geeignete Mittel", wie Dr. Kilpatrick geschrieben hat), mit denen die Kinder in die Lage versetzt werden, ihre gewohnte, automatisierte Reaktion auf die Stimuli des Lebens zu hemmen. Eine solche Reaktion muss nämlich unterbunden werden, bevor in einem geistig-körperlichen Organismus eine derartig fundamentale Veränderung in die Wege geleitet werden kann, die eine Veränderung der Verfahrensweise in der Erziehung, wie sie Dr. Kilpatrick vorschwebt, erst möglich macht. Auf eine solche Hemmung habe ich in meinem Unterricht von Anfang an hingewirkt.

Unter diesem Gesichtspunkt ist auch interessant, was Prof. John Dewey, ein Kollege von Dr. Kilpatrick, in seiner Einleitung zu meinem Buch *THE USE OF THE SELF* geschrieben hat:

Mit der Technik F. M. Alexanders erhält der Pädagoge ein Richtmaß für geistig-körperliche Gesundheit; einer Gesundheit, die auch das mit einschließt, was wir Moral nennen. Und sie stellt auch die Mittel bereit, mit denen dieses Richtmaß mehr und mehr erlangt werden kann, ohne dass die Entwicklung jemals abgeschlossen werden könnte. Die Technik gelangt in den bewussten Besitz desjenigen, der darin ausgebildet worden ist. Sie sorgt für die notwendigen Bedingungen für eine zentrale Ausrichtung aller besonderen Erziehungsprozesse und steht in derselben Relation zur Erziehung, wie Erziehung selbst zu allen anderen menschlichen Aktivitäten in Beziehung steht.

Kapitel 12

Fazit

In dieser beispiellosen Krise, charakterisiert von undenkbaren menschlichen Gräueltaten, ist bei der großen Mehrzahl der Menschen der brennende Wunsch vorhanden, die mit einer solchen Krise untrennbar verbundenden Fehler oder das falsche Handeln einer einzelnen Person oder mehreren Personen, einer Regierung oder mehreren Regierungen in die Schuhe zu schieben. Ich habe mir die Anklagen angehört, die gegen sie erhoben worden sind, und ich habe auch andere befragt, die sich diesen Vorwürfen angeschlossen haben. Ich habe aber niemals einen Menschen getroffen oder von einer Person gehört, die erkannt hatte, dass auch sie einen Anteil an den Fehlern und dem falschen Handeln hat, die Einzelnen oder Regierungen vorgeworfen werden. Insbesondere diejenigen, die aktiv daran beteiligt waren, eine Perspektive, spannungsgeladen und voller Widersprüche, zu fördern, die in ihrem Zusammenwirken das gegenwärtige Aufleben der Barbarei erst möglich gemacht hat, wollten davon nichts wissen. Diese Barbarei wird durch die Massenvernichtungswaffen, die die Verantwortlichen dieser Welt heute in den Händen halten, immer noch grässlicher. Die Wissenschaftler haben sich in ihrem Bemühen, das Erreichbare möglich zu machen, nämlich wenig um die Lösung des Problems geschert, wie der Mensch daran gehindert werden kann, von den Ergebnissen ihrer Forschung einen schädlichen Gebrauch zu machen. Ohne ihre Forschungsergebnisse – das ist ihnen inzwischen durchaus klar geworden – wäre diese teuflische Orgie des Mordens und der Grausamkeiten, so ohne Beispiel in der langen und abwechslungsreichen Geschichte der Menschheit [43)], mit Sicherheit gar nicht möglich gewesen. [A)]

Das Verlangen des Menschen, einem anderen für etwas die Schuld in die Schuhe zu schieben, steht auf einer Stufe mit seinem angeborenen Widerstand, sich selbst anzuklagen. Dieser Widerstand äußert sich auch in der Gewohnheit, dass man gerne die Natur oder irgendeinen anderen Grund für eine Erkrankung der eigenen Person oder für eigene Mängel anführt, weil man nicht bereit ist, dafür selbst die Verantwortung zu übernehmen. So hat der Mensch das allgemeine Wahlrecht begrüßt, weil es ihm vermeintlich mehr Freiheit im Denken und erweiterten Handlungsspielraum bringen würde. Selbst wenn wir dem zustimmen, kommen wir aber an einer anderen Tatsache nicht vorbei: Der Einfluss dieses fundamentalen Verlangens des Menschen, von der eigenen Verantwortung entbunden zu sein, hat ihn veranlasst, die Befreiung von der Verantwortung in der Wahl seines Parlamentsabgeordneten zu sehen. Fortan macht er seinen Abgeordneten für die Richtung aller Entscheidungen von nationalem und internationalem Belang verantwortlich. Von daher die Anschuldigungen und Beschimpfungen an die Regierungsmitglieder, die er ja auch indirekt gewählt, wenn irgendetwas geschehen ist, das aus seinem Blickwinkel das Resultat eines Beurteilungsfehlers, einer Nachlässigkeit oder eines anderen Grundes ist. Nicht einen Augenblick zieht er jedoch in Erwägung, dass er in gewisser Weise selbst dafür verantwortlich sein könnte, obwohl ihm schon klar ist, dass er einen dieser Männer und Frauen als Abgeordneten gewählt hat, dass sich die Regierung aus den Parlamentsabgeordneten rekrutiert und dass die Regierung die Gesetze einbringt. Unabhängig davon, ob ihre Bemühungen insgesamt gut oder schlecht sind, ist jeder Wähler in gewisser Hinsicht für die Ergebnisse ihrer Bemühungen verantwortlich. Mit einer solchen Erkenntnis würde dem oftmals so nutzlosen und ungerechten Kritisieren ein Ende gesetzt und die Verbitterung und der Hass, die so oft daraus entstehen, würden verhindert.

Dieses Versagen in den Reaktionen der Menschen hat sich auch in Geschehnissen der letzten Zeit offenbart: Bei den Machthabern gab es den ehrlichen Wunsch nach Frieden und dieser Friedenswunsch wurde auch von der großen Mehrzahl der Wähler geteilt. Die entsprechenden Maßnahmen zur Erlangung dieses Zieles wurden allgemein begrüßt. Ich erinnere mich in diesem Zusammenhang seht gut an eine Situation in einem Londoner Kino, als verkündet wurde, dass Mr. Chamberlain mit einem unterzeichneten Friedensvertrag zurückgekehrt ist. Die Nachricht wurde mit einem Enthusiasmus aufgenommen, der auch in ganz Groß-Britannien zu spüren war. Als dann aber bekannt wurde, dass einer der Unterzeichner des Vertrages davon zurückgetreten war, was er, wie allen bekannt war, schon vorher des Öfteren getan hatte, haben diejenigen, die vorher lauthals Hurra geschrien hatten, den Mann beschuldigt, dessen Handeln sie zunächst enthusiastisch begrüßt hatten, obwohl sie um den schlechten Ruf des Vertragsbrechers wussten. Man machte also den einen Unterzeichner für das fehlende Ehrgefühl und den fehlenden Anstand des anderen verantwortlich. In dieser Haltung des Menschen zeigt sich ein weiteres Mal die blinde, instinktive Schwäche in seinem Gebaren, die es ihm ermöglicht, sich aus der Verantwortung zu stehlen, ohne die Ungerechtigkeit zu sehen, die damit verbunden ist.

Unter Berücksichtigung dieser Fakten wird jeder redliche Mensch auf dieser Erde zugeben müssen, dass jeder Einzelne von uns für das, was in diesem Augenblick geschieht, in gewissem Sinne mehr oder weniger verantwortlich ist. Sollte jemand mir in diesem Punkt widersprechen wollen, würde ich ihm die folgenden Fragen stellen: Wie hätten Hitler oder Mussolini oder ein irgendein anderer dieser Schurken in die Position gelangen können, die sie heute innehaben, wenn es auf der einen Seite nicht die nötige Unterstützung für sie gegeben hätte und wenn andererseits die Ideen und Prinzipien, für die sie eingetreten sind, nicht von den Leuten akzeptiert worden wären? Wie konnten diese Männer eine Armee aufbauen, die größer war als alle Armeen ihrer Gegner in diesem Krieg zusammen, wenn die Völker der übrigen Welt nicht dermaßen dumm und kurzsichtig gewesen wären, es ihnen zu erlauben? Weder die Ressourcen Deutschlands, Italiens noch die beider Länder zusammengenommen waren ausreichend, um das nötige Kriegsmaterial bereitzustellen. Von anderen Ländern mussten so viele Dinge gekauft werden, die für eine Bewaffnung unverzichtbar waren, und in unvorstellbaren Mengen gelagert werden. Diese Dinge konnten in diesem Umfang gar nicht allein für den heimischen Konsum sein. Und doch blieb es bis zur Erklärung des Kriegszustandes und noch darüber hinaus erlaubt, das kriegstaugliche Material dorthin zu exportieren. Der Prozess, bei dem die Versorgung mit diesen Gütern reduziert wurde, verlief so unglaublich schleppend. Ich kenne die Behauptung vieler, dass man diese Nationen gar nicht daran hätte hindern können, ihre Armeen aufzubauen. Um die Diskussion voranzutreiben, kann ich dem sogar zustimmen. Aber der gesunde Menschenverstand hätte es in dem Fall verlangt, dass die restliche Welt dafür gesorgt hätte, dass sie in diesem Wettrüsten auf jeden Fall nicht ins Hintertreffen geraten wäre. Dies wäre die notwendige Voraussetzung dafür gewesen, Hitlers und Mussolinis Armeen zu besiegen, wenn sie die Welt in einen Krieg stürzen würden, was durchaus abzusehen war. Viele werden versuchen, sich dadurch herauszureden, dass sie uns erzählen, sie hätten bloß den Frieden gewollt. Dem wird auch niemand widersprechen. Aber das Problem lag in der Natur des „Wollens". Das „Wollen" verblieb allzu nah an einer bloßen Willensbekundung und war oft nur ein frommer Wunsch.

Was ist falsch an dem Buchstaben „W"? Ich frage dies nur, weil die drei Wörter „Wollen", „Wille" und „Wunsch" mit diesem Buchstaben anfangen und es selten ist, dass man in ihrem Zusammenhang den Begriff „Verantwortung" findet. Wenn man aber sieht, dass es eine Verbindung zwischen Wollen und Verantwortlichkeit gibt, müssten diejenigen, die den Frieden wollen, auch ihre Verantwortlichkeit dafür akzeptieren, dass eines unbedingt sichergestellt werden musste: Kriegstaugliches Material hätte niemals in Mengen nach Deutschland und Italien transportiert werden dürfen, die geeignet waren, eine solch gigantische Kriegsmaschinerie aufzubauen. Sie konnte so größer werden, als es allein mit ihren gemeinsamen Ressourcen an Material möglich gewesen wäre.

Die meisten Völker der Welt tun zurzeit alles, was in ihrer Macht steht, um den Konflikt zu einem Ende zu bringen, wenn irgend möglich. All ihre Gedanken kreisen darum. Und das ist auch gut so. Ich möchte jedoch jetzt schon das Denken eines jeden Menschen auf ein großes Problem richten, das es nach dem Kriegsende zu lösen gilt, wenn sich

Geschichte nicht wiederholen soll. Um das zu verhindern und um auch alle anderen fundamentalen Probleme zu lösen, muss das Potenzial des einzelnen Menschen entwickelt werden. Und die Entwicklung dieses Potenzials muss mit Mitteln geschehen, mit denen die menschliche Reaktion verbessert und gleichzeitig kontrolliert wird. Dabei muss die Geschwindigkeit der Verbesserung und Kontrolle nicht nur Schritt halten können mit Fortschritt und Aufstieg der Menschheit in der äußeren Welt. Sie muss sogar höher sein.

Prof. John Dewey hat in seiner Einleitung zu meinem zweiten Buch *Constructive Conscious Control of the Individual* (BEWUSSTE KONTROLLE BEIM AUF- UND UMBAU DES MENSCHEN) dazu das Folgende geschrieben: *Die moderne Wissenschaft hat uns in die Lage versetzt, in unglaublichem Ausmaß Dinge als Werkzeuge zu verwenden, um damit sowohl auf als auch durch andere Dinge zielgerichtet Einfluss zu nehmen. Das Ergebnis ist nichts anderes als ein alles umfassender Zustand der Verwirrung, der Unzufriedenheit und des Konfliktes. Der eine Faktor – wir selbst nämlich -, der das grundlegende Werkzeug ist, wenn wir all die anderen Werkzeuge gebrauchen, ist jedoch bis dahin noch gar nicht als das zentrale Instrumentarium untersucht worden, das es ist. Dieses Selbst ist unsere eigene geistig-körperliche Art und Weise, eine Art Schablone, wie wir all unsere Anlagen und Energien verwenden. Ist es nicht höchst wahrscheinlich, dass mit dieser Unterlassung der folgende Umstand zu erklären ist: Wir haben die Naturkräfte unter unsere Herrschaft gebracht, die uns lange so weitgehend beherrscht haben, und trotzdem sehen wir uns nicht in der Lage, die Geschichte und das Schicksal der Menschheit zu lenken.*

Der Mensch hat sich bisher noch nicht an die grundlegenden Anforderungen angepasst, die das Leben an ihn stellt. So könnte auch seine angeborene Abneigung erklärt werden, Verantwortung zu übernehmen. Wann und wo immer es möglich ist, sucht er ihr zu entkommen. Und dies könnte auch seine fehlende Weitsicht und seine vielen Bewertungsfehler erklären. Diese charakteristischen Eigenschaften haben sich in einer verzögerten Reaktion gezeigt, als schnelles Handeln erforderlich war, um die Prinzipien zu wahren und die Rechte zu schützen, für die die Menschheit gegen starken Widerstand und unter großen Opfern im Laufe ihrer langen Zivilisationserfahrungen gekämpft hat. Weil man sich diesen Anforderungen nicht gestellt hat, befinden wir uns heute in einer Situation, in der sich die Angelegenheiten des Menschen so schwierig gestalten, wie es derzeit der Fall ist.

Zu der Frage der relativen Verantwortlichkeit und Schuld der Führer und der Menschen der Nation, die die ersten Schüsse in diesem Weltkrieg abgegeben haben, ist bereits sehr viel geschrieben und gesprochen worden. Eines der geläufigsten Argumente ist dieses: Die Bevölkerung dieser Nation ist frei von aller Schuld, weil sie durch fadenscheinige Argumente und den persönlichen Einfluss eines skrupellosen Mannes in diese Sache hineingezogen worden ist. Meine Meinung ist eine andere: Die Menschen dieser Nation stehen aus diesem Grund nicht weniger in der Schuld, sondern mehr. Wenn man nämlich der ersten Argumentation folgt, steckt darin auch das Eingeständnis, dass ihre Reaktionen so leicht von üblen Kräften beeinflusst werden können, dass sie weiterhin eine Bedrohung für Frieden und Sicherheit der übrigen Welt sind. Ihr Ausblick auf das Leben, ihr angeborener Egoismus und ihre erstaunliche Verständnislosigkeit für die Sichtweise der Völker anderer Nationen und für deren Wohlergehen sind seit jeher charakteristisch für diese Nation gewesen. Wenn man dazu noch ihre Manie, die individuelle Verantwortung auf den Schultern eines oder mehrerer Anführer abzuladen, ihr Bedürfnis, gesagt zu bekommen, was man zu tun und zu lassen hat, und ihren instinktiven hypnotisierenden Hang zur Romantik hinzufügt, dem sie so lange schon anhängen und der allzu oft in Grausamkeit umschlägt, kann man dann noch darüber überrascht sein, dass diese Nation schuldig ist, die für sich die Perspektive eines hohen Zivilisationsgrades und einer Hochkultur in Anspruch nimmt? Sie hat sich höchst krimineller Schandtaten gegen die menschliche Gemeinschaft schuldig gemacht. Niemals zuvor ist von solchen Schandtaten berichtet worden. [A)]

Die Verbesserung und die Kontrolle der menschlichen Reaktion und die Reichweite ihres Einflusses auf den Bereich der Verantwortlichkeit ist die Prämisse, die bei allen Untersuchungen der menschlichen Erfahrungswelt und der Mittel-und-Wege, auf die der Mensch sich bei seinem Fortschritt und seiner Entwicklung in jedem seiner Aktivitätsbereiche bis zum Ausbruch des Krieges gestützt hat, an erster Stelle stehen sollten. Wenn diese Prämisse im Lichte der menschlichen Reaktion zu den Geschehnissen untersucht wird, die zu diesem weltweiten Konflikt geführt haben, und zu dem, was seitdem geschehen ist, kann man doch eigentlich nur zu dem einen Schluss gelangen: Wenn sich die Erfahrungen der Vergangenheit nicht wiederholen sollen und wenn der Mensch ein besseres Verständnis für die Natur der Ziele und der charakteristischen Merkmale der Völker der anderen Nationen und auch ein besseres Verständnis für seine eigenen Ziele und Charaktereigenschaften erlangen soll, müssen neue Mittel-und-Wege für ein Leben in der Zukunft für ihn verfügbar sein. In Kultur, Erziehung, Religion, Politik, Wirtschaft, Medizin, Wissenschaft, Industrie und nicht zuletzt in unseren sozialen Beziehungen und unserem Zusammenleben müssen wir uns völlig neu orientieren. Eine Neuausrichtung, so wie sie mir vorschwebt, ist nicht möglich ohne eine solch fundamentale Veränderung bei der Steuerung und Kontrolle des Selbst, die der Hauptgegenstand dieses Buches ist. Um die Steuerung und Kontrolle des Selbst zu verändern, wird es nötig sein, die Methoden radikal zu verändern, mit denen das Kind bis ins Erwachsenenalter erzogen wird. Auch die Methoden, die der Mensch in Zukunft im Kontakt mit seinem Gegenüber bei seinen geschäftlichen, sozialen und anderen Aktivitäten einsetzt, müssen sich verändern. Dafür wird eines ganz entscheidend sein: Der Mensch muss einsehen, dass es notwendig ist, die Verantwortung für das zu übernehmen, was zu all den Problemen und Schwierigkeiten in ihm selbst geführt hat. Er wird zudem dafür sorgen müssen, dass er an die geeigneten Mittel gelangt, um die Probleme und Schwierigkeiten loszuwerden. Wenn er diese primäre Verantwortung dann erst einmal übernommen hat, die tatsächlich an der Schwelle zu seinem Selbst existiert, wird die Erfahrung, die er damit sammelt, die beste Vorbereitung sein, um auch die Verantwortung zu akzeptieren, die er bei seinen

Kontakten mit seiner Außenwelt hat. Seine eigene persönliche Erfahrung wird es mit einschließen, dass er aufrichtig und ehrlich sich selbst gegenüber ist und genauso aufrichtig und ehrlich seinen Mitmenschen gegenüber.

Eingebunden in die heute vorherrschenden Bedingungen sind die Menschen gezwungen, die Mittel-und-Wege neu zu bewerten, aus dem sich der Lebensstil zusammensetzt, den sie Demokratie genannt haben. Aus Sicht der meisten Menschen sind nämlich die Mittel-und-Wege fehlerhaft, nicht die demokratische Lebensweise. Genau diese Sichtweise sollte im Umkehrschluss zu einer Neubewertung von all dem führen, auf das der Mensch als Mittel-und-Weg für seinen Fortschritt und seine Entwicklung bisher gebaut hat. Wenn man dabei nicht durch Glaubensinhalte und Vorstellungen aus der Vergangenheit Vorurteile entwickelt, sondern mit Offenheit den Tatsachen gegenübersteht, wird man nicht umhinkommen, eines festzustellen: Im Vergleich zu den Entwicklungskonzepten in der Außenwelt des Menschen sind die Erziehungskonzepte zur Entwicklung der menschlichen Möglichkeiten eher dürftig geblieben. Das zu seiner äußeren Welt angehäufte Wissen, das mehr oder weniger zusammenhangslos zu seinen dürftigen Kenntnissen über sich selbst steht, hat inzwischen Dimensionen aus der Welt des Frankenstein erlangt. So wurde es möglich, dass seine Aktivitäten heute seinen demokratischen Lebensstil bedrohen. Der Mensch hatte Freiheit zu seinem Ideal gemacht, weil er glaubte, dies sei der Weg, um frei denken und handeln zu können. Dabei hat er aber eines übersehen: Der Einzelne kann nur dann frei denken und handeln, wenn ihm nicht nur die Freiheit dazu gewährt wird, sondern er auch die Möglichkeit hat, dies zu tun, weil sein allgemeiner Gebrauch und seine Funktionsweise, die während des Denkens und während der Handlung für eine Kontrolle der individuellen Reaktion in seiner Lebensweise entscheidend sind, dies überhaupt erst zulassen.

Meine Erfahrungen, die ich mit Schülern im Unterricht gemacht habe, haben eines ganz deutlich gezeigt: Jeder, der sich die Freiheit des Denkens und des Handelns zu eigen gemacht und diese Vorstellung auch konsequent in seinem Leben befolgt hatte, war nur selten in der Lage, seine Freiheit unter Beweis stellen, wenn es darum ging, während eines Denkvorgangs und während einer Handlung frei zu sein. Dies hat sich immer wieder gezeigt, wenn ein Schüler gehalten war, bei seiner Entscheidung zu bleiben, bestimmte Verfahrensweisen zu verwenden, deren Ausführung einen Gebrauch des Selbst verlangt hat, der nicht mit einer ihm gewohnten Reaktion zu denken und zu handeln übereinstimmte.

Wenn die individuelle Reaktion auf diese Weise von vielen kontrolliert wird, wird sie zu einer kollektiven Reaktion und die Theorie der Demokratie kann in der Praxis mit Leben gefüllt werden.

Katalog der Fußnoten F. M. Alexanders

1

Vergleichen Sie dazu die Seite 5 in meinem Buch *Constructive Conscious Control of the Individual.*

2

Zu diesem Punkt findet sich im New Yorker *Brooklyn Citizen* vom 12. Mai, 1939 ein Artikel mit der Überschrift: „Psychologische Kontroverse".

3

Diejenigen, die meine Bücher noch nicht gelesen haben, finden die Einzelheiten zu meiner diesbezüglichen Beobachtung in Kapitel 1 von *Der Gebrauch des Selbst:* „Herausarbeitung einer Technik"

4

Der Ausdruck „Gebrauch und Funktionsweise" findet sich des Öfteren in meinen Schriften. Man hat argumentiert, dass an dieser Stelle das Bindewort „und" fehl am Platze sei, weil es nahelege, dass es eine Trennung zwischen den beiden Prozessen des Gebrauchs und der Funktionsweise gebe und weil ich mit diesem Ausdruck selbst gegen den Geist des von mir vertretenen Gesetzes der Einheit verstoße. Mit dem Verweis auf die Erfahrungen, die ich im ersten Kapitel von *„Der Gebrauch des Selbst"* dargestellt habe, wird sich dieses Missverständnis hoffentlich sehr leicht aufklären: Die Reihenfolge der Geschehnisse, über die ich dort berichte, stimmt nämlich genau mit der Reihenfolge der Wörter in dem Ausdruck überein.

5

Obwohl es nicht so leicht ist, an dem Thema Schlaf zu forschen, hat man herausgefunden, dass Menschen die schädliche Art und Weise ihres Gebrauchs, die sie im Wachzustand haben, im Schlaf eher noch verstärken. Und auch diese Tatsache wird nicht ausreichend berücksichtigt: Obwohl es im Schlaf aufgrund des allgemein niedrigeren

Muskeltonus und der Verlangsamung der Funktionen keine so große Notwendigkeit zur Aktivierung der für die Lebensprozesse verantwortlichen Mechanismen gibt, wie es im Wachzustand der Fall ist, gibt es trotzdem eine solche Aktivierung und diese kann in der Tat durch dieselben schädlichen Gewohnheiten des Gebrauchs gestört werden, die auch bei Aktivität im Wachzustand die Oberhand gewinnen.

5

Zu diesem Thema hat Prof. John Hilton, M. A., auf einer Konferenz des Instituts für Arbeitsmanagement 1936 in einer Rede Stellung bezogen. Sie finden Auszüge daraus im Anhang D.

6

Wenn ich die Begriffe „richtig“, „gut“, „schlecht“, „angemessen“, „ausreichend“ oder ähnliche in meinen Schriften im Zusammenhang mit solchen Phrasen wie „die Verwendung der primären Kontrolle“ oder „die Art und Weise des Gebrauchs“ benutze, ist dabei immer zu berücksichtigen, dass die Verhältnisse der geistig-körperlichen Funktionen, die am besten für das Arbeiten des Organismus insgesamt sind, der Maßstab ist.

7

Es gibt viel Konfusion bei der Verwendung der Wörter „abnorm“ und „Abnormität“. Wenn ich sie verwende, benutze ich sie, um auf Verhältnisse zu verweisen, die mit einer Gebrauchsweise verbunden sind, die tendenziell das allgemeine Funktionsniveau absenkt. Ich verwende „Abnormität“ und „abnorm“ nicht im Zusammenhang mit Verhältnissen, die bloße Variationen des Normalen sind.

8

Deshalb ist es in solchen Fällen auch sinnlos, Übungen einzusetzen. Solche Übungen verstärken eher noch das Maß der Muskelspannung, als dass sie das Maß reduzieren. Und dies gilt in gleicher Weise für das, was unter dem Begriff „Entspannung“ firmiert. Ich kann aus meiner Erfahrung sagen, dass „Entspannung“ unter bestimmten Bedingungen zu einer Form des Zusammenbruchs führt. Und unter anderen Umständen geht der Kollaps bestimmter Muskelgruppen mit einer kompensatorischen Überbeanspruchung anderer Muskelgruppen einher. So können der bereits vorhandene Druck und der bereits bestehende Stress weiter zunehmen.

9

Es handelt sich um den Fall, auf den sich Dr. Adam Moss in seinem Brief auf Seite 44 bezieht.

10

Zu diesem Fall finden sich in Anhang E weitere Details.

11

Die Autoren von „Body Mechanics" (London, 1932) sind die Ärzte *Lloyd D. Brown, J. E. Goldthwaite, Loring J. Swain und J. G. Kuhns.*

12

In seinem Buch *Human Nature And Conduct* (Die Natur des Menschen und sein Verhalten) setzt sich Prof. John Dewey mit der Frage auseinander, was geschieht, wenn ein normaler Mensch, der krumm, mit gebeugtem Rücken dasteht, aufgefordert wird, sich gerade hinzustellen: Er wird sich auf der Stelle aufrichten in dem Glauben, dass das, was er tut, augenblicklich seine Lage verbessert, wenn er seine Vorstellung, die er mit der Aufforderung verbindet, in die Tat umsetzt. Prof. Dewey schreibt dann weiter: „Natürlich geschieht etwas, wenn ein Mensch das, was er unter gerade Stehen versteht, in die Tat umsetzt. Eine Zeit lang wird er sich anders hinstellen, was aber nur eine weitere Art schlechten Stehens ist." Mit anderen Worten wird im Zusammenhang mit seiner Buckelbildung seine Art des „aufrechten Stehens" nur solange eine Form des Falschen sein, bis ihm beigebracht worden ist, seine Primärkontrolle richtig einzusetzen.

13

Ich kann an dieser Stelle daran erinnern, dass eine ganze Reihe der wertvollen Entdeckungen *indirekt* zustande gekommen ist. So hat das Interesse **Faradays** zunächst der Wirkung gegolten, die ein Magnet auf ein Stück Stahl hat. Und **Pasteurs** Anliegen war eigentlich die Erforschung von Kristallen. **Watt** wollte untersuchten, was passiert, wenn Dampf einen Kochtopfdeckel anhebt. Es gibt noch zahlreiche andere Beispiele.

14

Vergleichen Sie dazu: Anthony M. Ludovici, Health and Education Through Self-Mastery (Gesundheit und Erziehung in Eigenregie), Kapitel 1: „Use of Ourselves", Seiten 23ff.

15

Es ist noch nicht lange her, dass ich das Thema mit einem Offiziellen des Gesundheitswesens diskutiert habe. Ich habe ihn gefragt, warum die Entwicklung der Fitness bei so vielen von ihnen im Vordergrund steht. Weil man gesehen habe, dass die körperliche Entwicklung, die durch das Medium Bewegungsspiele erreicht worden sei, wenig zufriedenstellend gewesen sei, lautete seine Antwort. Ich habe ihm dann erklärt, dass ein anderes Resultat auch gar nicht erwartet werden konnte, weil es sehr wahrscheinlich sei, dass diejenigen, für die die Spiele konzipiert worden seien, schon länger in den richtigen Gebrauch ihrer Primärkontrolle eingegriffen hätten und dass sich dies mit den Bewegungsspielen sicherlich noch verstärkt habe. Aus demselben Grund würden sich jedoch auch die Pläne zur Entwicklung des Körpers durch Fitnessübungen als ein Fehlschlag erweisen. Schließlich habe ich vorgeschlagen, aus Erwachsenen oder Jugendlichen zwei Vergleichsgruppen zu bilden, deren körperliche Entwicklung beobachtet werden sollte. Die eine Gruppe sollte es gelernt haben, bei den Bewegungsspielen oder der Ausführung von Fitnessübungen eine Störung ihres Selbstgebrauchs zu verhindern. Die andere Gruppe sollte die Bewegungsspiele und die Fitnessübungen nach den orthodoxen Prinzipien ausführen.

In einem Vortrag, die eine frühere Direktorin der St. Felix School, Southwold, vor der Ling Gesellschaft gehalten hat, hat sie u. a. folgendes gesagt: „Ich muss Ihr System als jemand beurteilen, der es von außen mit dem Auge betrachtet. Ich überprüfe es an den einfachen Dingen, die leicht ins Auge fallen, wenn sich jemand hinsetzt oder aufsteht, wenn er läuft oder geht, wenn er spricht oder zuhört. Nicht in der Sporthalle, sondern im Haus, auf den Feldern und auf der Straße habe ich diese Tätigkeiten auf den Prüfstand gestellt. Mit sehr wenigen Ausnahmen ist in mir bei diesen einfachen Lebensbekundungen niemals das Gefühl einer lebendigen, bewegenden Schönheit entstanden, einer Schönheit der Bewegung, die in sich völlig unabhängig ist und eigenständig existieren kann und tatsächlich auch eigenständig existiert und die sich oftmals auch in der Schönheit der Körperform und des Gesichts offenbart. Überall, wo ich mich gerade befand, habe ich mir ohne Scham Notizen gemacht und mich gefragt, QUID DEFICIT. Was fehlt? Warum ist es so, dass von trainierten und sorgfältig ausgewählten Personen der eine nicht in der Lage ist, in sich ruhend zu stehen, der andere durch den Raum schlurft und der dritte beim Sprechen mit dem Kopf wackelt? Warum gehen Lehrer häufig so schwerfällig und warum dient diese Schwerfälligkeit als ein Vorbild? Eine befreundete Direktorin, deren Büro sich unter einem großen Tanzsaal befand, hat es so ausgedrückt: 'Während des Tanzunterrichts sind die Bewegungen nahezu geräuschlos. Ist der Unterricht aber vorbei, wollte man meinen, der Saal sei voller Rhinozerosse. Was ist nur aus der Leichtigkeit geworden, die die Tanzschüler soeben noch gezeigt haben? Welchen Sinn macht es, wenn sie mit Beendigung des Unterrichts wieder verlorengeht'?"

Es sind genau diese Fragen, die zum zentralen Punkt der gesamten Problematik führen.

16

Im Zusammenhang mit Nebeneffekten möchte ich die Leser auf den *Anhang F* verweisen. Dort werden schädliche Nebeneffekte enthüllt, die sich aufgrund der Methoden der deutschen Armee im 1. Weltkrieg einstellten.

17

Die Behauptungen werden von den Aussagen gedeckt, die in dem im 2. Kapitel zitierten Brief gemacht werden. Jemand, der noch nicht mit meinen Büchern vertraut ist und gerne näher erfahren will, welche Mittel eingesetzt werden müssen, um die Bedingungen des Gebrauchs so zu verändern, dass sie nicht länger unzureichend sind, sondern ausreichend werden, sollte zunächst *The Use of the Self* lesen. Im Rahmen des vorliegenden Buches kann ich nämlich die dort dargelegte Beweisführung nicht wiederholen.

18

Nicht weniger wichtig ist ein neuer Standpunkt hinsichtlich der Ernährung, der Nahrungszubereitung und vieler anderer Dinge im häuslichen Leben der Kinder. Gerade in der Zeit des Heranwachsens sollte die Qualität der Speisen so gut wie nur möglich sein. So wird gute Ernährung in dieser Zeit zu einem wesentlichen Baustein für die Entwicklung von Gesundheit und Stärke der Kinder. In dieser Hinsicht wird augenblicklich durchaus sehr viel mehr getan, als es in der Frage der Art und Weise des Gebrauchs leider der Fall ist.

19

Das Zitat stammt aus den Einführenden Worten von Prof. John Dewey zu: **Der Gebrauch des Selbst** (THE USE OF THE SELF).

20

In: THE USE OF THE SELF schreibe ich auf Seite 57: *„(Ein guter Lehrer) würde erkennen, dass die „Willenskraft" eines Schülers, dessen Selbstgebrauch fehlgeleitet ist, ebenfalls auf die falsche Richtung zielt. Dies hat zur Folge, dass die Fehlleitung seines Gebrauchs umso stärker zunimmt, je mehr er versucht, solch eine Anweisung [A)] auszuführen, und je mehr er den unbedingten Willen hat, für sich Erfolg zu haben."*

[A)] Es handelt sich um die Anweisung, den Ball zu jedem Zeitpunkt des Abschlags im Blick zu haben

21

Um diesen Punkt noch etwas klarer zu machen, gebe ich dem Leser den folgenden Denkanstoß: Angenommen ein Freund erzählt Ihnen, dass er heute sein Bestes geben werde. Wenn Sie ihn dann fragen, wie es konkret aussieht, wenn er sein Bestes gibt, was er sich vornimmt zu tun, so dass dieses Beste anders ist als das, was er immer schon getan hat, als das, was er zu den Zeiten getan hat, als er nicht unbedingt vorhatte, sein Bestes zu geben, wird die Reaktion oftmals gleich ausfallen – zuerst ein verständnisloser Blick, dann wird er sich fangen und eine eher schwache Bemerkung dazu machen. Ich habe dieses Gespräch in den letzten Jahren schon so oft geführt: Niemals habe ich eine andere Reaktion erlebt. Auch wenn ich nachgehakt und auf eine genauere Erklärung beharrt habe, habe ich nicht viel mehr dazu erhalten. Wie hätte es auch anders sein können? Die Menschen wissen nicht, was sie tun, wenn sie sich bei ihren Aktivitäten selbst gebrauchen.

Als Beleg dafür kann ich auf einen Bericht im *Evening Standard* verweisen. Man hatte von vier berühmten Golfspielern Aufnahmen in Slow-Motion beim Abschlagen gemacht. Dem Bericht zu Folge wurden die Golfer anschließend befragt, ob sie wüssten, was sie getan hätten, um den Schlag so hinzukriegen. Die Antwort kam, wie aus der Pistole geschossen: „Natürlich". „Nun denn, würden Sie uns bitte sagen, was sie getan haben?" Jeder der Spieler kam diesem Wunsch nach und der Reporter machte sich Aufzeichnungen von ihren Beschreibungen. Als man sich dann die Bilder noch einmal ansah, stellte sich heraus, dass keiner der Spieler bei der Ausführung des Schlages irgendetwas von dem getan hatte, was er angegeben hatte.

In der gleichen Zeitung gab es einmal einen Bericht über eine Erfahrung, die W. H. Austin [A)] in Wimbledon gemacht hatte. Der Tennisspieler hatte sie einem Freund erzählt: „In einer Phase des Matches habe ich so schlecht gespielt, dass ich mich entschlossen hatte, den Satz abzuschenken. Kaum hatte ich aber diesen Entschluss gefasst, spielte ich wieder in meiner gewohnten Form. So wollte ich dann doch noch versuchen, den Satz nach Hause zu bringen. Mit diesem Gedanken, habe ich augenblicklich erneut die Kontrolle über mein Spiel verloren. Es war genau dieser Kontrollverlust, der mich ja vorher schon dazu gebracht hatte, den Satzgewinn nicht weiter zu versuchen." Es sieht wirklich so aus, als ob der Mensch manchmal es nicht nur mag, von anderen zum Narren gehalten zu werden, manchmal will er sich sogar unbedingt selbst zum Narren halten.

22

Diese Schwierigkeit wird beständig von all jenen übersehen, die Ansichten an den Aussagen ideologischer Theorien festmachen, deren geschliffene Sätze andere von einer neuen Sichtweise überzeugen sollen. Und sie wird auch von denen übersehen, die Pläne und Reformen vorantreiben, die den Menschen eine Hilfe dabei sein sollen, notwendige Veränderungen in der Reaktion im Leben vorzunehmen, die mit dem neuen, von ihnen vertretenen Ideal, im Einklag stehen.

23

Ihre Reichweite war nie weiter begrenzt als zum gegenwärtigen Zeitpunkt.

24

Dies gilt in gleicher Weise für unsere Reaktionen in anderen Aktivitätsbereichen, wenn wir auf Situationen treffen, die uns nicht vertraut sind.

25

Auszug aus: Aldous Huxley, Ends and Means, Kapitel 12, Seiten 258f, Harpers, New York

26

Auszug aus: Aldous Huxley, Ends and Means, Kapitel 15, Seite 377, Harpers, New York

27

Seit 1904 habe ich die entsprechenden Erfahrungen in Ashley Place, London, bei der Arbeit mit Schülern im Alter von 2 ½ bis 15 Jahren und später in Penhill, Kent, England mit Kindern und Jugendlichen im Alter bis zu 16 Jahren gemacht. Die Ergebnisse dieser Arbeit bestätigen auf eindrucksvolle Weise das, was ich hier geschrieben habe.

28

Im Anhang B finden sich dazu Auszüge von Dr. Andrew Murdoch aus seinen Schriften „The Function of the Sub-Occipital Muscles“ (Die Funktion der Suboccipitalmuskeln), „The Key to Posture“ (Der Schlüssel zur Haltung) und „Use and Functioning“ (Gebrauch und Funktion).

29

Im Anhang C finden Sie Abschnitte aus: "Re-orientation of the Viewpoint upon the Study of Anatomy", Mungo Douglas, M. B., 1937

30

In seiner Einleitung zu meinem Buch *„Bewusste Kontrolle beim Auf- und Umbau des Menschen“* (CONSTRUCTIVE CONSCIOUS CONTROL OF THE INDIVIDUAL) hat John Dewey folgendes geschrieben: „Im Zusammenhang mit dem charakteristischem Verhalten des Menschen hat niemals jemand vor F. M. Alexander bedacht, von welcher Art die sinnliche Wahrnehmung sein muss, wenn man theoretische Prinzipien erproben und ausarbeiten will. Noch viel weniger haben die Denker in diesem Bereich jemals eine Technik entwickelt, um das erworbene sinnliche Material unter eine sichere Kontrolle zu bringen, die auch verwendbar gewesen wäre.“

31

Der Abschnitt ist Kapitel 6 des Buches *Man on His Nature* von Sir Charles Sherrington „Ein Ganzes geprägt von seinen Teilen“ entnommen, erschienen bei: Cambridge University Press, England, Macmillan & Co, New York.

32

Die Hervorhebungen in diesem Zitat und den folgenden Zitaten sind von F. M. Alexander gemacht worden.

33

Dieser Aufsatz wurde im April 1935 in: *Phylosophy of Science*, Volume 2, veröffentlicht.

34

Der Auszug ist Alexis Carrels Buch *Man, the Unknown* entnommen. Die Hervorhebungen stammen von F. M. Alexander.

35

Sehen sie dazu auch Anhang G.

36

Ein Freund von mir, der allgemein angesehen ist, hat mich darauf hingewiesen, dass das Wort „Moral" in der Bibel gar nicht vorkommt.

37

Was gegenwärtig geschieht, wird für all jene keine Überraschung sein, die in meinem Buch MAN'S SUPREME INHERITANCE *(Ein Vermächtnis der Evolution an die Menschheit von unschätzbarem Wert)* das Kapitel 8 „Das Evolutionsniveau und sein Einfluss in der Weltkrise von 1914" gelesen haben.

38

Ein befreundeter Mediziner hatte nach der Lektüre von THE USE OF THE SELF (*Der Gebrauch des Selbst*) mir die folgenden Sätze geschrieben: „Wenn ich eine Kritik zu Ihrem neuen Buch schreiben müsste, könnte ich nicht viel mehr anbieten als dieses: Es ist mit das interessanteste, was ich jemals gelesen habe. Die Suche eines Forschers nach *der Stecknadel in einem Heuhaufen* ist nichts gegenüber dem, was Sie getan haben: Sie haben ein viel dunkleres Land durchquert."

39

Es hat manchmal den Anschein, dass die Erfahrungen eines Golfspielers oder von irgendjemand anderen bei ihren Versuchen, ihr Spiel oder eine andere Tätigkeit zu verbessern, sie an den Punkt bringen, an dem die Worte Shakespearse‘ greifen, die da lauten: „Ich will lieber die Übel ertragen, die ich habe, als mit anderen geschlagen sein, die ich nicht kenne.“

40

Weil ich zu der Zeit nicht im Lande war, befinden sich zu der Rede Herbert Morrisons leider keine Einzelheiten (Ort, Datum usw.) in meinen Unterlagen.

41

Dorothy Thompsons Artikel war am 4.Oktober 1940 in der New York *Herold Tribune* unter dem Titel „Eine Fußnote“ erschienen.

42

Eine überarbeitete Theorie des Erziehungsprozesses von William Heard Kilpatrick, Büro für Veröffentlichungen am Lehrerkolleg der Columbia University, New York City.

43

Zu den Forschungsergebnissen, die leicht zu missbrauchen sind, finden Sie in Anhang A Auszüge aus einer Grußadresse, die Thomas D. Hall, der Präsident des Chemischen Instituts Südafrikas, an die Mitglieder des Instituts gerichtet hat. Sie trägt den Titel: *Errungenschaften der Chemie* („Some Accomplishments of the Chemist“)

ANHANG

Anhang A

Auszug aus einer Grußadresse an die Mitglieder des Chemischen Instituts von Südafrika mit dem Titel „Einige Errungenschaften der Chemie", gehalten von ihrem Präsidenten D. Hall, B. A., M. Sc.

Nachdem der Präsident D. Hall „die erstaunlichen Möglichkeiten der Chemie" und ihre verschiedenen Vorteile für die Industrie und das Leben in der modernen Welt allgemein beschrieben hatte, hat er sich folgendermaßen geäußert:

Wir haben dem Material das Etikett Reichtum angeheftet und haben die Räder der Welt sich sehr viel schneller drehen lassen. Es ist für alle genug da. Aber die Mehrzahl der Menschen will immer noch mehr, dabei hat die materialistische Welt und die Welt des Handels und der Vermarktung ihre soziale und ökonomische Entwicklung bereits überzogen. Die Natur hat uns im Verlauf geologischer Zeiträume immer wieder gewarnt, dass eine einseitige und unausgewogene Entwicklung immer im totalen Unglück endet. Es hat wahrlich den Anschein, dass die Welt besser dastehen würde, wenn die Chemie für einige Zeit keine neuen Entdeckungen macht, mit denen unsere Fachleute aus der Wirtschaft und den Sozialbereichen in Verlegenheit gebracht werden könnten, ...

Die Hexenküche der Chemie hat das Leben in allen seinen Aspekten wie auch die Gewohnheiten des Menschen verändert. Es gibt nicht wenige Anzeichen, dass sich trotz der Errungenschaften der Medizin zur Lebenserhaltung des Menschen – insbesondere in seinen jungen Jahren -, die zu einer längeren durchschnittlichen Lebenserwartung der Bevölkerung insgesamt führen, vermehrt Geistes- und Körperkrankheiten im späteren Leben entwickeln. Und viele Heilsvorschläge für die Gebre-

chen dieser Welt sind von ebenso vielen Propheten aus Religion, Wirtschaft, Politik und Wohlfahrtswesen gemacht worden.

Der Verfall des Menschen und wie man ihm begegnen will

Hamlets Worte können offensichtlich sehr trefflich unser Zeitalter und uns selbst beschreiben:

Die Zeit ist aus den Angeln / Oh, verfluchte Bosheit / Dass ich jemals geboren wurde, / die Dinge zu richten.

Ich will es gar nicht erst versuchen. Ich habe einen Stellvertreter gefunden, einen Philosophen und Lehrer, der neue Rezepte und Lehren hat und der mit mehr Bescheidenheit daherkommt als die Chemie. Leise, aber bestimmt hat er mehr als dreißig Jahre lang seine wissenschaftlichen Studien vorangetrieben und so Schritt für Schritt seine Theorie bewiesen. Er hat den Menschen als ein geistig-körperliches Wesen untersucht und nicht als Knochengerüst oder als allein körperliches oder allein geistiges Wesen. Auf diese Weise ist er zu dem Schluss gelangt, dass sich der Mensch geistig allzu schnell entwickelt hat, wie auch sich seine Umwelt allzu schnell verändert hat. Dies hat dazu geführt, dass seine instinktive und unterbewusste Kontrolle nicht mehr zuverlässig dazu in der Lage ist, ihn in seinem Körpergebrauch richtig zu steuern.

Unbemerkt von ihm selbst benutzt der Mensch seinen Körper beständig falsch, sogar bei den einfachsten Tätigkeiten des Lebens und fügt sich so ungeahnten Schaden zu. Bei den Tieren und den wilden Stämmen verhält es sich anders: Sie werden in einer ziemlich stabilen Umwelt weiterhin von ihren Instinkten richtig geleitet. Zudem vertritt F. M. Alexander die Ansicht, dass sich der Zerfall des Menschen in den letzten hundert Jahren extrem beschleunigt hat. Dazu hat der herausragende amerikanische Philosoph Prof. John Dewey folgendes festgestellt:

„F. M. Alexander hat ein neues wissenschaftliches Prinzip zur Kontrolle des menschlichen Verhaltens aufgezeigt. Dieses Prinzip

ist nicht weniger wichtig als jedes andere Prinzip, das jemals im Bereich der externen Natur aufgedeckt worden ist. Und nicht nur das: Seine Entdeckung vervollständigt erst die Entdeckungen, die der Mensch zur unbelebten Natur gemacht hat. Sie war wichtig, damit die Entdeckungen und Erfindungen des Menschen in der unbelebten Natur nicht darin enden, dass sie uns zu Sklaven und hilflosen Werkzeugen machen."

Was ich aus F. M. Alexanders Schriften mitgenommen habe, ist dieses: Er hat wenig Hoffnung für die Welt, dass sich die Dinge zum Guten wenden, es sei denn, das fundamental Falsche, wird wahrgenommen und korrigiert. Wenn an den Regierungstischen der Nationen Männer und Frauen mit verkürzten und gestauchten Wirbelsäulen, kontrahierten Regionen des Brustkorbs, zusammengepferchten inneren Organen, ungesunden Bäuchen, verminderter Blutzirkulation und mit einer falschen Atmung sitzen, die allesamt Monumente eines instinktiven falschen Gebrauchs ihrer Körper sind, worüber sie sich zu allem Unglück noch nicht einmal bewusst sind, wie kann sich die Welt aus solchen Quellen irgendwelche Lösungen für ihre Probleme erhoffen?

Weiter erklärt F. M. Alexander, dass Fitnesstraining und Sport, die gegenwärtig ein Revival erleben, die Dinge nicht besser machen, weil wir es hier mit einem Fall zu tun haben, in dem der Blinde den Blinden führt. Sie sind vielmehr das Eingeständnis, dass in der Menschheit etwas extrem falsch läuft. Fitnessübungen und Sport können durchaus den einen oder anderen Fehler korrigieren, aber dabei kommen nur andere Mängel stärker zum Vorschein. Keine Fitnessübung der Welt kann nämlich dem Körper in seiner Gesamtheit guttun, wenn die instinktive Kontrolle des Übenden falsch und er schlecht koordiniert ist. Im Laufe seiner 35-jährigen Arbeit hat F. M. Alexander jedoch eine Methode gefunden, mit der der Mensch die bewusste Kontrolle über sein geistig-körperliches Dasein erlangen und eine perfekte Koordination bei allen seinen körperlichen Tätigkeiten hervorbringen kann. „Die Vorgehensweise F. M. Alexanders und seine Schlussfolgerungen genügen allen strengen Kriterien, die an die Wissenschaftliche Methode gestellt werden", so Prof. John Dewey. Wenn wir uns auf unsere Instinkte nicht mehr verlassen können, ist oftmals falsch, was uns richtig erscheint. F. M. Alexander stellt an dieser Stelle fest, dass wir die einfachsten Tätigkeiten neu erlernen und eine neue sinnliche Wahrnehmung von uns selbst erlangen müssen, bevor diese Mängel beseitigt werden können. Leider entsteht eine solche neue sinnliche Wahrnehmung nur langsam. Jeder Einzelne braucht eine individuelle Anleitung durch einen speziell dafür ausgebildeten Lehrer. Nur gibt es gegenwärtig nur wenige ausgebildete Lehrer. Effektiver ist es deshalb wohl, Kinder in der Schule in diese Methoden einzuweisen, weil auf diese Weise mehr Menschen in diese Technik eingeführt werden. Diejenigen unter Ihnen, die mehr über dieses bemerkenswerte System erfahren wollen, dem auch schon vom British Medical Journal *Anerkennung gezollt worden ist, verweise ich auf die Bücher von F. M. Alexander MAN' SUPREME INHERITANCE, THE USE OF THE SELF und CONSTRUCTIVE CONSCIOUS CONTROL.*

Einige von Ihnen werden sich jetzt zweifelsohne fragen, was das alles mit der Chemie zu tun hat. Wir alle haben hoffentlich genug gesehen, um zu erkennen, dass die wunderbaren Errungenschaften des Chemikers vielleicht doch nicht so segensreich für die menschliche Rasse sind, wie wir es sehr gerne glauben wollen. Persönlich habe ich Ihnen nichts anzubieten. Aber ich bin der Meinung, dass es klug und ehrenwert ist, Ihnen von einem Mann erzählt zu haben, von dem ich wirklich glaube, dass er die beste Lösung entwickelt hat, die bis jetzt zur Verfügung steht. Um dies zu untermauern, will ich noch einmal Prof. John Dewey zitieren, der geschrieben hat:

„Im gegenwärtigen Zustand der Welt wird offensichtlich, dass die Kontrolle, die wir über die physikalischen Energien - Wärme, Licht, Elektrizität usw. -, gewonnen haben, ohne zuvor eine Kontrolle über uns selbst zu erlangen, eine riskante Angelegenheit ist. Ohne die Kontrolle über uns selbst, sind wir blind, wenn wir die anderen Dinge gebrauchen. Aus ihrem Gebrauch kann alles Mögliche entstehen. Mehr noch: Wenn wir in unserer gewohnten Selbstbeurteilung danebenliegen, weil sie auf der Grundlage von zweifelhaftem Sinnesmaterial zu-

stande gekommen ist, muss das Ergebnis umso desaströser ausfallen, je komplexer die sozialen Verhältnisse sind, unter denen wir leben. Und unsere Selbstbeurteilung muss im Argen liegen, weil schon unsere Gewohnheiten, uns selbst zu managen, falsch sind. Mit jeder zusätzlichen Komplikation der äußeren Instrumentarien kommen wir wahrscheinlich dem Untergang einen weiterer Schritt näher. Der gegenwärtige Zustand der Welt ist tragischer Beleg für diese Aussage."

F. M. Alexander glaubt, dass die Evolution des Menschen nicht eher vollständig sein wird, bevor nicht eine bewusste Kontrolle die instinktive und unterbewusste ersetzt hat. Er hat dieser geschundenen menschlichen Rasse eine neue Perspektive eröffnet und ihr neue Hoffnung gegeben. Und davon bin ich wahrlich überzeugt: Wenn seine Lehren entsprechend gewürdigt werden und eine Generation lang oder länger ihre Wirkung zeigen können, werden wir erkennen, dass sie mehr Gutes bewirkt haben als sogar die wunderbare Arbeit Louis Pasteurs. Pasteur hatte den Vorteil, dass seine Arbeit losgelöst vom Menschen und massenhaft angewendet werden konnte. Das System F. M. Alexanders ist dahingegen in höchstem Maße auf den einzelnen Menschen zugeschnitten und es wird deshalb länger dauern, um sichtbare Resultate von nationaler Reichweite hervorzubringen.

Es besteht für mich kein Zweifel daran, dass F.M. Alexander eines Tages, genauso wie auch Louis Pasteur, zu den Unsterblichen gehören wird. Wenn die menschliche Rasse erst einmal auf breiter Front über die richtige bewusste Selbstkontrolle verfügt und sie in der Lage ist, diese Selbstkontrolle zu ihrem Vorteil einzusetzen, um sich an die rasanten Veränderungen anzupassen, die die Chemie und die anderen Wissenschaften in ihrer Umwelt hervorbringen, werden die zukünftigen Entdeckungen des Chemikers ein Segen für die Menschheit sein. Im gegenwärtigen Zustand der Welt gibt es nicht wenige, die glauben, dass sie eher mehr ein Fluch sind.

Anhang B

Auszug aus : *Die Funktion der Suborbitalmuskeln. Der Schlüssel zu Haltung, Gebrauch und Funktion*. Der Vortrag wurde am 5. Mai 1936 vor der British Medical Association von A. Murdoch, M. A., C. M. gehalten.

(....) *Als ich zum Präsidenten der British Medical Association für den Bereich Sussex ernannt wurde, habe ich die Gelegenheit genutzt, um in meiner Eingangsrede auf die Arbeit F. M. Alexanders hinzuweisen. Die Veröffentlichung einer Zusammenfassung dieser Rede hatte zur Folge, dass an mich eine Anfrage des Herausgebers des „Journal of Massage and Medical Gymnastics" erging, ein Papier zu dem Thema Haltung zu schreiben, in dem ich besonders auf die Theorie F. M. Alexanders eingehe.*

Bei meiner Suche nach frischem Material für dieses Papier habe ich mir die Präparation der Subokzipitalregion sehr genau angesehen, wie sie im „Edinburgh-3 D-Atlas der Anatomie" dargestellt wird, und von da an habe ich auch immer wieder die präparierten Exemplare im Museum des „Royal College of Surgeon" untersucht. Mein Denken wurde dabei von der Vorstellung dominiert, dass der Kopf eine schwere Masse ist, die über der Wirbelsäule thront. Das auffällige und eigenartige Arrangement der Muskeln, das ich in der Subokzipalregion sehen konnte, machten auf mich den Eindruck, als seien sie absichtlich so konstruiert und angeordnet worden, um den Kopf sicher auf dem Gelenk zu halten und ihm bei seiner heiklen Aufgabe, den Kopf auszubalancieren, den nötigen Bewegungsspielraum zu geben. Die Muskeln in dieser Gruppe sind folgende: Der hintere RECTUS CAPITIS POSTICUS MAJOR und MINOR,

SUPERIOR UND INFERIOR OBLIQUE, der RECTUS LATERALIS auf jeder Seite und der vordere RECTUS CAPITIS ANTICUS MAJOR und MINOR. Sie alle haben ihren Ursprung am Atlas und an der Axis. Allem Anschein nach ist es ihre Funktion, den Kopf im Atlanto-Okzipitalgelenk und im Atlanto-Axialgelenk zu bewegen. Sie sind die intrinsischen *Muskeln dieser Gelenke. Die großen Halsmuskeln befinden sich außerhalb dieses Rings von Muskeln und ihr Ansatz liegt hauptsächlich hinter dem Atlanto-Okzipitalgelenk. Ihr Ursprung ist so weit verzweigt, wie es ihre Funktionen als Kopf- und Halsmuskeln verlangen. Sie sind also nicht wie die Subokzipitalgruppe reine Kopfmuskeln. Die Fotografie und auch die präparierten Exemplare machten den Anschein, als ob der Kopf auf den Spitzen so vieler Finger gehalten wird, wie es Subokzipitalmuskeln gibt, die als ebenso viele Muskelverbindungen zwischen Kopf und den ersten beiden Wirbeln fungieren.*

Ich wollte dazu die Meinung des Zweiten Museumskurators hören und Dr. Cave hat mir freundlicherweise den folgenden Brief geschrieben:

„Sehr gerne beantworte ich ihre Anfrage. Der Kopf (der Schädel) und die ersten beiden Wirbel sind aufs Engste miteinander verbunden. Das hat entwicklungsgeschichtliche, vielfältige anatomische und funktionale Gründe. Den Begriff, den ich in der Arris-und-Gale-Vorlesung 1932 für diesen Apparat geprägt habe, war CERVICO-CRANIUM, ein praktischer, wenn nicht gar ein streng etymologischer Ausdruck. Atlas und Axis, wie funktional sie auch durch das Leben selbst geworden sind, haben in der Konsequenz, dass sie als Handlanger der Schädelkugel fungieren, strukturell und entwicklungsmäßig tiefgreifende Modifikationen erfahren. Spezielle Bänder und Sehnen und speziell ausdifferenzierte Muskeln haben den Zweck, diese enge Verbindung zu erhalten und der obere Punkt der Halswirbelsäule ist einfach eine Manifestation dieser anatomisch-physiologischen Einheit CERVICO-CRANIUM."

Meine Beobachtungen und die Ansichten Dr. Caves zum Verhältnis der Schädelkugel und der Wirbel zu den Subokzipitalmuskeln führten mich zu den folgenden Fragen:

- *Hat dieses System, dieser „Apparat“, eine spezielle Funktion?*
- *Enthält es einen Mechanismus, den wir steuern und benutzen können, um uns selbst zu kontrollieren?*
- *Steht es in irgendeinem Verhältnis zu der Theorie der Primärkontrolle F. M. Alexanders und seiner Theorie zu ihrem Neuaufbau?*

Die Funktion der Erhaltung des Gleichgewichts erfordert einen koordinierenden Apparat. Wright sagt dazu: „Der Vestibularapparat hat die Aufgabe, die Postionen des Rumpfes und der Glieder an die Lage des Kopfes anzupassen und er liefert afferente Impulse, die gewährleisten, dass die aufrechte Position des Kopfes und die normale Haltung des Körpers erhalten bleiben.“

*Ein Extrakt von Dr. B. Kinnear aus Wilsons '*Moderne Probleme der Neurologie' *(Seite 130) ist äußerst aufschlussreich, was den Einfluss des Kopfes angeht, wie er jede Haltung des Körpers bestimmt. Wie jede andere Autorität auf diesem Gebiet auch, gibt Wilson keinen Hinweis darauf, welcher Muskelmechanismus für die „Verschiebungen“ und Bewegungen des Kopfes verantwortlich ist. Ich zitiere: „Der Apparat zur Selbstregulierung der Haltung muss zur Verfügung stehen, wenn eine Erregung der Hirnrinde Auswirkungen auf Bewegungen und Handlungen haben soll. Winkler drückt dieselbe Vorstellung aus, wenn er sagt, dass* mit jeder Verschiebung des Kopfes eine Haltung des gesamten Körpers vorbestimmt wird, *und daraus folge, dass sich der Körper* für jede absichtliche Bewegung *in einer Position befindet, in der die entsprechenden Muskelkontraktionen möglich sind, die für die Bewegungsproduktion der absichtlichen Bewegung eingenommen werden muss.“*

Dies bringt in der Tat die Theorie F. M. Alexanders auf den Punkt: Dieser dominierende Einfluss des Kopfes wurde von ihm vor mehr als dreißig Jahren aufgedeckt und „Primärkontrolle“ genannt, obwohl ihm „der Apparat“ und sein Mechanismus unbekannt waren. Mittels der Primärkontrolle ist es möglich, alle von Magnus und anderen entdeck-

ten wie auch die noch zu entdeckenden Reflexe bezüglich der Wechselwirkung zwischen dem Vestibularapparat und dem Nerven-Muskel-System des Körpers zu konditionieren, *wann immer eine Veränderung der Körperstellung oder eine komplexe Muskelbewegung ausgeführt werden soll. Auf welchen neuronalen Wegen und mit welchen Mitteln diese wechselseitigen Beziehungen bewirkt werden, bleibt jedoch noch von der Anatomie und der Physiologie herauszufinden.*

Dieser koordinierende Apparat – der Vestibulapparat – liegt in unmittelbarer Nähe des Atlanto-Okzipitalgelenks, eingebettet im Felsenbein, so dass die feinste Kopfbewegung in diesem Gelenk an die sensiblen Medien des Vestibulapparats dadurch übermittelt wird, dass die Subokzipitalmuskeln in Aktion treten. Meine These dazu lautet: Es sind die feinen Bewegungen der Subokzipitalgruppe am Atlantookzipitalgelenk, die die Kommunikationswege im Vestibularapparat aktivieren. Obwohl die Bewegungen in diesem Gelenk begrenzt sind (30 Grad zurück und 20 Grad nach vorn) reichen sie doch aus, um unser Gleichgewicht und unsere Muskelkoordination zu erhalten. Wegen unserer sich beständig verändernden Positionen, die die Gleichgewichts- und Koordinationsverhältnisse beständig verändern, verlangen sie Bewegungen, die so fein und sensibel wie die Kompassnadel sind.

An diesem Punkt stellt man sich vielleicht die Frage, warum der Vestibularapparat in einem Knochen und nicht in der weichen Gehirnmasse gelagert ist. Der Grund dafür ist einleuchtend: So soll verhindert werden, dass er von irgendeinem anderen Stimulus als seinem normalen eigenen beeinflusst wird. Nur die feinen Bewegungen am Atlanto-Okzipitalgelenk sollen ihn stimulieren können. Andernfalls würde nämlich durch die unterschiedlichen Druckverhältnisse im Gehirn, ausgelöst von variierenden Kreislaufverhältnissen, die feine Genauigkeit der Flüssigkeitsbewegungen in den Gängen des Vestibularapparats gestört werden.

Die Schädelkugel, die den Vestibularapparat enthält, ist ein passiver Mittler und bedarf eines muskulären Systems, um sie für ihre Funk-

tion zu bewegen. Ich vertrete die These, dass die Subokzipitalgruppe dafür der naheliegende und geeignete Mechanismus ist. Wie hatte sich doch Dr. Cave ausgedrückt? – Sie fungieren als „Handlanger der Schädelkugel". Weil diese Muskeln dem Willen unterstellt sind, sind wir in der Lage, sie absichtlich zu benutzen. Ihre spezielle Aufgabe ist es, die Schädelkugel im Atlanto-Okzipital- und im Atlanto-Axialgelenk zu bewegen. Dies lässt mich vermuten, dass diese Muskeln die primären Beweger der Schädelkugel sind und so den primären Mechanismus darstellen, der benutzt wird, um uns selbst zu kontrollieren. Ich behaupte weiter, dass diese Bewegungen auch die primären Bewegungen sein sollen. Weil sie von Muskeln ausgeführt werden, die dem Willen gehorchen, stehen sie unter unserer Kontrolle. Mit dem Gebrauch dieser Muskeln schaffen wir uns einen Mechanismus, der es uns erlaubt, unsere muskulären Reflexe durch das Medium des Verstibularapparats zu konditionieren. Die neuronale Kontrolle dieses Mechanismus könnte man als das Muskelkontrollzentrum *ansehen, vergleichbar mit den Zentren, die andere Körpersysteme steuern, wie das Herz- Atem- oder das Gefäßnervenzentrum. Es gibt jedoch einen wichtigen und vitalen Unterschied: Je nach Art und Weise, wie wir diese Primärkontrolle benutzen, bestimmen wir die externen Bedingungen, unter denen alle unsere lebenswichtigen Organe und Systeme funktionieren.*

Der nur begrenzte Bewegungsrahmen im Atlanto-Okziptalgelenk steht im Kontrast zu der weiten Bewegungsamplitude des CERVICO *CRANIUM in der Halsmitte, wenn die großen Halsmuskeln in Aktion treten. Auch diese Tatsache deutet darauf hin, dass es einen Funktionsunterschied zwischen diesen beiden Muskelgruppen gibt. Innerhalb einer großen Bewegung ist die Bewegung im Atlanto-Okziptalgelenk vergleichsweise eher klein. Ich habe die Vermutung, dass sie deshalb in den Experimenten übersehen worden ist, die zu der Funktion des Labyrinths gemacht worden sind. Ich vermute weiter, dass die Bedeutung des Subokzipitalsystems als primärer Beweger der Schädelkugel nicht erfasst worden ist und dass die Aufmerksamkeit allein auf den größeren, freieren und weiteren Bewegungen lag, die im Mittelbereich des Halses stattfinden, wenn sich Schädelkugel zusammen mit Atlas und*

Axis bewegen. Es ist jedoch die kleinere Bewegung, die überaus wichtig ist, um die Schädelkugel richtig auszubalancieren. Aufgrund dieser Balance ist es dem koordinierenden und regulierenden Apparat – dem Labyrinth – möglich, das richtige und angemessene Verhältnis zwischen Schädelkugel und Körper zu erhalten. Dadurch, dass der gesamte Muskelapparat richtig koordiniert wird, werden erst die richtigen Bedingungen für die Funktion der lebenswichtigen Organe in unserer äußeren Körperwand geschaffen. Diese Koordinierung ist die Primärkontrolle, die F. M. Alexander formuliert und von der er profitiert hat, und die Magnus viele Jahre später zwar beschrieben hat, aber nicht verorten konnte.

Die Kontrolle dieser Schädelkugelfunktion ist bei der großen Mehrheit der Menschen verloren gegangen – eine solche Kontrolle ist niemals erlernt worden – und mit ihr unsere Fähigkeit, uns richtig zu halten und auszurichten. Aufgrund des Kontrollverlusts sind die vielen Einschränkungen und Behinderungen entstanden, unter denen heute der Mensch zu leiden hat.

Von der Natur der Teileanordnung und aufgrund der Tatsache, dass der Mensch das einzige Säugetier ist, das sich aufgerichtet hat, war es bisher nicht möglich, die Funktion dieser Muskeln in ihrem Verhältnis zur Schädelkugel mit den herkömmlichen experimentellen Verfahren zu untersuchen. F. M. Alexander ist es jedoch in einer langen Reihe von Selbstexperimenten gelungen, eine Technik zu entwickeln, um diese Muskeln wieder in ihrer ursprünglichen Funktion zu aktivieren. Das Ergebnis sind eine veränderte Ausrichtung und Haltung und eine andere Funktionsweise insgesamt. Ohne Ausnahme folgt daraus, dass die Fehleinstellungen und die normalerweise damit verbundenen Krankheitssymptome verschwinden.

Um die Bedeutung der Entdeckung von F. M. Alexander und die Perfektion und die Einfachheit seiner Technik vollständig verstehen zu können, muss man sich vergegenwärtigen, dass kein Lehrbuch der Anatomie, der Physiologie oder der Sportwissenschaft auf die wichtige Rol-

le hinweist, die die Schädelkugel bei der Korrektur von Haltungsfehlern spielt. Dort wird auch kein Zusammenhang gesehen zwischen der Art und Weise, wie die Schädelkugel im Verhältnis zur Wirbelsäule steht, und den so unterschiedlichen Krankheitsbedingungen von Asthma, Senkfuß oder gar Nervenschwäche.

Wenn man abschätzen will, wie wichtig F. M. Alexanders Entdeckung der Primärkontrolle und ihrer Art und Weise sind, sie so zu steuern, dass sich der Gebrauch und die Funktionsweise des gesamten Körpers wieder verbessern, ist vielleicht ein Vergleich mit der Entdeckung der „Zentralkontrolle" durch Prof. Rudolph Magnus hilfreich, zu der er durch Experimente an Tieren gelangt ist. Für unsere täglichen Bedürfnisse ist seine Entdeckung in der Praxis nur sehr eingeschränkt verwendbar. Diese unterschiedlichen Resultate sind der Tatsache geschuldet, dass F. M. Alexanders Experimente an einem Menschen mit all seiner wachen Kritikfähigkeit durchgeführt worden sind, der sich die Aufgabe gestellt hatte, den Grund für seine immer wiederkehrende Heiserkeit und für die Entzündung seiner Stimmorgane herauszufinden, und dessen medizinische Behandlungen, um dies zu verhindern, allesamt fehlgeschlagen waren, so dass er Gefahr lief, seine Karriere als Sprechkünstler zu ruinieren.

Die Experimente des Physiologen waren auf der anderen Seite an Tieren gemacht worden, deren Haltungsverhältnisse immer normal waren und deren Selbstgebrauch auch immer richtig sein würde. So würden sie immer dieselben Dinge auf dieselbe Art und Weise tun und könnten nicht dazu veranlasst werden, sich über einen längeren Zeitraum falsch zu gebrauchen, wie es der Mensch getan hatte. Und so konnten sie auch nicht die schlechten Haltungsbedingungen mit den sie begleitenden Behinderungen hervorbringen, die, wie im Falle F.M. Alexanders, als Ursache und Wirkung hätten untersucht werden können.

Anhang C

Auszüge aus: „Neuorientierung im Hinblick auf das Studium der Anatomie“) von Mungo Douglas, M. B., 1937 (Reorientation of the View Point Upon the Study of Anatomy).

Zwei wichtige Entdeckungen in den letzten Jahren haben zu Sichtweisen geführt, an denen sich die Anatomie neu orientieren kann. Zum einen hat der späte Rudolph Magnus, Universität Utrecht, aufgedeckt, dass der Gebrauch des Kopfes und des Halses im Verhältnis zum Torso jeglichen Gebrauch im gesamten Körper bedingt. In der Sprache der Anatomie würde man es vielleicht so ausdrücken: Muskelgruppen verrichten Aufgaben sowohl bei ihrer normalen Arbeit als auch dann, wenn sie die Relationen zwischen den Teilen justieren, die tatsächlich wie ein Aufreihen auf eine Perlenkette sind, ohne die vermutlich eine spezifische Handlung in der Peripherie nicht zu Stande kommen würde.

Zum anderen hat F. M. Alexander – was noch wichtiger ist als die Entdeckung Rudolph Magnus' - Männer und Frauen in ihrem Gebrauch studiert. Dabei hat er folgendes beobachtet: Obwohl alle Menschen mit denselben Mechanismen ausgestattet sind, die in die anatomischen Elemente unterteilt werden können, zeigten diese Elemente im Gebrauch als Elemente selbst und als Instrumente, um menschliche Gebäude von verstörender Vielfalt zu errichten, doch verblüffende Strukturunterschiede. Die Beobachtung selbst war gar nicht einmal so herausragend, war sie doch in ihrer variierenden Größenordnung durchaus zu erwarten und konnte auch leicht akzeptiert werden, so wie sich die Dinge darstellten. Sie sucht aber ihresgleichen, weil sie ohne ein formuliertes Gesetz zur Ungleichheit zu Stande gekommen ist.

Es ist F. M. Alexander gelungen, gewisse Schlussfolgerungen aus seinen Studien zu ziehen, die man anatomisch so formulieren könnte: Es gibt bestimmte Funktionen, für deren Ausführung bestimmte Mus-

kelgruppen eigentlich nicht gedacht sind, die aber von den Menschen trotzdem dafür benutzt werden. Die Auswirkungen sind gravierend: Zum einen werden durch einen solchen Gebrauch Teile des Mechanismus oder der Mechanismus insgesamt beschädigt und zum anderen werden die Funktionen in der Peripherie behindert oder kommen ganz zum Erliegen.

Im weiteren Verlauf seiner Studien entdeckte er, dass bestimmte Gebrauchsweisen von Muskelgruppen gestoppt werden könnten, wenn eine Funktion des Zentralen Nervensystems benutzt wird, die er Hemmung genannt hat. Daraufhin könnten die übrigen Gebrauchsweisen dieser Muskelgruppen eingesetzt werden, um die Bewegungen der mit den Gelenken verbundenen Teile hervorzubringen und um die Relation zwischen den Teilen ohne die geringste Anspannung zu bewahren.

Im Kern war es dies, was er entdeckt hat: Die Gebrauchsweisen der im Hals hinter der Wirbelsäule gelegenen Muskelgruppen sind die, die zuerst gehemmt werden müssen, bevor es unbeschadet möglich ist, es allen Muskelgruppen zu erlauben, Bewegungen der Teile um die Gelenke auszuführen und dabei die Relationen zwischen den Teilen ohne Anstrengung zu bewahren.

Wenn man die Anatomie im Lichte dieser Entdeckungen betrachtet, muss man anerkennen, dass die Funktion der Muskeln zweigeteilt ist: Sie bewegen die Teile, die sich um die Gelenke herum befinden, und sie steuern die Teile untereinander. (.......) In erster Linie wird es für die Anatomie entscheidend sein, dass sie zwei Dinge anerkennt: Primäre Funktion der Muskeln ist es, die Relationen zu erhalten und die Bewegungen von Teil zu Teil kommen erst an zweiter Stelle. Zweitens muss die Anatomie die Erkenntnis übernehmen, dass es eine primäre Relation gibt, von der alle nachfolgenden Relationen abhängen. Die primäre Relation wird durch eine kleine Muskelgruppe definiert, die das Atlas-Okzipital-, das Axis-Okzipital- und das Atlas-Axis-System umfasst.

Die erstaunliche Bedeutung dieser Relationsfunktion der Muskeln kann man nicht dadurch verständlich machen, dass man ihre Existenz nur in Worten beschreibt. Wenn sich die Anatomie dieser Konzeption aber verschließt, nimmt sie eine schwere Verantwortung auf sich, weil dieses Konzept einen Zugang zu allem Lebendigem eröffnet, und weil es bei nur bruchstückhaften Kenntnissen der physiologischen Mittel bleibt.

Anhang D

Auszüge aus einer Ansprache von John Hilton, M. A., Professor für Industrielle Zusammenhänge an der Cambridge University, gehalten am Institut für Arbeitsmanagement in Buxton, England am 17. Oktober 1936

(.....) Noch ein Wort zur Physis der neuen Generation. Die Kinder, auf die wir heute treffen, sind besser umhegt, besser ernährt, leben in besseren Wohnverhältnissen, werden besser medizinisch betreut als noch die Generationen unmittelbar vor ihnen. Unter diesen Aspekten werden sie vielversprechenderes Material zur Verfügung haben. Unter einem anderen Aspekt wird es jedoch schwieriger, zerbrechlicher sein als ihre Vorgänger: Die Menschen werden stärker verbogen und verzogen sein und ihre Nerven werde sogar noch mehr zum Zerreißen gespannt sein. Darauf sollten sie sich besser vorbereiten.

Warum dies so sein sollte? – Zu einem großen Teil aufgrund des Stresses, unter dem wir heutzutage unser Leben verbringen, aber hauptsächlich, weil wir Maschinen benutzen oder von ihnen benutzt werden, die über die Maßen rasend, hämmernd und vibrierend sind. Ich frage mich, ob Sie sich jemals darüber Gedanken gemacht haben, dass der Mensch in seiner Geschichte über Jahrhunderte und Jahrtausende keine anderen Vibrationen gekannt hat, als das Rattern eines Rades auf einer holprigen Straße, das Jammern eines gespannten Segels oder das Rauschen eines vorbeiflitzenden Schiffskörpers. Nicht mehr als das! Erst seit hundert Jahren ist dies anders. Der körperliche Rahmen des Menschen ist auf weiche Rhythmen eingestellt. Erst in der letzen Phase unserer Entwicklung haben wir diesen Rahmen anhaltenden Stößen und Vibrationen der intensivsten Art ausgesetzt. Kann es jemanden verwundern, dass unsere Nerven verrücktspielen, dass unsere Kontrollmechanismen versagen? Es sind ja nicht nur die Vibrationen, es ist auch das rasante Tempo. Haben Sie sich schon einmal klar gemacht, dass sich unser Körper- und Nervensystem über hunderte und tausende von Jahren entwickelt hat, geeicht auf sanfte Rhythmen und auf weiche Bewegungen bei niedriger Geschwindigkeit, die nur in Momenten des Stresses und der Gefahr gesteigert wurde?

In den letzten hundert Jahren haben wir es soweit gebracht, dass wir Maschinen mit energetischem Antrieb zu unserer Verfügung haben, unter unseren Händen, zu unseren Diensten. Ohne dass es uns unbedingt bewusst ist, gibt die Maschine ein neues Tempo für unsere Körperbewegungen vor. Wir machen es der Maschine nach, unsere Körper sind jedoch nicht vorbereitet auf solche Bewegungen.

Das Resultat dieser unsinnigen Nachahmung sind scharfe, ruckartige Bewegungen, zackige, zerrende Bewegungen der Gliedmaßen. Die festen, schnellen Schritte der überspannten Männer und Frauen, ja schon der Kinder beim Gehen sprechen Bände. Schauen Sie sich die „fahrigen Gesten" an, wie sie der Schriftsteller genannt hat: Jede Bewegung ist das Gegenteil von nervlicher Ruhe und Gelassenheit. Aber noch verheerender sind die schnellen, rückartigen Bewegungen von Kopf und Körper – des Kopfes in Relation zum Körper und des Körpers in Relation zum Kopf. Unbemerkt für uns selbst, lassen wir uns unser Tempo von der Maschine diktieren, in dem wir ihrem Tempo unterbewusst nacheifern. Und dieses Tempo zerstört uns, weil so unsere höchst sensiblen und feinen Koordinationsverhältnisse und Kontrollmechanismen zerstört werden.

Ist Ihnen schon einmal aufgefallen, wie viele nervliche Wracks es gibt und dass sich unsere Irrenanstalten immer noch weiter füllen? Wir sind die Nachkommen vierer Generationen von Maschinenimitatoren. Ist es für Sie noch eine Überraschung, wenn die Arbeiter der neuen Generation empfindlich reagieren, jederzeit bereit, aus der Haut zu fahren, bereitwillig mit mysteriösen Gebrechen auszufallen und Sie im Stich zu lassen? Wird es Ihnen zu denken geben, wenn Sie selbst mehr als noch Ihre Vorväter zu täglicher Erschöpfung und zu jährlichen Zusammenbrüchen neigen?

Unter Ihnen befinden sich junge Ärzte. Ich werde zu Ihnen wie ein Onkel sprechen – und ich werde mich dafür nicht entschuldigen. All das, was ich zur Koordination der Kontrollmechanismen des Körpers zu sagen habe, die beständig beeinträchtigt und gestört wird, ist von einem leisen Genie entdeckt und auch erläutert worden. Die medizinischen Autoritäten haben jedoch in ihrer Funktion als professionelle Interessenvertretung entschieden, von diesen überaus wichtigen Entdeckungen keine Notiz zu nehmen. Sie wollen keine Notiz davon nehmen, dass wir fast alle beinahe in jedem Augenblick unseres Wachseins tagtäglich unsere Ausrichtung, unsere Energien und unsere geistige und körperliche Gesundheit zerstören. Wir zerstören sie, wenn wir gehen, uns strecken und recken, wenn wir uns hinsetzen oder aufstehen, wenn wir sprechen oder den Blick auf etwas richten, weil wir unterbewusst den Geschwindigkeiten der Maschine nacheifern.

Die Dinge, von denen ich hier spreche, sind leider nicht meine Entdeckungen, obwohl ich ihnen mein ganzes Leben lang hinterhergejagt bin. Es sind die Entdeckungen F. M. Alexanders. Wenn Sie über seine Arbeit und seine Technik noch nichts wissen, so bitte ich sie inständig, dies so schnell wie möglich nachzuholen. Mit seiner Technik können nämlich die Irrtümer neutralisiert werden, denen wir verfallen sind, als wir uns selbst neu ausrichten und wieder die koordinierten Verhältnisse herstellen wollten, die der zivilisierte Mensch zu allem Unglück in kurzer Zeit verloren hat.

In Kürze werden Sie von Entdeckungen herausragender Vertreter Ihres Berufsstandes hören, die dies bestätigen. Sie haben sich über den

Bann hinweggesetzt und doch von der Arbeit F. M. Alexanders ernsthaft Notiz genommen. Wenn Sie sich selbst ein Bild von seinen Experimenten und seiner Technik machen wollen, lesen Sie auch seine Bücher „Der Gebrauch des Selbst“ (THE USE OF THE SELF) und „Bewusste Kontrolle beim Auf- und Umbau des Menschen“ (CONSTRUCTIVE CONSCIOUS CONTROL OF THE INDIVIDUAL). Wenn Sie eine philosophische Betrachtung der Prinzipien wünschen, die den Entdeckungen F. M. Alexanders und ihrer Bedeutung für die zukünftige Menschheit zu Grunde liegen, lesen Sie Aldous Huxleys neuestes Buch „Geblendet in Gaza“.

Wenn Sie wissen wollen, welche Wirkung eine Serie von Erschütterungen auf das Nervensystem haben kann, nehmen sie eine Feile zur Hand, die sich bei jedem Schub verhakt, und versuchen Sie, mit Gewalt und in Hast ein ungefähr rundes Loch zu feilen. Versuchen Sie es! Sie werden dann besser als durch tausend meiner Worte erfahren haben, welche Wirkungen Erschütterungen auf die Körperkontrollmechanismen unterhalb des Schädels haben. Wenn Sie eine Demonstration der extremen Auswirkungen wünschen, die ein Verrücken des Kopfes hat, lassen Sie sich von Max Schmeling oder Joe Louis einen leicht seitlichen Kinnhaken verpassen. Nur einen einzigen!

Wenn Sie bei Gelegenheit in die Betriebe gehen, beobachten Sie die Arbeiter, die Sie medizinisch betreuen oder die unter Ihrem Management arbeiten. Rechts und links werden Sie sehen, dass einer wie der andere mit seinen überspannten, mit zu viel Anstrengung ausgeführten, ruckartigen Bewegungen sich selbst genau das zufügt, was der Schlag unter Ihr Kinn getan hätte. In abgemilderter Form natürlich, aber sie tun es vielleicht sechs Mal in der Stunde, acht Stunden oder mehr am Tag.

Ich höre schon einige sagen, dass sie darüber Bescheid wissen, dass sie auf die Jüngeren einwirken, sich Sportvereinen anzuschließen und dort ein Übungsprogramm zu absolvieren. Wirklich? Ich kann dazu nur sagen, dass die Übungen, die die meisten der sportlichen Leiter anweisen und durchführen lassen, tatsächlich „Körpererschütterungen“ sind.

Dazu stehe ich: Es sind **Erschütterungen** *des Körpers. Ich will noch hinzufügen, dass nur die Stärksten ein orthodoxes Sportübungsprogramm schadlos überstehen können. Ich habe den Bericht des „Komitees für Körperertüchtigung" der British Medical Association gesehen und auch gelesen. Ich habe darin einen Hinweis auf die so wichtigen Punkte gesucht, die ich Ihnen hier vorstelle. Kein einziger! Nicht ein Wort! Sie sagen, das stimmt nicht, das kann nicht stimmen? Ich kann mich einfach nur wiederholen: Nicht ein Hinweis, nicht ein Wort.*

Der Bericht des „Komitees für Körperertüchtigung" der British Medical Association ist nicht nur das Drama Hamlet ohne den Prinzen von Dänemark. Es ist ein Stück mit überhaupt nur zwei Charakteren: Rosenkranz und Güldenstern. Zwei ganz schlimme Gesellen, wie Sie sich erinnern werden. Und die beiden sterben im mittleren Akt.

An die Mediziner unter Ihnen gerichtet: Nehmen sie hier Veränderungen vor! Tauchen Sie ein in die Sache! Wenn Sie als Kollektiv dazu bereit sind, werde ich Ihnen zuarbeiten. F. M. Alexander wird wahrlich nicht ewig leben. Wir sollten besser sein Wissen aufnehmen und seine Technik von ihm erlernen, solange wir es noch können.

Ich habe den Menschen als Bürger und als ein Lebewesen aus Fleisch und Blut behandelt, der in einer Maschinenwelt lebt, für die er niemals gedacht gewesen ist. Noch ein letztes Wort zu dem Menschen als einer Kreatur mit Vorstellungskraft, Leidenschaft, Ehrgefühl und Würde. Ich wiederhole das, was ich einigen von Ihnen erst kürzlich gesagt habe. Die menschliche Seele hat vier Bedürfnisse: Anerkannt zu werden, ihre Fähigkeiten nutzen zu können, ein Zugehörigkeitsgefühl entwickelt zu haben, sich für die erledigte Arbeit respektieren zu können.

Es gibt einige unter Ihnen, die sagen, dass sie sich nicht um alles kümmern können. Sagen sie diesen, dass Sie es besser wissen. Wenn sie sich nicht um all das kümmern, werden ihre Pläne, so ausgereift und seetauglich sie auch sein mögen, an einem Felsen zerschellen. Der gefährlichste Felsen ist nämlich die frustrierte menschliche Seele.

Ich komme noch einmal auf das zurück, was der Prinz von Dänemark gesagt hat. Sie werden sich an die Worte des alten Polonius erinnern, als ihm aufgetragen wurde, die Spieler in Augenschein zu nehmen und sie gut zu verwenden: Er würde sie so verwenden, wie sie es tatsächlich verdienen. Und ich hoffe auch, dass Ihnen Hamlets Erwiderung ewig in Erinnerung bleiben wird: „Du meine Güte, gib ihnen mehr als das, Mann! Wenn man jeden danach bezahlt, was er wirklich verdient, wie sollte irgendjemand der Peitsche entgehen? Behandle sie so, wie Du behandelt werden willst – mit Anstand und Würde!" Es ist meine feste Überzeugung, dass die Menschheit als Gattung und der industrielle Prozess, den die Menschheit aufbaut, nur so „der Peitsche entkommen" kann.

Anhang E

Tic Douloureux

Die folgenden Briefe stammen von einer Schülerin, die F. M. Alexander umgeschult hat.

4. August, 1938

Ich bin jetzt wieder zuhause. (.......) Ich fühle mich eindeutig besser. Im Laufe des Tages nimmt der Schmerz allmählich ab. Ich habe schon mehrere Mahlzeiten zu mir genommen, ohne dass ich mir über die Augen wischen musste – welch eine große Verbesserung! In der Nacht ist der Schmerz weiterhin eine Belastung. Ich tue mein Bestes, Ihren Anweisungen nachzukommen und habe seitdem noch nicht einmal am Kaffee gerochen.

12. August, 1938

Heute kann ich noch mehr Gutes vermelden:

1. *Im Bett ist der Schmerz bei weitem nicht mehr so schlimm und meine Nächte sind viel besser.*
2. *Mein linkes Auge ist jetzt genauso weit geöffnet wie das rechte.*
3. *Ich beginne, mich als Frau wie neugeboren zu fühlen.*
4. *Zum wiederholten Male haben Freunde mir gesagt, dass ich jetzt viel besser aussehe.*

Ich hoffe, dass Sie damit zufrieden sind.

20. August, 1938

Gestern bin ich mit dem Auto hierhin gefahren. Die Fahrt hat fast drei Stunden gedauert und ich habe den ganzen Tag über nicht die Spur von Schmerzen gehabt, ungefähr eine Minute ausgenommen. Es war der beste Tag seit langem. Frau M. sagt, dass nicht zu übersehen ist, wie sehr ich mich verändert habe, seit wir uns in Euston getrennt haben: Ich sähe so viel besser aus, als sie mich jemals erlebt habe. Kann ich Ihnen besseres berichten?

27. August, 1938

Es ist mir eine Freude, Ihnen einen weiteren guten Bericht senden zu können. Ich habe jetzt vergleichsweise wenige Schmerzen und augenscheinlich sind die Schmerzen im Hinterkopf gänzlich verschwunden. Nur noch die linke Stirnseite ist schmerzempfindlich und tut weh, wenn sie mit irgendetwas in Berührung kommt. Aber der Schmerz hält nur wenige Minuten an und geht schnell vorbei. Ich bin sicher, sie werden Augen machen, wenn Sie mein verbessertes Erscheinungsbild sehen. Frau B. hält die Veränderung in mir für wunderbar.

3. Oktober, 1938

Ich weiß nicht, wie ich meinen Dank für all das, was Sie für mich getan haben, ausdrücken soll. (.......) Jeder, den ich treffe, ist über die gewaltige Veränderung in mir erstaunt.

27. Oktober, 1938

Hier ist ein sehr guter Bericht für Sie: In der letzten Woche hat sich die Druckstelle an meiner Stirn enorm verbessert. Ich kann sie kaum noch spüren. Es ist eine wahre Freude, mir das ganze Gesicht waschen und die Nase pudern zu können – ohne Schmerzen. Ich befolge weiterhin Ihre Anweisungen aufs Genaueste. Und beständig gibt es immer noch Komplimente zu meinem veränderten Aussehen.

Anhang F

Die „British Library of Information" in New York, 50 Rockefeller Plaza, hat am 15. Januar 1941 in den „Bulletins from Britain", Nr. 20, die folgende teuflische Berichtsreihe *„zu den mentalen und psychischen Resultaten der Kindererziehung in Deutschland veröffentlicht"*.

Zu den so erzielten mentalen Eigenschaften findet sich folgendes:

„Wenn sich die jungen Kadetten zur Begutachtung durch die Offiziere vorstellen, tun sie sich im Allgemeinen durch einen bemerkenswerten Mangel an logischem Verstand hervor. Logik und diszipliniertes Denken werden gewöhnlich ersetzt durch eine unglaubliche Neigung, bedeutungsloses Zeug daherzureden."

(Militär-Wochenblatt, *Dezember 1938*)

„Eine psychologische Untersuchung der Kadetten ist notwendig geworden, weil die Kandidaten heutzutage gravierende Wissensmängel aufweisen und in hohem Maße auch einen falschen Standpunkt in Bezug auf die mentale Arbeit einnehmen. Dummheit und Trägheit im Denken sind immer auch Charakterschwächen."

(Dr. Simuneit, *Leiter des Psychologischen Labors im Kriegsministerium in einer Vorlesung in Hannover am 23. November, 1937)*

Eine solche Einschätzung ist nicht einmal überraschend, wenn wir bedenken, was am 9. August in der periodisch erschienenen Zeitschrift des Deutschen Offizierskorps DIE DEUTSCHE WEHRMACHT zu lesen war: *„Der nächste Krieg wird ein Höchstmaß an Brutalität verlangen."* Im Mai 1934 verlangte Goebbels von den Gymnasien, dass sie „zähe Kerle" heranzüchten sollten. Und er behauptete, dass „der Intellekt eine Gefahr für die Charakterbildung" darstelle.

PLATTFÜSSE UND KRANKHEIT

Man hätte sich vielleicht vorstellen können, dass diese intensive Körperschulung wenigstens den Körper der deutschen Jugendlichen von Nutzen gewesen wäre. Das Bulletin des Militärs zur Gesundheit der jungen Männer in Deutschland sagt jedoch anderes: *„Untersuchungen zur militärischen Tauglichkeit belegen, dass eine alarmierende Anzahl der Eingeschriebenen für den Militärdienst aufgrund von Plattfüßen untauglich ist."*

(Münchner Medizinjournal, *2. April 1937)*

„Mehr als 50 % derjenigen, die sich im Arbeitsdienst befinden und die für den Militärdienst in Frage kommen, haben Probleme mit der Wirbelsäule und den Füßen."

(Bericht zur Untersuchung des 'Jungvolks' vom Mai 1937)

„Entzündliche Verhältnisse fand man früher nur bei Lehrlingen und im Erwachsenenalter vor. Heute treffen wir sie oft schon bei Schulkindern in einem Alter an, in dem sie bisher niemals vorgekommen sind. Der Grund dafür liegt auf der Hand: Den Füßen der Jungen und Mädchen wird durch die Märsche auf hartem Straßenbelag zu viel zugemutet, zumal sie dabei schwere Lasten zu tragen haben. Mit anderen Worten verrichten die Füße Aufgaben, die ihre Kräfte übersteigen."

(Münchner Medizinjournal, *2. April 1937)*

Auch zeigen die offiziellen Zahlen der Statistik von deutscher Seite, dass Kinderkrankheiten progressiv zunehmen:

	1933	1935	1937
Scharlach	*79830*	*112509*	*117544*
Diphterie	*77340*	*133843*	*146733*
Kinderlähmung	*1318*	*2153*	*2723*
Ruhr	*2685*	*3430*	*7545*
Hirnhautentzündung	*617*	*1362*	*1574*

(Statistisches Jahrbuch, *1937)*

Anhang G

Am 30. September hat ein Artikel in der 'New York Times' meine Aufmerksamkeit auf sich gezogen. Er hatte den Titel:

EINE GROSSE HERAUSFORDERUNG: IN EINTRACHT DENKEN
Eine lebenswichtige Möglichkeit für die Demokratie
Philosophen nach einer Konferenz darüber einer Meinung

In diesem Artikel wird über eine dreitägige Konferenz berichtet, bei der „das Verhältnis unserer demokratischen Lebensweise zu Wissenschaft, Philosophie und Religion beleuchtet wird. 500 ausgewiesene Fachleute aus diesen Bereichen waren zusammengekommen, um „einen ersten Versuch zu unternehmen, den Demokratiegedanken dadurch zu vereinheitlichen", dass man sich darum bemüht habe, die verschiedenen Abteilungen wieder zusammenzuführen, in die sich das menschliche Wissen durch Spezialisierung im letzten Jahrhundert aufgespalten habe. Diese Aufgabe sei lange schon überfällig gewesen, wie der Schreiber des Artikels richtig feststellt. Es gab eine Gruppe von Denkern, die die Aufgabe übernommen hatten, das von der Konferenz bisher Erreichte über die Presse zu kommunizieren. Das Statement dieser Gruppe war für mich von besonderem Interesse. Darin hieß es, dass es sehr wohl möglich sei, sich für ein 'gemeinschaftliches Denken' zu engagieren. Ein erstes Ergebnis eines solchen Denkens in der letzten Woche sei dieses:

Die Konferenz war einstimmig der Überzeugung, dass die moderne Zivilisation nur erhalten werden kann, wenn erkannt worden ist, dass der einzelne Mensch einen außerordentlichen Wert und eine moralische Verantwortung hat.

Aufgrund meines beständigen Kampfes, angesichts des starken Gegenwindes und zum Wohle des Einzelnen stellt das obige Zitat eine große Genugtuung für mich dar. Zudem habe ich, wie die Leser meiner Bücher wissen, wieder und wieder gesagt, dass zur Realisierung dieses Ideals eine neue Technik bei den Abläufen des Lebens erforderlich ist. Es ist mir auch gelungen zu demonstrieren, dass die Mittel-und-Wege dieser neuen Technik, die ich entwickelt habe, den Einzelnen in die Lage versetzten wird, sein Potenzial bei den „Tätigkeiten" des täglichen Lebens beständig zu erweitern. Deshalb stände es der Konferenzleitung gut zu Gesicht, dass sie die von einem Kollegen gesammelten Beweismittel zumindest mit in ihre Betrachtungen einbezieht, wenn sie ihr Ziel nicht aus den Augen verlieren will. Als ihr Kollege habe ich die Technik an mir persönlich angewendet und setzte mich dafür ein, dass auch andere sie anwenden, wenn ich Menschen in dieser Technik unterweise. Auf diese Weise habe ich für mich einen Weg gefunden und andere zudem in die Lage versetzt, persönliche Erfahrungen zu sammeln und im grundlegenden Sinne einen neuen Lebensweg zu beschreiten.

Zu dem, was ich über die menschliche Reaktion geschrieben habe, gibt es in dem Artikel noch einen weiteren Punkt, der mein Interesse geweckt hat. Ich zitiere:

Die größte Errungenschaft dieser ersten Konferenz, so das Urteil der Gruppe selbst, sei es gewesen, dass sie nicht nur zusammenkommen konnten, um ihre individuellen Ansichten darzulegen, sondern auch mit der Bereitschaft, ihr Denken zu verändern, zumindest was die Haltung zueinander betrifft. (.......) Es gab den heiklen Punkt, ob die Sitzungen unter dem Titel „Konferenz der Wissenschaft, Philosophie und Religion" oder unter dem Namen „Konferenz der Religion, Philosophie und Wissenschaft" firmieren sollte. Glücklicherweise, so der Schreiber des Artikels weiter, *konnten beide Seiten zufriedengestellt werden: Die Wissenschaftler haben es akzeptiert, dass sie zuerst genannt wurden, weil sie die Leitung der Konferenz hatten und deshalb zuerst genannt werden sollten. Und die Theologen konnten es akzeptieren, zuletzt genannt zu werden, weil in religiösen Prozessionen die höchsten Würdenträger immer am Schluss marschieren.*

Vorausgesetzt dieses Statement entspricht den Tatsachen, möchte ich einen für mich signifikanten Punkt herausstreichen: Die Zufriedenheit der Konferenzteilnehmer entspringt nicht der gefundenen Wortreihenfolge sondern einer Übereinkunft, für deren Umsetzung es für keinen der Anwesenden notwendig war, in irgendeiner Weise seine gewohnte Reaktion auf den Stimulus der individuellen Interessen und der eigenen Ansichten wirklich zu verändern.

F. M. A.

ANMERKUNGEN DES ÜBERSETZERS

Seite I, THE UNIVERSAL CONSTANT IN LIVING

Ich muss gestehen, dass die Übertragung des englischen Titels "The Universal Constant in Living" ins Deutsche mir einiges Kopfzerbrechen bereitet hat. Es heißt dort nämlich nicht „of life" (des Lebens) und auch nicht „in life" (im Leben), sondern „in living". Ich habe mich zudem entschlossen, „universal" unübersetzt zu lassen, um den Eindruck des Groben zu vermeiden, wie er z. B. in dem deutschen Begriff „Universalreiniger" zum Ausdruck kommt. Und ich wollte auch die Diskussion gar nicht erst aufkommen lassen, ob eine „universelle Konstante" nun ein Pleonasmus ist, wie es ein „weißer Schimmel" oder eine „runde Kugel" sind, oder nicht.

Seite 6, MITTEL-UND-WEGE

Die Darstellung eines neuen Gedankens, so schreibt F. M. Alexander an einer Stelle in seinem zweiten Buch *„Bewusste Kontrolle beim Auf- und Umbau des Menschen"* (**BooksonDemand,** 2018) erfordere auch neue Begrifflichkeiten, sind doch die geläufigen Begriffe mit den herkömmlichen Gedanken verbunden. In seinen Büchern hat sich F. M. Alexander oftmals zu helfen versucht, indem er sehr ausführlich die von ihm verwendeten Begriffe definiert hat. (Anweisung ‚Gebrauch, geistig-körperlich) Zu seinen Begriffsschöpfungen zählt der Ausdruck „MEANS WHEREBY", der bisweilen mit „Mittel wodurch" ins Deutsche übersetzt worden ist. Hier wird „MEANS WHEREBY" mit **Mittel-und-Wege** übersetzt, wobei die Bindestriche auf die besondere Bedeutung des Begriffs im System Alexanders hinweisen.

An anderer Stelle wird der Leser die Mittel und Wege ohne Bindestrich vorfinden. Dann ist der Ausdruck in der uns geläufigen Weise verwendet.

Seite 16, CONSTRUCTIVE CONSCIOUS CONTROL

Eine Neuübersetzung von *"Constructive Conscious Control of the Individual"*, F. M. Alexanders zweitem Buch, ist 2018 unter dem deutschen Titel *„Bewusste Kontrolle beim Auf- und Umbau des Menschen"* bei BooksonDemand erschienen.

Seite 17, NAMENSLISTE DER ÄRZTE, DIE DIE PETITION UNTERSCHRIEBEN HABEN

Bruce Bruce Porter, J. R. Caldwell, J. H. Dick, Mungo Douglas, H. Duffett, C. A. Ensor, W. J. Graham, A. Rugg-Gunn, Percy Jakins, J. Kerr, D. Ligat, J. E. R. McDonagh, Peter Mcdonald, R. G. McGowan, Adam Moss, A. Murdoch, F. J. Thorne, Harold Webb, A. H. Winchester

Seite 33, JOHN DEWEY

John Dewey (1859 - 1952) war Zeitgenosse F. M. Alexanders. Beide hatten sich in ihrer Arbeit derselben Thematik verschrieben, der Erziehung des Menschen. John Dewey hatte 26 Jahre lang eine Professur an der Columbia University, New York, inne und zeitweise zusätzlich einen Lehrauftrag am *Teacher's College* der Pädagogischen Hochschule von New York, wo er nahezu 30.000 Lehrer mit ausgebildet haben soll. In der Pädagogik stand er für eine „Progressive Erziehung" und politisch war es ihm überhaupt nicht unangenehm, dass man ihn einen *demokratischen Sozialisten* genannt hatte.

Seite 38, CHIROPRAKTIKER

Im englischen Text zählt F. M. Alexander drei Berufsnamen auf: „osteopath", „chiropractor" und „bonesetter". Nun gibt es aber die Berufsbezeichnung „Knocheneinrenker" schon lange nicht mehr und das Wörterbuch übersetzt „osteopath" mit Chiropraktiker.

Seite 48, A. M. LUDOVICI

Antoni Mario Ludovici (1882 – 1971) war ein englischer Philosoph, Sozialist und Sozialkritiker. Anfangs des 20. Jahrhunderts war er einer der führenden konservativen Autoren Englands. Seine Themen waren die Metaphysik und die Religion, die Politik und die Wirtschaft, das Verhältnis der Geschlechter zueinander, Fragen der Gesundheit, aber auch die Rassenunterschiede. Mit der Alexandertechnik hatte er seit 1945 Kontakt, woraufhin er auch fünf Jahre lang Unterricht bei F. M. Alexander genommen hat.

Seite 53, INFORMATION („MESSAGE")

F. M. Alexander hatte wiederholt betont, dass seine Kenntnisse über das Phänomen der Primärkontrolle eher noch begrenzt seien und dass er auch für die Vermittlung dieser Kenntnisse zusätzliche Erfahrung benötige. Auch deshalb hatte er dieses vierte Buch geschrieben. So ersetzt er an dieser Stelle die Begriffe „Präventivbefehl" oder „vorsorgliche Anweisung" (preventative order/ preventative direction) durch den Begriff INFORMATION (message). Und dieser Austausch hat durchaus etwas für sich.

F.M. Alexander hatte bisher Befehle (oder Anweisungen) in zwei Gruppen aufgeteilt: in solche, die tatsächlich ausgeführt werden sollen, und in solche, die vorsorglich erteilt werden sollten, deren Ausführung aber augenblicklich verhindert werden musste. Nun widerspricht es dem Wort „Befehl" von seiner Bedeutung her, dass er nicht umgesetzt werden darf. Dieses Paradoxon kann in der Tat aufgelöst werden, wenn INFORMATION an die Stelle des Begriffs „Präventivbefehl" gesetzt wird.

Seite 53, REKONDITIONIERUNG

Im „Lexikon der Psychologie" findet sich die folgende Definition für den Begriff R*ekonditionierung:* Sie ist der Wiederaufbau einer bedingten (konditionierten) Reaktion durch erneutes Darbieten des unbedingten (unkonditionierten) Reizes, wobei im Sinne der klassischen Konditionierung eine Reaktion dann eine bedingte ist, wenn auf einen bedingten Reiz eine gelernte Antwort erfolgt.

Die Begriffe Rekonditionierung, unkonditionierte und konditionierte Reaktion und konditionierter und unkonditionierter Reiz entstammen den Lerntheorien der sogenannten Reflexologen, die dem Reiz-

Reaktion-Lernen zugeordnet werden. Pawlow und auch die Behavioristen gehören u. a. zu ihnen.

Im Allgemeinen gibt es für das Lernen vier verschiedene Lernmodelle:

- Reiz-Reaktions-Lernen: Die klassische Konditionierung, das Reiz-Reaktions-Lernen, ist eine behavioristische Lerntheorie, die besagt, dass einer natürlichen, meist angeborenen, sogenannten unbedingten Reaktion durch Lernen eine neue, bedingte Reaktion hinzugefügt werden kann.
- instrumentelles Lernen: Eine Form dieses Lernens ist die Löschung. Wenn ein Verhalten gelöscht werden soll, darf dem Verhalten weder ein angenehmes noch ein unangenehmes Ereignis folgen.
- kognitives Lernen: Man versteht darunter jene Vorgänge, durch die der Organismus Kenntnis von seiner Umwelt erlangt. Für den Bereich des Menschen sind dies insbesondere die Vorgänge *der Wahrnehmung, der Vorstellung, des Denkens und des Urteilens* und nicht zuletzt *die Sprache*.
- Modell-Lernen: Auf einer ersten Stufe wird ein gewünschtes Verhalten durch ein Modell angeregt. Auf der nächsten Stufe kommen kognitive Prozesse zum Einsatz. Und auf der dritten Stufe kommt es dann zur Ausführung des im Modell vorgestellten Verhaltens durch denjenigen, der das Verhaltensmodell beobachtet hat.

Wie nicht anders zu erwarten, können wir leicht erkennen, dass das System F. M. Alexanders keinem dieser Lernmodelle eindeutig zugeordnet werden kann. In der Alexandertechnik lassen sich in der Tat Teile aller vier Lernmodelle wiederfinden. Letztlich spiegelt sich darin die Erkenntnis - sie ist auch eine tragende Säule im Denken und Handeln F. M. Alexanders -, dass in der Natur, insbesondere im Organismus des Menschen alles mit allem verbunden ist.

Der Begriff *Rekonditionierung* des Reiz-Reaktion-Lernmodells ist an dieser Stelle durchaus sehr treffend gewählt: In der ersten Phase der

Therapie mit Alexandertechnik ist das Niveau des Muskeleinsatzes, insbesondere das des Torsos und der Arme und Beine herunterzufahren, sozusagen nach und nach zu löschen, um in der zweiten Phase spürbar zu machen, dass und wie der betroffene Schüler in die primäre Kontrolle von Kopf, Hals und Rücken eingreift. In der dritten Phase wird gelernt, die Muskeln von Armen, Beinen und Torso so einzusetzen, dass es nicht zu einem Eingriff in die Primärkontrolle kommt. Der Muskeleinsatz wird *rekonditioniert*. (Vgl. dazu: Quelle 1)

Seite 58, MECHANISMEN ZUR SINNLICHEN WAHRNEHMUNG

Die Einschränkung der visuellen und akustischen Wahrnehmung ist in unserer Gesellschaft inzwischen zum Normalfall geworden und nimmt in immer früheren Jahren ihren Anfang. Brillen und Hörgeräte gehören mittlerweile teilweise zum modischen Outfit der Menschen.

Seite 66, RUDOLF MAGNUS

Rudolf Magnus (1873/1927) war Arzt, Pharmakologe und Physiologe. Sein bedeutendster Beitrag zur Biologie war die Erforschung der Reflexe, die zur Körperhaltung beitragen. Besonders bekannt wurden die „tonischen Halsreflexe", die zur Wirkung kommen, wenn die Stellung des Kopfes zum Rumpf verändert wird. Ausgelöst werden sie über Rezeptoren der Tiefensensibilität im Bereich des Halses.

Rudolf Magnus sollte der Nobelpreis verliehen werden. Der Tod ist der Verleihung leider zuvorgekommen. (siehe dazu: WIKIPEDIA)

Seite 70, LANGEWEILE

In den Fitnesstempeln wird heute einiges getan, um Langeweile gar nicht erst aufkommen zu lassen. Zum Rund-um-Wohlfühlpaket gehören neueste Geräte, Musikberieselung vom Betreten der Fitnessoase bis zu ihrem Verlassen, ein Chillbereich mit Getränke- und Speisenangebot, Sauna und ein ansprechender Nassbereich, ein Flair, das die Kommunikation fördert, eine moderne Innenausstattung und nicht zuletzt auch die Möglichkeit zum „Shopping".

Seite 72, 111-JÄHRIGE GESCHICHTE DES RUDERRENNENS OXFORD – CAMBRIDGE BIS 1940

Das ist jetzt nicht zu übersehen: Die Summe aus 42 und 48 ist nicht 111. Dies hat auch F. M. Alexander erkannt, wenn er vorrechnet, in welchen Jahren das Rennen aus verschiedenen Gründen nicht ausgetragen wurde, und auf ein „totes Rennen" im Jahre 1877 verweist.

Seite 75, IGNORANZ UND DUMMHEIT

An dieser Stelle wird F. M. Alexander überaus deutlich, teilweise schroff. 1869 geboren, ist er sich jetzt, 1940, wohl im Klaren, dass ihm nicht mehr viel Zeit bleibt, um das zu erreichen, was ihm vorschwebte: Allen zivilisierten Menschen sollten die Prinzipien seiner Technik vermittelt werden. Er sah wohl die Gefahr, dass es nicht gelingen könnte, seine Technik einer breiten Öffentlichkeit zugänglich zu machen. Wenn er an dieser Stelle ironisch nach Gesetzen ruft, die Dummheit und Ignoranz der Fitnessbewegung verhindern sollen, spricht vielleicht daraus auch eine gewisse Frustration.

Seite 75, „HEILEN"

F. M. Alexander hatte gute Gründe, warum er „heilen" in Anführungszeichen setzt. Schon in seinen vorherigen Büchern *Ein Vermächtnis der Evolution an die Menschheit von unschätzbarem Wert* (Man's Supreme Inheritance) und *Bewusste Kontrolle beim Auf- und Umbau des Menschen* (Constructive Conscious Control of the Individual) weist er wiederholt darauf hin, dass mit den herkömmlichen Methoden Defekte und Krankheiten nicht geheilt werden können. Bestenfalls könnten nur die Symptome dieser Defekte und Krankheiten beseitigt oder gelindert werden.

Seite 76, ALDOUS HUXLEY

Als Aldous Leonard Huxley am 22. November 1963, dem Tag, an dem John F. Kennedy erschossen wurde, im Alter von 71 Jahren stirbt, hatte er zahlreiche Romane, Essays, Kurzgeschichten, Gedichte, Drehbücher und Reisberichte geschrieben. Sein wohl bekanntestes Werk ist *Brave New World* (Schöne Neue Welt), ein Science-Fiction-Roman, der 600 Jahre in der Zukunft spielte, dessen Horrorszenario aber durchaus in einem Jahrhundert verwirklicht werden könnte, gerade unter den Möglichkeiten, die sich aus der Nutzung des Internets ergeben.

Aldous Huxley war mit F M. Alexander befreundet. Diese Freundschaft hat wohl auch die humanistische Ausrichtung seiner Werke gestärkt. Später hat er sich spirituellen Erfahrungen geöffnet. So hat ihn dann auch der Buddhismus beeinflusst und er hat mit Bedacht Erfahrungen mit Meskalin gesammelt.

Seite 78, AUSBINDER

Ein klassischer Ausbinder besteht aus einem langen Lederriemen mit einem Haken an der einen Seite und vielen Löchern an der anderen Seite. Ausbinder werden immer paarweise verwendet und geben den Rahmen für die Stellung vor, die ein Pferd einhalten muss. So kann es sich nicht nach vorne strecken. Bei manchen Pferden führt der Einsatz der Ausbinder dazu, dass der Hals blockiert wird und in hoher Kopfhaltung verbleibt. Es entsteht ein hoher Druck auf das Maul, die Halsmuskulatur verkrampft u. a. m. (vgl. WIKIPEDIA)

Seite 83, KENNTNISSE ZUM KRABBELN, SITZEN UND GEHEN VERMITTELN

Man muss leider feststellen, dass diese Kenntnisse nicht vermittelt werden, weil man der irrigen Ansicht ist, dass es dafür keiner besonderen Kenntnisse bedarf, obwohl uns die Realität etwas anderes lehrt. Unter den gegenwärtigen Zivilisationsbedingungen können wir uns nämlich nicht länger darauf verlassen, dass die Kinder das Krabbeln, Gehen, Sitzen instinktiv erlernen.

Tatsächlich gestalten sich die Dinge zurzeit noch dramatischer: Anstatt den Kindern die motorischen Grundfertigkeiten zu vermitteln, denkt man daran, ihnen in den Kindertagesstätten den Umgang mit Tablets und anderer digitaler Technik „altersgerecht und auf pädagogisch sinnvolle Weise“ beizubringen. Unter diesem Gesichtspunkt ist das, was eine Grundschullehrerin in einem Leserbrief zu dem Thema geschrieben hat, höchst aufschlussreich. Sie stellt darin nämlich fest, dass es „erschreckende Mängel in der motorischen Grob- und Feinkoordination“ der Kinder gibt, wenn die Kinder in die Grundschule kommen; dass sie Probleme haben, einen Stift zu halten, sich nicht die Schuhe binden können und Mühe haben, ihr Gleichgewicht zu halten. Frühkindliche Bildung heiße nicht, das Kind an technische Gegebenheiten anzupassen, sondern das Kind mit seinen motorischen, seelischen und geistigen Anlagen zu fördern.

Seite 86, DER HAUSARZT ALS GESUNDHEITSERZIEHER

Hier hat sich Lord Hutler ganz gewaltig geirrt. Tatsächlich hat sich das Gesundheitssystem mehr und mehr zu einem riesigen Wirtschaftszweig entwickelt, der nach ökonomischen Regeln funktioniert. Aus ökonomischer Sicht ist Umsatzsteigerung für die Gesundheitsunternehmen überlebenswichtig. Immer mehr Medikamente kommen so auf den Markt und werden auch gerne verschrieben, auch um die Nebenwirkungen anderer Arzneien abzumildern. Die Zahl der Operationen steigt beständig. Verschiedenste physiotherapeutische Verschreibungen sollen den Zustand des Kranken verbessern. Und bei all diesen Maßnahmen bleibt die Ursache für die jeweilige Krankheit weitgehend unberücksichtigt.

Nicht nur die Krankenhäuser haben kein wirkliches Interesse daran, dass die Dinge sich in Richtung einer Erziehung zur Gesundheit verändern, auch der Patient will sich im Allgemeinen nicht ändern: Im Normalfall zieht er eine Behandlung mit Medikamenten oder eine Operation vor und lehnt erzieherische Maßnahmen entschieden ab, denn wenig ist heute verpönter als der „pädagogische Zeigefinger“.

Nicht Prävention, sondern Prophylaxe ist derzeit der große Trend im Gesundheitswesen. Vorsorglich werden Tabletten verschrieben; vorsorglich wird geimpft; vorsorglich werden der Blinddarm, die Brust der Frau, die Eierstöcke entfernt; ab einem gewissen Alter werden Krebsvorsorgeuntersuchungen angeboten, weil man der Meinung ist, dass ein Krebs umso besser heilbar sei, je früher er festgestellt werde.

Die Fragen, warum ein Krebs entsteht und wie seine Entstehung zu verhindern ist, sind weiterhin nicht zur vollen Zufriedenheit beantwortet So sind Prophylaxe und das sogenannte Screening Beispiele dafür, wie im Gesundheitswesen neue Märkte zu erschließen sind.

Seite 100, REFLEX, REAKTION, REKONDITIONIERUNG, ...

In seinem zweiten Buch **Bewusste Kontrolle zum Auf- und Umbau des Menschen** schreibt F. M. Alexander dies: *„Wenn ein Mensch nämlich den Punkt erreicht hat, dass er für sich zu dem Schluss kommt, dass er eigentlich alles über ein Thema weiß, entscheidet er sich auch dafür, bewusst oder unterbewusst, dass es für ihn darüber nichts mehr zu lernen gibt.(..........) Die Konsequenz daraus ist, dass wir niemals den Punkt erreichen werden, an dem wir sagen können: 'Das Lernen hat ein Ende'.* Mit der Verwendung zentraler Begriffe der behaviouristischen Lerntheorien wie Reaktion, Rekonditionierung, Reflex und anderen, die er bisher in seinen Werken nicht verwendet hat, wird auch ersichtlich, dass F. M. Alexander niemals aufgehört hat zu lernen.

Seite 100, IWAN PETROWITSCH PAWLOW

Iwan P. Pawlow ist Begründer der Klassischen Konditionierung. Allseits bekannt ist seine Versuchsanordnung, bei der ein Hund, eine Glocke und Futter eine entscheidende Rolle spielten: Dass es zu Speichelfluss beim Hund kommt, wenn Futter angeboten wird, ist ganz natürlich. In dem Versuch wurde dann die Bereitstellung von Futter an einen Glockenton gekoppelt. Der Speichelfluss blieb unverändert. Im letzten Schritt wurde der Speichelfluss gemessen, als nur die Glocke angeschlagen wurde, ohne dass Futter angeboten wurde: Es kam unverändert zu dem Speichelfluss!

Seite 114, BEFEHL

Die Ausführung einer beliebigen Handlung ist nur möglich, wenn die an der Handlung beteiligte Muskulatur dazu angeregt worden ist. Dies geschieht über Nervenbahnen, nachdem die entsprechenden Befehle dazu - im Normalfall unterbewusst - erteilt worden sind (vergleiche dazu: F. M. Alexander, **Bewusste Kontrolle beim Auf- und Umbau des Menschen**). Die neuen Befehle sind nun die Befehle zur Primärkontrolle: *„Lass den Hals frei"; „Kopf nach vorne und oben"; „Wirbelsäule lang"; „Rücken breit"*. Diese neuen Befehle werden bewusst übermittelt. Dafür müssen sich zunächst aber **neue** Nervenbahnen aufbauen.

Seite 116, SIR CHARLES SHERRINGTON

Charles Sherrington, der 1932 mit dem Nobelpreis für Medizin geehrt worden ist, war Neurophysiologe (1857/1952). Seine Rede, die er gehalten hat, als er diesen Preis in Empfang nahm, hatte den Titel „Hemmung als Koordinationsfaktor".

Seite 119, CONSTRUCTIVE CONSCIOUS CONTROL OF THE INDIVIDUAL

Constructive **C**onscious **C**ontrol of the Individual, F. M. Alexanders drittes Buch, ist neu übersetzt worden und 2018 bei **BoD** unter dem Titel: **Bewusste Kontrolle beim Auf- und Umbau des Menschen** erschienen.

Seite 134, DIE AUSBILDUNG IST BEREITS BESCHRIEBEN

In allen seinen vorherigen Büchern gibt es Stellen, die Hinweise zu den Details der Ausbildung bereit halten. Ich empfehle dem interessierten Leser, sich auch mit F. M. Alexanders **Ein Vermächtnis der Evolution an die Menschheit von unschätzbarem Wert** (MAN'S SUPREME INHERITANCE), **Bewusste Kontrolle beim Auf- und Umbau des Menschen** (CONSTRUCTIVE CONSCIOUS CONTROL OF THE INDUVIDUAL) und **Der Gebrauch des Selbst** (THE USE OF THE SELF) intensiv zu beschäftigen.

Seite 137, „NON-DOING" - NICHT-TUN

Ich habe es mir nicht leicht gemacht, eine passende Übersetzung für das „Non-Doing" im Text von F. M. Alexander zu finden, die auch berücksichtigt, dass Non-Doing „bei Aktivitäten im Inneren des Selbst nicht mit Passivität verwechselt werden darf“. Verworfen habe ich deshalb „Nicht-Tätig-Werden“, „Untätig-Sein“ und „Nichts-Tun“.

Den Begriff „Nicht-Tun“ hatte aktuell ein Politiker der Partei „Die Grünen“ verwendet. Weil Wiedererkennung es dem Leser vielleicht leichter macht, den Begriff aufzunehmen und mit Inhalt zu füllen, habe ich mich für „Nicht-Tun“ als Übersetzung entschieden.

Seite 145, METHODEN DER PHYSIOLOGIE UND ANATOMIE

Im Prinzip trifft das, was F. M. Alexander an der Physiologie kritisiert, auf die *Wissenschaftliche Methode* insgesamt zu: Wenn sich ein Problem stellt, werden zunächst die verschiedenen Aspekte des Problems herausgearbeitet. Dann macht man sich daran, nach Gesetzmäßigkeiten zu suchen, indem man einen Aspekt des Problems herausgreift, der in der folgenden Untersuchung variabel bleibt, während dafür gesorgt wird, dass die anderen Aspekte nicht verändert werden. Auf diese Weise wird ein Aspekt nach dem anderen behandelt, in der Hoffnung, dass man so am Ende zu einer exakten Analyse der Realität gekommen sein wird.

Dies ist im Allgemeinen aber ein Trugschluss, ist doch alles Leben zu jeder Zeit einem beständigen Prozess der Veränderung und der Anpassung unterworfen. Unter diesem Gesichtspunkt muss es den einen als ein Wunder erscheinen, dass in der Zivilisation vieles noch so gut funktioniert. Und für die anderen ist es ein Wunder, dass die Dinge nicht schon längst „aus dem Ruder gelaufen sind“.

Wer sich einen Eindruck davon verschaffen möchte, wie es aussehen kann, wenn „die Dinge aus dem Ruder laufen“, dem empfehle ich Frank Schätzings Roman „Der Schwarm“.

Seite 148, ANATOMISCHE UND PHYSIOLOGISCHE FORSCHER

Es gab durchaus Physiologen, die, wie F. M. Alexander auch, die Dynamik gesehen haben, die im Geschehen und den Abläufen des geistig-körperlichen Organismus vorhanden ist. Fast 40 Jahre vor F. M. Alexander hat der deutsche Physiologe und Biologe Dr. Wilhelm Roux (1850/1924) 1881 sein Gesetz formuliert, wonach „der Gebrauch die

Funktion bestimmt". So hat er festgestellt, dass Muskelabschnitte, die beständig inaktiviert bleiben, sich in Bindegewebe verwandeln. Und er hat davon gesprochen, dass die einzelnen Teile im Organismus sich den nur begrenzten Raum gegenseitig streitig machen können. Roux hatte aber nicht gesehen, dass es für den Organismus notwendig sein musste, diesen KAMPF DER TEILE IM ORGANISMUS, so der Titel seines grundlegenden Buches, so zu steuern, dass das harmonische Miteinander der Teile des Organismus nicht übermäßig in Unordnung gerät.

Es ist höchst bedauerlich, dass F. M. Alexander nicht mit dem Gedankengut Roux' in Kontakt gekommen ist. Die Syn-Energien, die sich möglicherweise daraus ergeben hätten, hätten der Alexandertechnik im deutschsprachigen Raum vielleicht einen zusätzlichen Schub gegeben.

Seite 160, GEBRAUCH VON SICH SELBST MACHEN

Die Lektorin, die diese Übersetzung Korrektur gelesen hat und der ich an dieser Stelle meinen herzlichen Dank ausspreche, hatte zu der Aussage „die Einstellungen konditionieren jeden Gebrauch, den wir von uns selbst machen" angemerkt, dass der Satz für sie **unklar** sei. In der Tat schreibt F. M. Alexander: *„Every use that we make of ourselves"*. Und das ist es auch, was uns ganz klar werden muss: Bei allem, was wir tun, machen wir Gebrauch von uns selbst. So, wie wir guten oder schlechten Gebrauch von einem Instrument, einer Droge oder den Neuen Medien machen, machen wir auch einen guten oder in aller Regel heute leider einen schlechten Gebrauch von unserem Organismus. Wenn jemand eine Geige oder eine Trompete „schlecht gebraucht", wird der schlechte Gebrauch hörbar und es wird keinesfalls ein Hörgenuss sein. Wenn ein Mensch sich schlecht gebraucht, kann man dies sehen und der schlechte Gebrauch wird sich früher oder später schädlich als Beschwerde, Krankheit oder Gebrechen auswirken.

Seite 175, DIE JOSIAH-MACY-STIFTUNG

Die Josiah-Macy-Stiftung wurde 1930 von Kate Macy-Ladd zu Ehren und in Erinnerung an ihren Vater Josiah Macy (jr.) gegründet. Von

Anfang an war es ihr Anliegen, eine Neue Erziehung (New Education) und Trainingsprogramme zu unterstützen, die Teamwork und Empathie in der Gesundheitsbranche fördern.

Seite 191, OSTEOLOGIE / OSTEOLOGE

Der Begriff Osteologie setzt sich aus den beiden griechischen Worten „osteon" für Knochen und „pathos" für Leiden zusammen. Osteologie wird den manuellen Therapieformen zugerechnet. Sie sei nicht nur eine Therapieform des Bewegungsapparats, sondern stelle auch eine sanfte Behandlungsmöglichkeit dar und sei aufgrund ihrer einfühlsamen und schmerzfreien Art sogar für Säuglinge geeignet. So definiert das *Zentrum für Gesundheit* Osteologie auf seiner Internetseite.

Das englische Wort „osteopath" mit Osteopath zu übersetzen, schien mir nicht ganz passend, weil mit einer solchen Übersetzung eine Assoziation zu dem Wort Psychopath hergestellt würde. Ein Psychopath ist ein Mensch, der krank an der Psyche ist. Genau das ist ein Osteologe, wie ich „osteopath" letztlich übersetzt habe, gerade nicht: Er oder sie ist nicht krank an den Knochen, sondern es ist jemand, der die Knochen mit den Methoden der Osteologie wieder an die richtigen Stellen bringen soll.

Seite 210, SCHRECKLICHE ZUSTAND DER HEUTIGEN WELT

„The Universal Constant in Living" ist 1941 veröffentlicht worden. Zu dieser Zeit tobte in vielen Bereichen der Welt der Zweite Weltkrieg, in dessen Verlauf 1945 schließlich die Atombombe erstmals eingesetzt worden ist. Wenn das nicht ein Ausdruck des „schrecklichen Zustands der Welt" war! Ob sich die Situation seitdem grundlegend verändert hat, mag jeder für sich selbst beurteilen.

Seite 223, JOSEPH ROWNTREE

Der englische Unternehmer Joseph Rowntree (1836/1925) war ein Quäker und hatte aufgrund seiner Glaubenshaltung großes Interesse am Wohl seiner Angestellten. Politisch machte er sich für Sozialreformen stark. Mit dem im Kakaogeschäft gemachten Geld konnte er es sich leisten, mehrere Stiftungen zu gründen.

Seite 233, HERBERT MORRISON

Der Politiker der Labour Party H. Morrison (1888/1965), der spätere Baron Morrison von Lambets, war Minister in der Regierung Churchills.

Seite 238, KEINEN MASSSTAB HABEN, UM GRÖSSE ZU MESSEN

Was F. M. Alexander hier geschrieben hat, ist augenblicklich wieder höchst aktuell und brisant. Nach dem Zusammenbruch des „1000-jährigen Reiches", von dem Hitler geträumt hatte, konnten die Menschen für die folgenden Jahrzehnte durch die Ersatzdrogen Konsum, Fernsehen und neuerdings Internet ruhig gestellt werden. Mehr und mehr erkennen sie aber, dass ihnen etwas fehlt, an das sie sich halten können, ein Maßstab für das, was gut und richtig ist. Dies nutzen die politischen Marktschreier überall in Europa gegenwärtig aus. So hat es in Deutschland z. B. die AfD zu beträchtlicher Stärke gebracht.

Seite 241, WALT WHITMAN

Walt Whitman (1819/1892) sei neben Emily Dickinson einer der wichtigste Dichter Amerikas, heißt es bei WIKIPEDIA.

Seite 244, MOTIVATION

Eine Erklärung des Begriffs „Motivation" war für F. M. Alexander wohl so wichtig, dass er diese Definition nicht in die Reihe seiner üblichen Anmerkungen eingeordnet, sondern in den laufenden Text integriert hat.

Seite 249, SCHÄDLICHEN GEBRAUCH VON DEN ERGEBNISSEN DER FORSCHUNG MACHEN

*„Otto Hahn zählt zu den bedeutendsten Wissenschaftlern des 20. Jahrhunderts. Mit der Entdeckung der Kernspaltung stieß er die Tür zum Atomzeitalter auf. (…….) In einem Experiment (*von Otto Hahn) *zur*

Erforschung von Transuranen(......)wurde der Urankern gespalten. Der Grundstein ist gelegt, er wird bald ein Höllenfeuer entfachen. (......) Die Nachricht vom Abwurf von Atombomben, die abertausende Menschen töten und die Städte Hiroshima und Nagasaki dem Erdboden gleichmachen (...) macht ihn zum erklärten Gegner des Nuklearwaffenbaus." Dies hat Rolf Potthoff geschrieben, als er in der Westfälischen Rundschau vom 27. Juli 2019 die Frage „WER WAR'S? - Otto Hahn, der Vater der Kernchemie" beantwortet hat.

Seite 254, DIE DEUTSCHE SEELE

Wenn der Übersetzer diese Einschätzung der deutschen Seele liest, muss er zuerst einmal schlucken, um sich dann an das zu erinnern, was Konstantin Wecker Ende der 1970er Jahre in seinem Text „Haberfeldtreiben" geschrieben hat: „Wir sind friedliche Leut' - wenn man uns in Ruh' lässt. Wenn man uns aber nicht in Ruh' lässt, wissen wir schon, wo wir hinlangen müssen."

Mit dem zweiten Schlucken wird ihm aber auch bewusst, dass die Bedrohung des Weltfriedens und der Sicherheit nicht länger nur ein nationales Problem ist. Inzwischen sind in vielen Ländern der Welt Kräfte mächtig geworden, die die Menschen mit dumpfen Parolen für dumm verkaufen wollen. Das Gift des nationalen Egoismus hat inzwischen auch Italien, Frankreich, Ungarn, Polen, Tschechien, Österreich, Groß-Britannien, ja sogar die U.S.A. infiziert, die F. M. Alexander zum Ende des Ersten Weltkriegs noch als Hoffnungsträger gesehen hatte. Es hat wahrlich den Anschein, dass die moralischen Defizite, die der Autor von THE UNIVERSAL CONSTANT IN LIVING den Deutschen zugeschrieben hat, sich mehr und mehr zu einem Problem einer Zivilisation entwickeln, die alles dem wirtschaftlichen Profit unterordnet.

Seite 289, W. H. AUSTIN

W. H. Austin (1906 – 2000) war ein bekannter englischer Tennisspieler. Zweimal stand er im Wimbledon-Finale. In der Zeit von 1931 bis 1938 war er die Nummer 2 im Welttennis. Kennzeichen seines Spiels waren ein perfektes Timing, eine überragende Kontrolle und

Genauigkeit. Jeder, der gegen ihn spielte, profitierte von seiner Spielweise, weil der Gegner infolge der Qualitäten Austins sich dessen technischem Niveau anpassen konnte.

Später stand W. H. Austin dann mehr und mehr im Schatten des anderen großen englischen Tennisspielers, Fred Perry.

Quellenangabe

1 Dorsch, Lexikon der Psychologie, Verlag Hans Huber

2 Wilhelm Roux, Der Kampf der Teile im Organismus, Leipzig, 1881, Verlag Wilhelm Engelmann

3 WIKIPEDIA